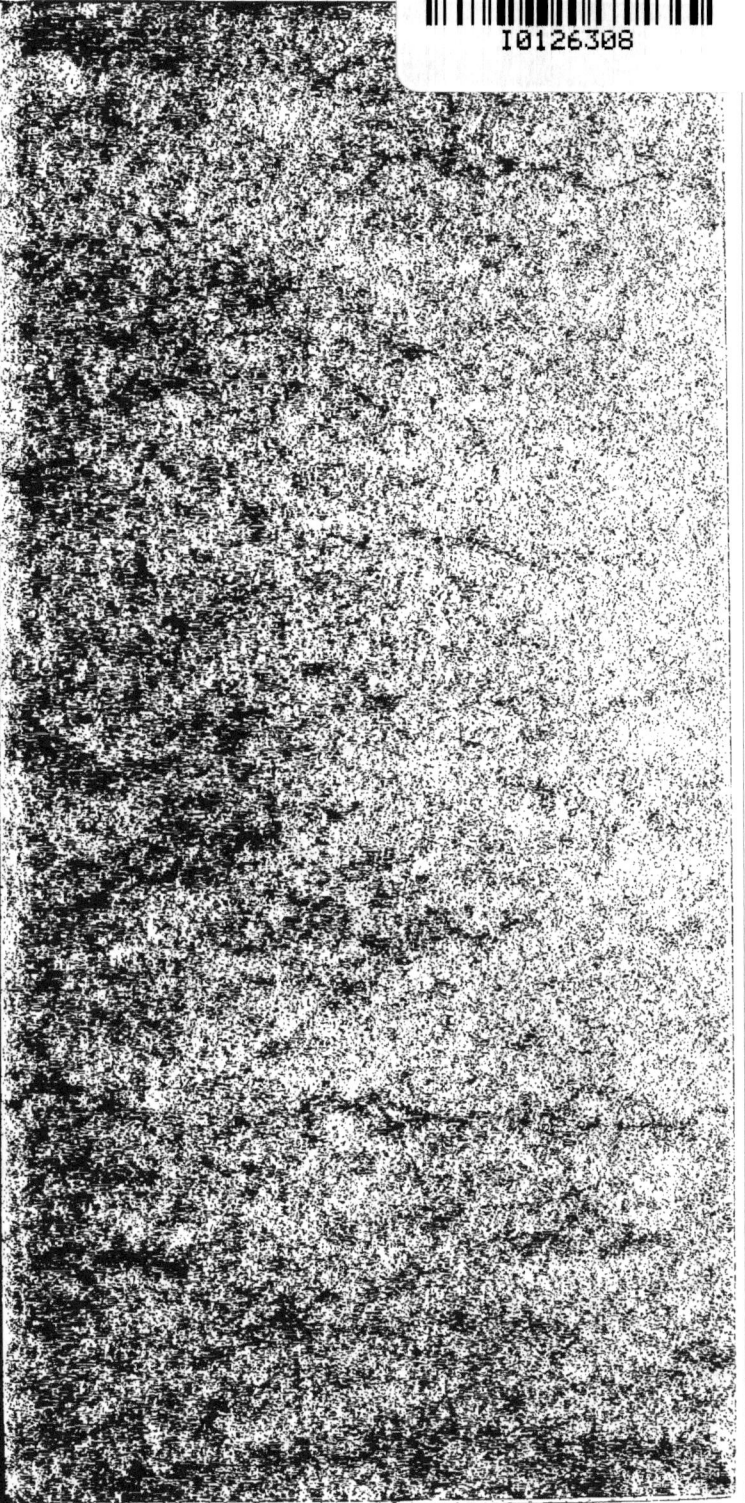

Général H. BONNAL

L'ESPRIT

DE

LA GUERRE MODERNE

LA

Manœuvre d'Iéna

ÉTUDE

SUR

LA STRATÉGIE DE NAPOLÉON

ET

SA PSYCHOLOGIE MILITAIRE

Du 5 septembre au 14 octobre 1806

PARIS

LIBRAIRIE MILITAIRE R. CHAPELOT ET Cⁱᵉ

IMPRIMEURS-ÉDITEURS

30, Rue et Passage Dauphine, 30

1904

L'ESPRIT DE LA GUERRE MODERNE

LA

Manœuvre d'Iéna

PARIS. — IMPRIMERIE R. CHAPELOT ET Ce, 2, RUE CHRISTINE.

Général H. BONNAL

L'ESPRIT

DE

LA GUERRE MODERNE

LA

Manœuvre d'Iéna

ÉTUDE

SUR

LA STRATÉGIE DE NAPOLÉON

ET

SA PSYCHOLOGIE MILITAIRE

Du 5 septembre au 14 octobre 1806

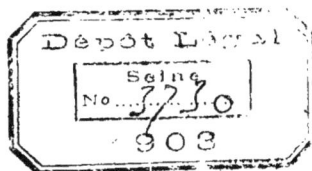

PARIS

LIBRAIRIE MILITAIRE R. CHAPELOT et Cⁱᵉ

IMPRIMEURS-ÉDITEURS

30, Rue et Passage Dauphine, 30

1904

AVANT-PROPOS

« Les principes de Napoléon forment,
« encore aujourd'hui, la base de notre
« doctrine. »

La Nation armée (édition de 1890),
par le général prussien von der Goltz.

L'étude qu'on va lire date de 1889. Autographiée en 1892 à l'usage des officiers de l'École supérieure de guerre, elle a été revue et corrigée récemment.

Cette étude embrasse la période la plus glorieuse du règne de Napoléon Ier.

Le grand maître de la guerre s'y montre dans un parfait équilibre des facultés physiques, morales et intellectuelles.

Plus tard, après Tilsitt, l'orgueil né de ses succès prodigieux lui fera commettre des fautes irréparables.

La stratégie et la psychologie militaire de Napoléon ne se prêtent pas au genre didactique.

Esprit positif par excellence, le chef de la Grande Armée ne s'est jamais laissé guider par des idées préconçues. Les cas concrets avaient seuls de la valeur pour lui, et c'est à les résoudre, au fur et à mesure qu'ils se présentaient, que son génie s'est constamment appliqué.

Les manifestations de l'activité napoléonienne exigent donc, pour être comprises, qu'on les discute en les rapprochant des circonstances qui les ont fait naître.

C'est d'après cette méthode que nous avons analysé, jour par jour et parfois heure par heure, les impressions, idées, instructions et ordres de Napoléon, depuis le 5 septembre, moment où il s'est préoccupé d'une guerre possible avec la Prusse, jusqu'au 14 octobre, jour de la double victoire d'Iéna et d'Auerstædt.

Incidemment, certains ordres des maréchaux, pour les marches et les stationnements de leur corps d'armée, ont été reproduits et discutés, dans le but de mettre en lumière les doctrines applicables encore aujourd'hui, qui inspiraient à cette époque le haut commandement français.

Le récit commenté du combat de Saalfeld, intercalé, à titre d'exemple, dans notre précédent ouvrage *De Rosbach à Ulm*, suffit à montrer l'abîme qui séparait, en 1806, les deux tactiques opposées.

Nous avons jugé d'autant plus inutile d'exposer les procédés de combat usités, de part et d'autre, à Iéna-Auerstædt, que si la tactique française d'alors, basée sur la psychologie des armées, est immortelle dans ses principes, elle a subi depuis, en raison des progrès de l'armement, une transformation telle que l'exposé de ses moyens d'action n'offrirait aux lecteurs qu'un intérêt purement historique.

Les pièces d'archives se rapportant à la période comprise entre le 5 septembre et le 14 octobre 1806 ont été publiées, en 1887, par M. le colonel Foucart, alors capitaine, dans le premier volume de son ouvrage *La Campagne de Prusse*.

C'est dans ce livre que nous avons puisé les documents sur lesquels s'appuie notre travail.

L'auteur, en cela, mérite notre gratitude, et nous la lui exprimons sincèrement.

H. Bonnal.

14 octobre 1903.

CHAPITRE PREMIER

LA GRANDE ARMÉE EN QUARTIERS DE RAFRAICHISSEMENTS PENDANT L'ANNÉE 1806, JUSQUE VERS LA MI-SEPTEMBRE.

---

§ 1er. — Évacuation de l'Autriche et ordres consécutifs de l'Empereur.

A la suite du traité de Presbourg (25 décembre 1805), la Grande Armée évacua l'Autriche et le Tyrol, à l'exception de Salzbourg, et prit des cantonnements larges, ou quartiers de rafraîchissements, partie en Bavière, partie en Wurtemberg, partie aux environs de Mayence. La Garde, seule, vint tenir garnison à Paris.

Le 1er corps (Bernadotte), le 5e (Mortier), le 3e (Davout) et le 4e (Soult) bordèrent la rive droite du Danube, depuis Ulm jusqu'à Passau, pendant que le 6e corps (Ney) occupait Salzbourg.

Le 2e corps (Marmont), envoyé en Illyrie, cessa momentanément de faire partie de la Grande Armée.

Le 7e corps (Augereau) fut amené dans la région au nord de Francfort-sur-le-Main.

Enfin, la division Dupont, du 6e corps, fut détachée à Cologne et environs.

Dans les premiers jours de février 1806, les 1er et 5e corps reçurent l'ordre de traverser le Danube et d'occuper le pays compris entre ce fleuve et l'Altmühl, le 1er corps à l'aile gauche vers Œttingen, le 5e à droite et en arrière sur Eichstädt.

La principauté de Würzburg avait été attribuée, par le traité de Presbourg à l'archiduc Ferdinand d'Autriche, en compensation de la principauté de Salzbourg, cédée à l'Autriche, pour la dédommager de la perte du Tyrol.

La Bavière occupait Würzburg depuis 1803.

Napoléon écrivit, le 8 février, au major général :

« Quant à Würzburg, si le roi de Bavière ne l'a pas remis, « qu'il le garde encore; on peut y rester encore deux mois, « et, en attendant, vivre dans le pays; parlez-lui-en dans ce « sens; *on est toujours à temps de céder.* »

Ces derniers mots n'ont rien d'honorable pour le caractère de Napoléon.

Le 14 février, l'Empereur annonce au maréchal Berthier que M. de Haugwitz a signé la veille, au nom du roi de Prusse, la convention de Schönbrünn remaniée, que, en conséquence, puisque les Prussiens ont déjà occupé le Hanovre, il faut immédiatement prendre possession d'Anspach au nom du roi de Bavière.

Le maréchal Bernadotte, réunissant pour la circonstance le commandement du 5e corps (Mortier) au sien, est chargé d'envahir le marquisat d'Anspach et d'inviter ses garnisons prussiennes à l'évacuer.

« Du reste, vous recommanderez au maréchal Bernadotte « d'y mettre toutes les formes, de parler avec un grand éloge « du roi de Prusse et de faire tous les compliments usités en « ces circonstances. »

Cette lettre contient l'ordre de faire appuyer le maréchal Bernadotte par le 3e corps (Davout), qui se portera derrière lui, à Eichstädt.

La même lettre donnait aux 4e et 6e corps les emplacements suivants :

Le 4e corps (Soult), en trois groupes de division, à Passau, Braunau et Landshut.

Le 6e corps, à Augsbourg, lorsque la date fixée pour l'évacuation de Salzbourg sera venue.

Les six divisions de la réserve de cavalerie étaient réparties entre les 4e, 6e, 1er et 7e corps, ainsi qu'on le verra plus loin.

§ 2. — Le commandement du maréchal Berthier.

Du 14 février au 5 septembre 1806, la correspondance militaire de Napoléon ne contient qu'une lettre du 11 juillet, relative à l'éventualité d'une reprise des hostilités contre l'Autriche.

L'Empereur dit dans cette lettre au maréchal Berthier qu'il compte trouver à la Grande Armée d'Allemagne :

> 140,000 hommes d'infanterie.
> 32,000   —   de cavalerie.
> 20,000   —   d'artillerie.

Total : 192,000 hommes.

Plus...   1,500 chevaux d'artillerie légère.
      12,000   —   du train.
       3,000   —   de la Compagnie Breidt, attelant 600 voitures.

Il prescrit de compléter les régiments en hommes et de faire venir des dépôts tous les objets nécessaires pour une entrée en campagne.

On est frappé d'étonnement lorsque l'on voit une armée aussi considérable que l'armée française d'Allemagne en quelque sorte abandonnée par l'Empereur durant de longs mois.

C'est le 5 septembre seulement, vingt-cinq jours après que la Prusse aura commencé la mobilisation de son armée, que Napoléon écrira au maréchal Berthier pour lui demander dans quel état de préparation se trouve la Grande Armée et pour lui prescrire des mesures de sûreté.

Napoléon ne poursuivait qu'un but à la fois ; c'est lui-même qui l'a dit.

Après la guerre contre l'Autriche et la Russie, il a occupé son esprit à des travaux de politique et d'administration qui l'ont absorbé, mais alors il fallait donner au maréchal Berthier pleins pouvoirs pour maintenir la Grande Armée sur le pied de guerre.

Cela n'eut pas lieu ; d'ailleurs le major général, remplissant les fonctions de général en chef en l'absence de l'Empereur, ne pouvait guère donner libre carrière à son initiative après avoir lu dans la lettre impériale du 14 février 1806 le passage suivant :

« Tenez-vous-en *strictement* aux ordres que je vous donne ;
« exécutez *ponctuellement* vos instructions ; que tout le monde
« se tienne sur ses gardes et reste à son poste ; *moi seul* je
« sais ce que je dois faire. »

Une telle façon de comprendre le rôle du commandant en chef, par intérim, de la Grande Armée, ne fait pas honneur au caractère de Napoléon. Des conséquences fâcheuses en résultèrent, qui faillirent compromettre le succès des premières opérations de la campagne commencée en octobre.

Nous aurons l'occasion de revenir, en d'autres circonstances, sur les vices d'organisation du commandement à la Grande Armée ; on peut déjà s'en faire une idée assez exacte par les détails que nous avons donnés sur la méthode de travail de l'Empereur, du major général, des maréchaux et des états-majors.

§ 3. — Dispositif des cantonnements de la Grande Armée, de mars à septembre.

Pendant sept mois, du commencement de mars à la fin de septembre, les troupes françaises d'Allemagne occupent de larges cantonnements autour de certaines villes érigées en quartiers généraux.

La Grande Armée présente un groupe central, deux ailes et une réserve.

Groupe central.

1er CORPS D'ARMÉE.

Quartier général du maréchal Bernadotte, à Anspach.
1re division (général Rivaud), à Anspach.
2e division (général Drouet), à Fürth.
Brigade de cavalerie légère (général Wathier), à Seehof.
1re division de grosse cavalerie (général Nansouty), à Ellingen.
4e division de dragons (général Sahuc), à Kitzingen.

5e CORPS D'ARMÉE.

Quartier général du maréchal Mortier, à Dinkelsbühl.
1re division (général Suchet), à Dinkelsbühl.
2e division (général Gazan), à Schweinfurth.
Brigade de cavalerie légère (général Treillard), à Bischoffsheim.

3e CORPS D'ARMÉE.

Quartier général du maréchal Davout, à Œttingen.
1re division (général Morand), à Nœrdlingen.
2e division (général Friand), à Hall.
3e division (général Gudin), à Œhringen.
Brigade de cavalerie légère (général Viallannes), à Mergentheim.

Aile droite.

4e CORPS D'ARMÉE.

Quartier général du maréchal Soult, à Passau.
1re division (général Saint-Hilaire), à Braunau.
2e division (général Lewal), à Landshut.
3e division (général Legrand), à Passau.
Brigade de cavalerie légère (général Margaron), à Neuhaus.
2e division de grosse cavalerie (général d'Hautpoul), à Cham.
3e division de dragons (général Beaumont), à Amberg.

Aile gauche.

7ᵉ CORPS D'ARMÉE.

Quartier général du maréchal Augereau, à Francfort-sur-le-Main.
1ʳᵉ division (général Desjardins), à Friedberg.
2ᵉ division (général Heudelet), à Dietz.
Brigade de cavalerie légère (général Durosnel), à Francfort.
1ʳᵉ division de dragons (général Klein), à Siegen.

Réserve.

6ᵉ CORPS D'ARMÉE.

Quartier général du maréchal Ney, à Memmingen.
1ʳᵉ division (général Dupont), détachée à Cologne.
2ᵉ division (général Marchand), à Memmingen.
3ᵉ division (général Marcognet), à Altdorf.
Brigade de cavalerie légère (général Colbert). à Altshausen.
2ᵉ division de dragons (général Grouchy)(1), à Fribourg en Brisgau.

§ 4. — Commentaires.

Trois corps, le 1ᵉʳ, le 5ᵉ et le 3ᵉ, forment par leur juxtaposition dans le quadrilatère : Würzburg—Nuremberg—Œllingen—Œhringen, un groupe central ayant, comme couverture directe, la division Gazan (2ᵉ du 5ᵉ corps) à Schweinfurth. débouché des routes qui traversent le Thuringer-Wald et aboutissent au Main.

Au sud de ce groupe, et sur la rive droite du Danube, le 6ᵉ corps cantonne autour de Memmingen.

Le 4ᵉ corps, à l'aile droite, fait face à l'Autriche, et il se couvre, au moyen de sa cavalerie légère et des deux divisions de cavalerie qui lui ont été adjointes, dans la direction de l'Est et du Nord-Est.

Sa brigade légère, à Neuhaus, surveille l'entrée de la plaine de Naab.

---

(1) Et, par intérim, général Becker.

La 2e division de grosse cavalerie, à Cham, occupe un des principaux débouchés de la Bohême, et la 3e division de dragons, à Amberg, tient la route conduisant de Ratisbonne à Baireuth et Hof.

Le 7e corps, à l'aile gauche, fait face à la Hesse, dont la neutralité est plus que douteuse en cas de conflit avec la Prusse.

Ce dispositif de cantonnements de paix armée, ou de rafraîchissements, selon l'expression usitée au siècle dernier, est plein d'enseignements.

Il indique clairement le souci de se tenir en garde contre une attaque, soit de la Prusse, soit de l'Autriche, soit encore de ces deux puissances alliées contre la France.

Napoléon ne songeait-il pas déjà à l'éventualité d'une guerre prochaine contre la Prusse quand il faisait insérer dans la convention de Schönbrünn, conclue, le 15 décembre 1805, entre lui et l'envoyé prussien, M. de Haugwitz, la cession du marquisat d'Anspach à la Bavière ?

Il est permis d'admettre que l'Empereur ait songé, bien avant le 14 février 1806, à réunir son armée dans la région de Bamberg et à la porter sur Berlin par le Franken-Wald et la Saxe, en cas de guerre avec la Prusse.

Dans tous les cas, Napoléon savait prendre ses précautions, lorsque, le 14 février, il prescrivait d'amener les 1er et 5e corps dans le marquisat d'Anspach et de les faire suivre de près par le 3e corps.

Le dispositif du 14 février appelle d'autres observations.

Le 4e corps, à Landshut, formait couverture face au Sud-Est et constituait l'amorce d'une concentration générale derrière l'Inn pour le cas où l'Autriche viendrait à reprendre les hostilités.

Cela est si vrai que, le 11 juillet 1806, Napoléon, craignant l'éventualité à laquelle nous faisons allusion, écrivait au maréchal Berthier :

« Comme c'est le maréchal Soult (4e corps) qui forme

« *l'avant-garde* (contre l'Autriche), il faut que son corps
« d'armée soit le plus tôt prêt et le mieux organisé en tout. »

En portant le 7ᵉ corps à Francfort, l'Empereur couvrait
directement le Rhin inférieur et attirait l'attention de la
Prusse sur la région de Mayence.

La masse principale était à égale distance de Francfort et
de Ratisbonne. En cinq ou six marches, elle pouvait être
réunie, soit en avant de son front, soit sur le 4ᵉ corps, soit
encore sur le 7ᵉ corps.

Enfin, les intervalles et distances n'étaient pas si grands
que, huit jours après en avoir reçu l'ordre, tous les corps
d'armée, y compris les corps d'aile, ne pussent être concentrés étroitement sur une zone choisie entre Francfort et
Ratisbonne.

La répartition des six divisions de cavalerie entre certains
corps d'armée (4ᵉ, 1ᵉʳ, 6ᵉ et 7ᵉ) montre le souci de donner
aux corps d'armée, les plus immédiatement en contact avec
les frontières à surveiller, des moyens puissants d'investigation.

Cette disposition était conseillée, en outre, par la nécessité
de concentrer tous les pouvoirs entre les mains des maréchaux
commandant les territoires de cantonnements, afin d'assurer
partout le bon ordre et de limiter à six le nombre des commandements territoriaux placés sous la direction immédiate
du major général.

§ 5. — Les troupes en cantonnements.

Voici, d'après le général de Fezensac, alors lieutenant au
59ᵉ d'infanterie, faisant partie du 6ᵉ corps, quelques détails
sur l'existence des troupes de la Grande Armée dans leurs
quartiers de rafraîchissements pendant les huit à neuf mois
qui s'écoulèrent entre l'évacuation de l'Autriche et la campagne de Prusse.

« On s'étendit sur le pays pour ménager les habitants, et,

« au bout de quelque temps, les compagnies allaient loger
« dans les villages qui n'avaient pas encore été occupés.

   « Des cantonnements aussi disséminés n'étaient pas favo-
« rables à l'instruction. La réunion des régiments, même des
« bataillons, devenait difficile. La brigade fut réunie une
« seule fois, pour une revue. L'instruction se bornait donc à
« l'école de peloton que chaque capitaine dirigeait à sa
« volonté, car les chefs de bataillon nous visitaient rarement.

   « On vivait aux frais de ses hôtes et à peu près à discré-
« tion..... et l'on peut comprendre avec quelles exigences
« quand on connaît le caractère des Français.

   « La dépense pour l'habillement n'était pas plus payée que
« la solde..... Le soldat n'était pas vêtu, et l'on répondait aux
« réclamations des chefs de corps qu'ils devaient y pourvoir
« le mieux possible. Voici ce que nous fîmes à cet égard. Dans
« les commencements, l'habitant donnait au soldat, par jour,
« une petite bouteille de vin du pays. Les capitaines en
« demandèrent la valeur en argent, à la condition de faire
« savoir aux habitants qu'ils n'étaient plus tenus à donner du
« vin. L'argent fut employé à acheter des pantalons dont les
« soldats avaient grand besoin. Mais ils n'y perdirent rien. »
Les officiers réquisitionnaient tout ce dont ils avaient besoin,
même le superflu, comme voitures de poste et banquets aux
frais des municipalités, etc.....

   Et l'on était en Bavière, en pays allié !

CHAPITRE II

MOBILISATION, RASSEMBLEMENT ET PREMIÈRES MARCHES DES ARMÉES SAXO-PRUSSIENNES EN 1806.

---

§ 1ᵉʳ. — Conduite louche de la Prusse en 1805.

Le 7 septembre 1805, la Prusse avait commencé la mobilisation de son armée, sous le prétexte de protéger sa neutralité pendant la campagne qui allait s'ouvrir en Allemagne.

Des colonnes françaises ayant traversé, du 3 au 6 octobre, le territoire d'Anspach appartenant à la Prusse, l'armée de cette puissance, forte de plus de 100,000 hommes, se mit en marche vers la Thuringe, puis la Franconie.

Le roi Frédéric-Guillaume III n'osait, ni faire la guerre, ni accepter franchement le rôle de neutre, et, comme tous les princes faibles, il espérait récolter autant, sinon plus, de profit d'une médiation armée que d'une action énergique.

On connaît l'aventure de M. de Haugwitz, et la façon dont il fut reçu par Napoléon le lendemain d'Austerlitz.

La Prusse avait manqué l'occasion unique de faire pencher la balance en faveur des coalisés en ne déclarant pas la guerre à la France au moment de la violation du territoire d'Anspach.

Dès lors, elle fut l'objet du ressentiment de Napoléon qui comprit bien que cette puissance ne serait jamais pour lui une alliée sincère.

Toutefois, l'Empereur se vit forcé de temporiser afin de terminer, sans la compromettre, l'admirable campagne d'Austerlitz, et même il accéda aux propositions avides de la Prusse.

§ 2. — Convention de Schönbrünn.

Par la convention de Schönbrünn (15 décembre 1805), cette puissance reçut le Hanovre et céda — faible compensation — les principautés de Clèves et de Neufchâtel, ainsi que le grand-duché de Berg à la France, le marquisat d'Anspach à la Bavière.

Cette convention ne fut pas tout d'abord acceptée par Frédéric-Guillaume III, qui voulut y apporter des modifications. Napoléon rédigea alors un nouveau traité, moins avantageux pour la Prusse que le premier, et l'imposa par intimidation (15 février 1806).

La conduite du gouvernement prussien, en cette circonstance, fit dire à Pitt :

« La conduite de la cour de Berlin réunit tout ce que la « rapacité a d'odieux avec tout ce qu'il y a de méprisable « dans la servilité. »

Napoléon partagea sans doute le même sentiment, car il cessa, dès lors, de conserver le moindre ménagement avec la Prusse.

§ 3. — Sans-gêne de Napoléon vis-à-vis de la Prusse.

Ainsi, la Confédération du Rhin fut fondée (12 juillet) sans que le gouvernement de Berlin en eût été avisé. Wesel, qui faisait partie du grand-duché de Berg attribué à Murat, fut réunie à la France par décret. La Confédération du Nord, que la Prusse désirait organiser sous son hégémonie, ne put avoir lieu par suite des entraves apportées par Napoléon.

Lorsque Fox remplaça Pitt à la tête du gouvernement anglais, l'Empereur fit entamer avec lui des pourparlers (mars 1806) et offrit de restituer le Hanovre à l'Angleterre.

Mais, au cours des négociations, vers la fin de juillet, la proposition de rétrocéder le Hanovre fut dévoilée. Les Prussiens en conçurent une exaspération qui leur fit perdre tout sang-froid. La guerre devint inévitable.

§ 4. — Valeur de l'armée prussienne.

Quelle était la situation morale, technique et matérielle de l'armée prussienne à ce moment?

De 1792 à 1805, les réformes apportées à l'organisation frédéricienne avaient été insignifiantes.

A la suite de la dislocation (24 janvier 1806) de l'armée réunie au mois d'octobre 1805 en Franconie, les troupes prussiennes restèrent dans l'inaction la plus complète.

Les officiers prussiens qui visitèrent les troupes françaises, soit en Hanovre, soit dans l'Allemagne du Sud, firent des rapports très rassurants. Presque tous, à commencer par les généraux, « se figuraient, d'après von der Goltz, qu'une « armée issue de la Révolution française, de la conscription, « des guerres du Consulat et de l'Empire, devait ressembler « matériellement à la brillante garde prussienne (1) ».

L'un de ces touristes militaires, un certain major de Kamptz, écrivait, à son retour de Hanovre, pendant l'été de 1805 :

« En trois mois, et avec des forces égales aux deux tiers des « leurs, nous chasserions à coups de fouet ces gaillards-là au « delà du Rhin, j'en gage sur mon salut. Ce sont toujours les « soldats de Rosbach dès qu'on marche résolument à leur « rencontre. »

Et pendant que l'armée française prenait, dès le mois de février 1806, des quartiers menaçants pour la Prusse, ainsi

---

(1) Von der Goltz. — *De Rosbach à Iéna.*

que nous l'avons déjà montré, « les stratèges de l'armée prus-
« sienne, au dire de von der Goltz, se livraient à l'étude du
« terrain, établissaient des plans de campagne imaginaires
« et cherchaient des positions qu'ils trouvaient ou ne trou-
« vaient pas ».

L'aveuglement des généraux et officiers supérieurs prussiens avait des causes profondes.

Même du vivant de Frédéric, les détails de la place d'exercices avaient pris, on le sait, une importance extrême. Cette
exagération ne fit que s'accroître par la suite, et des auteurs
tels que Saldern, en Prusse, et Larcy, en Autriche, exercèrent
une influence néfaste en systématisant à l'extrême les procédés, ou trucs d'instruction, qui devinrent, non plus seulement les moyens d'atteindre le but, mais le but lui-même.

Le combat en tirailleurs devait répugner à des chefs amou-
reux du pas de parade et des belles marches en bataille; on
cessa d'y exercer les fusiliers et l'on revint de plus en plus à
la tactique purement linéaire.

Cependant, le grand roi avait écrit dans son testament militaire de 1768 :

« A l'avenir, je chargerai les bataillons francs d'exécuter la
« première attaque; je les porterai en avant à la débandade et
« en tiraillant, afin qu'ils attirent sur eux le feu de l'ennemi
« et que les troupes compactes puissent se précipiter en
« avant en meilleur ordre. »

Pendant la guerre de Sept Ans, Frédéric s'était servi avec
avantage, contre les Croates et les Pandours, de bataillons
francs qui combattaient en ordre dispersé, en utilisant les
accidents et les couverts du sol.

Ces bataillons s'étaient acquis une réputation détestable, au
point que dans un ouvrage, publié en 1766, l'auteur avait pu
écrire :

« Tous ceux qui ont fait la guerre avec ce qu'on appelle les
« bataillons francs savent à quel point les soldats de ces
« bataillons ont été dans ces derniers temps, à peu d'excep-

« tions près, *d'exécrables canailles*, et combien ils ont rendu
« peu de services pour l'énorme quantité d'argent qu'ils
« coûtent ; enfin ce qu'ils ont fait de tort à l'armée par leurs
« vols, leurs brigandages et en débauchant nos meilleurs sol-
« dats. »

L'opinion s'enracina de plus en plus dans l'armée que le
combat en tirailleurs ne pouvait produire que des résultats
insignifiants, qu'il était contraire au bon ordre et à la bonne
direction du combat, et même qu'il entretenait la poltronnerie.

On fit reposer le gain des batailles exclusivement sur la
rapidité des évolutions en grandes masses et sur les feux de
salve par bataillon, exécutés correctement et vivement.

Sous le rapport de la mobilité des troupes, aucune réforme
sérieuse ne fut faite avant la catastrophe d'Iéna.

Frédéric-Guillaume III ayant constaté, lors de la mobilisation d'octobre 1805, les nombreux défauts de l'armée prussienne au point de vue des *impedimenta*, demanda au conseil
supérieur de la guerre de lui proposer des réformes en vue de
se rapprocher de l'organisation française.

Le roi trouvait excessif qu'un faible régiment d'infanterie
comprît dans son effectif 300 chevaux avec tout l'attirail de
voitures correspondant, que l'armée ne pût vivre que sur des
magasins, etc.....

Au mois de juin 1806, le rapport du conseil supérieur de
la guerre fut remis au roi.

Ce rapport concluait dans les termes suivants au maintien
à peu près intégral de l'organisation existante :

« Il nous paraît tout à fait contraire à l'esprit de l'armée
« prussienne de vouloir enlever les tentes aux régiments et de
« supprimer les chevaux de selle et de bât aux officiers. Cela
« ne peut avoir que des conséquences fâcheuses.

« Les boulangeries et les trains de farine sont tout aussi
« indispensables à l'armée ; et le système d'approvisionne-
« ments adopté par l'armée française ne peut être imité avec
« succès. »

Comme le dit très justement von der Goltz, « tout le « monde participe à la faiblesse de son temps ». Toujours l'influence du milieu.

La Prusse de 1805 était trop imprégnée de la légende frédéricienne pour reconnaître les immenses avantages du système de guerre inauguré par la Révolution française. Elle refusa de se rendre à l'évidence et ne put se débarrasser de son fétichisme pour une organisation caduque.

C'est de la folie; soit!

Mais nous avons traversé les mêmes phases de démence entre Sadowa et Sedan.

La supériorité de la nation armée, que la guerre austro-prussienne venait de mettre au grand jour, ne fut-elle pas combattue de toutes parts dans notre pays avant les funestes événements de 1870?

Dans le domaine des hautes études militaires, l'armée prussienne était-elle au moins à la hauteur des progrès de son temps?

On va en juger.

Dès la fin du règne de Frédéric II jusqu'au moment de la catastrophe, l'activité des esprits, activité très réelle dans l'armée prussienne de cette époque, se porta sur les perfectionnements à apporter aux formes de la tactique linéaire, la seule connue et admise.

On arriva graduellement, sous l'influence des travaux si remarquables de l'époque sur les sciences mathématiques, à envisager la tactique comme une science exacte.

L'ordonnance royale du 7 juin 1790, relative aux études de l'académie militaire, portait :

« Les mathématiques n'apprennent pas seulement à réflé-« chir et à mettre de l'ordre dans les idées; elles exercent « aussi une influence particulière sur les choses militaires, « *sur la tactique* et *sur toutes les opérations de la guerre.* »

C'est de cette époque que datent les discussions byzantines

sur la relation à établir entre l'étendue de la base et l'angle formé par les lignes d'opérations à leur intersection sur l'objectif.

L'étude du terrain était le corollaire forcé de la guerre en équation.

« Le terrain, dit von der Goltz, fut compté comme un « facteur vivant dans l'établissement de tous les plans de « guerre. »

C'est ainsi que Massenbach, le chef d'état-major du prince de Hohenlohe mit tout en œuvre, au commencement d'octobre 1806, pour amener l'armée prussienne sur la hauteur d'Ettersberg.

Un autre général, nommé Gräwert, voulait que l'on se réunît, à la même date, sur une montagne près de Koppauz, et Goltz ajoute : « il ne se rendait pas compte qu'il se trou- « verait difficilement quelqu'un pour l'y attaquer ».

Schárnhorst lui-même, dans un mémoire écrit avant 1806, pose en principe que « plus une armée a recours aux artifices « de la stratégie, plus elle doit se fractionner ».

En 1805, le vieux duc de Brunswick présenta au roi un plan d'opérations suivant lequel Napoléon serait repoussé dans le sud de l'Allemagne, puis cerné, sans qu'il fût absolument nécessaire de battre les Français. On espérait au contraire qu'il suffirait de « manœuvrer habilement ».

On ne saurait passer sous silence, sous peine de tronquer l'exposé des causes de faiblesse de la Prusse, les fameuses manœuvres de parade inaugurées par Frédéric II et continuées par ses successeurs.

Dans ces manœuvres, truquées à l'instar d'une pièce à grand spectacle, tout était *prévu* et longuement *décrit à l'avance*.

Le programme de la revue du 15 mai 1797 se composait de 12 pages imprimées, in-folio.

Pour ces solennités militaires, on réunissait jusqu'à 30 bataillons et autant d'escadrons avec l'artillerie correspondante.

« Pendant ces exercices, qui avaient surtout le caractère
« d'une bruyante mise en scène, mais que l'on prenait pour
« l'image fidèle d'une vraie bataille, les troupes montraient un
« entrain remarquable (1). »

Une des principales causes de la faiblesse de la Prusse en
1806 doit être cherchée dans l'esprit du temps.

L'Allemagne n'ayant pas connu les horreurs de la Révolution était notablement imprégnée, à la fin du siècle dernier,
de la sentimentalité maladive, si bien décrite par Taine dans
les *Origines de la France contemporaine* et qui fut la caractéristique des mœurs de l'aristocratie européenne pendant la
seconde moitié du XVIIIe siècle.

On ne songeait qu'au bonheur universel, aux joies cham-
pêtres, à la paix éternelle, à la fraternité des peuples, et l'on
trouvait de grands charmes dans les œuvres de Florian, de
Jean-Jacques et *tutti quanti.*

En Prusse, l'affadissement public gagna l'armée. Les con-
signes du temps de paix recommandèrent la plus extrême
douceur de la part des troupes, même en cas de troubles.

Le militaire perdit peu à peu son prestige et « fut subor-
« donné aux autorités civiles de la classe la plus infé-
« rieure ».

Horrendum! les corps de troupe de passage dans une localité durent solliciter des municipalités un certificat de bien
vivre.

« L'officier eut des raisons de croire qu'en toutes circons-
« tances il se tirerait mal d'un conflit avec les bourgeois ou
« les autorités civiles.

« L'armée finit par dégénérer en une milice craintive, non
« par peur de l'ennemi, mais par peur des conflits (1). »

Or, qu'attendre, à la guerre, de gens qui ont passé toute
leur vie à trembler ?

---

(1) Von der Goltz. — *De Rosbach à Iéna.*

« L'amour du bien-être croissait sans cesse..... L'éduca-
« tion raffinée, le savoir-vivre, les jeux d'esprit, un rationa-
« lisme superficiel étaient en honneur..... De l'esprit de jouis-
« sance naquit à la fin un égoïsme qui domina tout.....
« Le sentiment national avait disparu et avec lui les pas-
« sions solides et saines, le feu sacré et l'amour violent de la
« patrie. Le dilettantisme spirituel avait tué le sens pra-
« tique (1). »

En résumé, quatre causes principales amenèrent l'affaiblis-
sement extraordinaire de la Prusse pendant les vingt années
qui précédèrent Iéna :

1° La torpeur des vieux généraux, endormis dans des formes
surannées, par conséquent incapables de comprendre les immenses progrès réalisés dans l'art de la guerre par les armées
de la Révolution ;

2° Le fétichisme national pour tout ce qui émanait de Frédéric le Grand et le mépris le plus complet pour les Français
demeurés, dans l'esprit du plus grand nombre, les vaincus de
Rosbach ;

3° La fausse orientation de l'activité guerrière uniquement
dirigée sur des détails et des chimères ;

4° Une sentimentalité à la Florian, produite par la philoso-
phie du XVIII° siècle, et répandue au point d'affaiblir les
caractères et de nuire au prestige de la profession des armes.

§ 5. — L'ordre de mobilisation.

L'ordre de mobilisation de l'armée prussienne fut lancé le
9 août 1806.

Vers la même époque, Napoléon essayait de conclure la
paix avec la Russie, et sa quiétude apparente était telle, qu'il
écrivait le 26 août au major général (maréchal Berthier) alors
à Munich :

---

(1) Von der Goltz. — *De Rosbach à Iéna.*

« Le cabinet de Berlin s'est pris d'une peur panique. Il s'est
« imaginé que dans le traité avec la Russie il y avait des
« clauses qui lui enlevaient plusieurs provinces. *C'est à cela*
« *qu'il faut attribuer les ridicules armements* qu'il fait et aux-
« quels il ne faut donner aucune attention, *mon intention*
« *était effectivement de faire rentrer mes troupes en France.* »

Napoléon était-il sincère en dictant les lignes qui précèdent ?

En décidant le passage de son armée sur le pied de guerre,
Frédéric-Guillaume III jugea inutile de prescrire la réunion
de toutes les forces disponibles. Il laissa des troupes dans les
garnisons, principalement sur la frontière de Pologne et cons-
titua une réserve, dite stratégique, de 15,000 hommes, sous le
prince de Wurtemberg.

A la suite d'un conseil de guerre tenu à Charlottenbourg,
on décida la formation de deux armées et d'un corps combiné,
sans compter la réserve stratégique.

L'armée, dite principale, commandée par le duc de Brunswick, devait comprendre six divisions donnant un effectif de
70,000 hommes.

L'armée, dite secondaire, aux ordres du prince de Hohenlohe, se composerait de quatre divisions — 50,000 hommes —
dont deux saxonnes.

Une troisième armée, ou corps combiné, constituée par
les divisions Blücher et Rüchel, sous le commandement de
ce dernier, atteindrait l'effectif de 30,000 hommes.

Le duc de Brunswick était désigné comme généralissime,
tout en conservant la direction immédiate de l'armée principale.

§ 6. — Premiers mouvements de réunion.

Les premiers mouvements vers les frontières de l'Ouest
commencèrent le 25 août.

Le corps combiné de Blücher et Rüchel se porta de Hanovre

dans la direction de Gœttingen afin d'entraîner le grand duc de Hesse dans la coalition.

Le 13 septembre, Hohenlohe arrive à Dresde avec ses deux divisions prussiennes, dans le but d'incorporer les deux divisions de l'Électeur de Saxe et il demeure dans cette ville pendant douze jours, pour laisser aux Saxons le temps de se mobiliser, et aussi, afin de protéger (!) le passage de l'Elbe que doit effectuer l'armée principale à Magdebourg.

Le 25 septembre, l'armée principale est échelonnée entre Naumburg et Leipzig, l'armée secondaire est à Dresde, et l'armée de Rüchel atteint Mülhausen.

§ 7. — Premier plan d'opérations.

A partir du 25 septembre, les conseils de guerre succèdent aux conseils de guerre.

Brunswick veut marcher par Erfurth sur Würzburg dans le double but de saisir les communications (!) de l'armée française et de surprendre ses cantonnements qui s'étendent, à ce que l'on croit, de Würzburg à Amberg.

Hohenlohe insiste pour la marche à travers le Franken-Wald sur Bamberg et, dans son impatience, il pousse une de ses divisions (Tauenzien), en avant-garde, sur Hof.

Aux discussions prennent part, outre le roi, les princes, les courtisans, des officiers d'état-major et, parmi eux, un capitaine Müffling, topographe distingué, dont les avis sont très écoutés parce qu'il *connaît en détail le pays de Thuringe.*

Pour donner satisfaction à tout le monde, le roi finit par décider que l'armée principale débouchera d'Erfurth sur Würzburg, tandis que l'armée secondaire marchera de Hof sur Baireuth et Bamberg, aux deux extrémités du Thuringer-Wald « sorte de courtine entre ces deux bastions terribles (1) ».

Ce plan, à peine formé est abandonné.

---

(1) D'après Höfner.

§ 8. — Deuxième plan d'opérations.

Le duc de Brunswick fait adopter son projet de marcher sur le Main moyen, par Meiningen et Hildburghausen.

En conséquence, il rappelle la division Blücher, du corps combiné, attire à lui l'armée secondaire et laisse en position sur ses flancs la division Rüchel, vers Hersfeld, et la division Tauenzien, à Hof (27 septembre).

Par suite de ces dispositions, Hohenlohe se porte, avec ce qui lui reste de troupes prussiennes, de Zwickau (sur la route de Dresde à Hof) dans la direction d'Iéna par Gera.

Les divisions saxonnes, non encore prêtes, le rejoindront plus tard par Zwickau, Gera à Iéna.

Les ordres du duc de Brunswick sont exécutés à la date du 4 octobre, sauf en ce qui concerne les troupes saxonnes qui ne quitteront Gera que dans la nuit du 10 au 11 octobre.

Donc, le 4 octobre, l'armée principale est à Erfurth et environs, l'armée secondaire occupe Iéna et Roda, la division Rüchel est à Eisenach et la division Tauenzien tient Hof et Schleiz. Enfin, ce jour-là, le prince de Wurtemberg, avec la réserve stratégique, se trouve à Magdebourg.

Mais Hohenlohe ne peut se décider à rejoindre l'armée principale et reste à Iéna.

Le duc de Brunswick ne voyant pas venir l'armée secondaire, et, livré d'ailleurs à toutes les irrésolutions de la faiblesse, réunit encore conseils de guerre sur conseils de guerre.

§ 9. — Troisième plan d'opérations.

Le 7 octobre, le capitaine de Müffling alla seul à Kœnigshoffen et constata que les Français avaient évacué la région avoisinante pour se porter sur Cobourg.

A son retour, il exposa que l'armée française venant de *découvrir ses communications*, il convenait de s'en saisir.

Le duc de Brunswick adopte aussitôt cette manière de voir et ordonne que des reconnaissances de cavalerie seront immédiatement dirigées sur Hildburghausen et Neustadt, mais, comme il faut les soutenir, la division du duc de Weimar ira *prendre position* à Meiningen.

En même temps, Brunswick fait ses dispositions pour porter l'armée principale sur Weimar; la division Rüchel est rappelée.

Cette nouvelle orientation des opérations comble de joie le prince de Hohenlohe; on entre donc enfin dans ses vues. En conséquence, il envoie l'ordre aux divisions saxonnes de s'arrêter à Pöllnitz (près d'Auma) et il dirige la division du prince Louis de Prusse, en avant-garde, d'Iéna sur Saàlfeld.

§ 10. — Premiers échecs et concentration sur Iéna.

Mais la division Tauenzien se fait battre, le 9 octobre, à Schleiz, par l'avant-garde du 1er corps français; le 10, c'est le tour de la division du prince Louis mise en déroute par le 5e corps, à Saalfeld.

Alors les Saxons, rappelés à la hâte de Pöllnitz, se portent en désordre sur Iéna, où se reforment les débris des divisions Tauenzien et prince Louis.

Le 11 au soir, à Iéna, les troupes du prince de Hohenlohe sont prises de panique sans cause connue.

Le lendemain, l'armée saxo-prussienne est concentrée entre Weimar et Iéna; la division Rüchel est en marche pour la rejoindre.

Tel est, à grands traits, le récit des premières opérations de l'armée qui allait se mesurer avec la Grande Armée conduite par Napoléon.

Tout commentaire est inutile. Les faits parlent d'eux-mêmes.

Un parallèle entre l'état d'esprit des chefs prussiens de 1806 et celui des généraux français de 1870, avec toutes les conséquences qui en découlent, ferait ressortir la similitude des situations et des erreurs commises. Cette étude existe; elle a été faite par le regretté capitaine Gilbert dans un livre excellent, qui a pour titre « *Essais de critique militaire* ».

CHAPITRE III

EFFORTS DE NAPOLÉON POUR MAINTENIR LA PAIX AVEC LA PRUSSE.

———

Vers la fin de juillet 1806, le prince Murat, en prenant possession du grand-duché de Berg, occupa Werden et voulut expulser les garnisons prussiennes de quelques villes limitrophes du grand-duché.

L'Empereur lui écrivit une verte semonce et lui recommanda d'être « conciliant, très conciliant avec les Prussiens ».

Le même jour (2 août) Napoléon informait Talleyrand des incidents de frontière survenus à Werden et lui donnait ses instructions pour l'ambassadeur de France à Berlin, M. Laforest.

« Réitérez-lui (à M. Laforest) qu'à tout prix je veux être « bien avec la Prusse et laissez-le, *s'il le faut*, dans la « conviction que je ne fais point la paix avec l'Angleterre à « cause du Hanovre. »

Le « s'il le faut » est bien significatif de la part de celui qui pour obtenir la paix avec l'Angleterre, pendant le trop court ministère de Fox, n'avait pas hésité, et cela se comprend, à proposer la restitution du Hanovre à la couronne britannique.

A coup sûr, un Hanovre prussien ne pesait pas une once dans la main de Napoléon, en regard de la paix avec l'Angleterre, mais il était de bonne politique de chercher à faire croire le contraire à la cour de Berlin.

D'ailleurs, l'insinuation ne fut pas prise au sérieux par la Prusse et ne fit qu'exciter sa colère contre Napoléon.

Le 17 août, l'Empereur écrivait au major général :

« Il faut songer sérieusement au retour de la Grande « Armée, puisqu'il me paraît que tous les doutes d'Allemagne « sont levés. »

Cependant, trois jours avant, une note adressée à Talley-rand l'invitait à provoquer à la diète de Francfort une décla-ration en vertu de laquelle « le territoire de la Confédération « du Rhin est inviolable; aucune puissance, quelle qu'elle « soit, ne peut entrer, armée ou désarmée, sur ce territoire « sans se mettre en état de guerre avec la Confédération ».

Cette note visait assurément la Prusse.

C'est le 22 août que Napoléon apprit par une dépêche de son ambassadeur, M. Laforest, la nouvelle des premiers armements de la Prusse. Il écrivit aussitôt à Talleyrand pour lui préciser la ligne de conduite à tenir vis-à-vis de cette puis-sance; sa lettre débute ainsi :

« La lettre de M. Laforest, du 12 août, me paraît une « folie. C'est un excès de peur qui fait pitié. *Il faut rester* « *tranquille* jusqu'à ce que l'on sache positivement à quoi s'en « tenir. »

Combien Napoléon avait apprécié juste la faiblesse du gou-vernement de la Prusse et de son armée!

Ces termes « *il faut rester tranquille* », rapprochés de la phrase suivante de la lettre du 2 août à Murat : « *Vous ne* « *savez pas ce que je fais. Restez donc tranquille. Avec une* « *puissance comme la Prusse, on ne saurait aller trop douce-* « *ment* », montrent en quelle faible estime l'Empereur tenait ses futurs adversaires.

Cependant, jusqu'au 12 septembre, Napoléon espèrera le maintien de la paix.

Le 26 août, il cherche à faire tomber les préventions de la

Prusse en ordonnant que les troupes françaises s'éloignent des frontières de la principauté de Baireuth, alors à la Prusse, et soient relevées par des troupes bavaroises.

Le major général est invité à faire exécuter quelques mouvements de troupes dans la direction du Rhin et à donner l'ordre « que rien de ce qui est à Strasbourg et Mayence ne « passe le Rhin et que tout ce qui serait sur le Rhin, venant « de l'intérieur (de la France), attende à Strasbourg et à « Mayence ».

Le 10 septembre, l'Empereur se décide à faire partir ses chevaux et équipages de guerre le lendemain, et il écrit au maréchal Berthier :

« Les mouvements de la Prusse continuent à être fort « extraordinaires. Ils veulent recevoir une leçon. »

Le 12 septembre, Napoléon écrit au roi de Prusse pour le conjurer en termes très nobles de renoncer à la guerre.

« Si je suis contraint à prendre les armes pour me défendre, « ce sera avec le plus grand regret que je les emploierai « contre les troupes de Votre Majesté.

« Je considèrerai cette guerre comme une guerre civile « tant les intérêts de nos états sont liés.....

« Je dois le dire à Votre Majesté, jamais la guerre ne sera « de mon fait, parce que, si cela était, je me considèrerais « comme criminel. »

Dans une note écrite le même jour (12 septembre) pour M. Laforest, Napoléon disait :

« L'Empereur ne peut estimer la conduite du cabinet de « Berlin; il a cela de commun avec toute l'Europe. Si quel- « quefois même il ne consultait que son cœur, il ne serait pas « impossible qu'il désirât d'humilier le cabinet de Prusse. »

La note se termine ainsi :

« Mais autant vous mettrez de prudence, de bonnes ma- « nières et de raisonnements pour porter la Prusse au désar- « mement, autant vous serez impérieux, exigeant si les

« troupes prussiennes entraient en Saxe et la forçaient à armer
« contre moi.

« Vous déclarerez à M. de Haugwitz, par avance et en
« forme de conversation, que, si cela arrivait, vous avez
« ordre de demander vos passe-ports et, que, dès ce moment,
« la guerre serait déclarée. *Vous en instruirez, par un courrier*
« *extraordinaire, le maréchal Berthier, afin que les troupes se*
« *mettent en règle;* et, si effectivement, après vos instances, la
« Prusse persistait à occuper la Saxe, vous quitteriez Berlin.»

Toutes les instances de Napoléon et de sa diplomatie furent
vaines.

Elles arrivaient trop tard.

La Prusse, humiliée par les procédés antérieurs de Napoléon et consciente de sa déchéance morale, fut prise d'un
accès de rage et courut aux armes.

Comme la France de 1870 et pour des causes analogues, la
Prusse de 1806 contraignit son souverain à entamer la lutte,
elle si faible, contre la puissance formidable de Napoléon.

C'était pure folie.

« *Quos vult perdere Jupiter dementat.* »

CHAPITRE IV

PRÉCAUTIONS ET PREMIERS PROJETS DE NAPOLÉON
CONTRE LA PRUSSE.

Napoléon n'avait pas attendu jusqu'au 12 septembre, pour prendre ses précautions au cas où la guerre ne pourrait être évitée.

Le 5 septembre, il écrivit deux lettres importantes au major général, à Munich.

La première était relative à l'organisation de la Grande Armée et à sa mise sur le pied de guerre.

La seconde prescrivait des reconnaissances sur les débouchés des chemins qui conduisent de Bamberg à Berlin, et prévoit une concentration générale sur Bamberg.

Des travaux récents sur la stratégie présentent ces deux lettres comme ayant constitué, l'une, l'ordre de mobilisation, l'autre, l'ordre de rassemblement de la Grande Armée.

L'examen attentif de ces deux documents montre, d'une part, qu'il y a loin de la mobilisation, comme nous la comprenons aujourd'hui, aux mesures de prévoyance et de renforcement ordonnées par Napoléon et, d'autre part, qu'à cette date (5 septembre), le rassemblement général fut à peine esquissé.

Le plan d'opérations de Napoléon n'a pas été formé d'un seul jet.

Son idée première — idée maîtresse — est de marcher de

Bamberg sur Berlin, en traversant le Franken-Wald, mais
cette idée a subi de nombreuses variations jusqu'au jour où,
certain de pouvoir déboucher en Saxe avant que l'ennemi ne
pût s'y opposer, Napoléon a « ployé sa gauche sur sa droite »
pour porter la guerre au cœur du pays ennemi.

Examinons maintenant les principaux passages des deux
lettres en question.

§ 1er. — Mesures de renforcement et d'organisation.

« Les nouvelles circonstances de l'Europe, dit la pre-
« mière lettre, me portent à penser sérieusement à la situa-
« tion de mes armées. »

Il était temps, en effet, de s'en occuper quand on songe
que la Prusse avait commencé ses armements le 9 août.

Dans la même lettre, Napoléon annonce que 50,000
hommes de la conscription de 1806, bientôt suivis de 30,000
de la réserve, vont rejoindre la Grande Armée pour la renforcer.

Les cadres des 3es bataillons et ceux des 4es escadrons avec
les majors (lieutenants-colonels) sont à diriger sur les dépôts
à l'intérieur pour recevoir et instruire les nouveaux conscrits
à lever prochainement.

Par suite, les deux bataillons maintenus dans chaque régiment de la Grande Armée auront 140 hommes par compagnie,
ou 1120 hommes par bataillon ($140 \times 8 = 1120$).

« J'avais donné l'ordre de faire rester à Strasbourg et à
« Mayence tout ce qui y était ; levez cet ordre et faites venir
« aux corps non seulement le personnel, mais même le
« matériel. »

On se rappelle en effet, que dans ses lettres du 17 et du
26 août, Napoléon, dans le but de calmer les susceptibilités
de la Prusse, avait ordonné au major général de ne faire
passer le Rhin à aucun détachement venant de l'intérieur.

§ 2. — Reconnaissances topographiques.

La seconde lettre, expédiée de Saint-Cloud au major général (à Munich) à la date du 5 septembre, porte :

« Envoyez des officiers du génie faire de bonnes reconnais-
« sances, à tout hasard, sur les débouchés des chemins qui
« conduisent de Bamberg à Berlin. »

Napoléon veut être renseigné sur le réseau routier du Franken-Wald et de la Saxe.

Cette connaissance est indispensable pour asseoir les calculs de temps et d'espace qui sont la base de toute combinaison stratégique.

A l'époque dont nous parlons, les cartes de l'Europe centrale étaient très défectueuses, mais, eussent-elles été bonnes, les cartes les mieux faites ne donnent pas une idée suffisante de l'état de viabilité des chemins ; elles doivent être complétées, quand on sait où l'on veut aller, par des notices topographiques et statistiques.

L'Empereur désigne, pour ces reconnaissances, des officiers du génie et, toujours, il aura recours aux officiers de cette arme lorsqu'il voudra faire étudier la topographie d'une région.

Les études topographiques et les travaux spéciaux de construction qui forment une partie essentielle de l'instruction des officiers du génie trouvaient là une heureuse application.

La correspondance de Napoléon nous fournira d'autres occasions de montrer quel rôle important était attribué, dans la Grande Armée, aux officiers du génie, avant et pendant la période des opérations actives.

§ 3. — Aperçu de la réunion des forces et de l'offensive sur Berlin.

« Huit jours après que j'en aurai donné l'ordre, il faut que

« *toutes mes armées*, soit celle de Francfort (7e corps), soit
« celle de Passau (4e corps), soit celle de Memmingen (6e corps)
« soient *réunies à Bamberg et dans la principauté de Baireuth.*

« Envoyez-moi l'itinéraire que chacun suivrait et la nature
« des chemins. J'imagine que le maréchal Soult (4e corps)
« passerait par Straubing, le maréchal Ney (6e corps) par
« Donauwœrth et le maréchal Augereau par Würzburg. Je
« conçois qu'en huit jours *tous mes corps d'armée se trouve-*
« *raient réunis* au delà de Kronach. Or, de ce point, frontière
« de Bamberg, j'estime *dix jours de marche vers Berlin.* »

Les lignes qui précèdent ont une importance capitale pour
nous qui étudions la guerre dans ce qu'elle a de plus élevé et
qui sommes curieux de suivre le développement des idées
chez Napoléon depuis qu'il croit la guerre possible jusqu'au
jour où il lancera sur la Prusse les foudres accumulées de son
génie.

L'Empereur dit : *toutes mes armées;* il en avait donc
plusieurs ?

Oui, certes, il en avait quatre depuis le commencement de
mars, époque à laquelle, ainsi qu'on l'a vu, il se mit en garde
contre la Prusse en disposant ses corps d'armée, isolément ou
par groupe, sur quatre zones, savoir :

Les 1er, 5e et 3e corps au centre, vers Anspach.

Le 4e corps, en aile droite, à Passau.

Le 7e corps, en aile gauche, à Francfort.

Le 6e corps, en réserve centrale, à Memmingen.

Nous avons montré précédemment le rôle éventuel du
4e corps en cas de guerre avec l'Autriche, et celui du 7e corps
en prévision d'une rupture avec la Prusse; nous n'y reviendrons pas.

Napoléon indique Bamberg comme centre de la zone de
réunion de tous les corps de la Grande Armée.

Cette ville, point de convergence d'un grand nombre de
routes, est située immédiatement en avant des cantonnements
du groupe central. En outre, elle est le point de départ des

routes de Schleiz et de Saalfeld, lesquelles, avec celle de Baireuth à Hof, étaient les seules bonnes communications reliant le bassin du Main supérieur à la Saxe par le Franken-Wald.

Un calcul de distances, des plus simples, a permis à Napoléon de fixer à huit jours le temps nécessaire pour que le 4e, le 7e, le 6e corps et *a fortiori*, les 1er, 5e, 3e corps, pussent se trouver réunis à l'entrée des débouchés du Franken-Wald dont Kronach marque le centre.

Napoléon emploie le terme de *réunion* pour désigner le *rassemblement* des corps d'armée en cantonnements serrés sur une zone de moyenne étendue, telle que les divers corps soient en mesure d'entamer les opérations dans un sens quelconque, tout en restant liés entre eux.

Nous aurons l'occasion de revenir sur les propriétés de l'armée réunie.

Disons dès maintenant que Napoléon ne s'est servi du mot de « concentration » que pour désigner l'état de préparation de l'armée, à la veille d'une bataille.

De notre temps, on n'a pas cru devoir retenir la terminologie si claire et si bien appropriée de Napoléon.

Ainsi, on a choisi le terme de « zones de concentration » pour indiquer les régions sur lesquelles nos armées doivent se réunir en débarquant du chemin de fer.

Cette expression fait double emploi avec celle qui désigne la condensation préparatoire à la bataille.

La terminologie a son importance ; nous n'en voulons d'autre preuve que cette phrase de Napoléon :

« A la guerre, il faut d'abord bien établir la langue pour « s'entendre, car c'est faute de cela qu'on prend une chose « pour une autre. »

Mais nous avons droit aux circonstances atténuantes.

Les hommes de notre génération ignoraient, en 1870, les enseignements de Napoléon ; ils ont dû s'inspirer des élèves

du maître, les Prussiens, et alors, certaines locutions nous
sont parvenues perverties ou inexactes.

Pour en revenir aux formes essentielles que peut prendre
une armée, nous dirons qu'elle est : soit, en quartiers ; soit,
réunie ; soit, concentrée.

Dans le premier cas, elle occupe des *cantonnements étendus*
comme pendant un armistice ; dans le second cas ses *cantonnements sont serrés*, et dans le troisième cas, elle stationne en
cantonnements-bivouacs, ou bien, au bivouac.

Napoléon estime qu'il y a dix jours de marche de Kronach
à Berlin. Il veut donc aller à Berlin ?

Un écrivain à courte vue, le général prussien de Hohenlohe, a pris texte, récemment (1), de la phrase de Napoléon
pour s'écrier :

« Berlin, mais c'est un objectif géographique ! »

Si l'auteur allemand s'était donné la peine de lire avec
attention toute la lettre impériale, il y aurait vu ces mots :

« Je n'ai aucun projet sur Berlin. »

En effet, Berlin est pour Napoléon le point de direction,
mais non l'objectif.

L'Empereur veut marcher sur Berlin parce qu'il devine
que l'armée prussienne viendra lui en barrer la route. Il
n'aura pas la peine de chercher l'ennemi pour le combattre ;
c'est l'ennemi qui accourra à sa rencontre.

La Grande Armée s'avancera sur Berlin « en bataillon
carré », sous le couvert de détachements, composés en majorité de cavalerie, qui lui assureront le temps de prendre ses
dispositions pour la bataille, à n'importe quel moment de sa
marche et sur quelque terrain que ce soit.

Napoléon ignore les projets de l'ennemi, mais ce qu'il sait

---

(1) *Lettres sur la Stratégie* (1887).

bien c'est que la marche de la Grande Armée à travers la Saxe attirera l'adversaire et le réduira à jouer un rôle subjectif.

L'idée de Napoléon consistant à marcher de Bamberg directement sur Berlin dénote une connaissance approfondie du cœur humain, des doctrines de l'ennemi, de sa faiblesse enfin.

On ne peut former un plan semblable que si l'on a la certitude absolue de vaincre, et Napoléon l'avait.

§ 4. — Questionnaire topographique.

La seconde lettre impériale du 5 septembre renfermait, en outre, une série de questions sur les routes, les rivières, les ponts, les villes fortifiées que l'on rencontre dans le pays compris entre Bamberg et Berlin.

« Vous ferez ramasser les meilleures cartes qui pourront se « trouver à Munich et à Dresde.....

« Vous enverrez des officiers intelligents à Dresde et à « Berlin par des routes différentes..... Ils s'arrêteraient par- « tout en route pour déjeuner, dîner, dormir, ne marche- « raient point de nuit et étudieraient bien par ce moyen le « local..... Je pense qu'on trouvera de quoi vivre dans le « pays de Bamberg. Il me sera facile d'approvisionner Würz- « burg. »

§ 5. — Esquisse du plan d'opérations.

En résumé, Napoléon esquisse son plan de campagne dans la seconde lettre qu'il adresse le 5 septembre au maréchal Berthier.

Ce plan vise essentiellement :

1° Le choix d'une zone de réunion très rapprochée des quartiers du groupe central de corps d'armée. Cette zone sera couverte du côté dangereux par les massifs du Franken-Wald et du Thuringer-Wald ;

2° La fixation de la direction initiale : Berlin, sur laquelle viendra se placer de lui-même l'objectif qui est l'armée ennemie ;

3° Les subsistances de rassemblement des corps d'armée, assurées par le pays de Bamberg ;

4° L'occupation de Würzburg, ville forte pouvant servir à la fois de place de dépôt et de pivot de manœuvre.

Bien mieux, cette lettre contient le canevas d'une partie des travaux du temps de paix ayant pour objet l'élaboration du plan d'opérations pour une guerre à venir.

La différence essentielle entre la méthode de Napoléon et celle de nos jours consiste en ce que le chef de la Grande Armée, seul, improvise et ordonne, tandis que la préparation à la guerre est devenue aujourd'hui un travail de longue haleine auquel participent toutes les activités militaires.

§ 6. — Principes d'organisation de la ligne d'opérations.

Une lettre du 9 septembre, adressée de Saint-Cloud au major général, contient les passages suivants que nous reproduisons à cause de leur importance.

« Si je faisais la guerre contre la Prusse, ma *ligne d'opéra-*
« *tions* serait *Strasbourg*, *Mannheim*, *Mayence* et *Würzburg*,
« où j'ai une place forte ; de sorte que mes convois, le qua-
« trième jour de leur départ de Mannheim ou de Mayence,
« seraient en sûreté à Würzburg. Je voudrais, à quatre jour-
« nées de Würzburg, sur le territoire bavarois, avoir une
« petite place qui puisse servir de dépôt. J'ignore quelle force
« peuvent avoir les petites places de Kronach, Lichtenfeld,
« Schesslitz. *Forchheim serait dix lieues trop bas ;* cependant
« il faudrait s'en servir si l'on ne pouvait s'établir ailleurs. »

L'Empereur emploie ici l'expression de *ligne d'opérations* et non celle de *ligne de communications* pour désigner la route que suivront les convois destinés à l'armée. Toutefois, Napoléon se servait habituellement du terme : *ligne de communications* quand il s'agissait de la route d'étapes, reliant le

territoire d'où il tirait ses ressources au premier point d'appui
de ses opérations, comme était Würzburg. Il désignait, par
contre, sous le terme de *ligne d'opérations* la route de l'armée
depuis le premier pivot de manœuvres jusqu'aux troupes
elles-mêmes.

Napoléon lorsqu'il a dit : « Une armée ne doit avoir qu'une
seule ligne d'opérations » a visé la terminologie que nous
venons de fixer. En effet, chacune des armées qu'il a commandées n'a jamais eu qu'une ligne d'opérations, dans le sens que
nous attachons à ce terme, alors que ses lignes de communications ont été plus ou moins nombreuses.

On verra plus loin qu'au début de la campagne de 1806 la
Grande Armée a eu quatre lignes de communications et une
seule ligne d'opérations.

La ligne de communications indiquée ici par l'Empereur
aboutit à Würzburg, c'est-à-dire derrière le centre du dispositif de couverture formé par la division Gazan (5ᵉ corps), à
Schweinfurth, et par le 7ᵉ corps, à Francfort.

La place-dépôt de Würzburg répond donc au cas où la
Grande Armée aurait à manœuvrer dans le bassin moyen du
Main. Cette éventualité ne peut se présenter que si les Prus-
siens, prenant l'initiative des opérations, débouchent dans la
vallée du Main avant que l'armée française ait pu franchir le
Franken-Wald.

Mais Napoléon demande qu'on lui indique une place forte à
quatre journées au sud-est de Würzburg, soit à vingt-cinq
lieues environ dans la direction de Bamberg, parce que celle-
là sera le dépôt d'où partira la ligne d'opérations vers la
Saxe, au cas où l'on aura le temps de franchir les montagnes
avant que l'ennemi ait de grandes forces au sud du Thuringer-
Wald.

La lettre du 9 septembre ordonne, en conséquence, de faire
reconnaître Kœnigshofen, au nord de Schweinfurth, et le
Main, depuis Würzburg jusqu'aux frontières de Baireuth.

« Faites aussi reconnaître le haut Palatinat jusqu'aux fron-

« tières de la Saxe; voyez s'il s'y trouve une place où mes
« convois puissent se rendre depuis le Rhin, et qui puisse
« servir de *point d'appui à mes opérations*. »

Napoléon veut donc une seconde place à l'est et à vingt-
cinq lieues de Würzburg, dans le haut Palatinat, sur les frontières de la Saxe. Nous verrons plus loin que cette place fût
Kronach.

La même lettre porte :

« Dans tous les cas, la place de Forchheim ne doit pas être
« négligée. Concertez-vous avec le roi de Bavière pour qu'il y
« mette un commandant avec des munitions de guerre et de
« bouche. »

On voit, d'après ces citations, que, dans l'esprit de l'Empereur, la réunion de l'armée doit être couverte, en avant, par
la place de Kœnigshofen; sur les flancs, par Würzburg et
une autre place à trouver vers la frontière de Saxe (Kronach);
enfin appuyée, en arrière, par la place de Forchheim. La zone
de réunion sera donc complètement encadrée par des places
formant dépôts et pivots de manœuvres.

Aux termes de la lettre du 9 septembre, l'Empereur veut
pouvoir diriger ses convois venant du Rhin, soit sur Würzburg par Mayence, soit, par une autre voie, sur la place du
haut Palatinat (Kronach) située sur les frontières de la Saxe.

La ligne de communication de Strasbourg à Würzburg par
Mannheim et Mayence suppose que l'ennemi débouchera de la
Saxe vers Bamberg par les défilés du Franken-Wald.

La ligne de communication du Rhin à Kronach ne peut se
comprendre que dans le cas où la Grande Armée prendra
l'initiative des opérations et envahira la Saxe.

Mais, si l'ennemi se présente devant Würzburg avant que la
Grande Armée ait rompu vers la Saxe, la place de Forchheim deviendra forcément le point d'arrivée des convois,
autrement dit, *la tête d'étapes de guerre*, pour nous servir de
l'expression aujourd'hui consacrée.

Les citations de la lettre du 9 septembre qui précèdent contiennent en germe l'idée maîtresse de l'utilisation des places fortes durant la période des rassemblements, idée dont nous aurons l'occasion d'étudier le développement en des lettres postérieures.

Sans entrer dès maintenant dans la discussion de la réunion de l'armée, au double point de vue de sa sécurité et de son secret, on peut dire que Napoléon a cru trouver dans les places fortes un des moyens les plus efficaces pour masquer les mouvements de réunion et mettre ses convois à l'abri des incursions de la cavalerie ennemie.

On ne peut comparer Würzburg, Kronach, Kœnigshofen et Forchheim, de vraies bicoques, aux places et forts d'arrêt dont l'ensemble constitue les zones fortifiées actuelles.

Aujourd'hui, bien mieux qu'en 1806, la fortification permanente de notre frontière est susceptible de masquer les rassemblements d'armées entières.

Demain, comme en 1806, la doctrine de l'offensive à outrance prévaudra chez nos ennemis.

Cette doctrine, inspirée par Frédéric, a été mal appliquée en 1806, mais a donné d'excellents résultats en 1866 et en 1870.

Tout problème dont les données sont suffisantes est soluble.

Il est donc permis d'espérer que, par analogie avec les dispositions de Napoléon que nous étudierons plus tard en détail, la future offensive stratégique des Allemands donnera l'occasion à la défensive stratégique française de préparer, à l'abri des places fortes, une manœuvre dont les résultats pourront être décisifs.

La lettre impériale du 9 septembre contient ce passage :

« Faites reconnaître la Naab et faites faire un grand cro-
« quis de cette rivière; dans un cas de guerre, elle peut
« devenir très importante. »

Le cas de guerre que vise Napoléon est évidemment celui où les armées prussienne et autrichienne agiraient de concert, la première en débouchant sur Würzburg ou Bamberg, la seconde en attaquant la ligne de l'Inn, défendue par les Franco-Bavarois du maréchal Soult.

Ce maréchal utiliserait alors l'Inn inférieur, l'Isar inférieur et le Danube comme lignes de défense pour retarder l'ennemi supposé en nombre très supérieur; mais un corps autrichien, qui remonterait la vallée du Danube par la rive gauche, après avoir fait tomber les lignes de l'Inn et de l'Isar l'une après l'autre, tournerait facilement les défenses du Danube, par Ratisbonne, si l'occupation de la ligne de la Naab ne venait mettre obstacle à ses projets.

« Faites observer (reconnaître) Gotha, Naumburg et Leipzig « comme fortifications, et dites-moi *quelles places* on pourrait « trouver à *l'abri d'un coup de main entre Bamberg et Berlin,* « et qui *pourraient servir de centre aux positions de l'armée.* »

Par place pouvant servir de centre aux positions de l'armée, il faut entendre une ville forte servant de dépôt ou de magasin pour l'armée et, éventuellement, de pivot de manœuvres.

Une place de dépôt, « point d'appui des opérations », prenait également, dans la correspondance de l'Empereur, le titre de « pivot de manœuvres ».

Si l'armée se concentre auprès d'une telle place, elle y trouvera des subsistances accumulées qui la feront vivre pendant les quelques jours de crise précédant la bataille.

On conçoit, en outre, qu'une place à laquelle une armée appuie une de ses ailes rende toute attaque de ce côté extrêmement difficile. Elle fait l'office, dans ce cas, d'un secours de 10,000, 15,000, 20,000 hommes, pourvu que l'ennemi commette la faute d'accepter la lutte dans des conditions aussi désavantageuses pour lui.

Mais, dans l'esprit de l'Empereur, une place de dépôt ne devait servir de point d'appui aux opérations ou de pivot de manœuvres que dans le cas où l'armée se trouverait contrainte d'adopter la défensive.

Nous aurons l'occasion de revenir, avec les développements qu'elle comporte, sur cette question.

De telles places devaient se trouver sur la ligne d'opérations, autant que possible à quatre ou cinq journées de marche les unes des autres.

Napoléon voulait avoir ses malades et blessés, ses munitions et ses subsistances dans une enceinte fortifiée, à l'abri des insultes d'un corps de partisans.

Il y était en quelque sorte forcé par la parcimonie qu'il apportait à constituer la garde des lignes de communications et d'opérations.

Les gîtes d'étapes ordinaires avaient pour toute garde un brigadier et quatre gendarmes. Quant aux gîtes principaux fortifiés, les seuls renfermant des hôpitaux et des magasins, ils n'avaient le plus souvent pour leur défense que des malades ou des éclopés réunis en sections ou compagnies provisoires, sous les ordres d'officiers blessés ou fatigués.

§ 7. — Le centre de réunion sera-t-il Würzburg ou Bamberg ?

Le 10 septembre, Napoléon écrivit au maréchal Berthier :

« Les mouvements de la Prusse continuent à être fort « extraordinaires. Ils veulent recevoir une leçon. Je fais « partir demain mes chevaux et, dans peu de jours, ma « garde.

« Si les nouvelles continuent à faire croire que la Prusse a « perdu la tête, je me rendrai droit à *Würzburg ou à Bam-* « *berg.* »

Napoléon ignore donc, le 10 septembre, s'il réunira l'armée autour de Würzburg ou de Bamberg.

Et comment pourrait-il le savoir ?

Tout dépendra de l'activité des Prussiens.

Würzburg sera le centre des rassemblements français, si la prochaine campagne doit avoir pour théâtre le bassin du Main inférieur. Par contre, Bamberg est tout indiqué comme centre de réunion de la Grande Armée, dans le cas où les lenteurs de la Prusse autoriseraient Napoléon à exécuter son premier projet de marche sur Berlin.

« J'imagine que Braunau est toujours approvisionné et en « état de défense. »

Cette place est appelée, en effet, à jouer un rôle important dans l'éventualité d'une alliance de l'Autriche avec la Prusse et avec la Russie.

Le même jour, 10 septembre, l'Empereur donna l'ordre au général Caulaincourt de faire partir sa maison militaire en deux échelons, le premier le 11, le deuxième le 14.

« Je désire que cela se fasse avec tout le mystère possible. »

Napoléon avait raison d'entourer son départ pour l'armée du plus grand secret, car la nouvelle pouvait faire accélérer les mouvements de l'armée prussienne.

§ 8. — Précautions sur le Rhin inférieur.

Une autre lettre de l'Empereur, écrite le 10 septembre à son frère Louis, roi de Hollande, a pour objet la formation d'un camp de 30,000 hommes, à Utrecht, au moyen de troupes hollandaises et de deux divisions françaises, l'une de 5,000, l'autre de 12,000 hommes « pour défendre Wesel, le nord de « vos États, et, selon la marche de mes opérations et les évé- « nements de la guerre, vous étendre dans le pays de Münster « et de Wesel..... Le général Michaud est *un fort brave* « *homme* qui pourra très bien commander ce corps sous vos « ordres ».

Ainsi, Napoléon, sans dire encore à son frère Louis la nature des opérations qu'il médite, le prévient d'avoir à se mettre en garde, en concentrant à Utrecht toutes les troupes françaises et hollandaises disponibles dans le royaume de Hollande.

Le qualificatif donné au général Michaud et la bonne opinion que semble avoir Napoléon des qualités militaires de son frère excitent l'étonnement.

Aux yeux de Napoléon, le général Michaud était « un fort brave homme » et son frère un vrai général.

Mais où le roi Louis avait-il appris la guerre ?

L'esprit familial, poussé jusqu'à l'exagération, a fait commettre à l'Empereur bien des erreurs, pour ne pas dire des sottises. Ses faiblesses à l'endroit de Murat et de Bernadotte découlèrent du même sentiment.

§ 9. — Mesures diplomatiques.

La journée du 12 septembre fut consacrée par l'Empereur aux affaires étrangères et à des détails d'organisation concernant la garde impériale.

Ce jour-là, il écrivit à l'empereur d'Autriche et au roi de Prusse ; puis il dicta : pour M. Laforest, ambassadeur à Berlin, M. Durand, ministre de France à Dresde, et M. Bignon, ministre de France à Cassel, des notes qui peuvent se résumer ainsi :

Si la Prusse envahit la Saxe sans coup férir, MM. Laforest et Durand demanderont leurs passeports et en instruiront le maréchal Berthier par courrier extraordinaire.

Si la Hesse arme, M. Bignon quittera Cassel.

Une lettre écrite, le même jour (12 septembre) à Murat, pour l'informer de la situation générale, contient cette phrase typique, qui peint l'état d'âme de Napoléon et sa confiance sans bornes.

« Si véritablement je dois encore frapper, mes mesures sont « bien prises, et si sûres, que l'Europe n'apprendra mon « départ de Paris que par la ruine entière de mes ennemis. »

§ 10. — La zone de réunion est sur Würzburg.

Nous arrivons, le 13 septembre, à une lettre au major général, très importante, parce qu'elle montre une des variations les plus marquées de l'esprit de Napoléon au sujet de la zone de réunion de son armée.

On se souvient que, le 5 septembre, l'Empereur fixait Bamberg comme centre du rassemblement général.

Dans sa lettre du 9 septembre, il indiquait encore Bamberg comme point de départ de l'offensive sur Berlin, mais il conseillait d'approvisionner Würzburg et Forchheim.

Enfin, le 10 septembre, Napoléon annonçait que si la Prusse continuait à armer, il se rendrait droit à Würzburg ou à Bamberg.

On voit donc que le point de rassemblement, une première fois déterminé, le 5, devient moins ferme, le 9, et oscille, le 10, entre Würzburg et Bamberg.

Dans la lettre du 13 septembre, ce point est fixé à Würzburg.

« J'ai fait donner l'ordre à mon ministre à Berlin d'en « partir sur-le-champ, si la Prusse envahissait la Saxe. Au « premier bruit qui vous en reviendra, vous porterez votre « quartier général, les corps des maréchaux Ney (6ᵉ corps), « Augereau (7ᵉ corps), Davout (3ᵉ corps) et la division Dupont « (à Cologne) sur *Würzburg, où sera la réunion de l'armée.*

« La Bavière fournira 6,000 hommes pour renforcer le « corps du maréchal Bernadotte (1ᵉʳ corps). Hesse-Darmstadt « fournira 4,000 hommes pour renforcer le maréchal Auge- « reau (7ᵉ corps).

« Vous écrirez à Rapp, à Strasbourg, pour qu'il m'en pré- « vienne par le télégraphe, et une heure après je pars pour « Würzburg..... Cependant *toutes les lettres de la Prusse* « *sont amicales,* et je ne crois pas qu'elle envahisse la Saxe..... « Vous ferez partir également toute la cavalerie sans excep- « tion..... Il ne restera du côté de l'Inn que le maréchal Soult « et 20,000 Bavarois. Les corps wurtembergeois et badois se- « ront du côté de Nœrdlingen. Tout le reste de mon armée se « réunirait entre Würzburg et Bamberg.

« Le même jour où vous apprendrez que M. Laforest a

« quitté Berlin, le maréchal Bernadotte entrera dans Bai-
« reuth. »

Les mouvements de l'armée prussienne avaient commencé
le 25 août en deux groupes, l'un, le principal, se dirigeant
sur Magdebourg, où il était encore le 13 septembre, l'autre,
sous Hohenlohe, sur Dresde, où il arrivait le 13 septembre.

Napoléon ne pouvait ignorer, à la date du 13 septembre,
les deux directions : Magdebourg et Dresde, prises par les
armées prussiennes, et il devait supposer que si le gouvernement de Berlin ne désarmait pas promptement, ses armées
pouvaient atteindre les confins de la Saxe, de Würzburg et
de Cassel à la fin de septembre.

Or, l'Empereur savait se renseigner par tous les moyens.
Suivant von der Goltz, trois mois après l'arrivée à Paris, au
commencement de l'année 1806, de l'ambassadeur de Prusse
marquis de Lucchesini, Napoléon avait fait surprendre le
chiffre de la correspondance de l'ambassade et connaissait
les rapports diplomatiques à l'adresse de Berlin avant qu'ils
eussent quitté Paris.

Donc, le 13 septembre, Napoléon craint d'être surpris par
les événements et il ordonne au major général toutes les
mesures de nature à parer à une attaque générale qui lui
paraît néanmoins improbable, étant donné le langage amical
du gouvernement prussien.

Les dispositions éventuelles prescrites par l'Empereur sont
toutes de défense.

A l'aile droite, le maréchal Soult, à la tête du 4e corps que
viendront soutenir 20,000 Bavarois réunis à Munich, fait face à
l'Autriche dont la neutralité est incertaine malgré ses protestations en faveur de la paix.

Le jour où l'on saura que l'ambassadeur de France a
quitté Berlin, le maréchal Bernadotte (1er corps), occupera
Baireuth, en territoire prussien, au débouché de la route
de Dresde par Hof.

Les 3e, 6e et 7e corps se réuniront entre Würzburg et Bamberg ainsi que toute la cavalerie de réserve.

L'Empereur ne parle pas du 5e corps, mais il paraît évident que ce corps d'armée ayant déjà une division (Gazan) à Schweinfurth ira la renforcer pour former la couverture, ou avant-garde, de la masse principale à rassembler au sud de cette ville.

Tous ces mouvements s'opéreront *au moindre bruit* de l'envahissement de la Saxe par les Prussiens.

Un courrier extraordinaire pouvait se rendre, à cette époque, de Dresde à Munich en deux ou trois jours, puisque les courriers de l'Empereur employaient quatre jours pour aller de Paris à Munich.

En supposant qu'il fallût huit jours aux différents corps et divisions de cavalerie de l'armée pour se réunir aux points fixés, cette réunion pouvait être achevée douze jours après que M. Durand aurait quitté Dresde.

L'armée de Hohenlohe, une fois à Dresde, pouvait-elle arriver, en moins de douze jours, à Baireuth, en supposant qu'elle ne perdît pas un moment ?

Douze jours après l'envahissement de la Saxe, où serait l'armée du duc de Brunswick, supposée en marche sans interruption vers l'Ouest ?

Quatre hypothèses ont dû se présenter à l'esprit de Napoléon :

1° Les armées prussiennes, réunies et marchant de conserve, se dirigeront par Hof, Schleiz et Saalfeld sur Baireuth et Bamberg dans l'espoir de surprendre les quartiers de l'armée française, ou bien, elles marcheront ensemble par Erfurth sur Würzburg ;

2° Les armées prussiennes, séparées, iront, celle de Hohenlohe, de Dresde, par Hof, sur Baireuth, celle de Brunswick, par Erfurth, sur Würzburg, pour se réunir au milieu des quartiers surpris de l'armée française ;

3° Les armées prussiennes réunies se porteront sur Würzburg, par Erfurth (armée principale) et Saalfeld (armée secondaire) ;

4° Les armées prussiennes réunies marcheront d'Erfurth sur Francfort et Mayence pour couper l'armée française de la ligne du Rhin et envahir son territoire.

La première et la troisième hypothèse étaient sans contredit les plus redoutables, la première surtout.

Si les armées prussiennes (4ᵉ hypothèse) allaient sur Francfort, elles seraient bientôt arrêtées par la place de Mayence qui deviendrait le pivot des manœuvres qu'entreprendrait Napoléon pour jeter l'ennemi dans le Rhin.

Le dispositif prescrit par la lettre du 13 septembre, revêtant un caractère purement défensif, il y a lieu de penser que l'Empereur, qui ne prenait jamais une décision à la légère, avait sérieusement réfléchi, avant de l'ordonner, aux principales éventualités qui pouvaient se produire.

Dans la première hypothèse admise plus haut, il y a 225 kilomètres de Dresde à Baireuth par Chemnitz, Zwickau, Plauen et Hof, et 325 kilomètres de Magdebourg à Bamberg par Halle, Weissenfeld, Gera et Schleiz.

Il fallait donc treize jours, au moins, à l'armée principale prussienne pour que son avant-garde, une fois partie de Magdebourg, vînt déboucher du Franken-Wald à Lichtenfeld.

L'armée secondaire, après avoir quitté Dresde, pouvait atteindre Baireuth avec sa tête de colonne en neuf marches, mais il était à supposer qu'elle ne se présenterait pas ainsi toute seule au delà des débouchés et qu'elle attendrait l'arrivée de l'armée principale à sa hauteur.

En douze jours qui pouvaient se réduire à dix (la réunion de l'armée n'exigeant pas huit jours pour la majorité des corps mais seulement six), la Grande Armée était prête à entrer en opérations et par conséquent, l'ennemi, au lieu de surprendre des corps disséminés, trouverait en face de lui des forces prêtes à combattre.

Si le duc de Brunswick, rappelant à lui l'armée de Hohen-lohe, marchait, toutes forces réunies, sur Würzburg par Erfurth, il avait une distance plus grande à parcourir et manquait son effet de surprise.

Le projet qui consistait à marcher sur Francfort exigeait un nombre de jours encore plus considérable.

Le plan primitif du roi de Prusse Frédéric-Guillaume III paraît avoir été de porter toutes ses forces, par Erfurth, sur Würzburg, afin de disperser et de battre isolément les corps de la Grande Armée avant leur réunion.

Toutefois, les deux plans d'opérations orientés, l'un sur Francfort, l'autre sur Bamberg et Hof, eurent de nombreux partisans au quartier général du roi.

Quoi qu'il en fût, Frédéric-Guillaume III qui avait ordonné, le 9 août, la mobilisation de son armée « *sut amuser l'Empe-reur* » jusque vers la mi-septembre, suivant l'expression du général actuel, prince de Hohenlohe. Les armées prussiennes étaient en pleine marche, depuis trois semaines, dans la direction du Rhin, que le roi de Prusse écrivait encore à Napoléon pour protester de son inaltérable amitié.

Pour en revenir au dispositif de sûreté prescrit par Napo-léon à la date du 13 septembre, voici d'autres constatations que l'on croit pouvoir faire :

Trois corps de la Grande Armée, sans compter 20,000 Bava-rois (auprès du 4e corps), 6,000 Bavarois (auprès du 1er corps), sont disposés en couverture, savoir :

Le 4e corps, vis-à-vis de l'Autriche, à Passau ;
Le 1er corps, en face de la Saxe, à Baireuth ;
Le 5e corps, devant la Thuringe, à Schweinfurth ;

Derrière le corps d'aile gauche (le 5e), c'est-à-dire entre Würzburg et Bamberg, le gros de l'armée, comprenant trois corps et la cavalerie de la réserve.

Ce dispositif est orienté comme si l'Autriche pouvait intervenir dans la querelle, et il vise des opérations ayant pour théâtre le pays entre Main et Danube, de Würzburg à Ulm et de Baireuth à Ratisbonne.

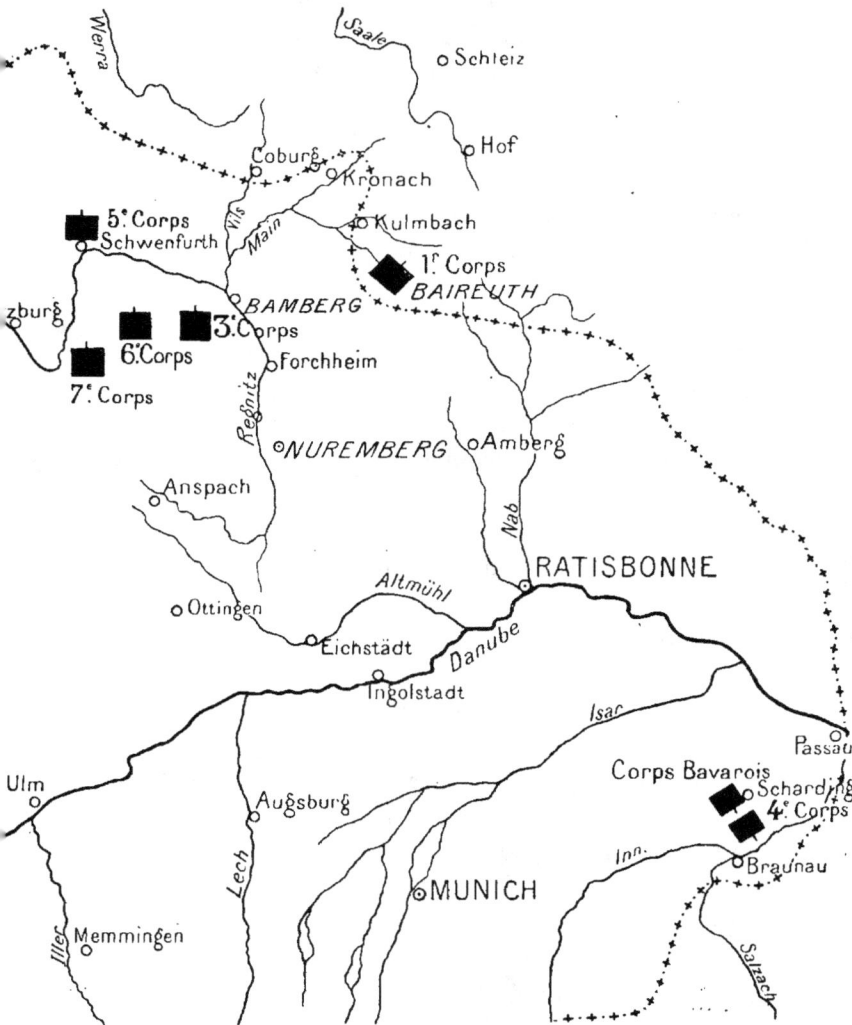

Projet du 13 septembre 1806 pour le rassemblement général.

Échelle approximative $\frac{1}{2.500.000}$.

La masse principale, réunie au sud de Schweinfurth, peut se porter aussi rapidement à Würzburg qu'à Bamberg.

Si la totalité des forces prussiennes débouche sur Würzburg par Meiningen et Fulde, le 5⁰ corps, en couverture, les ralentira jusqu'à ce que le gros de la Grande Armée puisse intervenir directement, ou bien indirectement à la suite d'une manœuvre.

L'armée du prince de Hohenlohe vient-elle sur Baireuth pendant que l'armée principale débouche sur Bamberg, le gros des forces françaises est à portée de combattre cette dernière, pendant que le maréchal Bernadotte (1ᵉʳ corps) contiendra la première en occupant les débouchés.

Dans le cas où les deux armées prussiennes, marchant séparées, se présenteraient devant Baireuth et devant Würzburg, la manœuvre serait encore la même que ci-dessus.

Si les armées prussiennes vont sur Francfort, on les laissera faire. Mayence est là pour les arrêter pendant quelque temps et on aura tout le loisir de jeter dans le Rhin ce qui aura dépassé Hanau.

Cette dernière manœuvre fut prévue et caressée avec amour par Napoléon, comme on le verra quand nous discuterons le plan d'opérations qu'il exposa au roi de Hollande dans sa lettre du 30 septembre.

Enfin, si l'Autriche intervient en faveur de la Prusse, on battra l'ennemi le plus rapproché pendant que les corps postés en couverture sur la frontière la moins immédiatement menacée résisteront, puis on se tournera, toutes forces réunies, vers l'ennemi le plus éloigné pour le détruire à son tour.

Grâce à la ligne de l'Inn et aux forteresses de Kufstein, de Braunau et de Passau, les 50,000 hommes du maréchal Soult (4⁰ corps et 20,000 Bavarois) pouvaient tenir longtemps en échec une armée autrichienne plus forte du double.

Il restait encore à Napoléon cinq corps d'armée pour battre l'armée prussienne.

On compte cent lieues de Braunau à Würzburg.

En supposant qu'une armée autrichienne attaquât le maréchal Soult au moment où l'armée prussienne déboucherait de la Thuringe, la résistance du maréchal Soult permettrait de compter sur quinze jours au moins de répit pour les opérations contre les troupes prussiennes ; c'était plus que suffisant.

En résumé, la lettre impériale du 13 septembre prévoit toutes les éventualités, prescrit les mesures propres à y parer, mais ne constitue pas une instruction de nature à éclairer le major général et à guider ses décisions dans le cas où il aurait à prendre d'urgence des dispositions avant l'arrivée de Napoléon.

Telle qu'elle est, la lettre du 13 septembre dénote de la part de son auteur de longues réflexions et répond bien à la pensée qu'exprimait Napoléon dans la lettre écrite le 18 septembre 1806 au prince Eugène, où il disait :

« Les affaires se méditent de longue main et, pour arriver
« à des succès, il faut penser plusieurs mois à ce qui peut
« arriver. »

§ 11. — La zone de réunion est sur Bamberg.

Le 15 septembre, deux jours après avoir expédié la lettre que nous venons d'analyser, Napoléon écrivait encore au major général :

« Du moment que M. Laforest aura évacué Berlin,
« vous aurez soin de mettre en marche les corps des maré-
« chaux Ney (6e), Davout (3e) et Augereau (7e) *sur Bam-*
« *berg*..... Les quatre divisions de dragons et les divisions de
« grosse cavalerie se mettront en marche sur Bamberg et
« Würzburg. Faites-moi connaître, par le retour du courrier,
« quand tout cela pourra être rendu aux lieux désignés ; mais
« *ne faites aucun mouvement que Laforest n'ait quitté Ber-*
« *lin.* »

On le voit, rien n'est changé aux dispositions de la lettre

du 13, sauf que la réunion de l'armée n'est plus à Würzburg, ni même entre Würzburg et Bamberg; elle est fixée cette fois à Bamberg.

L'Empereur, tout en voulant parer à une attaque soudaine, revient à son idée favorite : réunir l'armée à Bamberg, puis de là envahir la Saxe.

Que les 6e, 3e et 7e corps se rassemblent à Würzburg, à Bamberg, ou entre ces deux villes, la question a peu d'importance en soi et n'en acquiert que dans l'esprit de l'Empereur, au point de vue du plan d'opérations.

La réunion à Würzburg, c'est la défensive-offensive; à Bamberg, c'est l'offensive vers la Saxe; entre les deux, c'est se réserver de pouvoir choisir, en temps opportun, l'un ou l'autre mode d'action.

§ 12. — Importance des outils de pionniers.

Le 16 septembre, l'Empereur n'écrivit qu'une seule lettre au major général d'où nous détachons le passage suivant :

« Chaque division de corps d'armée doit avoir 400 ou « 500 outils de pionniers, outre 1500 pour chaque corps « d'armée..... Sans outils, il est impossible de se retrancher « ni de faire aucun ouvrage, ce qui peut avoir des consé- « quences bien funestes et bien terribles..... »

Un décret qui devait paraître quelques jours plus tard, le 1er octobre, créa le train du génie et affecta un caisson à quatre chevaux à chaque compagnie du génie pour le transport de 500 outils et agrès.

Le soin qu'apporte l'Empereur à pourvoir les troupes de nombreux outils de pionniers, 2,500 ou 3,000 par corps d'armée, montre bien qu'à la date du 16 septembre, des opérations défensives lui semblent possibles, tout au moins au début de la guerre prochaine. Dans tous les cas, il veut se mettre en mesure et, pour la même raison, Wesel doit être mise en état de soutenir un siège vers la fin d'octobre.

§ 13. — Mesures de prévoyance.

La journée du 17 septembre présente cinq lettres de l'Empereur et une du maréchal Berthier.

Des cinq lettres de l'Empereur, nous n'examinerons, pour le moment, que la quatrième, adressée au major général.

« Prenez des mesures pour bien connaître les noms des « régiments qui composent les camps de Magdebourg, de « Hameln et de Breslau, et tous les mouvements des Prus- « siens. »

Ainsi, le 17 septembre, Napoléon croit les troupes prussiennes partagées en trois masses autour des localités énoncées ci-dessus. Il était bien informé, mais ne pouvait savoir, ce jour-là, que l'armée du prince de Hohenlohe, venant de Breslau, avait atteint Dresde, le 13 septembre.

Les renseignements très précis de Napoléon remontaient donc au 7 ou au 8 septembre et, en supposant qu'à cette date les camps prussiens eussent été levés, les troupes du camp principal de Magdebourg auraient mis douze à quinze jours, en marchant sans temps d'arrêt, pour arriver à Kronach ou Coburg et, le même temps, pour déboucher devant Schweinfurth.

Les troupes du camp de Breslau avaient six jours de marche pour atteindre Dresde et de là neuf jours pour arriver au débouché de Baireuth.

En conséquence, une rencontre avec les Prussiens ne pouvait pas avoir lieu avant le 24 septembre.

La Grande Armée aurait-elle été réunie ce jour-là, en supposant que la nouvelle de l'invasion de la Saxe fût parvenue au major général le 16?

Il est permis d'en douter, étant connu le caractère indécis et pusillanime du maréchal Berthier.

En cette occasion, Napoléon nous semble avoir trop longtemps attendu avant de lancer les ordres de rassemblement.

Mais il connaissait la faiblesse du commandement prussien.

Cette appréciation de la valeur réelle de l'adversaire est l'apanage des hommes d'élite, natures d'artistes aussi, chez lesquels les impressions font naître un sentiment intime et très intense, quoique inconscient, qui les trompe rarement.

« J'imagine que la place de Braunau est en bon état. »

Napoléon prévoit encore la possibilité d'une intervention armée de l'Autriche, et il veut que ses moyens de résistance sur l'Inn soient assurés, non seulement par les 50,000 hommes du maréchal Soult, mais encore par le bon état des forteresses riveraines dont Braunau est la plus importante.

« Ayez un commandant du génie qui ait des correspon-
« dances avec les commandants du génie des différents corps
« d'armée. Que ce soit un officier général ou un colonel, peu
« importe. Qu'il ait autour de lui de jeunes officiers du génie
« dont on puisse se servir pour des missions..... Prévenez
« bien les officiers du génie que mon intention est, dans la
« prochaine campagne, de *remuer beaucoup de terre;* qu'il
« faut donc qu'ils aient beaucoup d'outils. »

La citation qui précède vise l'emploi des officiers du génie dans deux situations bien distinctes.

De jeunes officiers du génie seront réunis auprès du commandant du génie de l'armée pour être prêts à exécuter des missions et, par ce terme, il faut entendre surtout les reconnaissances topographiques à faire, soit isolément, soit en accompagnant la cavalerie d'avant-garde.

L'autre rôle des officiers du génie consiste à diriger les travaux de fortification improvisée que les troupes d'infanterie auront à exécuter; au moment du besoin, sur l'ordre des généraux de corps d'armée ou de division, d'après les indications techniques des commandants du génie.

En manifestant son intention de remuer beaucoup de terre dans la prochaine campagne, Napoléon montre bien que, le

17 septembre, il n'est pas encore certain de pouvoir suivre sa première inspiration, qui consiste à dérober ses premières marches à l'ennemi pour pénétrer en Saxe, et qu'à cette date il prévoit l'éventualité d'une guerre défensive entre le Rhin, le Main et le Danube, pour faire face aux attaques austro-prussiennes combinées et les rompre l'une après l'autre.

Dans une autre lettre du même jour adressée au général Dejean, secrétaire d'État à la guerre, lettre qui concerne surtout les subsistances, Napoléon écrit :

« Si la Prusse nous déclarait la guerre, Mayence paraîtrait « être le pivot des mouvements contre cette puissance. »

Encore une fois, l'Empereur songe très sérieusement à une guerre à forme défensive dans ses débuts.

Il se servira de Mayence pour fixer les têtes de colonnes prussiennes débouchant sur Francfort et, avec le gros de ses forces, il manœuvrera de façon à offrir la bataille, en débordant l'aile gauche de l'ennemi, avec l'espoir de l'acculer au Rhin.

La cinquième lettre de l'Empereur, adressée comme la quatrième au major général, le 17 septembre, à trait aux vacances d'aides de camp et d'adjoints à l'état-major à combler.

Napoléon insiste pour que l'on prenne comme aides de camp, des lieutenants, « jeunes gens actifs et qu'on pourrait « faire courir pour porter des ordres ».

Les officiers devant remplir les vacances en question devront être choisis exclusivement « parmi les adjoints des « divisions de l'intérieur et parmi les officiers de cavalerie et « d'infanterie des dépôts qui sont en France ».

Cela se conçoit, l'Empereur ne voulait pas affaiblir les corps de troupe de la Grande Armée, à la veille d'entrer en campagne.

En exécution des ordres contenus dans la lettre ci-dessus,

le major général prescrivit, le 23 septembre, aux maréchaux, d'avoir comme aides de camp, outre l'adjudant commandant, 8 officiers, dont 4 lieutenants « jeunes et actifs pour être « employés aux missions rapides ».

Le système de guerre de Napoléon comportait une rapidité de mouvements inconnue jusqu'alors et oubliée depuis. Il fallait donc aux maréchaux un grand nombre d'officiers susceptibles de porter très rapidement des ordres à toute heure du jour et de la nuit, parfois très loin.

Le télégraphe, la bicyclette et l'automobilisme facilitent beaucoup, de nos jours, les communications entre les états-majors, mais on ne peut pas toujours compter sur ces éléments de transmission et il faut que le commandement soit pourvu comme, à l'époque napoléonienne, d'un nombre relativement élevé d'aides de camp (officiers d'ordonnance) très bien montés (3 chevaux au moins), qui puissent faire des courses longues et rapides.

§ 14. — Incapacité et passivité du major général.

Nous arrivons à un document très intéressant au point de vue psychologique ; il s'agit de la lettre adressée, le 17 septembre, par le major général à l'Empereur.

Le maréchal Berthier rend compte des renseignements sur les Prussiens qui lui ont été communiqués par le roi de Bavière et qu'il a pu se procurer, soit par ses émissaires, soit par les rapports des maréchaux.

De Berlin, on écrit au roi de Bavière, à la date du 9 septembre après-midi, que les armements de la Prusse continuent.

« De Dresde, on mande au roi de Bavière, que l'armée « prussienne destinée à rester sur l'Elbe avance vers Hof « dans le pays de Baireuth ; que le prince Louis-Ferdinand, « destiné à commander l'avant-garde, est parti pour ces « contrées. »

La phrase qui précède ne dit-elle pas, sous une forme ambiguë, que l'armée du prince de Hohenlohe est arrivée à Dresde et que son avant-garde a continué sur Hof?

C'est le 13, que les deux divisions prussiennes du prince de Hohenlohe entrèrent à Dresde. La nouvelle dut en parvenir au roi de Bavière deux ou trois jours après, c'est-à-dire le 16, au plus tard.

D'ailleurs, il résulte des termes d'une lettre expédiée, le 14 septembre, de Dresde, par le ministre de France M. Durand, au maréchal Berthier, que l'invasion de la Saxe par les troupes prussiennes « était effectuée, depuis le 6, et n'était devenue que plus générale depuis cette époque ».

En apprenant cet événement, le major général avait son rôle tout tracé.

Il devait ordonner le rassemblement, au moins par division, des corps de la Grande Armée, et adresser un courrier extraordinaire à Strasbourg avec une dépêche que le télégraphe aérien aurait transmise de là à Paris.

La lettre impériale du 13, prescrivant qu'au moindre bruit du départ de M. Laforest, les 3e, 6e et 7e corps fussent réunis à Bamberg et le 1er corps à Baireuth, ne parvint au major général, que le 18 à 3 heures du matin et c'est le 19 seulement qu'il répondit à Napoléon en des termes qui n'indiquent pas beaucoup d'esprit d'initiative.

Mais, revenons à la lettre du major général en date du 17 septembre.

Après avoir fait part à l'Empereur des « on dit » qui circulent en Allemagne, au sujet de la marche des armées prussiennes, le major général continue en ces termes :

« Ce qu'il y a de certain, Sire, c'est que tout en Allemagne « est à la guerre.

« *J'attends d'un instant à l'autre de vos nouvelles et votre* « *arrivée;* car je pense que si les négociations de Paris ne « vous donnent pas la certitude des véritables intentions de « la Prusse, il n'y a pas de temps à perdre pour que Votre

« Majesté ordonne les dispositions conformes au plan de
« guerre et aux opérations qu'elle aura adoptées. »

Le maréchal Berthier fait allusion à cette phrase de la lettre
impériale du 10 septembre :

« Si les nouvelles continuent à faire croire que la Prusse
« a perdu la tête, je me rendrai droit à Würzburg ou à
« Bamberg. »

Le major général écrit ensuite :

« Votre Majesté se rappelle qu'elle m'a prescrit de ne rien
« faire, c'est-à-dire de ne faire mouvoir aucun des corps de
« MM. les Maréchaux sans ses ordres ultérieurs..... Je me
« borne à exécuter *ponctuellement* les ordres de Votre Majesté
« et à tenir tout en état pour être prêt à agir. »

Ces lignes sont en quelque sorte un plaidoyer en faveur des
circonstances atténuantes, une forme de couverture tendue
devant les responsabilités.

Elles invoquent les termes d'une lettre vieille de sept mois
(le 14 février) où il était dit :

« Tenez-vous en strictement aux ordres que je vous donne ;
« exécutez ponctuellement vos instructions..... moi seul, je
« sais ce que je dois faire. »

Mais les circonstances ne sont plus les mêmes ; le danger
est pressant. N'importe, le major général ne veut rien faire
sans ordres ; il se bornera à *l'exécution ponctuelle des ordres
de Sa Majesté*.

On ne concevrait pas, aujourd'hui, un major général aussi
peu intuitif, aussi rebelle à toute initiative et craignant autant
les responsabilités.

La passivité est chose bien dangereuse quand elle règne en
haut lieu, parce qu'elle se communique à tout et à tous.

On verra plus loin, qu'en dépit des lettres impériales du 5,
du 9 et du 10, lui indiquant l'opportunité de certaines
mesures de précaution touchant les subsistances et, en général, les approvisionnements, le maréchal Berthier ne fit rien
jusqu'au 22 septembre.

Enfin, le 17, le major général rend compte que « ni Würz-« burg ni la petite forteresse de Kœnigshofen ne sont armés ».

Or, le 16 seulement, le maréchal Berthier écrivait au maréchal Bernadotte pour lui demander des renseignements sur Kœnigshofen ; d'où cette réponse à la date du 18 :

« La petite place de Kœnigshofen doit être occupée depuis « longtemps par le général Gazan (5ᵉ corps). J'en étais con-« venu avec le maréchal Mortier lors de l'occupation du pays « de Würzburg (mars 1806). »

La reconnaissance de Würzburg, au point de vue de l'armement et des ressources, aurait dû être faite de longue date et, dans tous les cas, au reçu de la lettre impériale du 5 septembre. Il n'en fut rien et le maréchal Berthier attendit au 18 septembre pour envoyer le général Belliard en mission dans cette place.

Nous concluons de cet ensemble de faits que le major général de la Grande Armée pouvait posséder de nombreuses et solides qualités sous le rapport du caractère et de l'énergie, mais qu'il était dénué d'une haute personnalité.

Chancelier incomparable, il n'était pas un homme de guerre — les débuts de la campagne de 1809 en Allemagne l'ont démontré surabondamment — et ses fonctions ne pouvaient convenir qu'à une intelligence de deuxième ordre comme la sienne.

L'idéal que nous nous faisons du major général dans une guerre future est tout autre.

Pour nous, un tel personnage doit être le collaborateur respectueux et soumis du généralissime, et il faut qu'il puisse suppléer celui-ci à l'occasion.

Tous les fruits de la bataille de Dresde en 1813 furent perdus parce que, le lendemain de la victoire, Napoléon fut pris subitement de coliques.

Que l'Empereur eût fait une maladie grave à la fin de septembre 1806, peut-être les Prussiens fussent-ils venus dicter la paix à Paris.

Non ! le système de commandement basé sur un seul homme n'est pas admissible, et, autant nous admettons la nécessité étroite de l'unité de commandement, autant nous nous élevons contre l'absorption, au profit d'un seul, de toutes les activités directrices d'une armée.

La période des mesures de précaution prises par Napoléon se termine le 18 septembre.

Ce jour-là, à 11 heures du soir, fut lancé l'ordre de faire partir la garde en poste pour Mayence.

A dater de ce moment, les ordres pour le rassemblement de la Grande Armée, son échelonnement sur les lignes de marche choisies, enfin sa mise en mouvement vers la Saxe vont se succéder sans relâche, et tous émaneront de Napoléon.

§ 15. — Un point de doctrine exposé par Napoléon.

Pour clôturer ce chapitre des précautions en vue d'une guerre possible avec la Prusse, improbable mais à prévoir avec l'Autriche, il nous faut dire quelques mots d'une *instruction générale (sic)* adressée par l'Empereur, le 18 septembre, au prince Eugène, vice-roi d'Italie.

« L'Autriche proteste de sa neutralité, et il est à croire, vu
« la situation actuelle de ses affaires intérieures, qu'elle atten-
« dra, si elle se décide, l'issue des événements. Quoiqu'il
« sera temps alors de vous donner des instructions, j'ai cru
« que je devais d'avance vous instruire du rôle que vous
« auriez à jouer, *afin que vous vous y prépariez.* »

Autrement dit, l'Autriche attendra, pour intervenir, de connaître l'issue de la première bataille.

« Vous commanderez en chef mon armée d'Italie, qui ne
« sera qu'une *armée d'observation,* vu que je suis bien avec
« l'Autriche. »

L'Empereur prescrit d'évacuer tout doucement les hôpitaux et les magasins de l'Istrie sur Palmanova et Osoppo, places fortes mises en état de défense et pourvues de garnisons.

Les troupes du Frioul, jointes aux régiments stationnés en Piémont, formeront un corps de 40,000 hommes destinés à *contenir* une armée autrichienne qui aurait envahi l'Istrie.

« En tout cas, vous pourriez manœuvrer entre Venise, Pal-
« manova, Osoppo, Mantoue, Legnano, Peschiera, sans être
« obligé de vous affaiblir pour munir ces places, les ayant
« armées et approvisionnées d'avance. Si les événements
« devenaient très sérieux, il est probable que vous vous trou-
« veriez rallié par l'armée de Naples (et le 8e corps sous les
« ordres de Masséna), ce qui vous ferait un renfort de 40,000
« hommes.....

« Quant à la Dalmatie, dans une pareille occurrence, le
« général Marmont devrait laisser une garnison suffisante à
« Raguse..... Il concentrerait tout son monde du côté de Zara
« pour pouvoir inquiéter les frontières de Croatie, les attaquer
« même, pousser des partis et *obliger l'ennemi à se tenir en*
« *force vis-à-vis de lui.....*

« Au pis aller, Zara le mettrait à même de s'y défendre
« des mois entiers, et d'*attendre la solution générale des*
« *affaires.....* »

Même en supposant que l'Autriche prenne fait et cause pour la Prusse, le rôle de l'armée d'Italie, comme celui du corps de Dalmatie, est purement défensif, parce que Napoléon ne veut pas poursuivre plusieurs buts à la fois ni disperser ses forces sur plusieurs théâtres d'opérations.

C'est entre le Main, le Danube et le Rhin que le sort de la guerre se décidera si l'Autriche s'allie à la Prusse. Les armées d'Italie et de Dalmatie, pendant ce temps, immobiliseront devant elles le plus de forces possible, et ces forces ennemies seront en moins sur le théâtre des opérations décisives.

En cas d'infériorité notoire, l'armée d'Italie manœuvrera

entre ses places et compensera ainsi, par l'emploi de la fortification et sa mobilité, le désavantage du nombre.

On peut faire un rapprochement dans les circonstances
actuelles, entre la situation de Napoléon vis-à-vis de la Prusse
et de l'Autriche en septembre 1806 et celle que nous créerait
une menace de guerre venant de l'Allemagne et de l'Italie.

Nous aimons mieux laisser à chacun le soin d'apprécier
jusqu'à quel point l'analogie est vraie et quelle distinction il
convient d'établir entre les opérations du côté des Vosges et
celles qui se dérouleraient près des Alpes.

CHAPITRE V

LA RÉUNION DE LA GRANDE ARMÉE.

---

§ 1er. — Transports de troupes par convois de voitures.

Napoléon donna l'ordre au général Dejean, le 18 septembre, à 11 heures du soir, de faire partir les 2 régiments de grenadiers et les 2 régiments de chasseurs à pied de la garde, le 19 et le 20, pour Meaux et Dammartin.

A partir de Meaux, les grenadiers durent être transportés sur des charrettes à 4 colliers, formées en 2 convois de 100 voitures, se relayant d'étape en étape, jusqu'à Worms, par Metz, en 14 étapes.

De Dammartin, les chasseurs devaient voyager également en deux convois relayés à toutes les étapes pour atteindre Bingen, en 13 étapes, par Soissons et Luxembourg.

L'effectif des grenadiers, comme des chasseurs, était de 2,000 hommes, ce qui fait 10 hommes par charrette et 1000 hommes par convoi.

Les troupes ainsi transportées durent parcourir trois étapes par jour et arriver à Worms et à Bingen, le 25 septembre.

Des ordres furent envoyés pour qu'en ces deux points des convois de bateaux fussent préparés en vue de transporter l'infanterie de la garde à Mayence.

Le 19, l'Empereur ordonna que les 3 régiments d'infanterie légère campés à Meudon, près de Paris, fussent transportés, comme la garde, à Mayence, en utilisant les mêmes convois de charrettes, à leur retour dans chaque relai d'origne.

Même disposition fut prise un peu plus tard à Metz pour le 14e de ligne et le 28e léger qui furent transportés ainsi à Mayence.

Ces dispositions n'ont plus guère aujourd'hui qu'un intérêt archéologique. Toutefois, il n'est pas inutile de les connaître, car telle circonstance de guerre peut se présenter où l'on sera heureux de s'en inspirer pour accélérer certains transports, quelle que soit leur nature.

§ 2. — Instructions au roi de Hollande.

Le 19 septembre, l'Empereur, encore à Saint-Cloud, annonça au roi Louis de Hollande son arrivée à Mayence pour le 1er octobre.

« Les circonstances deviennent tous les jours plus urgentes », écrit-il à son frère.

Il lui prescrivait d'être le 1er ou le 2 octobre à Wesel avec une division de 10,000 à 12,000 hommes, dont il lui donnait la composition.

« *Comme mon intention n'est pas d'attaquer de votre côté,* « *je désire que vous entriez en campagne le premier pour* « *menacer l'ennemi;* les remparts de Wesel et le Rhin, à tout « événement, vous serviront de refuge.

« Vous recevrez de nouvelles instructions plus tard..... « *Faites marcher toute votre cavalerie,* afin de couvrir le « duché de Berg et les terres de la Confédération de ce côté. »

Le lendemain, 20 septembre, Napoléon développait son idée en ces termes, dans une nouvelle lettre à son frère :

« Il est nécessaire que vous fassiez mettre dans vos gazettes « qu'un nombre considérable de troupes arrive de tous les « points de la France, qu'il y aura à Wesel 80,000 hommes « commandés par le roi de Hollande.

« Je désire que ces troupes soient en marche dans les pre-

« miers jours d'octobre, parce que c'est une contre-attaque
« (nous dirions aujourd'hui démonstration) que vous ferez
« pour *attirer l'attention de l'ennemi pendant que je manœuvre*
« *pour le tourner*. Toutes vos troupes doivent se porter sur le
« territoire de la Confédération et se répandre jusqu'à ses
« limites, sans les dépasser ni commettre aucun acte d'hosti-
« lité. *Ce n'est pas le temps des jérémiades, c'est de l'énergie*
« *qu'il faut montrer*. »

Suivent des détails d'organisation, puis ces mots caracté-
ristiques :

« *Tout doit être secret et mystère*. »

L'idée maîtresse, en ce qui concerne le rôle du corps aux
ordres du roi de Hollande, est celle-ci :

Attirer l'attention des Prussiens du côté de Wesel et de
Mayence, au moyen de démonstrations, qui devront se produire dès le 1er octobre, c'est-à-dire au moment où le rassemblement de la Grande Armée ne sera même pas complètement
achevé.

C'est, dans l'ordre stratégique, l'opération si connue en
tactique et qui consiste à fixer l'adversaire par un combat de
front pour permettre à la masse chargée de l'attaque décisive
de manœuvrer un ennemi déjà immobilisé.

Napoléon annonce à son frère l'intention de manœuvrer
pour tourner l'ennemi, mais il ne peut entreprendre cette manœuvre que si les Prussiens sont maintenus, ou tout au
moins attirés par les troupes du Rhin.

Remarquons aussi que la manœuvre enveloppante que projette l'Empereur, à la date du 20 septembre, ne vise pas des
opérations en Saxe, mais bien, dans la région de Mayence,
entre le Rhin, le Main et le Weser.

Cela est si vrai que, le 29 septembre, presque à la veille de
prendre une résolution définitive, Napoléon écrivait encore, à
son frère Louis :

« *Faites beaucoup de bruit avec votre corps d'armée*.

« *Répandez la croyance que votre armée sera de 80,000 hom-*

« mes..... Il est bien important que vous ayez un pont sur
« Wesel, pour que *vous puissiez border le Rhin, si je par-*
« *venais à jeter un gros corps d'ennemis sur le Rhin.* »

L'ordre général pour le rassemblement de l'armée, en date
du 19 septembre, que nous discuterons plus loin, n'indique
pas davantage le plan d'invasion de la Saxe.

Il est « tout de prévoyance » suivant l'expression même de
Napoléon, autrement dit, l'armée française est prête à parer
à toutes les éventualités, même et surtout à une marche rapide
des armées prussiennes vers le Main moyen ou sur Francfort.

Napoléon prescrit au roi de Hollande de *faire marcher*
toute sa cavalerie.

Il s'agit, en effet, de produire une diversion, de faire beaucoup de bruit..... et de poussière. Quelles troupes, sinon une
nombreuse cavalerie, conviendraient mieux à remplir ce
rôle ?

Des auteurs allemands ont prétendu que Napoléon, en 1806,
craignait si fort la cavalerie prussienne qu'il ne voulut pas
commettre la cavalerie française avec elle avant la décision
de la première bataille et que, pour cette raison, il ne fit pas
précéder la Grande Armée de ses six divisions de cavalerie
lorsqu'il la transporta de la région de Bamberg dans celle de
Gera.

Le général de Hohenlohe, dans ses *Lettres sur la stratégie*,
ne craint pas d'opposer à l'emploi de la cavalerie de la
Grande Armée, au début des opérations de 1806, l'exemple
des divisions de cavalerie allemande en août 1870.

La critique est misérable et montre que le général écrivain
n'a pas compris les conceptions géniales de Napoléon.

On verra plus loin que l'emploi spécial que fit l'Empereur
de sa cavalerie dans les premiers jours d'octobre 1806 est un
modèle d'adaptation des moyens au but, car il tient compte
de *toutes* les circonstances.

Il est des cas où la cavalerie entière doit se montrer en

avant de l'armée, mais il en est d'autres où il faut qu'elle soit ailleurs.

A la guerre, rien n'est absolu, et les clichés ou autres dérivés de l'esprit géométrique n'ont rien à voir aux mobiles appelés à guider les décisions du chef suprême.

Napoléon veut que tout, au moment où il écrit à son frère, soit *secret et mystère*.

Nous dirons oui et non.

Oui, il ne faut pas que les plans du généralissime puissent transpirer pour être colportés ensuite chez l'ennemi.

Mais, quelques hautes personnalités de l'armée et parmi elles le major général, ne doivent-elles pas être tenues au courant des idées du chef suprême?

Poser la question c'est y répondre.

Le haut commandement ne doit pas tomber en quenouille par la maladie ou la disparition de celui qui le détient.

Entre le mystère absolu et les inconséquences de plume ou de langage il y a place pour des confidences bien placées, pour des échanges de vues, qui peuvent exercer une très heureuse influence sur les événements.

Nous n'insisterons pas davantage sur les inconvénients de la tournure d'esprit *mystérieuse*.

Ce serait vouloir enfoncer une porte ouverte.

Reconnaissons, toutefois, que dans la circonstance, Napoléon avait bien raison d'exiger le secret le plus absolu vis-à-vis de l'entourage du roi de Hollande.

Il ne faut pas, en effet, que l'ennemi arrive à connaître les points de rassemblement de nos forces.

Tout le secret des premières opérations réside dans l'incertitude de l'ennemi au sujet du choix de la zone de réunion et de la répartition de nos armées sur cette zone.

C'est pour mieux assurer le secret des rassemblements que Napoléon procède à la réunion de la Grande Armée le plus tard possible, avec l'arrière-pensée d'entamer la campagne dès que ses moyens d'action seront prêts.

§ 3. — Dispositions générales pour la réunion
de la Grande Armée.

(Voir carte n° 1.)

Nous arrivons enfin à la lettre si importante du 19 septembre, dans laquelle Napoléon arrête les « mouvements et dispositions générales de la Grande Armée » pour sa réunion.

Cette lettre fut suivie de neuf autres dictées le même jour, toutes ayant pour objet la réunion de la Grande Armée.

Dans l'une d'elles, l'Empereur disait au maréchal Berthier :

« J'ai dicté ce matin pendant deux heures à Clarke pour « ordonner tous les mouvements de l'armée, mais il paraît « que ce ne sera que vers minuit qu'il aura mis son travail au « net. »

Cette phrase démontre absolument que l'Empereur fait tout, est tout, et ne laisse à son major général que le soin de transmettre ses ordres.

La même lettre contient la phrase suivante :

« Je n'ai pas besoin de vous dire que *le mystère et le secret* « doivent présider à ces opérations (de rassemblement). »

Certes, la précaution est justifiée. Il n'y a pas dans le cours d'une guerre un seul moment où le secret soit plus nécessaire, vis-à-vis des troupes et de l'ennemi, que pendant la période des rassemblements.

C'est même, à notre avis, le sens qu'il faut attribuer aux paroles suivantes prononcées par Napoléon, à Varsovie, en 1807 :

« Le secret de la guerre est dans le secret des communica- « tions. »

Si, par communications on entend les routes — aujourd'hui les chemins de fer — qui conduisent des zones de l'intérieur (ou des pays alliés) au rassemblement de l'armée, on conviendra que, dans la pensée de l'Empereur, le secret des communications voulait dire le secret des rassemblements et des voies de communications ou de ravitaillement de l'armée pendant qu'elle se réunit.

Selon toute probabilité, Napoléon reçut, le 18 au soir, la nouvelle de l'entrée des Prussiens à Dresde (effectuée le 13) et, sans perdre une minute, il commença ses dispositions pour la campagne qu'il jugea dès lors inévitable.

L'Autriche paraissant renoncer à toute action militaire, au moins jusqu'à ce que les événements se fussent prononcés en faveur de l'un ou de l'autre des belligérants, l'Empereur ne conserva pas le maréchal Soult sur l'Inn; il le fit venir à Amberg, après avoir ordonné l'organisation d'une garnison de choix à Braunau, sous les ordres du général Merle, chef d'état-major du 4e corps.

L'Empereur au major général.

Saint-Cloud, le 19 septembre 1806.

Mouvements et dispositions générales de la Grande Armée.

1º « J'ai donné directement des ordres au roi de Hollande « pour qu'il se trouve, le 2 octobre, avec son corps d'armée à « Wesel. »

Nous avons exposé précédemment les idées de l'Empereur au sujet du rôle attribué au corps d'armée de Hollande; nous n'y reviendrons pas.

2º « Le maréchal Augereau (7e corps) se réunira à Franc-« fort, le 2 octobre, ayant des postes de cavalerie et une « petite avant-garde à Giessen. »

A la date du 24 septembre, les quartiers du 7e corps et de la 1re division de dragons y rattachée avaient pour centres les villes suivantes :

Quartier général du corps d'armée : Francfort.

Quartiers de la 1re division : Friedberg (quartier général), Guedern (16e léger), Homburg (44e de ligne), Aschaffenburg (105e ligne).

Quartiers de la 2e division : Dietz (quartier général), Ober-Hadamar (7e léger), Camberg (24e de ligne), Francfort (63e de ligne).

Quartiers de la brigade de cavalerie légère, à Francfort.

Quartiers de la 1re division de dragons : Siegen (quartier général), Attendorn (1er dragons), Altenkirchen (2e dragons), Dillenburg (14e dragons), Schwauzenraben (20e dragons), Biedenkopf (26e dragons).

Le rassemblement du corps d'armée pouvait être effectué 48 heures après la réception de l'ordre, mais il fallait trois ou quatre jours à la 1re division de dragons pour être réunie à Francfort.

L'envoi d'une avant-garde à Giessen, située 58 kilomètres au nord de Francfort, sur la frontière de Hesse-Cassel, indique, de la part de Napoléon, le désir d'attirer l'attention du corps prussien, signalé aux environs de Hameln, dans la direction de Cassel, voire même de l'inciter à envahir cet électorat.

3° « Le maréchal Lefebvre (5e corps) se réunira à Kœnigs-« hofen le 3 octobre. Ce mouvement s'exécutera plus tôt, si « l'ennemi était en force à Halle. »

Le 16 septembre, le 5e corps occupait les quartiers suivants :

Quartier général : Dinkelsbühl.

Quartiers de la 1re division : Dinkelsbühl (quartier général), Wassertrüding (17e léger), Schwaning (34e de ligne), Rothemburg (40e de ligne), Feuchtwang (64e de ligne), Crailsheim (88e de ligne).

Quartiers de la 2e division : Schweinfurth (quartier général), Eibelstadt (100e de ligne), Schweinfurth (103e de ligne), le 21e léger était en route pour rejoindre, venant de Dusseldorf.

Division de cavalerie légère : Bischoffsheim (quartier général), Landa (9e hussards), Wertheim (10e hussards), Hassfurt (13e chasseurs), Neustadt (21e chasseurs).

Il y a 150 kilomètres de Dinkelsbühl à Kœnigshofen, ou cinq à six journées de marche.

La 1re division devait donc être rassemblée le 27 septembre, au plus tard, pour se mettre en marche, le 28, sur Kœnigshofen.

4° « Le maréchal Davout sera réuni à Bamberg, avec tout « son corps d'armée, au plus tard le 3 octobre. »

A la date du 16 septembre, les quartiers du 3e corps étaient : Quartier général du corps d'armée : Œttingen.

Quartiers de la 1re division : Nœrdlingen (quartier général), Rolingen (13e léger), Dischingen (17e de ligne), Heidenheim (30e de ligne), Nœrdlingen (51e de ligne), Wallerstein (61e de ligne).

Quartiers de la 2e division : Hall (quartier général), Gaildorf (33e de ligne), Winenden (48e de ligne), Obersentheim (108e de ligne), Schmidelfeld (111e de ligne).

Quartiers de la 3e division : Œhringen (quartier général), Knittlingen (12e de ligne), Benigheim (21e de ligne), Wimpfen (25e de ligne), Jaagsthausen (85e de ligne).

Division de cavalerie légère : Mergentheim (quartier général), Calw (1er chasseurs), Weikersheim (2e chasseurs), Krantheim (12e chasseurs), Mosbach (7e hussards).

De Heidenheim, le quartier le plus éloigné jusqu'à Bamberg, il y a plus de 200 kilomètres.

Il fallait donc environ huit jours à la 1re division pour atteindre le point de rassemblement assigné au corps d'armée.

Napoléon, à qui nul détail n'échappait, envoya, le 19 septembre, au 3e corps, un ordre particulier pour qu'il se réunît d'abord vers Œttingen.

Cet ordre, parvenu au quartier général du 3e corps, le 23 septembre, était exécuté le 27, en sorte que l'arrivée au rassemblement pût s'effectuer ensuite en quatre ou cinq jours.

5° « Le maréchal Soult (4e corps) sera réuni à Amberg « (hormis le 3e de ligne qui reste à Braunau), et sera prêt à « partir le 4 octobre avec tout son corps. »

Dans une lettre du 19 septembre au major général, où Napoléon annonce l'envoi des ordres de mouvement, douze

*5

heures plus tard, il est dit que tous les corps du maréchal Soult doivent recevoir l'ordre de se tenir prêts à partir, ainsi que le grand parc stationné à Augsbourg et le grand quartier général, alors à Munich.

Cette lettre dut arriver au major général le 23 septembre, et le maréchal Soult fut sans doute prévenu le 25.

En fait, les divisions du 4e corps commencèrent à se rassembler par division le 26, entamèrent la marche sur Ratisbonne le 27, et tout le corps fut réuni, le 30, auprès de cette ville.

Le 22 septembre, les quartiers du 4e corps étaient les suivants :

Quartier général : Passau.

Quartiers de la 1re division : Braunau (quartier général), Burghausen (10e léger), Wart (36e de ligne), Thann (43e de ligne), Chostlam (55e de ligne).

Quartiers de la 2e division : Landshut (quartier général), Wasserburg (24e léger), Voluzach (4e de ligne), Geissenhausen (28e de ligne), Aw (46e de ligne), Aibach (57e de ligne).

Quartiers de la 3e division : Passau (quartier général), Obernzell (26e léger), Passau (tirailleurs corses), Waldkirchen (tirailleurs du Pô), Passau (3e de ligne), Nidraltar (18e de ligne), Vilshofen (75e de ligne).

Brigade de cavalerie légère : Neuhaus (quartier général), Pfarkirchen (8e hussards), Zwizel (11e chasseurs), Wasserburg (16e chasseurs), Altdorf (22e chasseurs).

3e division de dragons : Amberg (quartier général), Nabburg (5e dragons), Neustadt (12e dragons), Kemnath (9e dragons), Soultzbach (16e dragons), Utzenhof (21e dragons).

2e division de grosse cavalerie : Cham (quartier général), Straubing (1er cuirassiers), Furth (5e cuirassiers), Neuburg (10e cuirassiers), Dekendorf (11e cuirassiers).

On compte 80 kilomètres de Ratisbonne à Amberg, par Schwandorf.

Le rassemblement du 4ᵉ corps à Amberg ne pouvait donc pas s'effectuer avant le 3 octobre.

6° « Le prince de Ponte-Corvo (Bernadotte, 1ᵉʳ corps) sera « réuni à Nuremberg (1) le 2 octobre. Il y sera réuni avant « cette époque, si les dispositions des Prussiens paraissent « être de faire des mouvements hostiles. »

A la date du 10 septembre, le 1ᵉʳ corps était ainsi réparti : Quartier général : Anspach.

1ʳᵉ division (Rivaud) : Anspach (quartier général), Heilbronn (8ᵉ de ligne), Anspach (45ᵉ de ligne), Schwarzenburg (54ᵉ de ligne).

2ᵉ division (Drouet) : Furth (quartier général), Nuremberg (27ᵉ léger), Furth (94ᵉ de ligne), Schwabach (95ᵉ de ligne).

Brigades légères : Seehof (quartier général), Lichtenfels (4ᵉ hussards), Stegaurach (5ᵉ hussards), Schesslitz (2ᵉ hussards), Hochstadt (5ᵉ chasseurs).

4ᵉ division de dragons : Œllingen (quartier général), Allesberg (15ᵉ), Hilpolstein (17ᵉ), Gunzenhausen (18ᵉ), Greding (19ᵉ), Ohrenbau (25ᵉ), Heydeck (27ᵉ).

1ʳᵉ division de grosse cavalerie : Kitzingen (quartier général), Ochsenfurt (1ᵉʳ carabiniers), Marckbreit (2ᵉ carabiniers), Kitzingen (2ᵉ cuirassiers), Gerolzhofen (3ᵉ cuirassiers), Wolkach (9ᵉ cuirassiers), Gorchsheim (12ᵉ cuirassiers).

Le 1ᵉʳ corps devait être réuni à Nuremberg en deux jours.

7° « Le maréchal Ney (6ᵉ corps) sera réuni à Anspach le « 2 octobre. »

A la date du 22 septembre, les quartiers du 6ᵉ corps étaient : Quartier général : Memmingen.

1ʳᵉ division (Dupont) : Cologne (quartier général), Crevelt (9ᵉ léger), Cologne (32ᵉ de ligne), Neuss (96ᵉ de ligne), Coblentz (1ᵉʳ hussards).

---

(1) L'ordre de l'Empereur porte Bamberg par lapsus, ainsi qu'il ressort d'une lettre du 29 septembre. Napoléon voulait dire Nuremberg.

Pour la discussion stratégique, nous avons rétabli le point choisi par l'Empereur.

2ᵉ division (Marchand) : Memmingen (quartier général), Mattsics (6ᵉ léger), Oberingen—Gunzburg (39ᵉ de ligne), Lentkirch (69ᵉ de ligne), Memmingen (76ᵉ de ligne).

3ᵉ division (Gardanne) : Altdorf (quartier général), Schussenried (25ᵉ léger), Lindau (27ᵉ de ligne), Mosskirch (50ᵉ de ligne), Morsburg (59ᵉ de ligne).

Cavalerie légère : Altshausen (quartier général), Waldsee (3ᵉ hussards), Hirbelle (10ᵉ chasseurs).

2ᵉ division de dragons : Fryburg (quartier général), Donaueschingen (3ᵉ dragons), Doningen (6ᵉ dragons), Eitersheim (10ᵉ dragons), Fryburg (11ᵉ dragons), Emendingen (13ᵉ dragons), Merdingen (22ᵉ dragons).

Il y a près de 200 kilomètres de Memmingen à Anspach, ou huit jours de marche.

Le 6ᵉ corps reçut à la vérité une dépêche particulière de l'Empereur, en date du 19 septembre, pour être réuni, le 28 septembre au plus tard, à Ulm.

En fait, le 6ᵉ corps eut sa tête, le 30 septembre, à Dinkelsbühl, à 40 kilomètres au sud d'Anspach, et le 1ᵉʳ octobre, il était échelonné entre Anspach et Feuchtwang, sur une profondeur de 25 kilomètres.

La division Dupont avait reçu du général Dejean, le 21 ou le 22, l'ordre d'être rendue à Mayence, le 28, pour se diriger de là sur Würzburg. Elle atteignit Mayence, le 27.

8° « Les six divisions de cavalerie de la réserve se met-
« tront en mouvement et seront arrivées en position le long
« du Main, depuis Kronach jusqu'à Würzburg, le 3 octobre.
« La grosse cavalerie du côté de Würzburg. »

Plusieurs de ces divisions avaient des trajets considérables à effectuer pour se rendre sur le Main aux environs de Würzburg.

Par exemple, la 2ᵉ division de grosse cavalerie, dont le quartier général était à Cham, était séparée de Würzburg par une distance supérieure à 250 kilomètres.

En supposant que son ordre de mouvement lui parvînt le

26, il lui fallait au moins un jour pour rallier les détachements et elle ne pouvait partir de Cham que le 28. Dans ces conditions, elle avait à faire 50 kilomètres par jour pour arriver, le 3 octobre, aux environs de Würzburg.

9° « Le 2 octobre, on prendra possession du château de « Würzburg, qu'on armera et approvisionnera. On prendra « possession de Kœnigshoffen et du château de Kronach, et on « le mettra en état de défense. »

Les lettres antérieures prescrivaient de préparer l'occupation de ces places. Ici, c'est un ordre formel.

10° « Le parc général se rendra à Würzburg, le petit « quartier général à Bamberg, les gros bagages à Würzburg; « tout cela en position, le 3 octobre. »

Le parc général, stationné à Augsbourg depuis huit mois, se divisait en grand parc fixe et grand parc mobile.

Le grand parc fixe était à la fois un réservoir à munitions et un centre de réparations. On l'installait dans les places de dépôt situées à l'origine de la ligne d'opérations, ou, ce qui revient au même, aux points terminus des lignes de communications.

Le grand parc mobile devait suivre l'armée à deux ou trois journées de marche.

Un grand parc du génie fut organisé à Augsbourg, en fin septembre 1806, par le général Chasseloup.

On compte près de 250 kilomètres depuis Augsbourg jusqu'à Würzburg. Cette distance exigeait huit ou dix jours de marche.

Mais il semble résulter des rapports du général Songis, que le parc général était à Ulm à la fin de septembre. La 1er division (il y en avait quatre) du grand parc mobile quitta Ulm le 25 septembre et arriva à Würzburg, le 3 octobre. Les autres divisions du grand parc mobile se suivirent à un jour d'intervalle.

Quant au grand parc fixe, il fut réparti entre Würzburg, Kronach et Forchheim.

11° « Tous les commandants d'armes de la Souabe et de
« la Bavière seront rappelés, excepté celui d'Augsbourg et
« d'Ingolstadt, et dirigés sur la nouvelle ligne d'opérations
« jusqu'à Würzburg et Bamberg.

« Le général qui commande en Souabe commandera à
« Francfort ; un autre commandera tout le pays de Würz-
« burg. »

On entendait par commandants d'armes les officiers pourvus de fonctions analogues à celles de nos commandants
d'étapes actuels.

Le général appelé au commandement de la région de
Francfort devait exercer l'autorité dévolue aux généraux
placés à la tête des *commandements territoriaux particuliers*
que prévoit notre règlement actuel sur le service des étapes.
Il en était de même du général chargé de commander le pays
de Würzburg.

Napoléon n'indique pas encore quelle sera la nouvelle
ligne d'opérations (1), mais le texte semble indiquer que cette
ligne ira de Mayence à Bamberg par Würzburg.

12° « La gendarmerie des divers corps sera affaiblie, afin
« d'établir, à une journée de marche en arrière, sur chaque
« grande route qu'on prendra, un détachement commandé
« par un officier supérieur pour arrêter les traînards et marau-
« deurs et empêcher le désordre. »

La prescription qui précède montre que la discipline n'était
pas parfaite à la Grande Armée.

Déjà en 1805, la maraude avait été la plaie de l'armée.
Nous en avons signalé les causes à la fin de notre étude de la
manœuvre d'Ulm ; il est donc inutile d'y revenir à propos
de 1806.

Tout autre a été la discipline de nos ennemis en 1870,
parce que le commandement, à tous les degrés, a pris une part

---

(1) Cette nouvelle ligne d'opérations est, à proprement parler, une ligne de
communications.

active, dans l'armée allemande, à la recherche et à la distribution des subsistances.

Une armée qui marche ne peut pas compter sur l'intendance pour la nourrir.

Les troupes doivent alors exploiter le pays, elles-mêmes, mais, par troupes, il faut entendre les chefs d'unités, depuis le capitaine jusqu'au général en chef.

Alors, on évite le désordre, la maraude, l'indiscipline, et l'on vit bien.

Napoléon semble avoir professé une méfiance, peut-être justifiée, à l'égard des officiers de troupe, en ce qui concerne les réquisitions :

« Recommandez qu'on ne fasse pas de vilenies » écrivait-il en octobre 1806 au sujet de marmites et de bidons à se procurer chez les habitants, à prix d'argent.

C'est que beaucoup d'officiers de la Grande Armée étaient des soudards.

Les mémoires du temps foisonnent d'exemples d'indélicatesses commises en Allemagne, même chez nos alliés, par des officiers à la conscience trop élastique.

Cette époque est passée. Aujourd'hui, l'officier français possède une éducation qui le met au-dessus du soupçon quand il s'agit d'opérations administratives n'ayant pour tout contrôle que l'honneur.

13° « On mettra à l'ordre que les généraux aient les aides « de camp et les officiers d'état-major (au complet) sans en « prendre dans la Grande Armée, excepté dans les dépôts. »

Cette prescription résume les ordres contenus dans la lettre du 17 septembre et semble bien tardive.

14° « Le major général expédiera tous les ordres sans délai « et m'enverra l'itinéraire de la route de chaque colonne. »

On peut être surpris que, sur les neuf lettres dictées par Napoléon le 19 au matin, la plus importante, celle que nous étudions en ce moment, n'ait été envoyée que le lendemain.

Quoi qu'il en fût, la lettre ayant pour titre *mouvements et dispositions générales de la Grande Armée* revêt bien la forme d'une directive, suivant l'expression aujourd'hui consacrée.

Si Napoléon avait donné tous ses ordres de cette manière, son système de commandement ne soulèverait aucune critique et nous n'aurions rien eu à demander aux Allemands, sous le rapport de la préparation, de la rédaction, et de la transmission des ordres.

Malheureusement, les ordres généraux de l'Empereur sont l'exception et, même quand ils existent, leur caractère général est aussitôt dénaturé par les bureaux du major général qui les découpent en tranches pour envoyer à chaque corps, ou service, les prescriptions qui le concernent sans lui indiquer le rôle des autres grandes unités.

L'ordre du 19 pour les *mouvements et dispositions générales de la Grande Armée*, expédié de Saint-Cloud, le 20, à six heures du matin, parvint au major général, à Munich, dans la matinée du 24.

Le major général commença l'expédition des ordres particuliers, le jour même, ainsi qu'il ressort de la lecture de son registre, mais il faisait du zèle quand il écrivait, le 24 septembre :

« Je viens de faire partir *tous* les ordres de mouvements. »

Il ne suffisait pas, en effet, de copier les ordres de l'Empereur ; l'état-major général avait à étudier le réseau routier, à tracer les lignes de marche, marquer les étapes, éviter les croisements de colonnes, etc.....

A vrai dire, une partie des mouvements avaient été étudiés et préparés, au reçu de la lettre impériale du 13, reçue le 19 au matin.

Néanmoins, le major général put adresser le jour même (le 24) à l'Empereur, les itinéraires des colonnes.

« Ainsi que Votre Majesté me le demande, je lui envoie « l'itinéraire des différents corps de l'armée ; mais il y aura « nécessairement quelques changements qu'y porteront « MM. les maréchaux par *la latitude que j'ai dû leur donner*;

« il y a des marches très courtes; ils pourront les doubler
« suivant les circonstances. »

La précaution de laisser une certaine latitude aux maréchaux, sous le rapport des marches de rassemblement, était
excellente, car, à un tel moment, il ne s'agit pas de « marcher
en guerre », suivant l'expression du temps, c'est-à-dire d'exécuter des marches tactiques, mais uniquement de souder les
corps de troupe les uns aux autres en les amenant rapidement et sans privations sur la zone de cantonnements serrés
qui a été choisie pour le rassemblement.

15° « Chaque corps d'armée, en arrivant au *rassemblement*,
« aura quatre jours de pain. Il faudra ordonner qu'on y pré-
« pare (au rassemblement) du pain pour dix jours, afin qu'il y
« en ait toujours pour quatre jours au moment où l'on vou-
« drait partir en campagne. »

Ce dernier membre de phrase n'est pas clair, mais les
ordres ultérieurs de Napoléon au major général et aux commandants de corps d'armée montrent que, dans l'esprit de
l'Empereur, chaque corps devait arriver au rassemblement
avec quatre jours de pain afin d'avoir le temps de préparer la
fabrication, sur place, des dix jours de pain.

En supposant que la durée du rassemblement fût de cinq
ou six jours, les quatorze jours de pain; apportés ou fabriqués
sur place, se décomposaient ainsi :

Vivres
de station 6.
{ 4 jours de pain apportés et consommés au
rassemblement.
1 ou 2 jours de pain fabriqués et consommés
au rassemblement.

Vivres
de marche 8.
{ 4 jours de pain à distribuer aux hommes au
moment du départ du rassemblement.
4 jours de pain à charger sur les fourgons
(2 jours) et sur les parcs éventuels de voitures requises (2 jours).

Le nombre considérable, et tout à fait anormal, de rations

de pain (8) à emporter, lors de la rupture des rassemblements, était commandé par la nature montagneuse et très
pauvre du pays que les corps auraient à traverser si l'idée
première de transporter la guerre en Saxe recevait son exécution.

16° « Les troupes de Bade se réuniront à Mergentheim, les
« troupes de Wurtemberg à Ellwangen. Les troupes de
« Bavière prendront la position qui a été indiquée dans le
« temps, entre l'Isar et l'Inn, et occuperont les forteresses de
« Passau et de Küfstein. Une division de 6,000 hommes sera
« sous les ordres du prince de Ponte-Corvo (Bernadotte) et
« devra être rendue, prête à partir avec le corps d'armée (1er),
« le 2 octobre. Les troupes de Darmstadt, au nombre de
« 7,000 hommes, se réuniront sous les ordres du maréchal
« Augereau. »

En ce qui concerne les troupes de Bavière, leur force, éva-
luée d'abord à 20,000 hommes par Napoléon (lettre du
13 septembre), puis à 24,000 hommes (lettre du 15 septembre)
n'est plus que de 15,000 hommes dans la note impériale du
19 septembre sur la défense de l'Inn et l'occupation de
Braunau.

La division de 6,000 Bavarois, à mettre à la suite du
.1er corps vers Nuremberg, avait dû, aux termes d'une lettre
impériale du 15 septembre, « se réunir à Ingolstadt, prête à
« se ranger sous les ordres du maréchal Bernadotte ».

Déjà, dans sa lettre du 13 septembre, Napoléon avait écrit :

« La Bavière fournira 6,000 hommes pour renforcer le
« corps du maréchal Bernadotte. »

Dès qu'il reçut communication de la disposition contenue
dans la lettre impériale du 13 septembre, le maréchal Bernadotte écrivit au major général (19 septembre) pour le prier
d'obtenir de l'Empereur qu'il ne commandât plus de Bavarois.

Les motifs que donne le maréchal Bernadotte à l'appui de
sa requête ne sont pas flatteurs pour les ancêtres des combattants de Wissembourg, de Wœrth, de Sedan et de Coulmiers.

D'après nos propres observations, soit au feu, soit au bivouac d'Iges (3 au 8 septembre 1870), l'état-major de la 3e armée allemande n'a pas dû se féliciter beaucoup plus que le maréchal Bernadotte de la valeur des troupes bavaroises.

Voici quelques-unes des appréciations du prince de Ponte-Corvo sur les troupes de Bavière :

« J'ai encore présents (à l'esprit) les chagrins, les anxiétés « que le commandement de l'armée bavaroise m'a causés « pendant la dernière campagne (de 1805). Je ne vous ai pas « parlé des dégoûts que me donnaient *l'irrégularité dans la* « *marche, l'inexactitude dans l'exécution des ordres*, enfin « mille motifs du mécontentement le plus vrai et le plus « amer. »

La division bavaroise qui vint à Dresde vers la fin d'octobre 1806 se livra partout au pillage le plus effronté, ainsi qu'en témoignent les rapports du chef d'escadron de Thiard, chambellan de l'Empereur, envoyé dans cette ville comme commandant de place.

Les troupes de Bade (environ 3,000 hommes), à Mergentheim, se trouvaient à portée de la division Dupont pour la soutenir, puisque cette division devait être en position le 2 octobre à Würzburg.

En plaçant la réunion du contingent de Wurtemberg (environ 6,000 hommes) à Ellwangen, Napoléon se proposait probablement de mettre les Wurtembergeois sous les ordres du maréchal Ney (6e corps), dont le point de réunion était Anspach.

Il est bon d'ajouter que, ni les Bavarois, ni les Wurtembergeois, ni les Badois, ni les Hessois de Darmstadt ne furent prêts à l'époque désignée.

L'Empereur, dans les « mouvements et dispositions générales » du 19 septembre, ne faisait pas mention de la division Dupont (6e corps), le général Dejean lui ayant donné, par son ordre, rendez-vous, le 28 septembre à Mayence, et le 2 octobre à Würzburg.

Le major général, en accusant réception, le 24 septembre, des ordres relatifs à la réunion de l'armée, fit observer cette omission et ajouta :

« En conséquence, je ne lui ai point donné d'ordre, présu-
« mant que vous aviez l'intention de la laisser encore quelques
« moments et jusqu'à nouvel ordre à Cologne. »

Encore une fois, le maréchal Berthier ne brillait pas par l'initiative.

Quelques jours avant, le 20 septembre, il écrivait à l'Empereur, en réponse à sa lettre du 15, pour se disculper en quelque sorte d'avoir eu l'intention de mettre en mouvement les divisions d'Hautpoul et Becker, ainsi que le 6ᵉ corps (Ney), afin de les rapprocher de Bamberg.

Son scrupule avait pour origine cette phrase de la lettre impériale du 15 :

« Ne faites aucun mouvement que Laforest n'ait quitté
« Berlin. »

La lettre du major général, en date du 20, porte ces mots :

« Comme je crois à la guerre et qu'*il n'y a que Votre Ma-*
« *jesté qui puisse commander sa Grande Armée*, je pense qu'il
« est important qu'elle y arrive et que les maréchaux soient à
« leur poste. »

En effet, il était temps que Napoléon vînt se placer à la tête de son armée.

Les « mouvements et dispositions générales de la Grande Armée » ne fixaient pas d'emplacements aux six divisions de la cavalerie de réserve ; ils se bornaient à prescrire que ces divisions fussent en position le long du Main, depuis Kronach jusqu'à Würzburg, le 3 octobre.

Le major général envoya, le 24 septembre, des ordres de mouvement aux six divisions de cavalerie pour que, le 3 octobre, elles fussent *en position* aux points suivants :

1re division de dragons (Klein) à Aschaffenburg, venant de Siegen ;

2e division de dragons (Becker) à Mergentheim, venant de Fribourg ;

3e division de dragons (Beaumont) à Nuremberg, venant d'Amberg ;

4e division de dragons (Sahuc) à Schweinfurth, venant d'Œllingen ;

1re division de grosse cavalerie (Nansouty) à Kintzingen (près Würzburg) ;

2e division de grosse cavalerie (d'Hautpoul), à Windsheim, venant de Cham.

§ 4. — Commentaires du plan de réunion des forces.

Nous possédons maintenant tous les éléments de la discussion du plan de réunion de la Grande Armée.

Ce plan a-t-il précédé ou suivi le plan d'opérations ?

Pour nous, le plan de réunion n'a pu être que le corollaire du plan d'opérations, car avant d'exécuter les rassemblements il faut savoir dans quel but.

Or, la disposition des quartiers de la Grande Armée, à partir du mois de mars 1806, montre jusqu'à l'évidence que l'Empereur s'est mis en garde, dès cette époque, contre la Prusse.

Aurait-il exigé, au commencement de l'année 1806, la cession du marquisat d'Anspach à la Bavière, son alliée, s'il n'avait songé à réunir le gros de ses forces sur Bamberg en cas de rupture avec la Prusse ?

Napoléon a réfléchi, dès la fin de 1805, à l'éventualité d'une guerre contre cette puissance, et son premier plan d'opérations a dû se former dans son esprit au mois de février 1806.

Aussi, au premier bruit de guerre, le 5 septembre, l'Empereur indique-t-il Bamberg comme le point de réunion de son armée.

Assurément, les détails de répartition ne surgirent qu'au dernier moment, le 19 septembre, quand la guerre parut inévitable.

Si l'esprit du temps eût été plus scientifique et que Napoléon eût été moins porté aux détails, le plan d'opérations et le plan de réunion de la Grande Armée eussent été élaborés de la façon la plus complète, puis classés dans les cartons du major général afin qu'au premier signal toute l'armée pût se mettre en mouvement sans heurt ni difficulté.

De même, les approvisionnements de places fortes, de rassemblement et de marche eussent été réunis longtemps à l'avance dans quelques magasins convenablement situés, et les mouvements de matériel, prévus et ordonnés éventuellement, se fussent exécutés sans ordres nouveaux, à la seule indication : réunion de la Grande Armée.

Voilà ce qui manquait à l'organisation de la Grande Armée, voilà ce que les Prussiens ont accompli et ce que nous leur avons emprunté.

Mais, si l'on fait la part des fluctuations qu'entraîne toujours une improvisation, on constate, dans les opérations du rassemblement de la Grande Armée, plus de prévoyance que n'en ont apporté à la réunion de leurs armées les Allemands de 1870, ainsi que nous le montrerons plus tard.

Il est très important de remarquer que Napoléon, encore à Saint-Cloud, dicta les dispositions de réunion de la Grande Armée dans un moment où ses derniers renseignements sur les mouvements de l'ennemi remontaient au 13 septembre.

A cette date, l'Empereur ne pouvait savoir que ceci : le prince de Hohenlohe est entré à Dresde avec deux divisions prussiennes ; l'armée du roi n'a pas dépassé Magdebourg, et le corps de Blücher est encore aux environs d'Hameln.

Napoléon a, depuis plusieurs mois, caressé le projet de marcher directement de Bamberg sur Berlin, en cas de guerre avec la Prusse, et son plan d'opérations, s'il n'est pas consigné dans un mémoire, n'existe pas moins dans son cerveau.

Les rassemblements ordonnés le 19 septembre comprennent :

1° La réunion de quatre corps d'armée dans la région de Bamberg ;

2° La constitution d'une couverture assurée par :

Le 5e corps, à Kœnigshofen ;

La division Dupont, à Würzburg ;

Le 7e corps, à Francfort.

Würzburg est située en arrière du centre du front formé par les postes de la couverture. C'est là que sont dirigés le grand quartier général, le grand parc, une grande partie des subsistances et des hôpitaux, etc.....

Auprès de Würzburg et au Sud, sur une surface triangulaire d'environ 40 kilomètres de côté, sont réunies trois divisions de cavalerie, dont deux de cuirassiers.

La 4e division de dragons, à Schweinfurth, et la 1re division de dragons, à Aschaffenburg, serviront à relier entre eux les corps de couverture et à surveiller la frontière de Thuringe.

Le réseau de surveillance des corps de couverture s'étend depuis Giessen (petite avant-garde du 7e corps) jusque vers Neustadt, au pied du Franken-Wald.

En outre, le 3e corps (Davout) doit prendre possession de Kronach (lettre impériale du 24 septembre) au moyen de sa cavalerie et mettre cette place en état de défense, tandis que le 1er corps (Bernadotte) fera observer les confins de Baireuth.

Depuis Giessen jusque vers Baireuth, toutes les communications, sur les frontières équivoques, sont donc gardées par des postes et des piquets.

On compte à vol d'oiseau :

55 kilomètres de Giessen à Francfort.

35   —   de Francfort à Aschaffenburg.

80   —   d'Aschaffenburg à Schweinfurth.

35   —   de Schweinfurth à Kœnigshofen.

60   —   de Kœnigshofen à Kronach.

40   —   de Kronach à Baireuth.

C'est donc une ligne d'environ 300 kilomètres que tiendront les avant-postes de la Grande Armée.

La couverture de la Grande Armée a toutes les apparences d'un déploiement stratégique dont le centre serait formé par Würzburg.

Cette ville marque donc le centre fictif de l'armée.

En réunissant quatre corps, sur six, à Bamberg et au sud, Napoléon se ménage la possibilité d'opérer dans le bassin du Rhin, tout en amorçant son mouvement préféré vers la Saxe.

Le rassemblement principal est effectivement en arrière de la droite du réseau des postes fournis par la couverture, laquelle est orientée comme si l'ennemi pouvait se présenter, le 3 octobre, devant Giessen, Francfort, Hamelburg, Kœnigshofen, Kronach et Baireuth.

Si le gros des forces ennemies débouche de Fulda sur Würzburg, les 5e, 3e, 1er et 6e corps lui feront face, ayant le 4e corps en 2e ligne, et la Grande Armée marchera à sa rencontre pendant que le 7e corps, à l'aile gauche, manœuvrera.

Que l'offensive de l'ennemi ait lieu sur Francfort, le 7e corps défendra le terrain jusqu'à Mayence, et la Grande Armée, descendant la vallée du Main, viendra offrir la bataille dans des conditions telles que si l'ennemi la perd il sera jeté dans le Rhin.

Enfin, le dispositif de rassemblement place les 5e, 3e et 4e corps sur les seules bonnes routes conduisant respectivement à Saalfeld, Schleiz et Hof, sur la haute Saale, en Saxe.

Le dispositif de réunion de la Grande Armée est largement articulé. Les quatre corps d'armée qui composent le groupe central, au lieu d'être soudés les uns aux autres, présentent des intervalles correspondant à deux jours de marche environ.

Le front stratégique éventuel : *Bamberg-Anspach*, orienté sur Würzburg, mesure 85 kilomètres.

Le front stratégique éventuel : *Bamberg-Amberg*, orienté sur Baireuth, est de 100 kilomètres.

Si l'ennemi se présente devant Würzburg, ou bien, s'il débouche de Baireuth, la concentration de la Grande Armée pour la bataille s'effectuera en avançant, et le dispositif initial permettra de manœuvrer l'armée adverse avant la bataille, autrement dit, d'envelopper une de ses ailes, avant que le premier coup de canon n'ait été tiré.

§ 5. — Permanence du caractère défensif d'un plan de réunion des forces.

Il y a une différence considérable entre la réunion de la Grande Armée en 1806 et celle des armées modernes. A l'époque où nous vivons, les chemins de fer ont remplacé les routes de l'armée, ou lignes de communications, qui portaient les renforts et les ravitaillements de la mère-patrie, ou du pays allié, à la zone de réunion de l'armée.

En désignant les communications au dernier moment on laissait l'ennemi dans l'incertitude au sujet de la véritable zone de réunion, ainsi qu'il advint quand l'état-major prussien crut l'armée française déployée, la gauche au Rhin, la droite aux montagnes de Bohême.

Aujourd'hui, les lignes de chemin de fer étant fixes et connues de tout le monde, il est moins facile de tromper l'ennemi sur nos projets.

Cependant, le choix des zones de rassemblement des armées peut échapper dans une certaine mesure aux investigations de l'adversaire.

Dans tous les cas, le secret le plus absolu doit présider aux opérations relatives à la réunion des armées; on ne saurait trop le répéter.

Si les zones probables de rassemblement sont indiquées par les quais militaires, il ne s'ensuit pas que la répartition des forces sur ces zones puisse être aussi facilement connue.

On peut dire toutefois qu'il est beaucoup plus difficile aujourd'hui qu'en 1806, d'induire l'ennemi en erreur sur les zones de rassemblement et sur la répartition correspondante des armées.

Du 5 au 19 septembre, Napoléon a changé à plusieurs reprises les points de rassemblement de ses corps d'armée, sans apporter de modifications essentielles au choix primitif de la zone de réunion de son armée.

Ses variations furent inspirées par les renseignements qu'il recevait sur l'ennemi.

En sera-t-il de même dans l'avenir?

Si l'on se reporte à la réunion des forces allemandes en juillet 1870, on constate que, par ordre royal du 23 juillet, la 2e armée eut à se rassembler dans la région de Mayence, alors que ses débarquements devaient s'effectuer, en vertu du plan de transport, vers Pirmasens-Hombourg.

Il est donc permis de supposer que, lors d'une nouvelle guerre, les débarquements sur la zone de réunion des armées ne s'effectueront pas toujours aux points primitivement fixés.

Le haut commandement pourra se voir contraint de modifier, soit latéralement, soit en profondeur le dispositif des rassemblements.

Il atteindra ce résultat en utilisant *la zone de manœuvre des transports* que procurent les *gares régulatrices*.

Cette question des modifications éventuelles à faire aux transports stratégiques est aussi délicate qu'importante.

La préparation de chantiers de débarquement en des points ignorés de l'ennemi, l'utilisation habile de certaines régions fortifiées, pourront peut-être pallier les défauts qui résultent de la fixité des chemins de fer et de l'existence connue des quais permanents, surtout si nos premières opérations affectent la forme défensive.

La défense stratégique qui n'exclut pas, tout au contraire, l'offensive tactique prise au moment favorable, se prête mieux que l'offensive stratégique à une manœuvre contenue en germe dans les rassemblements, à la condition que le secret le plus absolu ait présidé à la réunion des forces.

Cette manœuvre que sera-t-elle?

Peu nous importe!

L'homme de guerre qui conduira nos armées à la victoire aura su trouver la solution simple, originale et imprévue du problème le plus difficile qu'homme ait à résoudre.

Qui soupçonnait, au mois de septembre 1806, l'emploi que ferait Napoléon des places de Wesel, de Mayence, de Würzburg, de Kronach et de Forchheim pour assurer le secret de ses rassemblements et encourager l'offensive de l'ennemi dans la direction de Mayence?

Napoléon choisit les trois places de Würzburg, Kœnigshofen et Kronach comme pivots de ses opérations, sans compter Mayence qui est le pivot principal.

Les trois premières de ces places couvrent le rassemblement principal du côté le plus dangereux qui fait face aux directions de Fulda et d'Erfurth.

En effet, une place située sur les derrières du rassemblement ne peut jouer tout au plus que le rôle de magasin fortifié, non celui de pivot des opérations, et c'est pour ce motif que Napoléon, dans sa lettre du 5 septembre, trouvait que Forchheim était de dix lieues trop au Sud.

Tout rassemblement est par nature *défensif.*

Pendant qu'il s'opère, l'armée est dans un état de crise qui lui interdit toute idée d'opération. Ce fut donc pour donner à la réunion de la Grande Armée la sécurité dont elle avait un besoin absolu que Napoléon lui affecta une zone dont le front était protégé par trois places fortes.

En ce qui concerne les corps d'armée de couverture, exposés plus que les autres à combattre inopinément, un ordre de l'Empereur à l'adresse du 5ᵉ corps (Würzburg, 2 octobre, 11 heures soir) porte qu'un tel corps d'armée « ne baraque ni « ne bivouaque, mais cantonne de manière à pouvoir être « *réuni en trois ou quatre heures sur la position choisie* ».

Au moment où les opérations vont commencer, le maréchal Berthier indique (Würzburg, 3 octobre) au maréchal Lefebvre

(5e corps) les dimensions à donner aux cantonnements serrés, qui doivent occuper « seulement deux lieues carrées, afin que « dans deux heures vous puissiez vous mettre en marche *dans* « *la direction qui vous sera donnée* ».

L'année précédente, le 27 septembre, Napoléon avait fait donner l'ordre au maréchal Ney, couverture de l'armée à l'aile droite du côté du Danube, pendant le mouvement des autres corps sur le Neckar, qu'une fois à Stuttgard le 6e corps devait être disposé de manière à pouvoir « se réunir en moins de « deux heures en ligne ».

Le principe est le même.

Un corps de couverture doit être concentré et non éparpillé sous le prétexte de garder étroitement toutes les routes dangereuses.

Ainsi le maréchal Lefebvre ayant dispersé la division Gazan en avant-postes, Napoléon écrivit de Mayence, le 30 septembre, au major général :

« Que le maréchal Lefebvre réunisse son corps d'armée. Je « n'aime pas voir la division du général Gazan (2e) éparpillée « dans les montagnes; c'est là l'affaire de quelques piquets « ou, au plus, de quelques détachements. »

Un corps d'armée en couverture doit donc être prêt à manœuvrer et à combattre; il est grand'garde de l'armée pendant qu'elle se réunit et il peut devenir son avant-garde au moment où elle entame les opérations.

Le 5e corps, à Kœnigshofen, à portée des routes de Meiningen à Coburg et à Schweinfurth, et de Fulda à Würzburg par Hamelburg, se trouvait à environ 20 kilomètres de la frontière de Thuringe.

Le front des cantonnements de rassemblement du 3e corps d'armée, qui formait la tête des rassemblements principaux, au sud de Bamberg, était à 60 kilomètres au sud du 5e corps.

La zone de réunion de l'armée était donc gardée, du côté le plus dangereux, à 80 kilomètres.

En plaçant les 5e et 7e corps à des distances aussi grandes
de la zone de réunion de la Grande Armée, Napoléon avait
en vue de parer et de riposter à l'offensive des Prussiens sur
Mayence.

C'est dans le même but que cinq divisions, sur six, de la
réserve de cavalerie, durent être disposées non loin de Würzburg.

Si, dans le cas le plus défavorable, les armées ennemies,
une fois en marche sur Mayence, changeaient de direction du
Nord au Sud pour venir de Fulda sur Würzburg, le 5e corps
manœuvrerait et combattrait *à la façon d'une arrière-garde,
pour contraindre l'ennemi à déployer ses forces, le retarder,* et
procurer ainsi à Napoléon *le temps* de combiner, puis d'entamer la manœuvre préparatoire à la première bataille.

§ 6. — Cantonnements de réunion et lignes de communications.

Il résulte de prescriptions contenues dans certains ordres
des maréchaux, entre autres dans celui du 4e corps, le 30 septembre, que pendant la période de rassemblement, chaque
division devait occuper des cantonnements serrés sur un
rayon de une lieue et demie (6 kilomètres) au plus.

Les corps d'armée formaient ainsi deux ou trois cercles de
cantonnements, suivant qu'ils étaient à trois ou à deux divisions, plus un cercle restreint pour le parc de réserve.

Le cercle de cantonnements d'une division en rassemblement était, par suite, de 80 à 100 kilomètres carrés.

La surface totale occupée, dans ces conditions, par un corps
d'armée à trois divisions mesurait environ 250 kilomètres
carrés, sans compter le cercle de la cavalerie, toujours situé
en dehors du corps d'armée. Cela revient à dire qu'un corps
d'armée à trois divisions occupait, en cantonnements de
rassemblement, un carré de 16 kilomètres environ de côté.

Les routes, ou communications, de la Grande Armée

furent choisies, au nombre de quatre, se fusionnant deux par deux.

1° { De Mayence à Bamberg, par Würzburg.
{ De Mannheim à Bamberg, par Würzburg.

2° { De Ulm à Bamberg, par Nuremberg.
{ De Augsbourg à Bamberg, par Nuremberg.

Napoléon pouvait donc indifféremment faire venir ses ressources du Rhin ou du Danube.

Une cinquième communication avait même été prévue, de Mannheim à Forchheim, pour le cas où l'ennemi aurait coupé les premières à Würzburg. Les courriers et les renforts de France seraient venus par cette route, en attendant que les opérations de la Grande Armée eussent dégagé Würzburg.

Il fut même question un instant d'une sixième communication, de Strasbourg à Forchheim, par Fribourg et Ulm.

Quelques auteurs, à l'esprit géométrique, ont attribué une vertu magique à la base, dite en équerre, que formaient le Rhin et le Danube au début de la campagne de 1806.

On a fait également ressortir, à l'avantage des Allemands de 1870, la disposition en équerre des frontières de la Confédération du Nord embrassant la France, de Sarrelouis à Lauterbourg et de Lauterbourg à Bâle.

Pourtant, les frontières de la Hesse-Cassel, de la Thuringe et de la Saxe avaient, en 1806, par rapport aux frontières de la Confédération du Rhin, une forme enveloppante, au moins pour le début des opérations.

En 1870, les armées allemandes avaient tout intérêt à éviter la barrière du Rhin, si facile à défendre.

Forcer le passage d'un grand fleuve en présence d'une armée ennemie est, d'après Napoléon, l'opération la plus difficile qui soit.

Il était donc permis de croire que les armées de la Confédération du Nord, se réuniraient dans le Palatinat.

Que devient alors la base en équerre ?

Croit-on que Napoléon ait songé un seul instant à la disposition géométrique que présentent, l'un par rapport à l'autre, le Rhin et le Danube ?

Assurément non. Il a seulement calculé qu'en tirant une partie de ses ravitaillements de la Bavière, on pouvait pendant quelque temps se passer du concours de la mère-patrie. C'était de sa part une ruse habile, pour attirer l'ennemi sur le Rhin en lui offrant la tentation de couper ses lignes de communication supposées sur Mannheim et Mayence.

§ 7. — Le plan de réunion contient en germe le plan d'opérations.

En résumé, la réunion de la Grande Armée, telle que l'a ordonnée Napoléon par son instruction générale du 19 septembre, offrait les avantages suivants :

1º La zone des rassemblements est protégée par les montagnes boisées de la Thuringe et de la Franconie.

Nuremberg, centre de la zone de réunion, est à 100 kilomètres des frontières neutres ou ennemies.

Un corps d'armée, le 5ᵉ, couvre immédiatement la tête des rassemblements, à 60 kilomètres de distance, et se garde lui-même, à 20 kilomètres, du côté de Fulda et de Gotha.

2º La Grande Armée est libre de manœuvrer derrière le rideau tendu depuis Giessen jusqu'à Baireuth, rideau que soutiennent deux corps d'armée (5ᵉ et 7ᵉ) une division d'infanterie (Dupont, à Würzburg) et six divisions de cavalerie, ces dernières en position le long du Main, de Würzburg à Kronach.

La réunion de toute la Grande Armée dans la région de Bamberg, à l'exception du 7ᵉ corps dont le rôle est d'amorcer les armées prussiennes sur Mayence, donne à Napoléon la facilité de porter la guerre où il voudra, soit sur le Main inférieur, soit en Saxe, avec la certitude d'avoir la supériorité numérique sur le premier champ de bataille.

La manœuvre sur la Saxe, en refusant l'aile gauche et en

marchant par la droite, ne découvrira pas les communications puisque la Grande Armée peut se passer pendant un certain temps des routes venant du Rhin.

Dans ces conditions, l'Empereur peut tromper l'ennemi, lui dérober un certain nombre de marches et le mettre dans le cas d'accepter la bataille, non plus pour vaincre, mais pour se tirer d'une situation dangereuse.

Pour le Napoléon de 1806, les six corps de 30,000 hommes destinés à combattre la Prusse ont été de petites armées qu'il a rassemblées, sur une zone bien choisie, en prévision d'une manœuvre conduisant à la première bataille destinée, dans son esprit, à produire un résultat foudroyant.

La caractéristique de la stratégie napoléonienne est, en effet, la mise en œuvre rapide et complète de tous les moyens d'action au début de la campagne.

A l'inverse de la tactique qui réserve les efforts décisifs pour la fin de la lutte, la stratégie frappe les grands coups dès que les troupes sont prêtes, afin de terminer la guerre le plus tôt possible.

La forme donnée par Napoléon à la réunion de son armée, en 1805 et en 1806, découle d'une idée préconçue, autrement dit, d'une hypothèse sur les premiers agissements de l'ennemi.

En 1805, les Autrichiens étant supposés à demeure derrière l'Inn, la réunion de la Grande Armée, prescrite le 17 septembre et modifiée le 20 septembre, présente la forme d'un dispositif de marche-manœuvre, l'aile gauche en avant, pour faire tomber les défenses de l'Inn en les débordant par la rive gauche du Danube jusqu'au delà de Passau.

En 1806, les dispositifs de réunion prévus le 5, le 9 et le 13 septembre auxquels a succédé l'ordre de réunion en date du 19 septembre, dérivent des projets les plus vraisemblables attribués à l'ennemi, soit que l'Autriche prenne fait et cause pour la Prusse, soit que la guerre se restreigne à la lutte contre les armées saxo-prussiennes.

Dans tous les cas, si les corps d'armée occupent des cantonnements de rassemblement tels que leur mise en mouvement puisse s'effectuer en 5 ou 6 heures, l'ensemble des rassemblements, ou réunion de l'armée, affecte la forme d'un dispositif largement articulé que couvrent, au loin sur les directions dangereuses, des corps d'armée de couverture très concentrés.

Au commencement de septembre 1806, Napoléon pense que les Prussiens resteront derrière l'Elbe et il projette de marcher droit de Bamberg sur Berlin.

Le 18 septembre, quand il apprend l'envahissement de la Saxe, il prévoit l'offensive stratégique des armées prussiennes et, pour y parer, il prescrit des rassemblements autour de Nuremberg qui indiquent de sa part l'idée d'une contre-offensive dans la vallée du Main.

Cependant, Napoléon n'abandonne pas pour cela son premier projet de marcher sur Berlin, et, pour satisfaire à ces deux éventualités, il rassemble ses corps d'armée *en étoile* autour de Nuremberg et leur assure une forte couverture sur le front Francfort-Cobourg qui fait face aux débouchés de Fulda et d'Erfurth.

La réunion de la Grande Armée sera dès lors un dispositif préparatoire de manœuvre stratégique à effectuer, soit sur Francfort, soit sur Meiningen, soit sur Gera.

Elle répondra tout d'abord à la défensive stratégique et ne donnera lieu à l'offensive que si les armées prussiennes montrent de la lenteur et de l'indécision dans leurs mouvements sur le Rhin.

Nous pouvons inférer, des modes de réunion adoptés par Napoléon en 1805 et en 1806, que la réunion d'une grande armée moderne est l'ensemble des rassemblements d'armée choisis de façon à répondre aux principales éventualités, parmi lesquelles il convient d'envisager en premier lieu celle de la défense stratégique.

La réunion des armées modernes ne saurait échapper à la

grande loi de l'économie des forces qui a pour facteurs le temps et l'espace.

C'est-à-dire que cette réunion doit être couverte dans les directions dangereuses par des forces capables d'assurer au grand commandement le temps de prendre des décisions, de modifier s'il y a lieu les dispositions préexistantes, en un mot, de procurer à la réunion principale une zone de manœuvres stratégiques.

Là comme partout, le défaut d'espace se rachètera par un gain de temps, et ce gain s'obtiendra par les manœuvres et les combats des avant-gardes.

Un principe juste reçoit son application en toutes choses, aussi bien dans le commerce, l'industrie, l'agriculture, la politique que dans les affaires militaires.

Le principe de l'économie des forces est de ceux-là. De tous les principes nés des progrès de la civilisation moderne il est le plus élevé comme le plus important, car il tire souvent sa valeur pratique de l'exercice d'une qualité précieuse, apanage des hommes supérieurement doués : *l'improvisation*.

Par le peu que nous avons montré de Napoléon jusqu'à présent, nous pouvons dire qu'il a créé la méthode dont nos ennemis de 1870 se sont emparés.

Étudier Napoléon c'est remonter à la source des procédés de guerre adoptés aujourd'hui par les armées des grandes puissances européennes.

Pour ne parler que des Allemands qui ont, le plus tôt et le mieux, exploité l'esprit de la guerre napoléonienne, on constate de leur part un travail soutenu d'adaptation qui leur a permis de systématiser la guerre d'armées, en s'inspirant de l'étude de nos campagnes sous le Premier Empire.

Notre ignorance était telle, au lendemain de la campagne de 1870-1871, que nous avons dû apprendre les rudiments de la stratégie et de la tactique *pratiques* dans les livres de nos ennemis de la veille et à l'école de leurs actions.

Chaque peuple a son génie propre.

Même physiologiquement, le cerveau d'un allemand diffère du cerveau d'un français.

La méthode de Napoléon a donc subi une déformation appréciable en passant par la filière de l'esprit prussien.

Par suite, la doctrine issue du long travail d'adaptation auquel s'est livré le grand état-major prussien pour s'approprier, en tenant compte du progrès moderne, l'esprit de la guerre napoléonienne, ne saurait être acceptée par nous que sous bénéfice d'inventaire.

Serions-nous moins capables que les étrangers de comprendre et d'appliquer les idées du « maître des maîtres », un Français qui a commandé à des Français, pour des Français ?

CHAPITRE VI

MODIFICATIONS APPORTÉES PAR NAPOLÉON AUX DISPOSITIONS GÉNÉRALES POUR LA RÉUNION DE LA GRANDE ARMÉE

---

§ 1er. — Réaction produite sur Napoléon par la nouvelle de l'entrée des Prussiens à Dresde.

L'Empereur écrivait au major général, le 20 septembre, à 6 heures du matin :

« J'espère que vous recevrez ma lettre dans la journée du « 24, et qu'avant le 3 ou le 4 octobre toutes mes intentions « seront exécutées (Mouvements et dispositions générales de « la Grande Armée). Je compte être à Mayence le 30, et pro- « bablement, *le* 2 ou *le 3 octobre, à Würzburg.*

« *Là, je déciderai mes opérations ultérieures.* »

Napoléon, en apprenant, le 18 au soir, la nouvelle de l'en- trée des Prussiens à Dresde et la levée du camp de Magde- bourg, dut calculer que l'armée principale où se trouvait le roi de Prusse, ne pouvait pas atteindre les frontières de la Confédération du Rhin, soit sur Francfort, soit sur Würzburg, avant le 3 ou le 4 octobre.

Donc, il fallait qu'à cette date toute l'armée française fût « en position », suivant l'expression de Napoléon, c'est-à-dire réunie, couverte et prête à entrer en opérations.

Ces opérations, quelles seront-elles ?

Napoléon l'ignore ; il se décidera à Würzburg. Mais ce qu'il sait bien, c'est que, si les Prussiens *lui en laissent le temps*, il portera la guerre en Saxe en dérobant ses premières marches, de façon à tourner les armées prussiennes plus ou moins engagées dans les défilés de la Thuringe et à les amener à combattre, non plus pour vaincre, mais pour couvrir leur capitale.

§ 2. — Création d'un corps d'observation à Mayence.

L'Empereur annonce, dans la même lettre, qu'il forme à Mayence une division, sous les ordres du général Dupas, composée de deux régiments d'infanterie légère, amenés de Paris en poste à la suite de la Garde, d'un régiment venant du camp de Boulogne et d'un régiment venant de Saint-Quentin.

« Ce sera là le corps d'observation de la France et le corps « d'appui de l'armée du roi de Hollande. »

Cette division fut le noyau du 8e corps de la Grande Armée, sous les ordres du maréchal Mortier, qui vint relever à Francfort, au commencement d'octobre, le corps Augereau (7e), lorsque celui-ci fut appelé à Würzburg.

§ 3. — Le grand quartier général à Würzburg.

La même lettre impériale ordonnait au maréchal Berthier de se rendre le plus tôt possible à Würzburg, où devait être placé son quartier général, d'étudier la situation de cette place et de faire reconnaître la nature des chemins de la région.

§ 4. — Ordres pour la mise en état de défense et l'approvisionnement de Kœnigshofen, Kronach et Würzburg.

Dans une seconde lettre de même date (20 septembre), l'Empereur donnait des instructions pour la mise en état de défense de Kœnigshofen, de Kronach et de Würzburg et l'envoi, dans ces places, de compagnies d'artillerie et d'officiers du génie, auxquels 30,000 francs étaient alloués pour les premiers travaux de défense.

En outre, des commissaires des guerres, pourvus chacun de 30,000 francs, devaient commencer les approvisionnements de ces places, « auxquels *on ne touchera pas pour les consomma-* « *tions journalières*, à moins que la place ne fût cernée ».

La prise de possession de ces trois places devait avoir lieu le 2 octobre et, le 4 octobre au plus tard, elles devaient avoir en batterie l'artillerie nécessaire qu'on aurait fait venir de Forchheim et d'Augsburg.

« On y disposera sur-le-champ (2 octobre) tous les *magasins* « nécessaires et le local convenable pour les *hôpitaux* de « l'armée, et généralement *tout ce qui est nécessaire* dans les « *places qui servent de points d'appui aux armées*. »

§ 5. — Mesures d'organisation concernant la cavalerie.

Une autre lettre de Napoléon, en date du 20 septembre, contient l'ordre suivant :

« Il y aura à la réserve de cavalerie, sous les ordres du « prince Murat, deux brigades de hussards et de chasseurs. « Une sera commandée par le général Lasalle et l'autre par « le général Milhaud. Celle du général Lasalle sera composée « des 5e et 7e hussards; celle du général Milhaud des 11e et « 13e chasseurs.

« Par ce moyen, le 1er corps d'armée, les 3e, 4e, 5e et 6e corps « n'auront chacun que trois régiments de cavalerie légère, et « le 7e n'en aura que deux. »

Jusqu'à ce moment, les corps de la Grande Armée, à l'exception du 7e, avaient deux brigades de cavalerie légère et, par conséquent, deux généraux de brigade de l'arme.

En enlevant un régiment de cavalerie légère à chaque corps d'armée pour constituer deux brigades légères auprès de la réserve de cavalerie, Napoléon réduisait, à la vérité, la cavalerie de sûreté, mais il créait une cavalerie légère d'exploration et disposait d'un certain nombre de généraux de cavalerie, soit pour les créations nouvelles, soit pour combler les vides de la réserve de cavalerie.

Cette lettre du 20 septembre se terminait ainsi :
« Donnez l'ordre qu'on réunisse les deux brigades de cava-
« lerie légère : celle de hussards à Kronach et celle de chas-
« seurs à Lichtenfels. »
Cet ordre est significatif.

Tandis que les dragons et cuirassiers de la réserve de cavalerie se rassemblent par division sur un front considérable, bordant la rive gauche du Main, depuis Aschaffenburg jusqu'à Kronach, comme un voile épais tendu entre la couverture et les rassemblements de l'armée, les deux brigades légères de la réserve vont en quelque sorte amorcer la marche que Napoléon projette d'entamer à travers le Franken-Wald, si l'ennemi lui en laisse le temps.

Il faut que le débouché de la route principale, celle qui passe par Kronach, soit occupé en deçà des montagnes et surveillé au delà. Voilà un des rôles d'une bonne cavalerie légère.

§ 6. — Réorganisation du grand parc du génie.

Le même jour, Napoléon réorganisa le grand parc du génie de l'armée, à Augsburg.

Ce grand parc dut comprendre :

　　10 officiers du génie.
　　1 compagnie de mineurs.
　　1 bataillon de sapeurs (1000) hommes.
　　1 compagnie de pontonniers pourvue d'un équipage
　　　　de pont.
　　1 convoi transportant 4,000 outils.

§ 7. — Missions militaires à Cassel.

Le 21 septembre, Napoléon écrivit au maréchal Augereau, à Francfort, deux lettres prescrivant de lui envoyer des renseignements sur Hesse-Cassel et d'envoyer en mission un *officier du génie* à Cassel pour observer chemins, montagnes, rivières, population, places fortes, et *rapporter des croquis.*

Le même jour, le général Bertrand recevait l'ordre de partir le lendemain, 22 septembre, pour Worms et d'aller de là à Cassel, à Cologne et enfin à Mayence, où il devait rejoindre l'Empereur le 29.

Le but de sa mission était « d'observer... le local », selon l'expression du temps, et d'examiner les troupes de l'Électeur de Cassel, dont l'attitude plus que louche autorisait à croire qu'il était disposé à faire cause commune avec la Prusse.

§ 8. — Annonce de l'arrivée de l'Empereur et désignation des routes de l'armée.

Le 22 septembre, l'Empereur annonce au major général son départ de Paris, fixé au 25, et son arrivée à Mayence le 28 ou le 29, en passant par Metz.

Une seconde lettre du même jour contient l'indication des *routes pour l'armée.*

La première, de Mayence à Bamberg, passe par Francfort, Aschaffenburg (rive gauche) et Würzburg.

La seconde, d'Augsburg et d'Ulm à Bamberg, par Ellwangen, Anspach et Nuremberg.

L'Empereur prescrit de reconnaître, en outre, la route de Mannheim à Würzburg, par Neckarelz et Boxberg.

« Cette route a deux avantages : d'abord plus courte pour « ce que j'ai du côté de Strasbourg, et je la crois meilleure ; « ensuite *il peut y avoir tel événement où la communication* « *de Francfort serait inquiétée par des partisans.* »

Ordre de tracer des étapes sur ces routes et d'y placer des commandants d'armes (d'étapes).

§ 9. — Rapport du général Belliard sur Würzburg et les Prussiens.

Le 18 septembre, le maréchal Berthier, en exécution de l'ordre contenu dans la lettre impériale du 9 lui prescrivant de faire reconnaître les petites places du Main, et en particulier Würzburg et Kœnigshofen, avait envoyé à Würzburg le général Belliard, chef d'état-major de la réserve de cavalerie, sous le prétexte d'inspecter des chevaux hors de service, mais en réalité pour voir les places de la région du Main.

Le général Belliard lui rendit compte, le 23, que la citadelle de Würzburg, assez bonne comme construction, ne contenait rien, absolument rien.

Sa lettre disait aussi :

« Les Prussiens paraissent faire beaucoup de mouvements, « et qui sont fort longs et incertains ;..... il ne paraît pas « moins vrai que les armées ennemies se renforcent, se con- « centrent et se rapprochent de la nôtre qui me paraît bien « disséminée, surtout pour les corps qui se trouvent former « l'avant-garde, et malgré les protestations amicales du roi « de Prusse, on doit, par les apparences, lui supposer des « intentions hostiles. »

§ 10. — Trouble de Napoléon au reçu d'une lettre alarmante du major général.

Le 24 septembre, l'Empereur reçut à Saint-Cloud la lettre du major général datée de Munich, 20 septembre, où il était dit :

« Il est de mon devoir de faire observer à Votre Majesté « que les Prussiens ne dissimulent plus leur intention de nous « faire la guerre. Leurs armées se rassemblent sur les points

« du territoire prussien qui approchent de vos avant-postes.
« Toute l'Allemagne ne parle que guerre ; les grandes mesures
« se prennent ostensiblement. »

Le 19 septembre, le maréchal Berthier avait écrit à l'Empereur :

« Il paraît que les Prussiens se rassemblent à *Hof*, frontière
« de Baireuth, à *Magdebourg*, où est le principal corps
« d'armée, et à *Hanovre*. »

Ces nouvelles alarmantes paraissent avoir fortement impressionné l'Empereur et l'avoir déconcerté un peu, si l'on en juge par les ordres fiévreux et quelque peu incohérents que contient la lettre qu'il dicte aussitôt (24 septembre) à l'adresse du maréchal Berthier.

« Quand la présente vous parviendra, et sans doute le
« 25 (1), des ordres auront été donnés au maréchal Soult
« (4e corps à Passau), qui sera parti dès le 26 ; et comme il
« lui faut 3 ou 4 jours de marche pour se rendre à Amberg,
« il pourrait y être le 30, quoiqu'il ait l'ordre de n'y être que
« le 3 octobre. Vous recevrez le présent courrier le 27 (2),
« afin que vous accélériez le mouvement du maréchal Soult.
« Il importe qu'il arrive vite à Amberg, *puisque l'ennemi*
« *est à Hof, extravagance dont je ne le croyais pas capable,*
« *pensant qu'il resterait sur la défensive le long de l'Elbe.* Si
« au lieu d'arriver le 3 octobre à Amberg, le maréchal Soult
« peut y arriver le 1er octobre, ordonnez-lui d'y être ce
« jour-là. »

---

(1) Par « la présente », Napoléon veut indiquer la copie des *mouvements et dispositions générales pour la Grande Armée*, dont il annonce une copie.
La phrase aurait dû être : Quand la présente (copie) vous sera parvenue, etc.....

(2) Napoléon, dans son impatience, annonce l'arrivée de sa lettre du 24 pour le 27. C'était matériellement impossible. Les courriers mettaient au moins quatre jours pour aller de Saint-Cloud à Munich.
Le major général n'avait pas encore reçu, le 28, la lettre du 24, car, dans son rapport à l'Empereur du 28, 5 heures du soir, il annonce l'arrivée du courrier du 23.

En cette circonstance, Napoléon est plus « humain » qu'on ne pourrait le croire ; il est influencé par la menace d'un mouvement offensif, de la part de l'ennemi, et l'apparence de ce mouvement, si extravagant qu'il soit, le trouble profondément.

L'Empereur pensait que l'ennemi resterait sur la défensive le long de l'Elbe.

Cet aveu est bien important. Il indique la vraie solution, la seule que les Prussiens eussent dû adopter dans la situation d'infériorité où ils se trouvaient vis-à-vis de la Grande Armée et en tenant compte de la Russie leur alliée, dont les armées, si lentes d'ordinaire, n'apparaîtraient sur le théâtre des opérations que vers la fin d'octobre ou au commencement de novembre.

En organisant la défense de l'Elbe, les Prussiens eussent gagné du temps, usé la Grande Armée et permis ainsi aux Russes d'intervenir utilement.

Mais, quand l'orgueil et la folie se sont emparés d'une nation, les conseils de la prudence ne servent à rien.

La lettre impériale du 24 continue en ces termes :

« Le corps du maréchal Davout se sera sans doute réuni, « le 25, lorsqu'il aura reçu vos ordres, à Œttingen. Je sup- « pose qu'il ne lui faut que deux ou trois jours pour cela. « Cependant je ne lui ai donné l'ordre d'y être que le « 3 octobre. S'il peut y être le 1er ou le 2, il n'y pas a d'in- « convénient. »

Autant de mots, autant d'erreurs.

Napoléon oublie qu'il a envoyé directement l'ordre au 3e corps, le 19 septembre, d'être réuni autour d'Œttingen le 25 ou le 26.

L'ordre de l'Empereur pour le 3e corps n'est pas qu'il soit réuni à Œttingen le 3 octobre, mais bien à Bamberg.

Ensuite, Napoléon prescrit que le 3e corps prenne possession de Kronach et mette cette place en état de défense.

Cet ordre figurait déjà dans les dispositions générales du 19 septembre.

L'Empereur, dans cette lettre, invite le major général à accélérer tous les mouvements de façon que l'armée soit « en position » deux ou trois jours avant la date primitivement fixée.

Le terme « en position » n'a pas, sous la plume de Napoléon, le sens qu'on lui a donné plus tard.

Il indique, non une prise de position, mais seulement l'arrivée des corps d'armée et des divisions de cavalerie aux points de rassemblement prescrits.

« Je serai le 28 à Mayence : c'est vous dire que je puis être « le 1er octobre à l'*avant-garde* si les circonstances l'exigent. »

L'Empereur n'écrivit plus au major général jusqu'au jour de son départ pour Mayence qui fut le 26 septembre.

De son côté, le maréchal Berthier atteignit Würzburg, le 28 septembre à 5 heures du soir, après avoir été 42 heures en route.

§ 11. — Lettres et rapports transmis le 26 septembre par le major général.

Au moment où le major général quittait München, le 26 septembre à 11 heures du soir, pour se rendre à Würzburg, il écrivit à l'Empereur pour lui faire part d'une lettre d'après laquelle M. Laforest allait quitter Berlin et pour lui annoncer l'envoi des rapports, lettres, etc..... du 23 au 25 septembre, concernant l'ennemi et la sûreté des troupes.

Mais il est à présumer que le courrier fut mal dirigé ou se trompa de route, car l'Empereur n'eût la lettre du 26 et les documents qu'elle annonçait que le 29 septembre, dans l'après-midi.

Sans cette erreur, Napoléon aurait reçu les renseignements qui vont suivre dans la matinée du 29 et n'aurait probablement pas lancé les premiers ordres du 29 qui dénotent de sa part un trouble profond.

Les rapports annoncés par le maréchal Berthier, dans sa lettre du 26, comprenaient :

1° Une lettre du maréchal Bernadotte, en date du 23, faisant connaître au major général que dans le cas où les Prussiens feraient un mouvement en avant, la division Suchet serait placée rapidement entre Auspach et Uffenheim, prête à se porter, soit sur Bamberg, soit sur Schweinfurth, soit enfin sur Würzburg ;

2° Une lettre écrite par le major général à l'Empereur, le 24, rendant compte de l'expédition des ordres de mouvement résultant des *mouvements et dispositions générales de la Grande Armée* et indiquant à l'Empereur les emplacements de rassemblement assignés aux six divisions de cavalerie de la réserve ;

3° Le rapport de M. le capitaine du génie Beaulieu, venant de Berlin où il a été envoyé par le major général en exécution des ordres contenus dans la lettre impériale du 5 septembre.

Ce rapport ne présente pas un grand intérêt : il manque de précision en ce qui concerne les mouvements des armées prussiennes.

Cependant, le capitaine Beaulieu annonce d'une façon positive que le corps du général Tauenzien, estimé à 2,000 hommes, s'est retiré des défilés de Baireuth et de Börneck sur Münchberg et Hof.

Une phrase de ce rapport jette un trait de lumière sur les véritables causes de la guerre de 1806 ; la voici :

« C'est la position de notre armée par rapport aux fron-
« tières des pays prussiens dont les ennemis se sont servis
« pour inspirer de la méfiance à Sa Majesté le roi de Prusse. »

Nous avons montré, au début de cette étude, la disposition des quartiers de la Grande Armée à partir du commencement de mars 1806. Elle était assurément de nature à porter ombrage à la Prusse, et nous avons déjà dit que Napoléon, après avoir perdu en novembre et décembre 1805, toute illusion sur les sentiments de la cour de Berlin à l'égard de la France, a orienté sciemment la dislocation de la Grande Armée comme si la guerre devait éclater d'un jour à l'autre avec la Prusse ;

4° Un rapport du maréchal Soult, en date du 24 septembre, portant que :

a) Suivant le général Beaumont, commandant la 3e division de dragons à Amberg, il y a 9,000 à 10,000 Prussiens à Hof ;

b) Une armée de 30,000 à 40,000 hommes, après avoir pénétré en Saxe, avance très lentement ;

5° Un extrait des rapports parvenus au maréchal Bernadotte, daté du 24, d'après lequel le roi de Prusse aurait quitté Berlin pour se rendre à Halle ;

6° Une lettre du maréchal Lefebvre (5e corps), datée de Dinkelsbühl, 24 septembre, où il est dit que Meiningen est occupé par des hussards prussiens appartenant à un régiment autre que celui qui est dans la principauté de Coburg et qu'un régiment d'infanterie à quatre bataillons (chasseurs de Nerembauer) est en marche d'Erfurt sur Coburg ;

7° Une seconde lettre du maréchal Lefebvre, en date du 24, où il est rendu compte qu'après dispositions concertées avec le maréchal Bernadotte, une brigade de cavalerie du 5e corps a été établie à Hammelburg pour couvrir Würzburg et protéger le flanc gauche et les derrières du général Gazan autour de Schweinfurth.

« La 2e brigade de cavalerie légère, aux ordres du général « Treilhard, a été portée à Münnerstadt pour couvrir Schwein- « furth et éclairer les routes de Meiningen, Kœnigshofen et « Hildburghausen. »

Il suit de là que le maréchal Bernadotte avait conservé, jusqu'au moment où lui parvint l'ordre de rassemblement de son corps d'armée (26 septembre), la direction supérieure des 1er et 5e corps, telle que la lui avait octroyée la prescription contenue dans la lettre impériale du 14 février 1806 ayant

trait à l'occupation du marquisat d'Anspach par les 1er et 5e
corps combinés.

Remarquons que des dispositions de sûreté ont été prises
par les maréchaux Bernadotte et Lefebvre, alors que les
rapports en apparence les plus pacifiques régnaient entre
la France et la Prusse et avant que l'ordre de rassemblement général de la Grande Armée fût parvenu aux maréchaux.

Hammelburg, où fut envoyée la brigade de cavalerie légère
Milhaud, est à 32 kilomètres, à vol d'oiseau, de Schweinfurth
et à 50 kilomètres directement au nord de Würzburg.

Münnerstadt, qu'occupa la brigade Treilhard, est situé à
30 kilomètres au nord de Schweinfurth ;

8° Une lettre du maréchal Bernadotte, en date du 25, rendant compte que la division Gazan étant un peu trop disséminée dans les environs de Schweinfurth, une brigade de la
division Suchet a été placée entre Dettelbach et Würzburg
pour l'appuyer ;

9° L'extrait des rapports du 25 septembre recueillis par le
maréchal Bernadotte.

Cet extrait donne des renseignements intéressants parmi
lesquels les plus importants sont :

« On trace dans les environs de Hof un camp pour 60,000
« ou 70,000 hommes.

« La majeure partie des troupes qui étaient à Magdebourg
« se sont portées sur Halle.....

« Le corps venant de Hanovre, sous les ordres du général
« Rüchel est arrivé à Eisenach, Gotha et Erfurt. Des détache-
« ments se sont avancés sur Meiningen et Coburg. »

Ce dernier renseignement venait corroborer le rapport du
maréchal Lefebvre, en date du 24, où il était dit :

« Rien n'égale la présomption des officiers prussiens.

« On estime de 120,000 à 130,000 hommes les troupes
« prussiennes et saxonnes qui se sont rendues ou doivent se
« rendre entre Halle, Leipzig et Dresde..... »

« La désertion est considérable dans l'infanterie (prus-
« sienne) ; chaque régiment a déjà perdu 200 hommes.

« Des rapports de la Bohême annoncent que les Autrichiens
« font des mouvements. »

Il paraît ressortir de l'examen de tous les documents relatifs
aux renseignements sur l'ennemi que, pendant le mois de
septembre 1806, le major général ne semble pas avoir eu un
service d'espionnage bien organisé.

Les agents secrets, très nombreux, étaient choisis et
employés par les maréchaux commandant les corps les plus
voisins des frontières.

Ainsi, les maréchaux Bernadotte (pour les 1er et 5e corps),
Soult (4e corps) et Augereau (7e corps), entretinrent des
espions, au moyen de fonds secrets à eux alloués, jusque sur
les frontières russes.

Le général Belliard, en mission à Würzburg, reçut, par
lettre du major général, en date 24, l'autorisation de percevoir
3,000 francs pour l'espionnage.

L'organisation du service des renseignements secrets aurait
dû être faite à l'état-major de l'armée, sans pour cela priver
les maréchaux commandant les territoires frontières de
quelques subsides destinés à l'espionnage.

A la vérité, l'espionnage fut centralisé par Napoléon entre
les mains du général Savary, dès que les opérations commencèrent.

Une autre remarque qui vient à l'esprit, c'est la modicité
des dépenses affectées à l'espionnage et, comme corollaire, les
faibles prétentions des agents.

Il semble, d'après certains détails épars dans la correspondance des maréchaux, qu'on ait employé comme espions un
certain nombre de sous-officiers autrichiens déserteurs.

Quoi qu'il en soit, les moyens d'espionnage alors en usage
ont pu suffire, mais ne répondraient plus aux exigences de
l'époque actuelle.

§ 12. — Positions qu'occuperont les corps d'armée et les divisions de cavalerie, le 3 octobre.

Au cours de son voyage à Würzburg, le général Berthier passa par Œttingen, où il vit le chef d'état-major du 3ᵉ corps, et par Anspach, quartier général du maréchal Bernadotte.

Les renseignements recueillis sur sa route lui permirent de rendre compte à l'Empereur, le 28 septembre à 5 heures du soir, des positions qu'occuperaient les corps d'armée et les troupes de cavalerie, le 2 ou le 3 octobre, savoir :

Le 3ᵉ corps sera réuni, le 2, à Bamberg.

Le 1ᵉʳ corps sera réuni, le 2, à Bamberg.

Le 5ᵉ corps sera réuni, le 2, à Kœnigshofen.

Le 21ᵉ de ligne sera placé, le 1ᵉʳ octobre, à Würzburg et sur la route de Fulda.

Le 6ᵉ corps sera réuni à Ulm, le 28 septembre.

Le 7ᵉ corps est déjà réuni à Francfort.

Les brigades légères Lasalle et Milhaud seront, le 2 octobre, à Kronach et Lichtenfels.

La division Beaumont (3ᵉ de dragons) sera, le 2, à Forchheim.

La division Sahuc (4ᵉ de dragons) sera, le 3, à Schweinfurth.

La division Becker (2ᵉ de dragons) sera, le 9 ou le 10 seulement, à Mergentheim.

La division Klein (1ʳᵉ de dragons) sera, le 3, à Aschaffenburg.

La division Nansouty (1ʳᵉ de cuirassiers) est à Kitzingen.

La division d'Hautpoul (2ᵉ de cuirassiers) sera, le 3 ou le 4, à Windsheim.

A son passage à Munich, le major général avait obtenu du roi de Bavière que l'artillerie bavaroise de place qui se trouvait à Ingolstadt se mît en marche aussitôt pour Würzburg, où elle pouvait arriver le 2 ou le 3 octobre.

La lettre du major général, datée de Würzburg le 28 sep-

embre à 5 heures du soir, parvint à l'Empereur, le 29 dans
l'après-midi.

Arrivons aux ordres donnés par Napoléon le 29, au matin.

§ 13. — Arrivée de l'Empereur à Mayence et son état d'esprit en n'y trouvant aucune nouvelle de l'ennemi.

Et d'abord, figurons-nous l'état d'esprit de l'Empereur en
arrivant à Mayence, le 28, dans la matinée.

Point de nouvelles de l'ennemi autres que celles qu'il a
reçues à Saint-Cloud, le 24, nouvelles alarmantes qui ont
motivé sa lettre du 24, où se rencontrent tant d'erreurs et de
contradictions.

La journée du 28 se passe sans que l'Empereur reçoive de
nouveaux renseignements de son major général.

Pendant la nuit du 28 au 29, rien ; le lendemain matin 29,
rien encore.

La nature de Napoléon ne pouvait s'accommoder d'une
aussi longue attente.

Alors, sous l'impression encore vivace des renseignements
alarmistes du 24, l'Empereur dicte, le 29, quatre lettres pour
le major général, une pour le prince Murat et une pour le
maréchal Soult, dont nous allons discuter les passages essentiels en suivant l'ordre chronologique, afin de mieux suivre le
courant d'idées qui s'est formé ce jour-là dans le cerveau de
l'Empereur.

§ 14. — Première lettre du 29 septembre au major général.

« Écrivez au maréchal Bernadotte qu'il se mette en marche
« pour Kronach et qu'il fasse occuper tous les débouchés des
« montagnes de Saxe, *en se tenant sur la frontière*, et en pre-
« nant cependant une bonne *position qui protège le passage*
« *en Saxe ;* qu'il fasse reconnaître les chemins de Leipzig et
« de Dresde. »

Napoléon assigne au 1er corps le rôle d'avant-garde sur le débouché Kronach-Lobenstein, puisque ce corps d'armée doit occuper une position qui protège le passage en Saxe.

L'emplacement du 1er corps ne pouvait être qu'au delà du « pendant des eaux », suivant l'expression du temps, de la ligne de faîte ou de partage, disons-nous aujourd'hui, et très probablement plus près de Lobenstein que de Kronach.

Mais, l'ordre prescrivant de ne pas dépasser la frontière, le maréchal Bernadotte établit son corps d'armée (compte rendu du 1er octobre) dans les environs de Kronach et fit occuper les débouchés occidentaux des montagnes. Sa position était donc *défensive* et n'assurait que très imparfaitement le passage en Saxe.

L'intention de l'Empereur apparaît clairement. Il veut brusquer le mouvement d'invasion en Saxe, parce qu'il suppose les Prussiens en marche, soit sur Hof, soit sur Fulda, et que, dans le cas où l'armée principale ennemie déboucherait sur Hanau ou sur Würzburg avant que la Grande Armée n'ait franchi le Franken-Wald, la guerre se localiserait dans le bassin du Main et ne produirait pas les effets moraux résultant de l'apparition inattendue de la Grande Armée en Saxe.

« Le maréchal Lefebvre (5e corps) fera reconnaître les dé-« bouchés des montagnes pour descendre en Saxe et les che-« mins d'Erfurt et de Leipzig. Qu'il fasse occuper *une bonne* « *position à son avant-garde* en avant de Kœnigshofen. Qu'il « envoie des espions et des reconnaissances pour connaître « les rapports des voyageurs du *côté de Fulda.* »

On verra, pendant les jours qui ont précédé la mise en marche définitive de la Grande Armée sur la Saxe, l'Empereur attacher une importance extrême aux reconnaissances sur Fulda. Si le gros des forces ennemies débouche de Fulda (1)

---

(1) Il y a 110 kilomètres de Fulda à Würzburg, ou quatre marches, et 90 kilomètres de Fulda à Hanau, ou trois marches.

avant que la Grande Armée ait levé ses cantonnements de rassemblement, il sera trop tard pour porter la guerre en Saxe. Si, au contraire, l'armée du roi est encore dans les environs d'Erfurt quand la Grande Armée se mettra en marche vers l'Est, la manœuvre réussira sans encombre.

« De Kœnigshofen à Brückenau, il doit y avoir une route « qui passe par Neustadt. Il est nécessaire que le maréchal « Lefebvre fasse éclairer cette route, en supposant qu'il y ait « des Prussiens à Fulda, pour que de sa position de Kœnigs- « hofen, *il puisse tomber sur l'ennemi s'il cherchait, de Fulda,* « *à se porter sur Würzburg.* »

Brückenau est un gros bourg situé à 35 kilomètres au sud de Fulda, sur la route de Würzburg, près du débouché d'une grande forêt, dans une plaine ondulée qui permet de voir et de manœuvrer.

Un chemin conduit effectivement de Kœnigshofen à Brückenau, par Neustadt et Waldaschach.

De Kœnigshofen à Neustadt, 20 kilomètres.

De Neustadt à Brückenau, 35 kilomètres.

Le 5e corps était un corps de couverture.

Pour Napoléon, un corps d'armée placé dans ces conditions n'était pas destiné uniquement à former tampon, il était, aussi et surtout, une troupe de manœuvre.

« On ne doit pas fatiguer inutilement la cavalerie. »

Par ces mots, l'Empereur veut dire que les brigades et régiments de cavalerie doivent rester groupés, détachant seulement des patrouilles et des postes pour assurer le service des reconnaissances et concourir à la sûreté des cantonnements.

« Toute la cavalerie légère du maréchal Bernadotte « (1er corps) sera placée en avant de Kronach ; celle du « maréchal Lefebvre (5e corps), en avant de Kœnigshofen.

« La cavalerie légère du maréchal Soult (4e corps) prendra « position sur les confins du pays de Baireuth, vis-à-vis

« Kreussen ; il (le maréchal Soult) placera une *avant-garde*
« *qui occupe une bonne position.* »

Voilà donc les cavaleries légères de trois corps d'armée
placées en avant (au Nord) de Kœnigshofen (5ᵉ corps), (à l'Est)
de Kronach (1ᵉʳ corps), et près (au Sud) de Baireuth (4ᵉ corps),
sur les débouchés conduisant en Thuringe et en Saxe.

Quand il donna cet ordre, l'Empereur avait sans doute
oublié que, le 20 septembre, il avait prescrit la formation et
l'envoi des brigades Lasalle et Milhaud à Kronach et Lichtenfels et qu'une de ses lettres du 24 septembre avait invité le
maréchal Davout (3ᵉ corps) à envoyer sa cavalerie légère à
Kronach pour le 2 ou le 3 octobre.

Si les ordres de l'Empereur s'exécutent, il y aura à Kronach et environs : la cavalerie légère du maréchal Davout,
3 régiments ; les brigades légères de la réserve, 4 régiments ;
la cavalerie légère du maréchal Bernadotte, 3 régiments ; au
total, 10 régiments de cavalerie légère.

N'est-ce pas beaucoup trop pour éclairer un seul débouché
de montagnes ?

L'Empereur veut que le 5ᵉ corps *fasse occuper une bonne
position à son avant-garde* et il prescrit au maréchal Soult
(4ᵉ corps) de placer une avant-garde qui *occupe une bonne
position.*

Ces ordres visent des avant-gardes indépendantes de la
cavalerie légère, puisque Napoléon donne aux cavaleries
légères des corps d'armée des emplacements définis.

Les corps de la Grande Armée détachaient donc des avant-
gardes, tout au moins en station, pour se couvrir dans les
directions dangereuses.

Quelques auteurs ont cru pouvoir conclure de l'absence
d'une distance d'avant-garde, à la colonne de droite, pendant
la traversée du Franken-Wald, le 8 et le 9 octobre, que le
4ᵉ corps, et en général les corps de la Grande Armée,
n'avaient, pour toute infanterie, à l'avant-garde, qu'un bataillon
d'infanterie légère.

Ce bataillon était un repli de cavalerie mais ne constituait pas l'avant-garde tactique.

Disons, dès à présent, que le maréchal Ney arriva, le 14 octobre, sur le champ de bataille d'Iéna à la tête de son avant-garde et que celle-ci comprenait la valeur d'une brigade d'infanterie (25ᵉ léger, 1 bataillon de grenadiers et 1 bataillon de voltigeurs).

« Il faut que le maréchal Bernadotte *fasse en secret* ses « reconnaissances et *ses dispositions* pour *qu'il puisse, de* « *Kronach, intercepter la route d'Erfurt à Hof.* »

Cela veut dire très probablement que si l'ennemi est signalé, marchant d'Erfurt sur Hof, le maréchal Bernadotte devra être en mesure de lui barrer la route. En quel point ? Évidemment à Schleiz.

Cette prescription éventuelle de l'Empereur est importante à retenir au point de vue de la doctrine stratégique ; nous la discuterons un peu plus loin quand nous étudierons la lettre impériale du 29 septembre au maréchal Soult.

« La guerre n'est pas déclarée ; le langage doit être tout « pacifique ; on ne doit commettre aucune hostilité. »

Cette guerre n'a pas été déclarée ; elle est du nombre de celles, très nombreuses dans l'histoire, qui ont commencé par un coup de carabine tiré par quelque vedette.

Lorsque les avant-postes sont au contact sur la frontière, une déclaration de guerre est bien inutile ; il vient un moment où les fusils partent tout seuls.

§ 15. — Deuxième lettre du 29 septembre au major général.

« Mon intention a été de réunir le 1ᵉʳ corps de la Grande « Armée à Nuremberg. Cependant j'ai vérifié sur mes minutes « (mouvements et dispositions générales de la Grande Armée) « et il est vrai que je vous ai écrit à Bamberg. En consé-

« quence, donnez ordre au maréchal Ney de presser sa
« marche pour être réuni, le 3 octobre, à Nuremberg au lieu
« d'Anspach. »

Cet aveu d'un *lapsus calami* très grave, montre les inconvénients du travail isolé d'un commandant d'armée.

Si l'Empereur eût été entouré d'officiers au courant de ses
projets, l'erreur ne se fût pas produite ou tout au moins eût
été rectifiée aussitôt.

§ 16. — Lettre rétrospective au prince Murat.

Napoléon avait écrit, le 24 septembre, de Saint-Cloud au
prince Murat :

« Vous m'attendrez à Mayence pour en partir une heure
« après mon arrivée, afin que vous soyez à Bamberg le
« 1er octobre à midi. »

Ce rendez-vous nous paraît avoir été donné pour les motifs
suivants :

Le prince Murat, allié à la famille impériale, a toute la confiance de Napoléon qui lui communiquera ses projets et lui
donnera la lieutenance de la Grande Armée à partir du
1er octobre à midi, jusqu'au moment où il pourra prendre en
main le commandement effectif.

L'entrevue dut avoir lieu dans la matinée du 29.

Avant de quitter Mayence, le prince Murat reçut une note
de l'Empereur, datée du 29 septembre, 10 heures du matin,
pour lui servir de guide dans son commandement intérimaire.

En voici les passages essentiels :

« Vous vous rendrez à Würzburg. »

Ce n'est plus à Bamberg, c'est à Würzburg que le prince
Murat doit aller, parce que Würzburg peut, aussi bien, être
le point de départ d'opérations sur Fulda ou Erfurt que sur
Leipzig.

« Vous écrirez sur-le-champ au maréchal Lefebvre à

« Kœnigshofen, au maréchal Davout à Bamberg et au prince
« de Ponte-Corvo (Bernadotte), qui doit être à Kronach. »

Pourquoi le prince Murat écrirait-il aux trois maréchaux
les plus rapprochés de Würzburg, sinon pour leur annoncer
sa prise de commandement intérimaire ?

La décision prise par l'Empereur de confier au prince
Murat le commandement intérimaire de la Grande Armée est
la conséquence du secret et du mystère qui présidaient aux
opérations.

Le maréchal Berthier devait d'abord se rendre à Mayence
(lettre du 20 septembre), mais il fut invité implicitement, par
lettre du 24, de ne pas dépasser Würzburg.

Dans l'esprit de l'Empereur, le major général aurait trop à
faire, sous le rapport des subsistances et des approvisionnements en général, pour venir à Mayence recevoir ses instructions.

En confiant au prince Murat la direction des opérations,
même pour quelques jours, Napoléon brisait l'unité de commandement, créait deux commandants en chef.

En effet, le maréchal Berthier n'a pas cessé d'envoyer des
ordres aux maréchaux et aux chefs des grands services,
depuis l'arrivée de l'Empereur à Mayence (28 septembre)
jusqu'à sa prise effective de commandement (3 octobre).

Le dualisme du commandement en chef, si peu de temps
qu'il ait duré, devait engendrer le désordre, c'était inévitable
et cela eut lieu.

« Vous ferez marcher les divisions de la réserve de manière
« qu'elles se portent, le plus possible, entre Schweinfurth et
« Kronach. »

Les divisions de cavalerie de la réserve avaient déjà
reçu des ordres pour activer leur marche, et la lettre
du major général, en date du 28 septembre 5 heures du
soir, indiquait les nouveaux emplacements assignés à ces
divisions.

Mais l'Empereur n'avait pas encore reçu, le 29 à 10 heures du matin, la lettre en question ; il ne devait l'avoir qu'à 3 heures du soir.

On conçoit dès lors que, dans son impatience, ne recevant rien de Mayence, il ait donné des ordres, le 29, à 10 heures du matin, au prince Murat, pour accélérer la marche de la cavalerie de la réserve et la faire serrer dans l'espace compris entre Schweinfurth et Kronach.

Ce resserrement sur la droite semble indiquer que l'Empereur avait, le 29 septembre, l'intention de faire suivre le 1er corps par toute la cavalerie de la réserve, dans le cas où ce corps d'armée franchirait le Franken-Wald en débouchant de Kronach.

D'autre part, le groupement des six divisions de la cavalerie de la réserve sur le front : Schweinfurth—Kronach permettait de les utiliser encore dans le bassin du Main ou sur les directions d'Erfurt et de Fulda si la guerre ne pouvait être portée immédiatement dans la région de la haute Saale.

« Vous enverrez des espions sur Fulda. »

Nous avons déjà montré l'importance que Napoléon attachait à être bien renseigné sur ce qui se passait à Fulda.

Dans sa première lettre du 29 au major général, il prescrit que le maréchal Lefebvre envoie des espions du côté de Fulda et, dans la quatrième lettre qu'il écrit ce jour-là au major général, l'Empereur dit :

« J'imagine que vous avez des espions à Fulda. »

Or, le 1er octobre, le maréchal Berthier, répondant aux lettres impériales du 29, écrivait :

« J'ai deux hommes envoyés sur Fulda et Gotha, mais ils ne
« sont pas de retour. »

Ces deux espions ne seraient-ils pas partis le 30 septembre, seulement, au reçu des lettres de Napoléon en date du 29?

Et pourquoi les aurait-il envoyés plus tôt?

Comment le maréchal Berthier pouvait-il deviner l'importance qu'attachait Napoléon à obtenir des renseignements sur Fulda?

N'ayant été instruit de rien, ne connaissant nullement les projets de l'Empereur, le major général était aussi bien en droit d'envoyer des émissaires à Cassel, à Dresde, à Magdebourg, en un mot dans toutes les villes de l'Allemagne, qu'à Fulda.

La phrase en question n'avait de sens que pour un major général orienté sur la situation et sur les desseins de Napoléon.

Cet exemple montre encore une fois les inconvénients d'une réserve absolue du commandant en chef vis-à-vis de son chef d'état-major.

« Vous placerez des forces de cavalerie *au delà de Karls-* « *tadt,* à l'extrémité du territoire de Fulda, pour bien con- « naître les mouvements de l'ennemi. »

La ville de Karlstadt, située sur la rive droite du Main, à 25 kilomètres en aval de Würzburg, n'est, dans l'esprit de l'Empereur, qu'un point d'indication.

C'est loin au nord de Karlstadt, que les postes de cavalerie devront être placés, probablement sur la ligne Kissingen-Hamelburg-Burgsinn.

« Vous me communiquerez les renseignements que vous « pourrez vous procurer sur les *débouchés des chemins de* « *Kœnigshofen sur Erfurt* et de *Kronach sur Leipzig.* »

Napoléon veut être renseigné sur les débouchés des routes de Kœnigshofen à Erfurt et de Kronach à Leipzig parce qu'il a besoin de savoir quelle répartition il pourra donner à la Grande Armée en vue de la traversée des montagnes.

Il est bien évident, en effet, qu'un large débouché d'accès facile se prête aux grands mouvements de troupes tandis qu'un débouché étroit ou difficile ne convient qu'à une faible colonne.

On voit qu'au moment où le prince Murat reçut ses instructions, les nouvelles alarmantes du maréchal Berthier, en date du 24, n'avaient pas cessé d'exercer leur action déprimante sur l'Empereur.

Napoléon croyait en effet les Prussiens plus avancés qu'ils ne l'étaient en réalité. Il ne songe plus en ce moment (29 septembre au matin) à transporter d'un seul bloc la Grande Armée sur la haute Saale en dérobant ses premières marches à un ennemi trop éloigné pour intervenir.

Son ambition est plus modeste.

Napoléon pense qu'il pourra faire déboucher le 5e corps directement sur Erfurt en le faisant suivre peut-être par le 3e corps.

Le 1er corps marchera sur Schleiz, et le 4e corps ira disperser les troupes du général Tauenzien, postées à Hof.

Le 6e corps suivra le 1er ou le 4e corps.

Ensuite l'armée, en trois colonnes, se resserrera sur son aile gauche en marchant sur Weimar et viendra offrir la bataille au sud de cette ville.

La lettre impériale du 29 septembre au maréchal Soult, que nous discuterons plus loin, ne laisse aucun doute sur les intentions de Napoléon le 29 septembre au matin :

Contenir l'ennemi sur les routes d'Erfurt et de Fulda à Würzburg avec un ou deux corps d'armée, et faire franchir en même temps le Franken-Wald aux quatre autres corps, lesquels marcheront ensuite vers le Nord pour déborder et attaquer l'aile gauche de l'armée prussienne.

Dans sa note au prince Murat, Napoléon continue en ces termes :

« J'ai ordonné au maréchal Lefebvre de prendre une bonne « position à Kœnigshofen et d'éclairer la route de Fulda, afin « de tomber sur l'ennemi s'il se rapprochait trop de Würz- « burg. »

Würzburg est le point sensible du moment.

D'Erfurt, l'armée prussienne principale peut marcher sur Würzburg, soit par Kœnigshofen, soit par Fulda. Si elle arrive à Würzburg avant l'ouverture des opérations de la Grande Armée, celle-ci se verra forcée d'accepter comme théâtre de la guerre le bassin du Main moyen, la manœuvre débordante par Kronach et Baireuth ne pouvant avoir lieu avec quelque sécurité que si l'ennemi est contenu au nord de Würzburg.

Une fois la Grande Armée passée en Saxe, il importe peu qu'une avant-garde prussienne se présente aux portes de Würzburg. Napoléon a prévu cette éventualité, ainsi que nous le verrons plus loin, et il ne s'en émeut nullement parce qu'il aura eu le temps de mettre ses dépôts et ses approvisionnements à l'abri d'un coup de main. Mais le 1er ou le 2 octobre, la situation est tout autre; la Grande Armée peut être prise en flagrant délit de marches de rassemblement, et il faut à tout prix que le corps de couverture (5e) manœuvre et se sacrifie au besoin pour arrêter, ou, tout au moins, enrayer la marche de l'ennemi, que celui-ci marche directement d'Erfurt sur Kœnigshofen ou qu'il prenne la route de Würzburg par Fulda.

« La guerre n'est pas déclarée. Il ne faut donc pas dépasser « les confins du pays de Würzburg et de la Bavière. Mais on « pourrait *passer même quelques points*, si cela était nécessaire « pour occuper une bonne position qui favorisât les débouchés « de la (en) Saxe. »

Napoléon corrige par ces mots : « on pourrait passer même quelques points » la prescription formelle contenue dans sa lettre au maréchal Bernadotte « de se tenir sur la frontière ».

En effet, nous avons déjà montré, en étudiant la lettre impériale au maréchal Bernadotte, que la frontière n'offre pas toujours une position commandant le débouché et que, dans l'espèce, la position de Kronach, purement défensive, ne présentait aucune des propriétés demandées à une position pouvant protéger l'offensive vers l'Est.

« Envoyez des *officiers du génie* sur Kœnigshofen et sur
« Fulda, afin de bien connaître les routes; ils rédigeront des
« mémoires sur les *positions militaires* qu'elles présentent. »

Le soin de faire étudier les positions militaires situées à
cheval sur les routes d'Erfurt à Kœnigshofen et au Sud, et
sur celles de Fulda à Würzburg, montre d'une façon éclatante
que Napoléon compte retarder la marche de l'ennemi en faisant combattre le 5ᵉ corps défensivement afin de gagner le
temps nécessaire, soit au franchissement du Franken-Wald
par le gros de son armée, soit à sa concentration sur une zone
convenablement choisie, en arrière ou sur un flanc du corps
de couverture.

§ 17. — Troisième lettre du 29 septembre au major général.

L'Empereur dicta cette lettre dès qu'il eût reçu celle du
major général, datée de Munich le 26, à 11 heures du soir.

La troisième lettre impériale, de 3 h. 1/2 du soir au major
général, ne contient guère que la confirmation des ordres contenus dans la première lettre du 29 septembre.

Toutefois, elle annonce que la division Dupont sera à
Würzburg le 1ᵉʳ octobre, et la Garde à pied, le 2 octobre.

La cavalerie, les gros bagages et l'artillerie de la Garde
passent le Rhin à Mannheim et continuent sur Würzburg.

La division bavaroise qui devait faire partie du 1ᵉʳ corps
sera sous les ordres directs de l'Empereur, le maréchal Bernadotte ne voulant pas la commander. Elle viendra le plus tôt
possible d'Eichstædt à Nuremberg.

Cette lettre annonce que toutes les divisions de cavalerie
ont reçu ou recevront des ordres directement du prince Murat
pour prendre leurs positions de Schweinfurth à Bamberg.

Entre sa troisième lettre (3 h. 1/2 du soir) et sa quatrième
lettre (10 heures du soir) au major général, Napoléon reçut,
probablement vers 9 heures du soir, une lettre d'envoi du

maréchal Berthier, en date du 29 dans la matinée, contenant divers rapports d'officiers envoyés en Thuringe et en Saxe, à la suite des prescriptions impériales du 5 septembre.

C'étaient :

1º Un rapport du maréchal Lefebvre, ne présentant qu'un très faible intérêt ;

2º Un rapport du chef de bataillon Legrand sur les communications entre Ratisbonne, Nuremberg, Bamberg, Kronach et Gera ;

3º Un rapport du chef de bataillon Huart envoyé en Thuringe ;

4º Un rapport du chef de bataillon Guilleminot envoyé à Dresde.

Ces deux derniers rapports durent prendre aux yeux de Napoléon une importance considérable puisque, sous l'impression qu'ils lui causèrent, il dicta depuis 10 heures du soir jusqu'à 3 h. 1/2 du matin douze lettres qui révèlent une nouvelle orientation de ses projets dans le sens nettement offensif.

Nous allons reproduire ou analyser les passages principaux des deux rapports Huart et Guilleminot afin de mettre sous les yeux du lecteur les renseignements qui exercèrent une grande influence sur l'esprit de Napoléon.

Rapport du chef de bataillon Huart.

Schweinfurth, 28 septembre 1806.

« J'ai vu Coburg, Hildburghausen, Meiningen, Eisenach et « Fulda.... ; aucune de ces villes n'a de mur d'enceinte.... ; un « parti de cavalerie pourrait y entrer à toute heure et de tous « côtés. Les Prussiens étaient et sont *encore à Eisenach, Mei-* « *ningen, Hildburghausen ;* il m'a fallu avoir du front pour « pénétrer jusqu'à Eisenach qui est le quartier général de « leurs avant-postes et boire la honte de m'en faire chasser et « reconduire bien escorté jusqu'aux frontières de la Saxe. »

Rapport du chef de bataillon Guilleminot.

Ce rapport, — daté de Würzburg, 28 septembre 1806, — présente un intérêt de premier ordre. En voici le résumé :

Les forces ennemies se divisent en trois groupes :

L'aile gauche, de 62,000 hommes, sous le prince de Hohenlohe, ayant avec lui le prince Louis.

Le centre, de 75,000 hommes, sous les ordres immédiats du roi ; le duc de Brunswick est lieutenant de Sa Majesté. Les généraux Moellendorf et Kalkreuth commandent chacun une aile de cette armée.

L'aile droite, de 50,000 hommes, sous M. de Rüchel.

Total 187,000 hommes.

« Cette force est donnée d'après les rapports les moins exa- « gérés. »

L'aile gauche, formée des troupes de Silésie et de Pologne, est entrée en Saxe, le 6 septembre.

L'armée saxonne est sous les ordres du prince de Hohenlohe.

L'armée du roi s'est avancée très lentement de Magdebourg, par Mersebourg et Leipzig.

Le 23 septembre, le prince de Hohenlohe était encore à Dresde, mais se disposait à transporter son quartier général à Freyberg.

Quelques bataillons saxons sont échelonnés entre Plauen et Chemnitz.

L'aile droite est dans le Hanovre et doit, dit-on, agir sur le Bas-Rhin.

Le général Tauenzien est à Hof avec 2,000 hommes.

« On n'a rien pu savoir de bien positif sur les Russes.

« L'esprit de l'armée prussienne, surtout chez l'officier, « paraît très monté ; on emploie à cet effet tous les moyens « imaginables. L'armée saxonne n'est pas aussi bien dis- « posée. »

Les jugements que porte ensuite le chef de bataillon Guilleminot sur les principaux chefs de l'armée prussienne sont des modèles de concision et de vérité.

« Le duc de Brunswick ne désire pas la guerre; il craint de
« compromettre sa réputation; il est timide, lent, irrésolu,
« en un mot, c'est le Daun des Prussiens.

« M. de Moellendorf craint également d'exposer son nom;
« on lui a fait, ainsi qu'à M. de Kalkreuth, un commande-
« ment fictif à l'armée du roi, afin de ne pas intervertir l'ordre
« du tableau en donnant de préférence un corps d'armée aux
« généraux Hohenlohe et Rüchel, moins anciens qu'eux.

« Ces deux derniers veulent la guerre; les uns accordent
« des talents et de l'énergie à M. de Rüchel, les autres, en
« grand nombre, les lui contestent.

« Le prince de Hohenlohe est très animé contre les Fran-
« çais. Il a de la réputation.

« Le prince Louis est très débauché; on le ramène ivre
« toutes les nuits; c'est une tête exaltée. On lui donne de
« l'esprit.

« M. de Kalkreuth est rongé de maladies; on le considère
« comme incapable. »

Ainsi, d'une part, le chef de bataillon Huart annonce qu'il a *vu* les Prussiens à *Eisenach*, *Meiningen* et *Hildburghausen* et que Fulda est vide d'ennemis.

D'autre part, le chef de bataillon Guilleminot affirme que, le 23 septembre, l'armée du roi ne pouvait pas être beaucoup au sud de Leipzig, qu'à la même date l'aile gauche (Hohenlohe) quittait à peine Dresde, et qu'enfin au même moment le corps de Rüchel était encore en Hanovre.

Les troupes signalées à Eisenach, Meiningen et Hildburghausen ne sont donc que des détachements d'avant-postes.

Par conséquent, la Grande Armée va pouvoir franchir le Franken-Wald avant que le gros des forces ennemies n'arrive devant Würzburg.

Cette idée explique les nombreuses lettres dictées par l'Empereur le 29, à partir de 10 heures du soir.

§ 18. — Quatrième lettre du 29 septembre au major général.

« Il faut nommer un général pour commander à Würz-
« burg. »

Un pivot d'opérations de cette importance exigeait, en effet, un commandement très solide.

Le rôle du général à désigner ne devait pas se borner au commandement de la place. Napoléon ne dit pas « pour commander Würzburg », mais bien « à Würzburg ».

L'expression signifie que le général qui commandera à Würzburg aura dans ses attributions le commandement territorial du pays entre Rhin et Main et, par suite, la haute surveillance des routes de l'armée venant de Mayence et de Mannheim sur Würzburg.

« J'imagine que vous avez des espions à Fulda. »

Nous avons précédemment commenté cette phrase qui montre bien que l'Empereur « tout secret et mystère » était inconséquent avec lui-même quand il demandait, à ceux qui ne connaissaient nullement la situation générale, d'agir comme s'ils eussent été tenus au courant de ses projets.

« Si vous pouvez vous porter rapidement à Kœnigshofen, « pour voir la *position défensive* du maréchal Lefebvre « (5e corps) et *les rapports de cette place* pour tomber sur « l'ennemi, dans le cas où celui-ci se porterait de Fulda sur « Würzburg, faites-le. »

Une des principales préoccupations de l'Empereur, pendant cette journée du 29 septembre, est que les Prussiens marchent par Fulda sur Würzburg avant le moment où les opérations de la Grande Armée seront démasquées.

Napoléon attache, en conséquence, une grande importance aux *rapports de Kœnigshofen avec Fulda et Würzburg.*

L'expression : «. Les rapports de tel point avec tel autre », prise dans le sens de « communications », a disparu du langage militaire moderne sans avoir été remplacée par une autre équivalente.

On ne voit aucun motif empêchant qu'on l'emploie à nouveau quand l'occasion s'en présentera.

« Je désire bien connaître les rapports de Kœnigshofen « avec Coburg et Kronach, et de Kronach avec Hof.

« Envoyez des officiers du génie, qui non seulement recon- « naîtront *les débouchés de Kœnigshofen sur la grande route* « *qui conduit sur Halle, de Bamberg sur Coburg, et de Kro-* « *nach sur Saalburg et Schleiz, et qui conduit à Leipzig,* « mais encore, les *rapports de Kœnigshofen avec Coburg et* « *Kronach.*

« Si après avoir placé le maréchal Lefebvre en avant de « Kœnigshofen, il ne me convenait pas de le faire déboucher « *sur Hildburghausen pour ne point le commettre avec l'en-* « *nemi,* et que je voulusse le faire venir sur Coburg, en déro- « bant une marche à l'ennemi, sans dépasser les limites de la « Saxe et la petite chaîne de montagnes que je suppose être « entre la Saxe et Würzburg, quel chemin devrait prendre « pour cela le corps du maréchal Lefebvre? Combien aurait-il « à rétrograder? Car il serait possible que, *ne voulant point* « *engager une affaire avec l'ennemi qui se serait avancé* « *jusqu'à Hildburghausen,* je le fisse appuyer sur mon centre « à Coburg, et que, mon centre réuni, je le fisse replier sur « Kronach. Il est donc nécessaire que je sache quel chemin le « maréchal Lefebvre doit suivre pour se rendre à Coburg, « en deçà de la ligne de mes postes, et de Coburg à Kronach, « également en deçà de la ligne de mes postes.

« Envoyez un officier d'état-major au maréchal Soult, qui « viendra vous rejoindre du moment que ce maréchal sera en

« position. *C'est par là que je veux commencer*, si toutefois je
« suis obligé de faire la guerre......

« Faites étudier tout le local, soit comme *débouché*, soit
« comme *mouvement parallèle*, depuis Hof jusqu'à Kœnigs-
« hofen. »

La citation qui précède est curieuse et intéressante :

Curieuse, en ce qu'elle montre Napoléon se reprenant à
deux fois pour soulever aux yeux du major général un coin
du voile qui cache ses projets, sans pour cela les éclairer d'une
bien vive lumière.

L'allusion au maréchal Soult est même totalement incom-
préhensible pour qui n'a pas lu la lettre de l'Empereur à ce
maréchal, en date du 29 septembre, à 10 heures du soir.

Mais, la citation est intéressante parce qu'elle répond à un
nouvel état d'esprit, amené par les rapports Huart et Guilleminot, qui porte Napoléon à reprendre son premier projet
d'opérations en Saxe et à lui donner une forme tangible,
comme on peut s'en convaincre en lisant la lettre qu'il dicta,
à 10 heures du soir, pour le maréchal Soult.

Cette lettre contient, en ce qui nous intéresse immédiatement, les passages ci-après :

« J'espère que votre corps d'armée (4ᵉ) sera arrivé le
« 3 octobre à Amberg. Je vais partir demain pour porter
« mon quartier général à Würzburg.

« La guerre n'est pas encore déclarée ; mais elle tient à un
« fil bien faible.

« Vous vous préparerez à *exécuter le plan suivant* :

« Mon intention serait que vous puissiez arriver, le 5, à
« Baireuth avec tout votre corps réuni, ayant quatre jours de
« pain, et *en manœuvre de guerre ;* et, que, le 7, vous puissiez
« arriver à Hof et en déloger l'ennemi.

« ... Par ce plan vous seriez le premier destiné à entrer
« dans le pays ennemi.

« Ceci n'est pas un ordre d'exécution, mais une instruction

« pour vous préparer, en attendant mes ordres pour entrer
« dans le pays de Baireuth....

« Le 3 octobre, le maréchal Ney (6e corps) sera avec son
« corps d'armée à Nuremberg ; le maréchal Davout (3e), à
« Bamberg ; le maréchal Bernadotte (1er), à Kronach ; le
« maréchal Lefebvre (5e), à Kœnigshofen ; le maréchal Auge-
« reau (7e), à Würzburg ; toute la réserve de cavalerie entre
« Kronach et le Main.

« J'ai pensé qu'il était nécessaire que je vous donnasse cette
« idée de la position générale de l'armée.

« Du moment que vous serez à Baireuth, votre ligne d'opé-
« rations doit être sur Nuremberg. »

La quatrième lettre de l'Empereur au major général et
celle qui fut adressée au maréchal Soult, toutes deux datées
de 10 heures du soir, le 29 septembre, montrent chez Napoléon une tendance à revenir au plan primitif, consistant à
pénétrer en Saxe et à marcher droit sur Berlin.

L'ennemi signalé à Hildburghausen n'est pas à craindre,
puisqu'il fait partie d'un réseau d'avant-postes dont la
réserve est à Eisenach, tandis que le gros des forces prussiennes est encore loin.

Sous l'influence des nouvelles contenues dans les rapports
Huart et Guilleminot, l'Empereur fait taire ses alarmes et
conçoit, à l'instant même, un projet d'opérations que nous
croyons pouvoir définir de la façon suivante :

Le 5e corps (maréchal Lefebvre), en couverture, se tiendra
prêt à rejeter dans les bois l'avant-garde ennemie qui, contre
toute vraisemblance, chercherait à déboucher de Fulda sur
Würzburg.

Cette idée, antérieure à la réception des renseignements de
la soirée, persiste néanmoins, comme pour montrer qu'une
nouvelle orientation de l'esprit ne détruit pas brusquement
les décisions précédentes.

Mais si l'éventualité, devenue bien improbable, d'une offensive prussienne de Fulda sur Würzburg ne se présente pas, le 5ᵉ corps (maréchal Lefebvre), masquant par un détachement les troupes ennemies d'Hildburghausen, se portera sous la protection de ses propres avant-postes et en dérobant une marche, à Coburg.

En ce point, le maréchal Lefebvre (5ᵉ) couvrira la marche de flanc qu'effectueront, vraisemblablement, les 4 et 5 octobre, le 7ᵉ corps, la division Dupont et la Garde, pour se porter de Würzburg sur Bamberg où se trouve déjà le corps Davout (3ᵉ).

A partir du 6 octobre, le 5ᵉ corps sera libre de rétrograder sur Kronach et, le même jour, le 3ᵉ corps ira occuper Coburg, comme avant-garde de la colonne formée du 7ᵉ corps, de la division Dupont et de la Garde.

Mais, le 6 octobre, le 4ᵉ corps aura marché de Baireuth sur Hof qu'il atteindra le 7, poussant devant lui et battant le détachement du général Tauenzien.

Le 8, le 4ᵉ corps se portera sur Schleiz pour faciliter le débouché en ce point du 1ᵉʳ corps venant de Kronach.

Le 6ᵉ corps, partant de Nuremberg le 4 octobre, suivra le 4ᵉ corps, à une journée de marche, et se réunira à lui, le 9, à l'est de Schleiz, vers Auma.

Enfin, derrière le 1ᵉʳ corps viendra le 5ᵉ corps.

Les 4ᵉ et 6ᵉ, les 1ᵉʳ et 5ᵉ corps, s'élèveront alors, à partir du 9 octobre, vers le Nord, par la rive droite de la Saale, et parviendront, le 10, aux environs de Saalfeld.

Le débouché de Coburg sur cette ville, par Grafenthal, étant dès lors assuré, les 3ᵉ et 7ᵉ corps, la division Dupont et la Garde pourront déboucher, à leur tour, en Saxe.

La jonction des trois colonnes au delà du Franken-Wald une fois faite, la Grande Armée pourra se porter, *en bataillon carré*, là où les circonstances du moment indiqueront qu'une bataille doit procurer la plus ample moisson de lauriers.

Dans l'esprit de l'Empereur, il faut tout d'abord ouvrir des débouchés en Saxe aux colonnes de la Grande Armée. C'est au 4ᵉ corps qu'il réserve ce rôle, parce que ce corps se trouve à l'aile droite du dispositif de réunion, par conséquent du côté opposé à la direction du gros des forces ennemies.

Hâtons-nous d'ajouter que la manœuvre du 4e corps ne fut pas nécessaire, attendu que l'éloignement et la torpeur de l'ennemi procurèrent à Napoléon la certitude qu'il pouvait *oser* la traversée simultanée du Franken-Wald sur trois colonnes sans avoir à redouter « un retard au débouché ».

Cependant, Napoléon, par mesure de prudence, prit ses précautions comme si un retard au débouché était possible, et nous verrons plus tard, au titre de l'entretien de l'armée, quelles mesures furent adoptées dans ce sens pour l'approvisionnement de Kronach.

Quoi qu'il en fut, la discussion que nous venons de faire met en lumière la combinaison ayant pour objet de faire déboucher la Grande Armée en Saxe, malgré la présence de l'ennemi en Thuringe.

Cette discussion montre également que les opérations de la Grande Armée seront démasquées, le 12 octobre.

C'était aussi l'avis de Napoléon qui, dans la deuxième note de sa lettre du 30 septembre au roi de Hollande, que nous étudierons plus loin au sujet du plan d'opérations, écrivait :

« Je ne compte sur votre corps que comme un moyen de « diversion et pour amuser l'ennemi jusqu'au 12 octobre, « qui est l'époque où mes opérations seront démasquées. »

Voici un détail, pris dans la lettre de Napoléon au maréchal Soult, en date du 29 septembre, 10 heures du soir, qui n'est pas dénué d'importance :

Napoléon prescrit au maréchal Soult de marcher sur Baireuth « en manœuvre de guerre ».

Cette expression était usuelle à la Grande Armée. On disait aussi « marcher en guerre » ou « marcher militairement ».

Les trois expressions avaient la même signification. Cela voulait dire qu'une troupe devait marcher aussi serrée que la

route le permettait en observant toutes les règles du service
en campagne, comme si elle pouvait d'un instant à l'autre
rencontrer l'ennemi.

L'arrivée du 7ᵉ corps à Würzburg est annoncée pour le
3 octobre.

L'Empereur semble s'être décidé seulement le 29 septembre, dans la soirée, à faire venir le 7ᵉ corps à Würzburg,
après qu'il eut acquis la certitude du grand retard des armées
prussiennes.

Certes, il avait commencé à prendre des mesures pour la
formation d'un 8ᵉ corps de la Grande Armée, à Mayence, sous
les ordres du maréchal Mortier, mais cette nouvelle organisation exigeait au moins une quinzaine de jours ; or, sans l'éloignement des armées prussiennes et l'impossibilité reconnue où
elles étaient d'arriver sur le Rhin avant la mi-octobre, Napoléon n'eut pas dégarni prématurément Francfort et Mayence
en rappelant à lui le 7ᵉ corps.

La preuve que l'Empereur n'avait pas songé avant le
29 septembre au soir à donner au 7ᵉ corps une destination
nouvelle en l'incorporant en quelque sorte dans le gros de la
Grande Armée, c'est que le major général ne fut informé de
l'arrivée prochaine de ce corps d'armée à Würzburg que le
2 octobre (lettre impériale du 1ᵉʳ octobre, 2 heures du
matin).

Une autre preuve en est donnée par la lettre que l'Empereur
fit écrire au maréchal Augereau, le 29 septembre à minuit,
dans laquelle il lui disait :

« Je vous prie de me faire connaître ce qui serait arrivé à
« votre connaissance du côté de *Fulda* et de *Cassel*.

« Comme *il serait possible que vous receviez l'ordre de vous*
« *rendre à Würzburg*, il serait nécessaire que vous vous pro-
« curiez des vivres pour quatre jours et de vous préparer à
« replier vos postes, de manière à arriver à Würzburg le
« 3 octobre.

« Je vous enverrai des ordres, demain 30, avant minuit. »

Le major général, en recevant, le 24 septembre, les *mouvements et dispositions générales de la Grande Armée*, expédiés de Saint-Cloud, le 20, à 6 heures du matin, avait envoyé des ordres aux divisions de la réserve de cavalerie pour les amener en position sur le Main.

Nous avons précédemment indiqué les emplacements choisis par lui.

Le prince Murat, une fois investi de la lieutenance de la Grande Armée (29 septembre), se mit en devoir d'exécuter les intentions de l'Empereur d'accélérer au moyen d'ordres directs l'arrivée des divisions de la réserve de cavalerie. Il envoya donc ses aides de camp à la rencontre des troupes à cheval pour qu'elles vinssent occuper les emplacements suivants :

1re division de cuirassiers (Nansouty), le 3, à Hassfurt, sur le Main, venant de Kitzingen ;

2e division de cuirassiers (d'Hautpoul), le 3, à Burg-Ebrach, venant de Cham, par Nuremberg et Bamberg ;

1re division de dragons (Klein), le 4 ou le 5, à Aschaffenburg, venant de Siegen ;

2e division de dragons (Grouchy), le 7 ou le 8, à Mergentheim, venant de Fribourg ;

3e division de dragons (Beaumont), le 3, à Hallstadt, Zapfendorf et Rattersdorf, venant de Amberg ;

4e division de dragons (Sahuc), le 3, à Eltmann, sur le Main, venant de Œllingen ;

Division légère (Lasalle et Milhaud), le 3, à Kronach et Lichtenfels.

Suivant un vieux dicton militaire :

« Ordre, contre-ordre, désordre. »

Les emplacements donnés par le major général avaient l'avantage de ne pas amener d'encombrement.

Ceux que choisit le prince Murat eurent pour effet d'agglomérer cinq divisions de cavalerie sur une zone trop restreinte et d'encombrer les villages situés sur la route, si importante pour les opérations, de Würzburg à Bamberg.

Quoi qu'il en fut, les ordres, instructions et projets de l'Empereur, à la date du 29 septembre, qu'ils aient été, ou non, suivis d'exécution, devaient provoquer un nouveau dispositif de rassemblement, pour le 3 octobre, d'après lequel le 7e corps ne forme plus couverture à Francfort; il s'est rapproché de la Grande Armée et a constitué, à Würzburg, avec la Garde à pied et la division Dupont, une réunion de troupes équivalant à deux corps d'armée. (*Voir carte n° 2.*)

Mais, ainsi qu'on le verra plus loin, le poste de Francfort n'est pas pour cela abandonné.

Une division du 8e corps, en voie de formation, sous les ordres du maréchal Mortier, à Mayence, doit y remplacer le 7e corps, afin que le double rôle d'appât et de couverture régionale ne cesse pas d'être rempli.

Suivant ce nouveau dispositif, trois corps d'armée sont détachés du gros des forces, savoir :

1° Le 5e corps (Lefebvre), en couverture, à Kœnigshofen, face à Hildburghausen et à Meiningen, est prêt à manœuvrer entre Fulda et Hamelburg;

2° Le 1er corps (Bernadotte), en avant-garde, à Kronach, est prêt à franchir le Franken-Wald pour intercepter, à Schleiz probablement, la route d'Erfurt à Hof;

3° Le 4e corps (Soult), en avant-garde à Amberg et à la veille d'occuper Baireuth, doit, de là, se porter sur Hof et en chasser les 2,000 hommes du général Tauenzien;

4° Le gros, ou centre de l'armée, est constitué par :

Le 3e corps, à Bamberg;

Le 6e corps, à Nuremberg;

La division Dupont,⎫
Le 7e corps,   ⎬ à Würzburg, quartier général
La garde à pied,   ⎭   de l'Empereur.

Un corps d'armée est placé sur chacune des trois routes principales qui conduisent en Saxe.

Trois corps d'armée, l'un d'eux (le 7e) doublé par la valeur d'un quatrième, occupent les sommets d'un triangle dont chaque côté mesure environ deux marches.

Bamberg, au sommet le plus rapproché de la Saxe, est à deux marches de chacun des points (Kœnigshofen—Kronach—Baireuth) occupés par les corps de couverture ou d'avant-garde.

On le voit, les rassemblements qui découlent des dispositions prises par l'Empereur dans la nuit du 29 au 30 septembre présentent un caractère beaucoup plus objectif que ceux qui résultaient des *mouvements et dispositions générales de la Grande Armée* en date du 19 septembre.

Le 29 septembre au soir, l'idée d'offensive immédiate vers l'Est apparaît clairement.

Ce jour-là, l'éventualité d'opérations sur le Main ou sur le Rhin est bien faible, tandis que s'affirme la certitude presque absolue de porter la guerre en Saxe, sinon en un seul bloc au moins en manœuvrant.

Nous verrons l'idée de la marche sur Berlin, la première en date, mûrir, de jour en jour, sans que, pour cela, Napoléon se prive de la faculté d'accepter la lutte dans la région du Main inférieur.

Lorsque, le 30 septembre au soir, l'Empereur enverra le capitaine de Turenne, un de ses officiers d'ordonnance, porter à son frère, le roi Louis de Hollande, une lettre contenant sous forme de notes ses projets d'opérations, la première de ces notes discutera la possibilité d'acculer les Prussiens au Rhin en les manœuvrant par leur gauche.

Mais, ainsi que l'écrit Napoléon :

« Les observations de ma première note sont toutes de pré-
« voyance. Mes premières marches menacent le cœur de la
« monarchie prussienne. »

Napoléon dicta encore de nombreuses lettres pendant la nuit du 29 au 30 septembre, une entre autre à son frère Louis, dont nous extrayons les passages suivants :

§ 19. — Annonce du plan de campagne au roi de Hollande.

« Faites beaucoup de bruit avec votre corps d'armée. »

Nous avons déjà mentionné cette ruse de Napoléon pour attirer l'ennemi le plus possible vers le Rhin, afin de mieux l'envelopper ou de le mettre en retard d'un grand nombre de jours lorsqu'il voudra se porter au secours de sa capitale menacée par la brusque irruption de la Grande Armée en Saxe.

« Répandez la croyance que votre armée sera de « 80,000 hommes. »

Plus les forces réunies auprès de Wesel paraîtront grandes aux Prussiens, mieux ils tomberont dans le piège.

« Je vous ferai connaître mon *plan de campagne*, mais, « *pour vous seul*, par un officier que je vous expédierai « *demain.* »

Ainsi donc, le plan de Napoléon était fait, en partie au moins, le 29, puisque son envoi est annoncé pour le 30 septembre.

Seul le frère de Napoléon connaîtra ce plan, tant est grande la méfiance de l'Empereur à l'égard de ceux qui ne font pas partie de sa famille.

Le sentiment familial, poussé chez Napoléon à l'état de manie par suite de ses instincts ataviques, fut, on le sait, une des causes principales des malheurs de la France.

§ 20. — L'invasion de la Saxe est décidée ; ordres en conséquence.

Pendant la nuit mémorable du 29 au 30 septembre, Napoléon, tout en dictant lettres et instructions, dut réfléchir profondément aux moyens de mettre à exécution son premier projet, reconnu facile désormais, qui consistait à porter la guerre en Saxe avant que les Prussiens ne pussent l'en empêcher.

Il fit adresser quatre lettres, dans ce sens, au maréchal Berthier, dès les premières heures de la matinée du 30 septembre.

Nous allons les analyser en ce qu'elles présentent d'intéressant au point de vue stratégique :

Première lettre de l'Empereur au major général.

(30 septembre, 3 heures du matin.)

Napoléon réitère ses ordres d'armer et d'approvisionner Würzburg et Forchheim ; il entre à ce sujet dans les plus petits détails.

L'idée qui domine, c'est que les deux places en question soient pourvues « de sorte qu'à tout événement mes corps « pourraient se replier sur Forchheim ou Würzburg, et « trouver là des cartouches, des vivres et un point d'appui.... « Je n'aime pas Bamberg, parce que c'est un lieu ouvert, et « qu'il est important que mes dépôts soient dans une petite « place.

« Vous avez assez d'expérience de la guerre et de ma « manière de diriger les opérations pour sentir l'importance « des places de Forchheim et de Würzburg. Ajoutez que Forch-« heim a le double avantage de me servir contre la Bohême et « qu'il peut y avoir telle opération où, refusant entièrement « ma gauche, je sois privé pour longtemps du point d'appui « de Würzburg......

« Forchheim va être dans cette nouvelle campagne ce qu'a « été Braunau l'année passée. »

Aux yeux de l'Empereur, Würzburg passe au second plan depuis que l'éloignement du gros des forces ennemies auto-

rise le passage sans coup férir de la Grande Armée en Saxe par
les défilés du Franken-Wald.

C'est alors Forchheim dont il faut s'occuper le plus activement, parce que cette petite place, située au sud de Bamberg,
va être le point de départ de la ligne d'opérations qui passera
par Bamberg et Kronach.

Napoléon ne dévoile pas ses projets au major général, il se
contente de lui insinuer qu'il peut y avoir telle opération où
refusant entièrement sa gauche il soit privé pour longtemps
du point d'appui de Würzburg.

Une telle réserve n'indique pas une grande intimité d'esprit entre Napoléon et son major général. Le maréchal Berthier était-il incapable de suivre et de comprendre les idées
de son maître? Mais l'ignorance où Napoléon le tenait sur les
opérations projetées ne pouvait que renforcer sa paresse d'esprit et le préparer aux pires sottises pour le jour où, livré à ses
propres inspirations, il aurait à faire acte de général en chef.

D'autre part, l'Empereur pouvait-il avoir une grande confiance dans la perspicacité du major général, quand on a vu
le maréchal Berthier placé à Munich, auprès de la Cour de
Bavière, au centre de l'Allemagne du Sud, adresser à l'Empereur des renseignements sur les armées prussiennes qui
respirent la pusillanimité et la sottise.

Ainsi, le 24 septembre, le major général écrivait, de
Munich, à l'Empereur :

« On a pendu un espion à Magdebourg...... Je ne pense
« pas que les officiers que j'ai envoyés en Saxe puissent par-
« venir à faire les reconnaissances que je leur ai ordonné de
« faire ; *ils ont des espions à leur suite.* »

Puis, de Würzburg, le 28 septembre, 5 heures du soir :

« *La plus grande activité* paraît régner dans les disposi-
« tions de la Prusse. *Les troupes arrivent sur des voi-*
« *tures* (!) »

Et la lettre expédiée à l'Empereur par le maréchal Berthier
le 29 septembre !

Le major général y a joint les rapports Huart et Guilleminot, rapports si rassurants que de leur lecture Napoléon
conclut à la possibilité de franchir le Franken-Wald sans coup
férir.

Eh bien ! le maréchal Berthier accompagne ces documents
de la phrase suivante, preuve accablante d'une indigence
d'esprit lamentable :

« Votre Majesté remarquera *la grande activité* qui règne
« dans les dispositions de l'armée prussienne ; elle verra que
« leurs troupes légères bordent toutes les frontières de la
« Saxe et de la Prusse et sont en contact avec les armées de
« Votre Majesté. »

Décidément, Napoléon était trop grand et Berthier trop
petit pour que le moindre trait d'union pût s'établir entre
ces deux hommes. Alors, point de major général proprement
dit, mais seulement un secrétaire général des commandements.

Qu'une indisposition vienne paralyser les forces physiques
et mentales de Napoléon, l'armée française sera décapitée.

Un tel concept du commandement suprême ne nous séduit
pas, nous l'avons déjà dit, et il est gros de conséquences
désastreuses, ainsi que le démontre l'histoire des campagnes
de 1809 et suivantes.

Mais revenons au sujet spécial qui nous occupe.

On verra plus tard que le projet de l'Empereur sur Forchheim se modifia en mûrissant et que ce fut Kronach qui devint
le centre principal des approvisionnements destinés à nourrir
la Grande Armée, *en cas de retard au débouché des montagnes
du Franken-Wald.*

Deuxième lettre de l'Empereur au major général.

(30 septembre, 3 h. 1/2 du matin.)

Cette lettre, tout entière consacrée à l'organisation du
parc général d'artillerie, fera l'objet de nos observations

quand nous étudierons les mesures administratives prises par
Napoléon pendant la période des rassemblements.

Troisième lettre de l'Empereur au major général.

(30 septembre dans la matinée.)

La troisième lettre de l'Empereur au major général, en date
du 30 septembre, étant en quelque sorte une réponse à celle
que le maréchal Berthier écrivait, le 29, pour annoncer l'envoi
d'un rapport du maréchal Lefebvre (5ᵉ corps) et des rapports
de reconnaissance que nous avons analysés plus haut, il convient de reproduire les principaux passages du rapport du
maréchal Lefebvre :

« J'ai l'honneur de prévenir Votre Altesse Sérénissime que
« le corps d'armée sous mes ordres (5ᵉ) commencera à se
« réunir, le 29, dans un camp, près de Schweinfurth, pour de
« là me porter à la position indiquée (Kœnigshofen) par votre
« lettre du 24 courant.

« Le pont de Kœnigshofen n'étant abordé par aucune route
« et absolument inabordable en cas de pluie, j'établirai, le
« 3 octobre, à moins que vous n'en ordonniez autrement,
« mon camp à Neustadt sur la Saale, où passe la seule grande
« route qui conduit en Saxe dans cette partie. De cette posi-
« tion, j'éclairerai parfaitement tout ce qui pourrait venir
« par les routes de Meiningen et Hildburghausen et, en
« général, tous les petits débouchés de la Saxe sur Schwein-
« furth et Würzburg.

« Je remercie Votre Altesse Sérénissime de m'avoir indiqué
« la position que prendra, le 3 octobre, le corps du maréchal
« prince de Ponte-Corvo (Bernadotte, 1ᵉʳ corps). Continuez,
« *je vous en prie instamment*, de me faire connaître à chaque
« mouvement la position des corps qui seront à ma proximité
« et surtout prévenez-moi toutes les fois que ma droite ou ma
« gauche se trouveront dégarnies. »

Le moyen simple par excellence d'orienter chaque com-

mandant de corps d'armée sur l'ensemble de l'armée et, en
particulier, sur les emplacements des corps collatéraux, était
sans contredit de communiquer à tous les dispositions générales arrêtées par l'Empereur.

Le major général ne le faisait pas et se trouvait ainsi dans
l'obligation d'informer séparément chaque maréchal des positions occupées par les corps voisins, et ce soin était souvent
négligé.

On voit, aux termes de la lettre du maréchal Lefebvre, « je
vous en prie instamment », quelle importance un commandant de corps d'armée attachait à être renseigné sur les positions et mouvements des corps les plus rapprochés.

Napoléon répondit au major général :

« Je ne vois pas d'inconvénient à ce que l'on occupe Neu-
« stadt.

« Ce qui m'avait fait porter une avant-garde à Kœnigshofen,
« c'est que je pensais qu'il existait sur le territoire du pays,
« en avant (au nord) de Kœnigshofen, appartenant à la Bavière,
« *une bonne position qui rendait maître des débouchés sur*
« *Meiningen et Hildburghausen.* »

Le pays de Meiningen et d'Hildburghausen étant couvert de
forêts et Kœnigshofen se trouvant sur une hauteur dénudée à
proximité des lisières de bois, la position devait pouvoir en
battre les débouchés, ce qui, au point de vue tactique, est le
procédé par excellence pour contenir avec peu de monde des
colonnes aussi fortes que l'on peut le supposer.

« Mon intention n'étant pas de déboucher par Meiningen et
« Gotha, mais de *faire ployer ma gauche sur Coburg*, il faut
« que les deux divisions du maréchal Lefebvre occupent une
« position en arrière de Neustadt, et qu'il fasse reconnaître
« une route telle *qu'il puisse se porter par une marche de*
« *flanc, qui sera dérobée à l'ennemi, sur le chemin de Würz-*
« *burg à Coburg, sans passer par Bamberg, pour ne pas faire*
« *confusion avec les autres corps d'armée.*

« Il faut aussi qu'il ait des détachements de cavalerie sur
« les hauteurs, entre Meiningen et Neustadt, jusqu'aux limites
« du territoire bavarois, afin d'empêcher, quand le moment
« sera arrivé, toute communication, et de pouvoir masquer
« le mouvement à l'ennemi, mon intention étant d'arriver à
« Saalfeld avant que l'ennemi s'y trouve en très grande
« force ».

Du 29 septembre, 10 heures du soir, au lendemain matin,
les idées de l'Empereur se sont modifiées.

Le 29 au soir (10 heures), Napoléon annonce le projet de
faire venir le 5e corps de Kœnigshofen à Coburg par une
marche dérobée, puis de le faire replier sur Kronach lorsque
le centre sera réuni à Coburg ou au sud.

En ce moment (30 septembre au matin), l'Empereur pense,
après mûre réflexion, qu'il n'aura pas besoin d'autant de
précautions et que le 5e corps pourra se porter à Coburg par
la belle route de Würzburg avec la simple précaution de
laisser des détachements de sûreté sur les hauteurs, entre
Meiningen et Neustadt.

En disant : « faire ployer ma gauche sur Coburg », Napoléon sous-entend : tout ou partie de ce qui est ou sera à
Würzburg, c'est-à-dire le 7e corps et peut-être la Garde, sans
compter bien entendu le 5e corps.

Voilà donc la future colonne de gauche déjà formée dans
l'esprit de l'Empereur; quant au but de sa marche, il est
tout aussi clairement indiqué : « C'est Saalfeld qu'il s'agit
« d'atteindre avant que l'ennemi s'y trouve en très grande
« force ».

Napoléon a donc calculé que l'ennemi ne saurait avoir
beaucoup de troupes à Saalfeld au moment où le 5e corps,
suivi du 7e, s'y présentera, en supposant, cela va de soi, que
l'on ne perde pas de temps pour entamer la marche.

Nous sommes au 30. Le 5e corps sera, le 3 octobre, sur la
position choisie et pourra la quitter le 4 ou le 5 octobre, pour
arriver à Coburg le 7. De ce point à Saalfeld on compte deux

ortes marches. Le 5ᵉ corps pourra donc déboucher à Saalfeld
le 9, ayant derrière lui le 7ᵉ corps.

Le 23 septembre, l'armée ennemie principale était encore
auprès de Leipzig et celle du prince de Hohenlohe à Dresde.

Napoléon n'ignore pas que chacune des armées prussiennes
marche en une seule colonne comme au temps de la guerre de
Sept Ans.

En supposant le cas le plus défavorable pour les Français,
celui où l'armée du roi marchera sur Schleiz par Naumburg,
l'armée de Hohenlohe sur Hof et celle de Rüchel, venant de
Göttingen ou de Mulhausen, sur Saalfeld, les avant-gardes
ennemies ne pourront atteindre ces trois débouchés du
Franken-Wald qu'en 6, 8 et 5 jours; mais, connaissant la
faiblesse et la pusillanimité du commandement prussien, on
peut compter que les trois armées ennemies voudront aborder
la Saale, le même jour, avec leurs avant-gardes, en se
réglant sur la colonne la moins avancée, celle du prince de
Hohenlohe.

D'où il résulte que le 3 ou le 4 octobre, au plus tôt, des
avant-gardes prussiennes pourront se présenter devant les
débouchés orientaux du Franken-Wald.

Toutefois, si les mouvements des Prussiens continuent avec
la lenteur du début, leurs premières troupes n'atteindront pas
la Saale avant le 8 ou le 9 octobre.

Il s'agit donc d'être prêt à déboucher le 8 ou le 9 pour
refouler les avant-gardes prussiennes et prendre de l'espace
en vue de se réunir au delà des débouchés.

Le calcul de l'Empereur s'est trouvé justifié par les
événements, mais il faut convenir que sa manœuvre eût été
singulièrement téméraire en face d'une armée bien commandée.

« Envoyez donc *un officier du génie reconnaître* la frontière
« bavaroise jusqu'à Heldburg et même jusqu'au *pendant des*
« *eaux* qui est, je crois, *au delà de Coburg.* Envoyez-en un

« autre *reconnaître* le *pendant des eaux entre Meiningen et*
« *Melrichstadt, en avant de Neustadt*.....

« J'attends ces deux reconnaissances, qui sont très impor-
« tantes. »

Ces deux reconnaissances n'étaient pas importantes par
elles-mêmes, mais par le projet qu'avait l'Empereur de faire
travailler à des fortifications de campagne sur le pendant des
eaux (ligne de partage des eaux) au nord de Neustadt, éventuellement à l'est de Coburg, pour tromper l'ennemi, ainsi
qu'il ressort des lignes suivantes de la même lettre :

« Si vous avez des outils à Würzburg, je ne serais pas
« éloigné *d'avoir l'air* de faire travailler à des redoutes sur
« les hauteurs entre Meiningen et Neustadt, sur la hauteur
« du pendant des eaux,

Et Napoléon ajoutait :

« ..... également sur le pendant des eaux entre Kronach et
« Lobenstein. Toutefois, il est nécessaire que le maréchal
« Bernadotte ait *sur cette hauteur une avant-garde d'infan-*
« *terie;* il suffit qu'elle y soit placée le 4 octobre. »

Cette fois, l'ordre de faire occuper par une avant-garde
d'infanterie le sommet du col de la route de Kronach à
Lobenstein donne un cachet nettement offensif à l'occupation
du défilé de Kronach.

Précédemment, l'ordre (29 septembre au matin) au major
général d'envoyer le corps du maréchal Bernadotte, alors à
Bamberg, sur Kronach, ne visait que l'occupation d'une
bonne position à l'extrême frontière, mais ne parlait pas du
pendant des eaux entre Kronach et Lobenstein.

Quatrième lettre de l'Empereur au major général.
(30 septembre, minuit.)

Dans cette lettre, Napoléon approuve le choix du général
Thouvenot pour commander à Würzburg (nomination faite
en exécution de l'ordre contenu dans la 4e lettre impériale au
major général, en date du 29 septembre, 10 heures du soir).

« Je n'ai point la reconnaissance de Kronach. Cette posi-
« tion, avec celle de Würzburg et de Forchheim, assurerait
« bien nos derrières. Kronach fortifié serait *l'appui de mon*
« *avant-garde;* et *ma droite appuyée à Forchheim, ma gauche*
« *à Würzburg,* je serais *environné de places fortes.* Faites
« donc armer ces trois places. »

Napoléon veut que le jour où il entamera ses premières
opérations par la levée des cantonnements de rassemblement,
il n'y ait sur les routes de l'armée, ni un homme, ni un
cheval.

Depuis ce moment jusqu'à celui où la première grande
bataille aura décidé du sort de la campagne, les parcs,
convois et détachements seront remisés dans les places de
dépôt, afin que si la nombreuse cavalerie prussienne vient
fourrager sur les derrières de l'armée, elle ne trouve que des
places bien armées ayant leurs ponts-levis hissés.

Cette disposition, toute de transition, puisqu'elle ne s'ap-
plique qu'à la période de huit à dix jours, comprise entre la
rupture des rassemblements et la première bataille, est peut-
être applicable encore aujourd'hui en ce qui concerne les
convois autres que les trains de combat renforcés des parcs
d'artillerie et des hôpitaux de campagne.

Dans tous les cas, elle offre une grande sécurité au commandement pendant les quelques jours de crise qui précèdent
le gros événement du début de la guerre et elle assure une
liberté de manœuvre ainsi qu'un dégagement des derrières
de l'armée que toute autre mesure ne saurait procurer aussi
complètement.

Mais on peut aussi bien remplacer les places-dépôts de
Napoléon par une barrière naturelle telle qu'une rivière large
et profonde sur laquelle des localités importantes, bien gardées et mises à l'abri d'un coup de main, serviront de refuges
aux immenses *impedimenta* que les armées modernes traînent
à leur suite.

La crise une fois passée, — victoire ou défaite, — les convois rejoindront leurs corps d'armée ou prendront les devants pour marcher en retraite, sans encombrer les routes si nécessaires aux éléments de combat.

§ 21. — Mesures de prévoyance à l'intérieur.

L'Empereur, en se décidant, le 29 septembre au soir, à exécuter définitivement son premier projet de porter la guerre en Saxe, dut songer aux mesures de précautions que nécessitaient des hostilités possibles de la part des Anglais et des Suédois, alors en guerre avec la France.

Dans cet ordre d'idées, il écrivit trois lettres, l'une à l'archichancelier Cambacérès, l'autre au général Junot gouverneur de Paris, enfin la troisième au maréchal Kellermann commandant l'armée de réserve sur le Rhin, à Mayence.

Outre ces trois lettres, Napoléon adressa au roi de Hollande, son frère, une instruction comprenant quatre notes relatives aux opérations prochaines.

Ces documents furent expédiés, le 30 septembre, dans la journée.

1°. — Note sur la défense générale de l'Empire, pour l'archichancelier Cambacérès.

Napoléon énumère les forces dont disposent le roi de Hollande, le maréchal Kellermann et le général Junot.

« Les attaques du côté du Rhin ne peuvent être dangereuses pour l'intérieur. »

La présence de la Grande Armée dans l'Allemagne du Sud est une garantie et une sauvegarde contre toute opération ennemie du côté du Rhin.

L'Empereur envisage ensuite les éventualités suivantes :

L'ennemi peut débarquer en Hanovre ;

L'ennemi peut débarquer à Boulogne ;

Les Anglais peuvent débarquer à Cherbourg ;

L'ennemi pourrait attaquer Brest.

Bordeaux et Belle-Isle sont protégés par la saison.

Toulon est trop fort pour que l'ennemi tente de l'attaquer.

Brest est à peu près dans les mêmes conditions que Toulon.

Si l'ennemi débarque en Hanovre, le roi de Hollande, appelant à lui toutes les troupes qui bordent le Rhin, sera en situation de le combattre avec avantages.

Les débarquements à Boulogne et à Cherbourg sont donc les seuls redoutables.

« Le remède à tout, c'est le prompt rassemblement de la « gendarmerie, les compagnies de réserve départementales « (une par département), la formation des gardes nationales, « et l'envoi soudain (en poste) du corps central (environ « 8,000 hommes) qui est à Paris. »

Il y avait 15,000 hommes à Boulogne, 6,000 gardes nationales à Saint-Omer, le 5ᵉ léger à Cherbourg, 6 compagnies d'élite au camp de Pontivy et le 31ᵉ léger à Nantes.

Les moyens qu'indique l'Empereur pour faire échouer des débarquements anglais sur les côtes de France paraissent bien insuffisants.

La réunion des brigades de gendarmerie et des gardes nationales sur les points envahis demandait beaucoup de temps.

La note de l'Empereur est donc ultra optimiste, mais en ne conservant sur les côtes nationales qu'un minimum de forces et en comptant sur l'effet moral que produirait infailliblement sur les ennemis de la France la nouvelle de grands succès remportés en Allemagne, Napoléon calculait juste, ainsi que l'ont montré les événements.

2°. — Lettre de l'Empereur au général Junot.

Cette lettre recommande de diminuer le service de place à Paris, de pousser activement l'instruction des recrues et de se préparer à envoyer en poste les 58ᵉ de ligne et 15ᵉ léger (en tout 6,000 hommes), ainsi que la garde de Paris (2,000 hommes), sur les points menacés, à Boulogne, à Cherbourg, en Bretagne ou à Wesel.

3°. — Instruction pour le maréchal Kellermann, commandant l'armée de réserve sur le Rhin, à Mayence.

L'Empereur ordonne au maréchal Kellermann de réunir 4,000 à 6,000 gardes nationaux soldés, à Mayence. Ces gardes, renforcés de quatre compagnies d'artillerie et de six bataillons de réserve (3es bataillons), formeront la garnison de Mayence et des forts environnants.

Le tout donnera environ 10,000 à 11,000 hommes pour la défense de la place.

« Le 8e corps de la Grande Armée, composé des divisions « Dupas et Lagrange, sera réuni à Mayence dans la première « quinzaine d'octobre et destiné à prendre position à Franc- « fort. Il agira suivant des circonstances étrangères à ce qui « concerne la garnison de Mayence. »

En résumé, le maréchal Kellermann commandera la place de Mayence, en même temps que le territoire de la 26e division militaire, mais ne s'immiscera en rien dans les opérations du futur 8e corps d'armée dont le chef, qui n'est pas encore désigné officiellement, sera le maréchal Mortier.

Napoléon entre ensuite dans des détails concernant la formation des détachements de renfort à faire suivre sur Würzburg, soit de Mayence, soit de Mannheim, cette dernière ville pouvant devenir la tête d'étapes de la Grande Armée pour tout ce qui viendrait de France.

Nous reviendrons sur l'organisation de Mannheim en tête d'étapes quand nous étudierons les questions administratives se rattachant à la période de rassemblement de la Grande Armée.

CHAPITRE VII

LE PLAN D'OPÉRATIONS

Nous arrivons maintenant au document capital des quinze heures d'activité fébrile comprises entre l'arrivée des rapports Huart, Guilleminot (29 septembre, de 9 à 10 heures du soir) et le moment (30 septembre vers midi) où Napoléon fit remettre au capitaine de Turenne, un de ses officiers d'ordonnance, la note qui commence par ces mots :

« M. de Turenne partira dans la journée pour porter une
« lettre au roi de Hollande ; il suivra la rive gauche du Rhin.
« *Cette dépêche est de la plus haute importance*. Il la lui
« remettra en mains propres et rapportera sa réponse. »

Après avoir annoncé l'arrivée de M. de Turenne, chargé de remettre au roi de Hollande la présente lettre qui contient le plan d'opérations pour la campagne prochaine, l'Empereur déclare que les hostilités commenceront probablement le 6 octobre.

Le corps de la lettre comprend quatre notes qui, toutes, ont dû être dictées pendant la nuit du 29 au 30 septembre, mais à des heures diverses, car chacune d'elles répond à un ordre d'idées différent.

§ 1er. — Première note pour le roi de Hollande.

« Mon intention est de *concentrer toutes mes forces* sur l'ex-
« trémité de ma droite, en laissant tout l'espace entre le
« Rhin et Bamberg entièrement dégarni, de façon à avoir
« près de 200,000 hommes réunis sur le même champ de
« bataille. »

L'Empereur envisage l'éventualité d'une avance de l'adversaire telle que les opérations ne puissent se dérouler ailleurs
que dans la région comprise entre le Main supérieur et le
Rhin moyen.

Dans cet ordre d'idées, l'ennemi ne pouvant déboucher que
sur Würzburg ou sur Francfort, à cause du réseau routier
que limitent les forêts de Thuringe et de Westphalie, la
Grande Armée, formée en une seule masse autour de Bamberg, sera prête à offrir la bataille où l'ennemi voudra, avec
la certitude de vaincre parce qu'elle sera plus forte que l'adversaire par le nombre, par l'organisation et par le commandement.

Nous nous sommes étendu trop longuement sur cette idée
de l'Empereur, au sujet de l'ordre de réunion de la Grande
Armée, pour que nous jugions nécessaire de la développer à
nouveau.

« Si l'ennemi pousse des partis entre Mayence et Bamberg,
« je m'en inquiéterai peu, parce que ma ligne de communica-
« tion sera établie sur Forchheim, qui est une petite place
« forte, et de là sur Würzburg. »

La ligne de communication : Ulm-Ingolstadt—Nuremberg-
Forchheim ne sera utilisée en grand que si la guerre se loca-
lise entre Main et Rhin. Par cette route, l'armée recevra ses
munitions, ses rechanges et ses renforts et, dans ce cas, les
envois de France pourront être dirigés de Strasbourg sur
Ulm par Friburg.

Il est à remarquer que Napoléon emploie ici le terme de *ligne de communication* pour désigner la route de l'armée conduisant de la région des ressources (suivant les anciens doctrinaires : base d'opérations), au point de départ des opérations.

Donc, les partis ennemis pourront parcourir tout le pays entre Bamberg, Mayence et Mannheim sans rencontrer un homme ni un cheval appartenant à l'armée française.

« La nature des événements qui peuvent avoir lieu est incal-
« culable, parce que l'ennemi, qui me suppose la gauche au
« Rhin et la droite en Bohême, et qui croit ma ligne d'opéra-
« tions parallèle à mon front de bataille, peut avoir un grand
« intérêt à déborder ma gauche, et qu'en ce cas je puis le
« jeter sur le Rhin. »

En effet, grâce à la disposition primitive des 7e, 5e, 1er et 4e corps, dont les avant-postes couvraient les frontières de la Confédération du Rhin, depuis Cologne jusqu'à Passau, l'état-major prussien avait dû croire les Français déployés, ou plutôt dispersés, sur un front de 200 kilomètres, incliné sur le Rhin d'environ 45°.

Pour l'état-major prussien, la ligne de communication de l'armée française, se dirigeait de Mayence sur Nuremberg, parallèlement au front : Francfort-Schweinfurth—Bamberg-Ratisbonne.

Napoléon présume que si les Prussiens ont sur lui une avance suffisante, ils viendront déboucher vers Francfort pour déborder la gauche du dispositif français.

En ce cas on pourra les acculer au Rhin.

La Grande Armée, en cinq ou six journées, peut atteindre les environs de Francfort.

Marchant en trois ou quatre colonnes parallèles, elle peut, grâce à la richesse du réseau routier de la vallée du Main, présenter quatre corps d'armée au sud-ouest de Francfort pour contenir l'ennemi, tandis que deux corps l'envelopperont en passant à l'est de cette ville.

« Le 10 ou le 12 octobre, il y aura à Mayence le 8ᵉ corps
« de la Grande Armée, fort de 18,000 à 20,000 hommes. Son
« instruction sera de ne pas se laisser couper du Rhin, de
« faire des incursions jusqu'à la hauteur de Francfort ; mais
« en cas de nécessité, de se retirer derrière le Rhin et d'ap-
« puyer sa gauche à vos troupes. »

Dans l'esprit de l'Empereur, la date du 10 ou du 12 octobre a une signification précise ; c'est le moment où, faute
de la part des Prussiens de déboucher en temps utile
dans la plaine du Rhin, ses opérations offensives pour
envahir la Saxe seront démasquées, c'est-à-dire connues de
l'ennemi.

Dans la deuxième note, que nous allons examiner tout à
l'heure, Napoléon dit, en effet :

« Tant que l'ennemi n'a pas été jeté au delà de l'Elbe, je ne
« compte sur votre corps que comme un moyen de diversion,
« et pour amuser l'ennemi jusqu'au 12 octobre, qui est
« l'époque où mes opérations seront démasquées. »

Si l'on rapproche la date du 12 octobre de celle du 6 indiquée pour l'ouverture probable des hostilités, on voit que
l'Empereur compte employer quatre jours (6, 7, 8, 9) à faire
déboucher son armée en Saxe.

L'ennemi en apprendra la nouvelle le 12, deux jours après
que les avant-gardes françaises auront refoulé ses avant-postes
de la haute Saale.

Donc, tandis que la Grande Armée pénétrera en Saxe, le
8ᵉ corps, qui aura envoyé une avant-garde à Francfort, continuera le rôle d'appât, de diversion, commencé par le 7ᵉ corps
d'armée bien avant la guerre.

Le corps de Hollande agira de même, à Wesel, en sorte
que l'état-major prussien ne saura vraiment où est le danger
que lorsqu'il aura appris de la façon la plus positive que la
masse principale des forces ennemies est entrée en Saxe et
marche sur Berlin.

On remarquera, incidemment, que l'Empereur emploie le

ıot *concentrer* pour définir la réunion de toutes ses forces
ur un même champ de bataille.

Un terme aussi précis ne devrait jamais avoir une autre
ignification.

§ 2. — Deuxième note pour le roi de Hollande.

« Les observations de ma première note, qui est ci-dessus,
sont toutes de prévoyance. »

Autrement dit, avant d'attaquer, il faut être prêt à parer et
riposter.

Napoléon a prévu la circonstance la plus défavorable, celle
ù l'ennemi, dépensant autant d'ardeur dans son offensive
u'il a mis de duplicité dans ses préparatifs, manœuvrera
ardiment pour couper aux Français leurs communications
vec le Rhin, les seules qu'on leur suppose.

Si peu vraisemblable que soit une décision aussi ferme
manant de gens faibles et rusés comme l'étaient le roi de
'russe et son entourage, Napoléon a tout préparé, non seule-
ıent pour la faire avorter, mais encore pour la faire con-
ourir aux succès de son armée.

Cette concession à l'improbable une fois faite, l'Empereur
ɔurne ses regards vers Berlin, et dit :

« Mes premières marches menacent le cœur de la monarchie prussienne, et le déploiement de mes forces sera si
imposant et si rapide, qu'il est probable que toute l'armée de
Westphalie se ploiera sur Magdeburg, et que tout se mettra
en marche à grandes journées pour défendre la capitale. »

Cette prévision s'est réalisée. Les Prussiens de 1806, gens
ıaibles et timorés, imbus en outre de la doctrine des positions
t des points dits stratégiques, ne pouvaient comprendre
[u'une armée défend sa capitale et avec elle tout le territoire
ıational en combattant les forces organisées de l'ennemi, ici
ɔu là, au mieux des circonstances du moment.

Assurément la ligne de l'Elbe était la seule que l'état-major prussien eût dû choisir pour organiser une guerre défensive, en attendant le secours forcément tardif des armées russes; mais ne l'ayant pas fait, il devait, ou bien, utiliser une autre barrière défensive telle que la Saale, ou bien, attaquer, toutes forces réunies, les colonnes françaises à leur débouché des montagnes.

Une telle conception de la guerre était aussi étrangère aux dirigeants de l'armée prussienne en 1806, qu'elle devint familière aux généraux de la même nation qui nous firent une guerre acharnée en 1813, 1814 et 1815.

Qu'importait au vieux Blücher, devenu en 1813 le chef des forces prussiennes de la coalition, que Berlin fût ou non menacé?

En moins de sept années, une évolution radicale s'était donc opérée dans les sentiments et les intelligences de la nation prussienne. Quelle leçon pour nous autres Français, témoins ou acteurs du drame de 1870!

Quoi qu'il en fut, Napoléon a su apprécier exactement l'état moral et mental de ses adversaires en 1806 et il a fait ses combinaisons en conséquence.

L'homme supérieur donne, en effet, aux divers éléments composant l'ensemble d'une situation leur valeur propre et se décide après avoir prévu les effets que doivent fatalement produire les causes profondes qu'il a su dissocier en les débarrassant de leur attirail de formes brillantes mais surannées.

« C'est alors, mais alors seulement, qu'il faudra lancer une « avant-garde pour prendre possession du comté de la Marck, « de Münster, d'Osnabrück et d'Ost-Frise, au moyen de « *colonnes mobiles qui se déploieraient, au besoin, sur un* « *point central.* »

Les quelques lignes qui précèdent donnent la solution du problème qui consiste à dominer une vaste contrée avec peu de troupes, à la condition, bien entendu, que les forces organisées de l'ennemi aient évacué le pays, pour une cause ou pour une autre, et que les seules résistances à redouter proviennent de milices, de corps francs ou de faibles détachements.

Le système du noyau cental d'où rayonnent en tous sens des colonnes mobiles est le plus efficace qui soit, parce que le mouvement multiplie, aux yeux de la population, les effectifs disponibles. Les habitants d'une localité traversée aujourd'hui par une colonne, trois jours plus tard par une autre, sont tentés de croire le pays occupé par des forces imposantes, alors que des troupes en garnison fixe seraient promptement dénombrées à leur effectif exact.

Les Allemands de 1870 ont eu recours en plusieurs circonstances au système du noyau central chargé d'alimenter des colonnes mobiles, particulièrement lorsque le général de Manteuffel vint occuper Amiens.

L'histoire de la conquête de l'Algérie fourmille d'exemples de même nature.

Enfin, la pacification de nos récentes conquêtes en Indo-Chine, en Afrique et à Madagascar, repose sur un système mixte de postes et de colonnes mobiles.

« Pour la première période de la guerre, vous n'êtes qu'un « corps d'observation....., c'est-à-dire que tant que l'ennemi « n'a pas été jeté au delà de l'Elbe, je ne compte sur votre « corps que comme un moyen de diversion et pour amuser « l'ennemi jusqu'au 12 octobre, qui est l'époque où mes opé-« rations seront démasquées.....; enfin, pour qu'en cas d'un « événement majeur et funeste, tel que pourrait l'être une « grande bataille perdue, vous puissiez, pendant que *j'opére-« rais ma retraite sur le Danube*, défendre Wesel et Mayence « avec votre armée et le 8e corps de la Grande Armée, qui ne « s'éloignera jamais de Mayence, etc..... »

Voilà encore le rôle d'une armée d'observation bien défini. Opérer des diversions, amuser l'ennemi, sans jamais s'écarter d'une barrière naturelle telle que fleuve ou chaîne de montagnes, l'un ou l'autre renforcés de grandes places fortes, sur lesquelles on se retirera en cas d'événements funestes survenus aux armées principales.

Que l'on agrandisse par la pensée les effectifs et les moyens de la fortification à la disposition de l'Empereur en 1806, et l'on se trouvera en présence des armées modernes, des camps retranchés et des zones fortifiées de la période actuelle.

La stratégie renoncera-t-elle, comme beaucoup le proclament, aux armées d'observation et à l'utilisation de la fortification permanente?

La guerre reviendra-t-elle à se ruer les uns sur les autres, front contre front, comme au moyen âge, et les combinaisons de l'intelligence n'auront-elles plus l'occasion de se manifester avant, pendant et après les premières batailles?

Pour notre part, nous avons la ferme conviction que le vainqueur de l'avenir saura, ainsi que Napoléon en 1806, tromper son adversaire, l'inciter à de fausses manœuvres et finalement l'attaquer du fort au faible, suivant des prévisions fortement établies.

Napoléon admet qu'il puisse être battu. Si invraisemblable que soit cet événement, il y songe et indique à son frère la conduite à tenir en pareil cas.

« J'opérerais ma retraite sur le Danube », écrit Napoléon.

C'est donc sur une barrière fluviale que la retraite d'une grande armée doit s'opérer, autant que possible, parce qu'un tel obstacle est celui qui se prête le mieux aux mouvements de navettes, qui sont la forme par excellence de toute défensive active.

§ 3. — Troisième note pour le roi de Hollande.

Cette note est conçue dans l'esprit de celle qui a pour objet la défense générale de l'empire pour l'archichancelier Cambacérès et qui fut expédiée le même jour dans la matinée.

Le roi de Hollande devra correspondre fréquemment avec le maréchal Brune, commandant les troupes de Boulogne, afin de pouvoir lui porter secours en cas de débarquement des Anglais. Cette hypothèse est peu probable, et Napoléon pense que les tentatives de débarquements auront plutôt lieu en Hanovre.

Si la chose a lieu, les 8,000 hommes de la garnison de Paris iront, en poste, renforcer l'armée de Hollande, et celle-ci, après avoir rappelé les troupes du camp de Zeist ainsi que tout ou partie du 8e corps de la Grande Armée, présentera une force de 40,000 hommes environ, « qui occuperaient assez « les Suédois et les Anglais pour que mon armée n'en fût « point attaquée. »

« *En tout ceci, je vois aussi loin que la prévoyance humaine* « *le puisse permettre.* »

La phrase qui précède dépeint bien la hauteur de vues de celui qui l'a dictée.

En effet, un plan d'opérations prévoyant des éventualités nombreuses et donnant, pour chacune d'elles, une solution ferme, enchaînerait la liberté d'esprit du commandant de l'armée de Hollande.

L'instruction contenue dans la troisième note vise uniquement les cas principaux et se borne à indiquer comment pourra s'effectuer la réunion, ici ou là, des moyens dont peut disposer le lieutenant de l'Empereur chargé d'assurer l'intégrité du territoire national.

La troisième note a dû être dictée par l'Empereur aussitôt qu'il eût expédié la note pour l'archichancelier, car elle en est le résumé fidèle.

§ 4. — Quatrième note pour le roi de Hollande.

Cette note, la plus longue des quatre, développe les deuxième et troisième notes, en les commentant.

Il semble que Napoléon n'ait pas eu grande confiance

dans les talents de son frère Louis et qu'il ait cru nécessaire
de mettre, selon l'expression vulgaire, les points sur les i.

Cependant, il s'y trouve quelques idées nouvelles.

Ainsi l'Empereur prévoit l'exécution de Hesse-Cassel.

« Une fois le premier acte de la guerre fini, il sera possible
« que je vous charge de conquérir Cassel, d'en chasser l'Élec-
« teur et de désarmer ses troupes. »

En attendant, le roi de Hollande doit redoubler d'attentions
pour l'Électeur « sans compromettre, cependant, son carac-
« tère », afin de le maintenir encore quelque temps dans sa
neutralité.

« Quant à moi, j'aime fort à voir à mon ennemi 10,000 ou
« 12,000 hommes de moins sur un champ de bataille où ils
pourraient être. »

La bataille, voilà l'alpha et l'omega de la guerre. Tout doit
converger vers l'idée de la bataille décisive, et c'est en cela
surtout que Napoléon s'est montré si supérieur à ses ennemis.

« Mais, je le répète, le premier résultat d'un grande vic-
« toire doit être de balayer de mes derrières cet ennemi
« secret et dangereux. »

Guerre ou paix, ennemi ou ami, pas de moyen terme. Napoléon ne conçoit pas les neutres et surtout la neutralité armée.

Marchez avec nous, sinon vous serez traité en ennemi.

Une telle doctrine n'est pas à la portée des faibles ; elle est,
au contraire, l'apanage des forts, et elle présente l'avantage
de définir nettement les situations.

Mais cette conduite louche qui visait aux bénéfices sans
courir aucun risque, valut à la cour de Berlin le mépris universel et fut la cause première de la guerre de 1806.

Aussi, Napoléon, ne voulant pas être dupe une seconde
fois, résolut, avec raison, d'exécuter Hesse-Cassel dès qu'une
première victoire en Saxe lui assurerait le pouvoir de tout
faire en Allemagne.

L'Empereur renouvelle ensuite ses recommandations rela-

ves à la place de Wesel, fixe exactement le nombre et la
ualité des troupes à y placer en garnison, réitère et déve-
ppe ses ordres pour correspondre avec le maréchal Brune
Boulogne, le maréchal Kellermann à Mayence, l'archichan-
·lier Cambacérès, le ministre Dejean, le général Junot.

Le roi de Hollande aura des officiers d'état-major à Bou-
gne, et le maréchal Brune en aura à Wesel.

Enfin Napoléon répète que l'armée de Hollande ne doit pas
re exposée.

« Le moindre échec que vous éprouveriez me donnerait de
l'inquiétude ; mes mesures en pourraient être déconcertées, et cet événement mettrait sans direction tout le nord
de mon empire.

« Quels que soient, au contraire, les événements qui m'arriveront, si je vous sais derrière le Rhin, j'agirai plus libre-
ment ; et même, s'il m'arrivait quelque grand malheur, je
battrais mes ennemis quand il ne me resterait que
50,000 hommes, parce que, libre de manœuvrer, indépen-
dant de toute ligne d'opérations et tranquille sur les points
les plus importants de mes États, j'aurais toujours des ressources et des moyens. »

Lorsque Napoléon écrit :

« Mes mesures en pourraient être déconcertées », il fait un
veu sincère.

Tout échec sur un théâtre d'opérations qui confine aux
·ontières de la France amènerait forcément des dispositions
'ensemble pour y parer.

Au lieu de jouir de l'initiative des mouvements et de dicter
ι loi à l'ennemi, on devrait subir les conséquences d'une
·tuation imposée, par conséquent subordonner ses projets
ux agissements de l'adversaire.

Ce serait le renversement des rôles au profit de l'ennemi,
t il serait impossible de les modifier de longtemps, car avant
·e pouvoir transporter les forces principales sur le terrain
'opérations témoin des succès de l'ennemi, il faudrait bien

des jours, durant lesquels les forces vives de la nation auraient pu être entamées.

L'inviolabilité des frontières est l'objet essentiel quand les armées principales manœuvrent loin d'elles. C'est comme, en tactique, l'inviolabilité du front de combat.

Que l'ennemi perce le front sur un point, toute manœuvre avec le gros des forces est du même coup interdite ou vouée à l'impuissance.

Les fronts stratégiques doivent donc être organisés de telle sorte que, pendant le temps que dureront les manœuvres du gros des forces, l'ennemi ne puisse les violer.

La conclusion est que les armées d'observation, destinées à former le front stratégique des opérations au début d'une guerre, ont à recourir largement aux fortifications afin d'immobiliser l'ennemi avec un minimum de moyens, pendant que la masse principale, aussi forte que possible, exécutera les manœuvres et livrera les batailles qui décideront du sort de la guerre.

L'armée principale, c'est l'espoir du pays. Libre de manœuvrer, indépendante de toute ligne d'opérations, elle peut, sous un chef de premier ordre, réparer, par sa mobilité, sa bravoure, ses combinaisons, toutes les causes d'infériorité extérieures et, finalement, vaincre.

Il s'en est fallu de peu, en 1814, que Napoléon réussît, avec moins de 50,000 hommes, à détruire des armées six fois plus nombreuses que la sienne, armées composées de vieux soldats, pourvues d'une nombreuse cavalerie, commandées enfin par des hommes passionnés et ardents à la lutte, tandis que les troupes françaises ne comprenaient guère que des conscrits.

Une armée qui marche et qui manœuvre peut se passer pendant longtemps de ses convois de ravitaillement, à la condition d'être bien pourvue de munitions, parce qu'elle vit sur le pays. C'est ainsi qu'il faut interpréter l'indépendance de toute ligne d'opérations dont parle l'Empereur.

Mais une telle situation est anormale et précaire. Si l'ennemi ne s'avoue pas vaincu à la suite de ses premiers échecs, il finira par triompher, en raison des ressources, du nombre et de l'organisation.

Les alliés de 1814 auraient accepté une paix désastreuse après Montmirail, s'ils eussent été les hommes de 1805 et de 1806; or, durant huit années de servitude et de souffrances, les caractères allemands s'étaient retrempés et la volonté de vaincre, quand même, s'était affirmée. Les armées alliées de 1814 pouvaient abandonner la partie, mais seulement, faute de combattants.

Fasse le destin que la France, si elle est de nouveau envahie, ne renonce pas à la lutte sous le coup de premières défaites !

En faisant durer la guerre, en évitant toute capitulation en rase campagne, chose facile, le pays reprendra sûrement l'avantage et finira par dicter ses conditions à l'adversaire épuisé.

« Il est possible que les événements actuels ne soient que « le commencement d'une grande coalition contre nous et « *dont les circonstances feront éclore tout l'ensemble;* c'est « pourquoi il est bon que vous songiez à augmenter votre « artillerie. »

Napoléon ne se fait pas d'illusions.

La France n'a pas d'alliés sincères. Les gouvernements européens qui la détestent, parce qu'elle a fait la Révolution, saisiront la première occasion favorable pour fondre sur elle de toutes parts et la démembrer.

« Les circonstances qui feront éclore tout l'ensemble » seraient des débuts fâcheux, une bataille perdue suivie de la retraite de la Grande Armée sur le Danube.

Quand on voit un homme de guerre, tel que Napoléon, plus sûr de vaincre que ne l'a jamais été généralissime, envisager froidement l'éventualité d'une grande défaite, on se

prend à songer à la *modestie*, cette vertu des forts et des
vaillants.

Les observations que nous avons faites sur les passages
essentiels des quatre notes de Napoléon à son frère Louis de
Hollande, qui développent le plan d'opérations pour la campagne prochaine, nous dispensent de revenir en détail sur
l'ensemble de ce document.

Les quatre notes se succèdent dans l'ordre des prévisions
de l'Empereur.

La première a trait aux mesures de prévoyance; la seconde,
au projet d'offensive en Saxe; la troisième, au rôle de l'armée
de Hollande et, en général, de toutes les troupes formant la
couverture stratégique de la France; la quatrième, enfin, aux
dispositions à prendre, en cas de succès ou de revers, sur le
théâtre principal des opérations.

La première note annonce, pour le 10 ou le 12 octobre, la
présence, à Mayence, d'un huitième corps de la Grande
Armée.

Napoléon n'avait pas indiqué cette formation dans sa note
à l'archichancelier Cambacérès, et pourtant, le même jour,
30 septembre, la lettre adressée au maréchal Kellermann, à
Mayence, la mentionnait, mais sans indiquer le nom de son
chef.

La lettre investissant le maréchal Mortier de son nouveau
commandement ne sera écrite que le 1er octobre; le major
général ne sera informé de cette nomination que le 3 octobre,
par la lettre du 2; enfin, le roi de Hollande ne l'apprendra
que par lettre en date du 3 octobre.

Pourquoi ces retards à annoncer le choix du chef donné à
un nouveau corps d'armée dont le rôle doit être analogue à
celui du corps de Hollande?

Il semble que Napoléon ait été guidé, dans la circonstance,
par une double préoccupation.

Si son frère Louis apprend que le maréchal Mortier prend

le commandement d'un corps d'armée pouvant lier ses opérations avec celles du corps de Hollande, sans compter les troupes commandées par le maréchal Kellermann, il peut être incité à entreprendre des opérations plus osées que s'il est livré à ses propres forces.

En second lieu, l'Empereur entend que le corps Mortier soit le 8ᵉ corps de la Grande Armée et non un corps de couverture stratégique pour les frontières nationales.

Dans une instruction qu'il enverra, le 1ᵉʳ octobre, au maréchal Mortier, Napoléon aura soin de définir le genre d'opérations auxquelles il destine le 8ᵉ corps, et ces opérations sont très distinctes de celles réservées aux troupes placées sous le commandement du roi de Hollande.

Le 8ᵉ corps ne devra lier ses opérations avec celles de l'armée de Hollande que dans une circonstance unique : une bataille perdue par la Grande Armée, suivie de tentatives de l'ennemi pour passer le Rhin.

Hormis ce cas, le maréchal Mortier obéira aux ordres particuliers qu'il recevra du major général, probablement jusqu'au 10 octobre, puis s'inspirera des circonstances dans le sens de l'instruction qui lui est envoyée.

En cachant, le 30 septembre, à son frère Louis le nom du futur chef du 8ᵉ corps de la Grande Armée, Napoléon obéit à un sentiment de méfiance que nous signalons en passant, à titre de document psychologique.

Encore une fois, Napoléon ne dévoile ses projets que sous la pression d'une impérieuse nécessité, comme si les événements les lui arrachaient de vive force.

Un tel caractère ne répond pas à l'idéal que nous nous sommes fait du chef suprême des armées françaises.

Confiance et franchise sont les qualités indispensables à celui qui veut obtenir de ses subordonnés initiative et dévouement.

Mais les sous-ordres sauront-ils utiliser leur initiative dans le sens des intentions du haut commandement ?

Oui, répondrons-nous, sinon leur éducation du temps de paix a été mal faite et démontre l'incapacité ou la paresse des organes dirigeants.

On conçoit à la rigueur que Napoléon n'ait pas eu le temps, au cours de sa fiévreuse carrière, de travailler à l'éducation militaire de ses généraux.

Son tempérament était d'ailleurs réfractaire à tout travail de démonstration et de pédagogie; chez lui le sens intuitif et celui de l'action étaient développés à un point qui excluait tous retards et toute préoccupation de convaincre.

Il ordonnait et c'était assez.

Quand un tel homme préside aux destinées d'un grand pays comme la France, il accomplit de grandes choses, — une épopée, — mais il passe comme un météore et ne laisse derrière lui que d'épaisses ténèbres.

CHAPITRE VIII

ORDRES ET RAPPORTS CONCERNANT LE RASSEMBLEMENT
DES CORPS DE LA GRANDE ARMÉE

---

§ 1ᵉʳ. — Rapport du maréchal Lefebvre au major général
à la date du 29 septembre.

Le 30 septembre, le major général reçut du maréchal
Lefebvre (5ᵉ corps) un rapport, daté de Schweinfurth, 29 septembre, dont nous allons reproduire les passages importants :
« Je ne suis arrivé à Schweinfurth que d'avant-hier (1),
« mais plusieurs jours auparavant j'avais placé une brigade
« de cavalerie à Hammelburg pour couvrir Würzburg,
« observer Bruckenau et en général tout ce qui pourrait
« déboucher du pays de Fulda ; depuis, on y a ajouté quelque
« infanterie, mais je conviens que ces forces seraient insuffi-
« santes pour défendre ce point contre une force imposante. »
Le maréchal Lefebvre répète, en l'abrégeant, son compte
rendu du 24 septembre, où il annonçait l'établissement d'une
brigade de cavalerie à Hammelburg, et celui d'une autre
brigade à Munnerstädt, pour couvrir Schweinfurth.

---

(1) Le maréchal Lefebvre avait précédemment transféré son quartier
général de Dinkelsbühl à Mergentheim. (Voir ses deux lettres au major
général, en date du 24 septembre, page 109.)

Son attention s'est portée sur Bruckenau, situé au débouché de la forêt de Thuringe, sur la route de Fulda à Würzburg.

Il est intéressant de remarquer à ce sujet que le même point de Bruckenau est indiqué par l'Empereur, le 29 septembre, dans ses deux lettres au major général, comme direction éventuelle du 5e corps, pour tomber sur l'ennemi s'il cherchait, de Fulda, à se porter sur Würzburg.

La coïncidence est bonne à noter, ne serait-ce que pour montrer l'unité de doctrines qui régnait plus ou moins consciemment dans l'armée française, à la suite des guerres de la Révolution, du Consulat et de la dernière campagne (1805).

« Suivant vos instructions et celles du prince de Ponte-Corvo « (Bernadotte), j'ai dû porter ma principale attention sur le « point de Schweinfurth, sur lequel je vais concentrer nos « troupes, dont une partie *commencera à camper* aujourd'hui, « pour me transporter, le 3 octobre, dans la position de « Neustadt, à cheval sur la grande route de Meiningen, pour « observer tout ce qui pourrait déboucher de cette partie de « la Saxe, où il paraît que l'ennemi a concentré ses princi- « pales forces. »

Le maréchal Lefebvre recevait ainsi ordres et instructions du maréchal Bernadotte, comme son prédécesseur le maréchal Mortier. Cette anomalie résultait de ce que l'Empereur n'avait pas rapporté son ordre du 14 février 1806, disant que le maréchal Bernadotte réunirait sous son commandement celui du 5e corps pour l'occupation du marquisat d'Anspach.

L'intention du commandant du 5e corps est de faire camper.

On verra plus loin qu'en arrivant à Würzburg, le 2 octobre, vers 10 heures du soir, l'Empereur adressa très certainement des reproches au major général pour avoir laissé le maréchal Lefebvre former un camp, au lieu de placer ses troupes en cantonnements serrés.

Le 1er octobre, Napoléon, encore à Mayence, écrivit sept

lettres relatives aux opérations prochaines de la Grande
Armée. Sur ce nombre, deux furent adressées au major
général.

Nous allons examiner la correspondance militaire de l'Empereur, le 1ᵉʳ octobre, en suivant l'ordre chronologique.

§ 2. — L'Empereur au major général.

(Mayence, 1ᵉʳ octobre, 2 heures, matin.)

« Le maréchal Lefebvre choisira une bonne position en
« avant (au nord) de Schweinfurth, telle que 40,000 *hommes*
« puissent s'y battre. Je préfère qu'il reste près de Schwein-
« furth à aller à Neustadt. »

A la date du 1ᵉʳ octobre, l'effectif du 5ᵉ corps était de
21,500 hommes et celui du 7ᵉ corps de 17,500 hommes.

Ces deux corps d'armée réunis faisaient donc environ
40,000 hommes.

Il est évident que l'Empereur a prescrit au maréchal
Lefebvre de choisir une bonne position au nord de Schweinfurth, avec l'arrière-pensée d'y placer, le cas échéant, les 5ᵉ
et 7ᵉ corps.

Si les Prussiens débouchent, soit d'Hildburghausen et de
Meiningen, soit de Fulda, ils viendront se heurter contre une
position reconnue et préparée sur laquelle 40,000 hommes
auront été concentrés en vue d'un combat défensif de longue
durée.

L'ennemi sera immobilisé, tout d'abord, mettra deux jours,
trois peut-être, à pousser la couverture de 40,000 hommes
jusqu'à Schweinfurth et le Main, le temps nécessaire au gros
de la Grande Armée pour exécuter la manœuvre que les
circonstances auront inspirée à l'Empereur.

N'est-ce pas, en grand, et transportée dans le domaine de
la stratégie, l'application du principe tactique en vertu duquel
l'avant-garde s'accroche à l'adversaire, le retient, l'immo-

bilise, tandis que le gros des forces, grâce à sa zone de manœuvre, se prépare à fondre sur lui au point sensible?

Les grands principes de la guerre sont de tous les temps et, s'ils ne reçoivent pas leur application à certaines époques de l'histoire, on doit attribuer leur inobservation, bien moins à leur caducité qu'à une éclipse de l'art militaire.

Entre les campagnes de Jules César et celles de Napoléon, des guerres de toute espèce se sont déroulées, et pourtant, qui oserait soutenir que la stratégie de Jules César a été inférieure à la stratégie de Napoléon?

Un principe constant, qu'il s'agisse de combinaisons stratégiques ou de combinaisons tactiques, nous apparaît, aujourd'hui, très clairement.

Avant de tenter une manœuvre quelconque, il faut avoir pris ses mesures pour fixer l'ennemi.

Qu'on appelle la troupe chargée de ce soin avant-garde, flanc-garde, arrière-garde, ou couverture stratégique, peu importe, l'essentiel est de placer sur la route de l'ennemi une force de résistance et de combat, combinée ou non avec des obstacles artificiels ou naturels, qui procure au commandement le temps et l'espace dont il a besoin pour asseoir ses combinaisons.

Suivant les paroles de Napoléon, « un mouvement en avant, « sans fortes combinaisons, peut réussir quand l'ennemi est « en retraite; mais il ne réussit jamais quand l'ennemi est « en position et décidé à se défendre, alors c'est un système « ou une combinaison qui font gagner la bataille (1) ».

« Je préfère qu'il (le maréchal Lefebvre) reste près de « Schweinfurth à aller à Neustadt. »
Napoléon est conséquent avec lui-même quand il rapproche le 5e corps de Schweinfurth.

En effet, sa troisième lettre du 30 septembre au major

(1) Instruction de Napoléon au vice-roi d'Italie.

général donnant pour itinéraire probable au maréchal Lefebvre la route de Würzburg à Coburg, sans passer par Bamberg, en vue de le faire déboucher sur la Saale à Saalfeld, il était rationnel de ne laisser près de la frontière que de simples détachements et de concentrer le 5ᵉ corps tout près de Schweinfurth, point d'origine de sa future marche dérobée.

« Il (le maréchal Lefebvre) tiendra un avant-poste sur les « collines, en avant de Neustadt et de Kœnigshofen. »

Par le terme « un avant-poste » il faut entendre un détachement d'infanterie assez fort — probablement un bataillon — au delà de Neustadt, et un autre au delà de Kœnigshofen, sur les routes de Meiningen et de Hildburghausen.

Ces avant-postes n'excluaient pas — bien au contraire — la présence des piquets de cavalerie encore au delà, sur les communications traversant la frontière, et un service très actif de patrouilles de cavalerie en contact avec les vedettes ennemies.

« La division du général Dupont doit être à Würzburg ; ma garde doit y arriver demain. »

La division Dupont, composée du 9ᵉ léger, des 32ᵉ et 96ᵉ de ligne et du 1ᵉʳ hussards, était partie en deux échelons, le 23 septembre, de ses quartiers situés entre Cologne et Coblentz.

Elle se réunit à Mayence, le 27, la brigade Legendre (32ᵉ et 96ᵉ) ayant parcouru les étapes suivantes :

Le 23 septembre, de Cologne à Bonn .... 38 kil.
Le 24   —   de Bonn à Audernach 36
Le 25   —   d'Audernach à Coblentz 32
Le 26   —   de Coblentz à Baccarach 45
Le 27   —   de Baccarach à Mayence 44

La division une fois réunie (le 27) à Mayence, se dirigea

dès le lendemain « en marche de guerre » sur Würzburg,
qu'elle atteignit le 1er octobre après être allée :

Le 28 septembre, de Mayence à Francfort............	38	kil.
Le 29 — de Francfort à Aschaffenburg.......	38	
Le 30 — de Aschaffenburg à Esselbach.......	32	
Le 1er octobre, de Esselbach à Würzburg..........	32	

On voit, par suite, que la brigade Legendre (32e et 96e),
à laquelle était jointe l'artillerie divisionnaire, franchit
234 kilomètres en neuf étapes, ce qui fait une moyenne de
36 kilomètres sans un séjour.

Nous n'aurions pas introduit dans cette partie de notre
étude, qui vise particulièrement la doctrine stratégique, le
relevé de marches ressortissant plutôt à la tactique, si nous
n'avions trouvé là une occasion de donner, par un exemple
historique, la mesure des efforts que l'on peut exiger de
bonnes troupes au début des opérations.

On entend dire parfois que les premières marches d'une
campagne doivent être très courtes.

Nous professons un avis diamétralement opposé.

Si les hommes devaient entamer de longues marches en
descendant du wagon qui les a transportés sur la zone de rassemblement, nous dirions : le résultat sera désastreux.

Mais, après quelques jours passés au grand air sur la zone
de réunion, au milieu de l'abondance, grâce à des distributions copieuses et variées, nous estimons que les troupes
seront dans des conditions de vigueur et de résistance qu'elles
n'atteindront plus au cours de la campagne.

D'ailleurs, aux grandes manœuvres d'automne, ne voit-on
pas les réservistes supporter parfois des fatigues excessives
sans en souffrir, et cela, très peu de jours après leur arrivée
dans les régiments.

Les premières marches d'une campagne peuvent être moins
pénibles que les suivantes parce que l'éloignement de l'ennemi contribue à ce moment à diminuer les privations, et ce

e sont pas les marches en elles-mêmes, si fortes qu'elles
oient, qui ruinent la troupe, c'est la privation de sommeil,
'est une nourriture insuffisante ou mal préparée, c'est le
ivouac, etc...

Les grandes marches sont plus utiles au début d'une
uerre que plus tard, en ce que l'ennemi ne les faisant pas
ntrer dans ses calculs peut en être complètement déconcerté.

Ainsi les Prussiens de 1806, qui croyaient avoir accompli
es prouesses parce que le régiment de Zastrow, par exemple,
tait venu en 16 jours de Posen à Dresde en parcourant
68 kilomètres, moins de 24 kilomètres par jour, tom-
èrent dans une profonde stupéfaction quand ils apprirent
ue des troupes françaises signalées en un point, tel jour,
'étaient transportées en deux marches, à 20 lieues plus
oin.

Si la guerre à venir débute de notre côté par une ma-
œuvre telle que l'ennemi se voit contraint d'accepter la
remière grande bataille en fâcheuse posture, cette ma-
œuvre exigera que nos troupes déploient des efforts presque
urhumains..... et elles en seront capables quand on leur
n aura montré la nécessité.

S'il ne s'agissait que de marcher correctement, de main-
enir le bon ordre partout et toujours, de s'engager contre
ennemi avec méthode et courage, nous ne prônerions
as les grands efforts initiaux ; mais la question est autre. Il
aut vaincre, c'est-à-dire dominer l'adversaire, le réduire à la
éfensive, puis le détruire s'il ne se soumet pas ou s'il ne
herche pas son salut dans la fuite.

Si bonne que soit une armée, elle sera la proie d'une
rmée un peu meilleure, et c'est une nécessité absolue pour
ous de chercher dans la vitesse des marches et la hardiesse
es combinaisons des avantages qui compenseront largement
ertains défauts dont nos ennemis peuvent être exempts.

Nous concluons que nos premières marches devront être
ombinées de telle sorte que l'ennemi en soit tout surpris.

Nous prendrons ainsi, même avant le premier coup de canon, l'ascendant moral, gage du succès définitif.

L'avis que nous venons d'exprimer au sujet des efforts très grands à demander à nos troupes au début d'une guerre n'est pas seulement l'expression de notre sentiment personnel.

Le maréchal de Gouvion-Saint-Cyr partageait la même manière de voir quand il écrivait :

« *C'est toujours au commencement d'une guerre, d'une cam-*
« *pagne ou d'une action*, que les troupes françaises sont sus-
« ceptibles des plus grands efforts et qu'on est presque cer-
« tain d'obtenir avec elles les plus grands succès. Il y a
« longtemps qu'on a remarqué que la persévérance n'était
« pas toujours la compagne inséparable de leur bouillant
« courage ; aussi, sommes-nous convaincus qu'avec des
« troupes françaises, c'est au commencement d'une guerre,
« d'une campagne, d'une action, qu'il faut aborder les plus
« grandes difficultés. »

La garde à pied se réunit le 28 à Mayence et en partit, le 29, en suivant le même itinéraire que la division Dupont, mais à un jour d'intervalle.

« Le maréchal Augereau (7ᵉ corps) y sera (à Würzburg)
« le 4 ; je lui en donnerai l'ordre. »

L'Empereur étant encore à Mayence, un ordre de lui mettait moins de quatre heures pour arriver à Francfort où était le quartier général du 7ᵉ corps. Par conséquent, il suffisait que le maréchal Augereau fût prévenu, le 1ᵉʳ octobre, dans la soirée, pour qu'il pût mettre en mouvement son corps d'armée, dès le lendemain, dans la direction de Würzburg.

D'après l'ordre de rassemblement du 20 septembre, le 7ᵉ corps était concentré depuis quelques jours à Francfort, prêt à partir au premier signal.

« Le maréchal Davout restera aux environs de Bamberg ; le
« maréchal Bernadotte, aux environs de Lichtenfels, ayant

« des avant-postes en avant de Kronach et au débouché de
« Coburg. »

Le 29 septembre au matin, l'Empereur avait ordonné, dans
sa première lettre au major général, que le 1ᵉʳ corps (maréchal Bernadotte) allât à Kronach.

En dictant cet ordre, Napoléon, encore sous l'impression
des alarmes causées par les rapports du major général en
date du 24, cherchait à brusquer l'invasion de la Saxe.

Mais le 1ᵉʳ octobre, la situation apparaît plus calme et point
n'est besoin de pousser le 1ᵉʳ corps jusqu'à l'extrême frontière.

L'Empereur indique donc les environs de Lichtenfels
comme zone de cantonnements pour le 1ᵉʳ corps, sans que
l'on néglige, pour cela, d'occuper par une avant-garde
d'infanterie (ordre contenu dans la troisième lettre impériale au major général en date du 30 septembre au matin),
la hauteur située au pendant des eaux, entre Kronach et
Lobenstein.

Le maréchal Bernadotte reçut du major général, le
3 octobre, l'expédition de l'ordre de l'Empereur le concernant et y répondit en ces termes :

« Conformément à vos premiers ordres (expédition des
« ordres de l'Empereur du 29 septembre au matin), je por-
« tais tout mon corps d'armée à Kronach ; mais comme vous
« me dites que l'intention de l'Empereur est que je reste dans
« les environs de Lichtenfels, ayant des postes en avant de
« Kronach et au débouché de Coburg, la volonté de
« Sa Majesté va être remplie.

« Je me trouverai ainsi *en échelons* depuis Lichtenfels jus-
« qu'à Steinwiesen, et je pourrai déboucher, soit sur Culm-
« bach, soit sur Coburg, ou en avant sur Lobenstein, si j'en
« reçois l'ordre, et je suis bien aise que votre lettre soit venue
« à temps pour arrêter quelques troupes.

« Je suis bien content que vos nouvelles dispositions me

« permettent de ne pas être aussi concentré, car le pays offre
« bien peu de ressources, et les environs de Kronach, surtout,
« sont très stériles. »

La légère modification apportée par l'Empereur au dispositif de rassemblement qui résulte de ses ordres du 29 et du
30 septembre ne change rien aux conclusions que nous avons
tirées de son examen.

Le dispositif est nettement orienté pour l'offensive en Saxe,
à travers le Franken-Wald.

La première lettre au major général, du 1er octobre,
2 heures du matin, contient ensuite des ordres concernant
l'organisation de Würzburg, Kronach et Forchheim en places
de dépôt.

§ 3. — L'activité cérébrale de l'Empereur.

Cette lettre est une de celles qui montrent le mieux l'état
d'esprit fébrile de l'Empereur se traduisant par des prescriptions n'ayant entre elles aucun lien commun ; qu'on en juge !

« Les petits dépôts de cavalerie seront réunis à Forch-
« heim.

« On doit calculer que l'ennemi viendra à Würzburg.

« Je demande à la Hesse 600 hommes..... »

« Tous les convalescents de l'armée, à raison de 12 ou 15
« par régiment, seront placés, etc..... »

Ainsi, de l'organisation de l'arrière, l'Empereur passe à une
idée stratégique : la venue probable de l'ennemi à Würzburg,
puis il s'occupe des contingents alliés et revient aux services
de l'arrière.

Pour être un homme de génie, Napoléon n'est pas moins
un être humain. Son cerveau s'épuise en vibrations dont le
sens change, à chaque instant, avec les idées très diverses qui
s'entre-choquent pour ainsi dire tumultueusement.

Et puis que penser, au point de vue hygiénique, de cette

activité .cérébrale dépensée à toute heure du jour et de la nuit ?

Les lettres de Napoléon se ressentent souvent de l'état en quelque sorte pathologique de son cerveau et, chose digne de remarque, celles qui présentent le plus d'incohérence dans la succession des idées ont été dictées vers la fin de la nuit, à la suite d'un grand nombre d'autres lettres, en sorte que l'on peut suivre, à la lecture, l'épuisement, progressif du cerveau de Napoléon durant une longue période de travail intensif.

Par exemple, un grand nombre de lettres impériales datées du 29 septembre, à 10 heures du soir et à minuit, sont suivies de plusieurs autres datées du 30 septembre, 3 heures et 3 h. 1/2 du matin.

Aux lettres impériales du 30 septembre, minuit, succède la lettre que nous analysons, en ce moment, écrite à 2 heures du matin.

Il résulte de là que, du 29 septembre, 10 heures du soir, au 1er octobre, 2 heures du matin, l'Empereur n'a pour ainsi dire pas cessé de travailler et de dicter des ordres.

Quelle est la constitution humaine qui résisterait longtemps à un tel régime ?

Ce n'est pas tout.

Napoléon, arrivé à Mayence le 28 septembre au soir, après quatre journées de voyage en poste, se met au travail le lendemain matin et dicte presque sans interruption, jour et nuit, jusqu'au 1er octobre dans la soirée, moment où il monte en voiture pour se rendre à Würzburg.

Donc, pendant trois jours et deux nuits, l'Empereur ne prend que quelques heures de repos; l'effort est colossal.

Dans une lettre écrite à l'impératrice le 13 octobre, de Gera, 2 h. 1/2 du matin, Napoléon donne un aperçu de son régime au début de la campagne :

« Je fais, de ma personne, 20 à 25 lieues par jour, à cheval,
« en voiture, de toutes les manières. Je me couche à 8 heures

« et suis levé à minuit..... J'ai déjà engraissé depuis mon
« départ (!)..... » Résultat pitoyable, dirons-nous.

§ 4. — L'Empereur au maréchal Augereau.

(Mayence, 1er octobre, matin.)

Napoléon ordonne au maréchal Augereau de partir avec le
7e corps, les troupes de Hesse-Darmstadt, de Nassau et du
prince primat, de manière à être arrivé à Würzburg le 4 au
soir.

On distribuera quatre jours de vivres et on se fera suivre
de quatre autres jours de vivres.

Il est à prévoir que les troupes alliées ne seront pas prêtes.
Toutefois, le contingent de Hesse-Darmstadt devra jeter 600 à
800 hommes de garnison dans Würzburg, au plus tard, le
5 octobre, à midi.

§ 5. — L'Empereur au maréchal Mortier.

(Mayence, 1er octobre, matin.)

Après lui avoir annoncé sa nomination au commandement
du 8e corps de la Grande Armée, l'Empereur énumère au
maréchal Mortier les troupes qu'il aura sous ses ordres,
savoir, les divisions Dupas et Lagrange composées des 2e, 4e
et 12e légers, du 58e de ligne et de deux régiments italiens,
du 26e chasseurs et du 4e dragons, de 18 pièces d'artillerie et
d'une compagnie de sapeurs.

Ces troupes commenceront à arriver le 8 octobre.

A cette lettre était jointe *une instruction* dont nous détachons les passages essentiels.

« Aussitôt qu'une des divisions du 8e corps d'armée aura
« plus de 5,000 hommes, elle pourra occuper Francfort, et

« vous pourrez même y porter votre quartier général, en pre-
« nant bien soin, toutefois, de ne pas vous compromettre, ni
« de vous laisser couper d'avec Mayence, et même, à cet effet,
« dès que vous aurez réuni toutes les troupes qui doivent
« former votre corps d'armée, vous en placerez *en échelon*,
« depuis Francfort jusqu'à Mayence. »

Le 8e corps devant être, pendant le premier acte de la
guerre, un corps de couverture régionale, c'est-à-dire un
corps couvrant, non pas une armée, mais un territoire, la
plus grande prudence doit présider à ses opérations et, dans
aucun cas, il ne doit se laisser couper de Mayence son refuge
suprême.

L'ordre de placer des troupes en échelon depuis Mayence
jusqu'à Francfort, une fois le corps d'armée au complet,
mérite qu'on l'examine avec attention.

Le 8e corps devait comprendre 25,000 hommes, d'après
l'estimation exagérée à dessein par l'Empereur; nous lui sup-
poserons 15,000 hommes.

Il aura 5,000 hommes à Francfort.

Quant aux 10,000 autres, nous estimons que 5,000 pourront
être échelonnés entre Francfort et Mayence, les 5,000 restants
ne devant pas quitter cette place.

Ce qui nous donne à penser que telle était l'intention de
l'Empereur c'est, qu'un peu plus loin, l'instruction porte
qu'au cas où le maréchal Mortier croirait bon d'aller au
secours de Würzburg investie, le tiers de ses forces devrait
toujours rester rapproché de Mayence « pour que cette place
ne coure aucun danger ».

Francfort est située à 40 kilomètres de Mayence.

Les troupes échelonnées entre Francfort et Mayence
devaient avoir surtout pour objet d'éclairer au loin les flancs
de la route qui réunit les deux villes, afin que le détachement de Francfort fût averti en temps opportun de l'approche
d'un ennemi nombreux sur ses derrières.

La ligne extrême du service de sûreté devait affecter la

forme des rayons d'un secteur, dont la ligne Francfort-Mayence était la hauteur, avec une base double de celle-ci.

La garnison de Mayence pouvait facilement garder le Rhin, en amont, en aval, sur une longueur de 40 kilomètres.

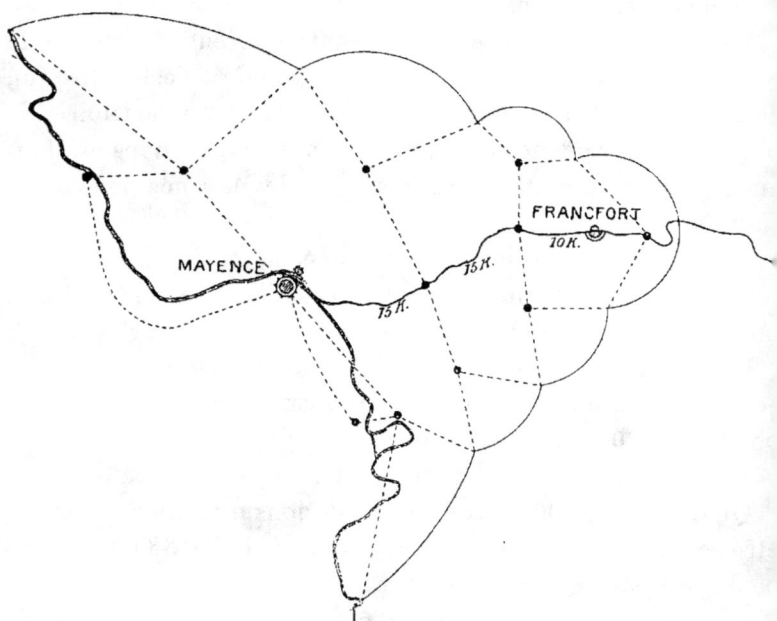

Les détachements échelonnés entre Francfort et Mayence avaient à assurer, de concert avec la garnison de cette ville, les deux rayons du secteur dont Francfort occupait le sommet.

Ce dispositif est de nature à recevoir de nouvelles applications; il indique bien l'idée qui doit présider au fonctionnement des forces lorsque, dans un but démonstratif, on détache un corps de troupe à 30 ou 40 kilomètres d'une place forte de laquelle il ne doit jamais se laisser couper.

L'échelonnement de 5,000 ou 6,000 hommes entre Mayence et Francfort présentait cet autre avantage de permettre au

détachement de Francfort, s'il était attaqué de front et refoulé
par des forces supérieures, de trouver en arrière de lui des
positions organisées à l'avance et pourvues de troupes de
recueil.

« Vous surveillerez attentivement tous les mouvements de
l'Électeur de Hesse-Cassel. Votre position lui donnera assez
d'ombrage pour qu'il ne dégarnisse pas ses États et pour
qu'il soit forcé à rester neutre. »

L'idée est la même, sous une autre forme, que celle émise
au roi de Hollande :

« J'aime fort à voir à mon ennemi 10,000 ou 12,000
hommes de moins sur un champ de bataille où ils pourraient être. »

L'Empereur prescrit ensuite au maréchal Mortier de maintenir libre, autant que possible, la route de Mayence à
Würzburg, de correspondre journellement avec le commandant de cette place, de convenir avec lui d'un signal en cas
d'investissement, et de ne marcher à son secours que si
l'ennemi était très inférieur aux forces à lui opposer, lesquelles ne devraient, en aucun cas, dépasser les deux tiers
disponibles, le dernier tiers devant toujours être rapproché
de Mayence « pour que cette place ne coure aucun danger. »

Napoléon, envisageant ensuite l'éventualité d'une bataille
perdue, indique au maréchal Mortier les dispositions à
prendre en conséquence :

Correspondre avec le roi de Hollande sur tout ce qu'il fau-
rait entreprendre pour s'opposer au progrès de l'ennemi sur
Mayence et Cologne; repasser le Rhin si les forces adverses
sont trop considérables et le border, en appuyant la droite à
Mayence, la gauche à l'aile droite du corps de Hollande.

« Dans des circonstances aussi improbables qu'imprévues,
c'est de ces circonstances mêmes que vous prendrez conseil;
et, s'il arrivait que Mayence dût craindre d'être cernée,
vous vous y enfermeriez avec votre corps d'armée. »

Cette dernière recommandation a une importance majeure

pour nous qui avons vu en 1870 les tristes résultats de la
protection que le maréchal Bazaine a cru trouver dans la
place de Metz (1).

Aujourd'hui, on professe en France une profonde aver-
sion pour les grandes places de guerre considérés comme
refuges des corps en opérations.

Des prescriptions draconiennes font une loi aux troupes
tenant la campagne d'éviter tout camp retranché ou même de
requérir une partie des ressources comprises dans un large
périmètre tracé autour des ouvrages avancés de ces places.

Mais, il ne saurait y avoir, à la guerre, de règle absolue, et
l'ordre de Napoléon au 8e corps de s'enfermer dans la place
de Mayence, au cas où elle dût craindre d'être cernée, est à la
fois sage et prudent.

Le 8e corps, bien qu'appartenant nominalement à la Grande
Armée, ne participe pas aux grandes opérations. Il est corps
de couverture régionale, assurant l'intégrité de la frontière du
Rhin aux environs de Mayence.

Tant qu'il tiendra Mayence, rien n'est compromis et Napoléon pourra le dégager à la suite d'une victoire.

Si le 8e corps abandonne au contraire Mayence à ses faibles
moyens de défense, le siège durera peu, ou bien l'ennemi
masquera la place à l'aide d'un détachement et continuera sa
marche vers l'ouest.

Quelle résistance pourrait opposer, en effet, un corps de
15,000 hommes, en rase campagne, à toute une armée ?

Au contraire, le 8e corps enfermé dans Mayence force
l'ennemi à immobiliser devant lui 20,000 ou 30,000 hommes
« qui ne seront pas sur le champ de bataille où ils pourraient
« être, selon l'expression de Napoléon ».

---

(1) La question du maintien voulu de l'armée de Lorraine en liaison étroite
avec la place de Metz, les 16, 17 et 18 août 1870, est des plus complexes ; nous
l'étudierons, avec les développements qu'elle comporte, dans notre prochaine
publication sur la manœuvre de Saint-Privat.

Nous concluerons qu'un corps d'observation, ou de couverture régionale, peut s'enfermer dans une grande place quand il a épuisé tous les moyens d'arrêter un ennemi nombreux, mais qu'une armée d'opérations n'a pas le droit de se reposer ni de chercher un abri, même temporaire, dans un camp retranché.

La destinée d'une armée est de marcher, de combattre et de marcher encore.

§ 6. — L'Empereur au maréchal Augereau.

(Mayence, 1ᵉʳ octobre, 1 heure de l'après-midi.)

Napoléon annonce qu'il partira le soir même à 9 heures pour Würzburg.

« Il est très important que vous soyez arrivé le 4 à Würzburg avec tout votre corps d'armée; *ceci est une manœuvre de guerre.*

« Vous ne devez laisser ni dépôts ni hôpitaux à Francfort; *tout ce qui n'est point destiné à vous suivre doit revenir à Mayence.*

« Vous laisserez un commandant d'armes à Francfort pour correspondre avec le maréchal Kellermann. »

L'Empereur ayant calculé que ses premières opérations seraient démasquées le 10 ou le 12 octobre, le 7ᵉ corps aurait tout juste le temps d'y participer, en supposant qu'il pût arriver le 4 à Würzburg.

On comprend dès lors que sa présence à Würzburg, le 4 au soir, fût considérée par Napoléon comme *très importante*.

L'ordre de renvoyer les dépôts et les malades à Mayence s'explique par le retard forcé des premières troupes du maréchal Mortier à venir occuper Francfort, celles-ci ne pouvant commencer à arriver à Mayence que le 8 octobre.

Le maréchal Kellermann étant commandant du territoire

de Mayence, c'est avec lui et non avec le maréchal Mortier que devra correspondre le commandant d'armes laissé à Francfort pour surveiller, sans doute, la municipalité de cette ville et se procurer des renseignements sur la Hesse-Cassel ainsi que sur les ennemis pouvant venir de Fulda ou de Gotha.

« Comme dans mon projet général je refuse ma gauche, il « se pourrait que les communications de l'armée prissent « pendant la campagne différentes directions. »

Que la Grande Armée refusât sa gauche, le fait dut paraître évident au maréchal Augereau, mais la suite de la phrase n'était pas faite pour l'éclairer beaucoup sur le projet général de l'Empereur.

Celui-ci a peut-être voulu expliquer l'évacuation de Francfort par des motifs d'ordre général se rapportant aux communications de l'armée, mais, encore une fois, il n'a rien livré de son plan.

En la circonstance, la réserve de l'Empereur était justifiée. Le maréchal Augereau devant arriver à Würzburg dans trois jours y verrait le major général et pourrait, par conséquent, apprendre de vive voix ce qu'il avait intérêt à connaître.

§ 7. — L'Empereur au prince primat.

(Mayence, 1er octobre.)

La guerre est inséparable de la politique.

Dès qu'une grande nation cesse de jouir des bienfaits de la paix et se lance bon gré mal gré dans une guerre de frontières, l'unité de commandement s'impose aussi bien pour la direction des opérations militaires que pour celle des relations extérieures.

Napoléon fait prévoir, le 30 septembre, au roi Louis de

Hollande, qu'une fois le premier acte de la guerre fini, il sera chargé de conquérir Cassel.

Le maréchal Mortier, par lettre du 1er octobre, est invité à surveiller attentivement tous les mouvements de l'Électeur de Hesse-Cassel.

Cette fois, c'est le prince primat de la Confédération du Rhin que l'Empereur va charger d'endormir l'Électeur de Cassel avec des assurances de paix.

« Si le prince de Cassel est sincère et qu'il veuille rester « vraiment neutre, je n'ai pas l'intention de l'en empêcher. « Je prie Votre Altesse de lui envoyer un courrier qui lui « en donne l'assurance.....

« Je n'ai, dans le fait, aucun sujet de me plaindre de « Cassel. *Je ne l'attaquerai jamais de mon plein gré.* »

Que l'on rapproche cette assurance de la phrase suivante, contenue dans la 4e note au roi de Hollande, datée de la veille :

« Le premier résultat d'une grande victoire doit être de « *balayer* de mes derrières cet ennemi secret et dangereux. »

L'opposition est flagrante. Choque-t-elle nos sentiments d'honneur et de délicatesse?

Oui et non.

On conçoit que Napoléon, ne voulant pas être dupe de la neutralité de Cassel comme il l'avait été l'année précédente de la neutralité armée de la Prusse, ait conçu le projet de « balayer de ses derrières un ennemi secret et dangereux », mais était-il bien nécessaire de faire parvenir à l'Électeur de Cassel la promesse de ne jamais l'attaquer de plein gré?

Ne pouvait-on pas éviter de se compromettre par une assurance aussi formelle?

On dit et répète que l'honnêteté vulgaire n'a rien à voir à la politique.

Nous ne partageons pas absolument cette conception des

rapports internationaux et nous pensons que, tout en se servant, en politique, de moyens d'investigation que la conscience ne saurait admettre dans les relations sociales, on ne doit jamais mentir ouvertement et surtout fournir des armes politiques, sous forme d'écrits, à ceux qui peuvent devenir nos ennemis.

§ 8. — L'Empereur au major général.

(Mayence, 1er octobre, 2 heures après-midi.)

L'Empereur annonce son départ de Mayence et son arrivée probable à Würzburg le 2 octobre, vers 6 heures du soir.

Il informe le major général de la nomination du maréchal Mortier au commandement d'un nouveau 8e corps, et lui en détaille la composition.

Voilà donc un major général qui, non seulement n'a participé en rien à la création d'un nouveau corps de la Grande Armée, mais encore en apprend la formation lorsque déjà les troupes qui doivent le constituer sont en mouvement de toutes parts.

Que le maréchal Berthier n'ait pas eu les moyens de constituer le 8e corps et que ce soin ait été réservé au ministre de la guerre de concert avec l'Empereur, la chose est admissible.

Mais ne fallait-il pas, au moins, que le major général fût averti des projets de Napoléon au sujet d'une création qui modifiait la composition de l'armée ?

Encore une fois, le maréchal Berthier n'est pas un major général tel que nous le concevons aujourd'hui.

« Je désire que vous gardiez à Würzburg les officiers du « génie qui ont fait les reconnaissances des routes, pour que « je puisse causer avec eux de la nature du pays. »

L'ordre qui précède est important parce qu'il montre la nécessité pour un général en chef de causer avec les officiers qui ont visité depuis peu le pays où se dérouleront les opérations.

Une conversation de quelques heures avec des officiers intelligents et connaissant bien leur sujet en apprend plus à un chef que la lecture attentive de volumineux dossiers.

« Voyez à faire un dictionnaire de la population des villes, « bourgs et principaux endroits de la Saxe, surtout de ce « qu'on trouve sur la route de Leipzig à Dresde. »

Il était un peu tard pour commencer un pareil travail.

C'est pendant la paix que l'on doit réunir les renseignements dont parle Napoléon.

Les notices statistiques que nous possédons aujourd'hui, à l'imitation de nos ennemis de 1870, ne sont donc pas une innovation allemande ; mais le grand état-major prussien, en cela comme en beaucoup d'autres points, a singulièrement exploité l'idée première qui a jailli du cerveau de Napoléon pour répondre à une nécessité du moment.

« Il doit y avoir des Bavarois qui connaissent parfaitement la Saxe ; il est important d'en avoir un avec nous. »

Il est important, en effet, d'avoir à l'état-major de l'armée au moins un officier connaissant parfaitement la région que l'on va parcourir.

Les cartes, aujourd'hui surtout qu'elles sont très bien faites, indiquent presque tout ce qu'un général d'armée a besoin de connaître, mais certaines particularités du sol ou des chemins, telles que les prairies marécageuses, l'espèce d'empierrement des routes, le degré de praticabilité des bois, la nature des constructions rurales, etc..... n'y figurent pas.

Ces lacunes ne peuvent être comblées que par les renseignements qu'un homme du pays peut procurer, à défaut de notices topographiques spéciales.

« Je n'ai aucun nouvel ordre à vous donner. »

L'Empereur va partir pour Würzburg; ses ordres anté-

rieurs ont atteint les bornes de la prévoyance humaine ; il
ne s'agit plus, pour lui, que de constater, sur place, jusqu'à
quel point l'exécution de ses ordres est conforme à leur conception.

Néanmoins, Napoléon renouvelle ses recommandations relativement aux travaux de Würzburg, de Kronach et de Forchheim.

Au sujet de 250,000 rations de biscuit fabriquées par les
soins du maréchal Bernadotte, et dont il sera question au titre
des ordres administratifs en vue du rassemblement de la
Grande Armée, l'Empereur écrit :

« Envoyez-les à Kronach, d'où on les tirera pour approvi-
« sionner l'armée, si elle est obligée de rester quelques jours
« en position pour déboucher en sûreté. »

M. le lieutenant-colonel Foucart, qu'on ne saurait trop louer
d'avoir mis au grand jour tous les documents se rapportant
aux opérations de la Grande Armée en 1806, a cru devoir
commenter les lignes qui précèdent en ces termes :

« L'armée peut être obligée de rester quelques jours en posi-
« tion *sur la crête des montagnes* pour déboucher en sûreté. »

L'inspection de la carte montre que la crête des montagnes
du Franken-Wald est couverte de forêts traversées par des
routes en petit nombre.

On ne voit pas très bien la Grande Armée en position sur la
crête du Franken-Wald, mais si l'on se reporte à notre discussion des ordres contenus dans la lettre de l'Empereur au
maréchal Soult, le 29 septembre, on comprend que la manœuvre de dégagement des débouchés pouvant exiger plusieurs jours, l'armée, *concentrée à l'origine de ses lignes de
marche*, dût pouvoir, durant cette période, tirer ses subsistances d'un magasin central.

Le commentaire de M. le lieutenant-colonel Foucart s'appuie probablement sur la phrase suivante d'une lettre
écrite, le 3 octobre, par le maréchal Berthier à l'intendant
général :

« Il est possible que nous restions sur les hauteurs quelque
« temps avant de déboucher. »

De deux choses l'une, ou bien le major général a voulu
dire que les colonnes de la Grande Armée pourraient stationner quelques jours en échelons sur les routes qui mènent
aux cols du Franken-Wald, par conséquent, dans les hautes
vallées, ou bien il n'a pas compris la phrase de l'Empereur :

« Envoyez-les (250,000 rations de biscuit) à Kronach, d'où
« on les tirera pour approvisionner l'armée, si elle est obligée
« de rester quelques jours en position pour déboucher en
« sûreté. »

Avant de quitter Mayence, Napoléon reçut du maréchal
Augereau un rapport daté de Francfort, 3 heures du soir, en
réponse à la lettre expédiée le matin même.

Le maréchal annonce le départ du 7ᵉ corps pour le lendemain (2 octobre), mais il fait observer qu'il y a quatre grandes
marches et que, par suite, les troupes ne pourront arriver à
Würzburg que le 6 octobre.

Néanmoins, le 7ᵉ corps parvint à sa destination, dans les
délais fixés, en parcourant les étapes suivantes :

2 octobre.	1ʳᵉ division :	de Francfort à Aschaffenburg..........	38 kil.
	2ᵉ —	de Francfort à Seligenstadt............	26
3 octobre.	1ʳᵉ division :	d'Aschaffenburg à Esselbach	32
	2ᵉ —	de Seligenstadt à Aschaffenburg	18
4 octobre	1ʳᵉ division :	d'Esselbach au delà de Würzburg......	36
	2ᵉ —	d'Aschaffenburg au delà d'Esselbach....	45

Pendant la journée du 1ᵉʳ octobre, ou dans la nuit du
30 septembre, nous ne savons pas au juste, l'Empereur reçut
du maréchal Augereau un rapport sur les agissements de
l'ennemi, qui porte le nom de « Bulletin de Hanau du 30 septembre ». Ce bulletin a dû être rédigé par un officier d'état-
major envoyé à Hanau pour y centraliser les renseignements.

Les passages essentiels du bulletin en question sont :

« Le roi de Prusse se trouvait à Merseburg le 24 septembre
« avec les maréchaux duc de Brunswick et Moellendorf.

« Le prince de Hohenlohe ayant passé l'Elbe avec son
« corps d'armée qu'on évalue à 30,000 hommes, et le général
« Rüchel ayant quitté Göttingen pour aller par l'Eichsfeld
« vers Gotha, la très grande masse des forces prussiennes se
« trouve en ce moment rassemblée sur une ligne qui part de
« Dresde et vient finir aux frontières de la Hesse.

« On estime, mais sans doute avec un peu d'exagération,
« qu'il peut y avoir 150,000 hommes sur cette ligne..... »

« On assure qu'on trace dans ce moment un camp pour
« 22,000 hommes de troupes hessoises dans la plaine appelée
« Bevern, à 7 lieues de Cassel, dans la direction de Franc-
« fort. »

Le fait certain affirmé par le bulletin de Hanau est la présence du roi et de ses conseillers à Merseburg, le 24 septembre.

Une telle constatation n'était pas faite pour déplaire à
Napoléon, car elle lui donnait de la marge pour préparer son
invasion de la Saxe.

En outre, le long développement des colonnes saxo-prussiennes s'allongeant depuis Dresde jusqu'aux confins de
Cassel indiquait clairement que l'ennemi éprouverait les plus
grandes difficultés et de longs retards pour se concentrer en
vue de la bataille lorsque l'irruption de la Grande Armée en
Saxe lui serait connue.

Plus les colonnes ennemies s'étireraient en longueur vers
Cassel et Francfort, mieux réussirait la manœuvre de Bamberg sur Berlin « en masse de guerre », parce que la Grande
Armée réunie pourrait battre séparément les différentes
colonnes ennemies avant qu'elles aient pu se réunir au point
de concentration que le généralissime prussien ne pouvait
manquer de fixer quand il apprendrait la présence des Français sur la Saale.

Le renseignement douteux qui termine le bulletin de Hanau, au sujet des Hessois, dut confirmer Napoléon dans son projet de faire envahir l'Électorat de Cassel par le corps de Hollande aussitôt qu'une première victoire sur l'armée principale de l'ennemi lui aurait donné les coudées franches.

L'Empereur partit de Mayence, comme il l'avait annoncé, le 1er octobre, à 9 heures du soir.

En route, il rencontra deux courriers du major général et trois courriers du prince Murat dont il prit aussitôt connaissance.

§ 9. — Premier rapport du major général à l'Empereur.

(Würzburg, 1er octobre.)

Le maréchal Berthier s'excuse de ne pouvoir aller reconnaître, faute de temps, la position du maréchal Lefebvre à Kœnigshofen, suivant l'ordre de l'Empereur en date du 29 septembre, 10 heures du soir.

Le major général annonce l'envoi d'un rapport du maréchal Soult, daté de Munich, 26 septembre, où il est dit :

« Le 29, mon quartier général sera à Ratisbonne et, le 1er octobre, à Amberg où je recevrai les ordres que Votre Altesse aura la bonté de m'adresser. Le 3, le corps d'armée (4e) sera rendu à sa destination, et le 4 il sera dans le cas d'entreprendre de nouvelles marches. »

Le 28 septembre, le maréchal Berthier avait écrit au maréchal Soult (au reçu de la lettre impériale datée de Saint-Cloud, 4 septembre) pour lui dire d'atteindre Amberg avec son corps d'armée, le 1er octobre, si c'était possible.

Le 1er octobre, le maréchal Soult répondit de Ratisbonne à la lettre du major général, datée du 28 :

« Il est impossible que toutes les divisions soient à Amberg le 1er octobre : la tête de la colonne n'y arrivera seulement qu'aujourd'hui ; mais, le 3, tout y sera réuni. » Or le major général disait dans la lettre à l'Empereur que nous analysons actuellement :

« Je vous envoie un rapport (du 26 septembre) que je reçois
« de M. le maréchal Soult *qui est dans ce moment en position*
« *à Amberg où tout son corps d'armée sera réuni demain*
« *(20 octobre).* »

Le maréchal Berthier s'était imaginé qu'il suffisait d'envoyer un ordre pour qu'il fut exécuté.

L'erreur est manifeste.

Mais le major général commet une faute grave quand il affirme que le maréchal Soult est en position, le 1er octobre, à Amberg.

On est même étonné de rencontrer de la part du maréchal Berthier une violation aussi flagrante des règles les plus élémentaires du service d'état-major, qui veulent que l'on distingue toujours entre ce que l'on sait d'une façon certaine et ce que l'on suppose d'après des renseignements que l'on n'a pu contrôler.

Le major général rend compte ensuite que, par lettre du 30, le maréchal Ney annonce l'arrivée de sa cavalerie et de sa 1re division, le 1er octobre, à Anspach, la 2e division venant à un jour d'intervalle.

Enfin, la tête du grand parc d'artillerie atteindra Würzburg le 2, au dire du général Songis.

§ 10. — Deuxième rapport du major général à l'Empereur.

(Würzburg, 1er octobre.)

Deux heures après le départ du premier courrier, le maréchal Berthier en envoya un second moins important où il n'est question que de matériel d'artillerie.

L'équipage de 25 pontons, parti de Strasbourg, est annoncé à Würzburg pour le 3 ou le 4.

§ 11. — Premier rapport du prince Murat à l'Empereur.

(Würzburg, 1er octobre, 10 heures du matin.)

Le prince Murat quitta Mayence, le 29 septembre, à 1 heure de l'après-midi, et parvint à Würzburg, le 30 septembre, à 8 heures du matin.

Il rendit compte aussitôt qu'aux termes d'un rapport du maréchal Lefebvre, reçu à l'instant, les Prussiens n'avaient pas encore pénétré dans la principauté de Fulda.

« Le général Rüchel a fait sa jonction avec l'armée du roi « le 23 au lieu du 25, et on m'assure à l'instant que le prince « de Hohenlohe qui, après avoir passé l'Elbe, semblait « d'abord se diriger sur Hof, *s'est dirigé sur Erfurt, où doit,* « *dit-on, se réunir toute l'armée prussienne.* »

Le renseignement, pour n'être pas certain, était néanmoins très important, car il indiquait la tendance des Prussiens à se réunir sur Erfurt.

§ 12. — Deuxième rapport du prince Murat à l'Empereur.

(Würzburg, 1er octobre, 5 heures du soir.)

Le prince Murat confirme dans ce rapport le renseignement du matin, à savoir que l'opinion générale est que les armées prussiennes se réuniront à Erfurt.

Ensuite, le prince indique à l'Empereur les emplacements qu'occuperont les divisions de cavalerie de la réserve, le 3 octobre et jours suivants. Nous avons donné par anticipation (voir page 135) ces emplacements. Inutile d'y revenir.

Le rapport se termine par une demande de fonds :

« Je n'ai plus un sol et ne trouve pas à emprunter. »

L'Empereur dut encore recevoir, le 2 dans la soirée et au cours de son voyage, un troisième rapport du prince Murat, expédié, ce jour-là, à midi.

Ce rapport confirme les premiers renseignements adressés la veille à l'Empereur :

« Il paraît assez constant, d'après tous les avis qui viennent « de toutes parts, que les Prussiens se réunissent sur la ligne « d'Erfurt et de Weimar. »

§ 13. — Arrivée de Napoléon à Würzburg.

Le 2 octobre, vers 9 heures du soir, Napoléon arriva à Würzburg, après s'être arrêté pendant quelques heures de la matinée à Aschaffenburg, résidence du prince primat.

L'Empereur alla loger au château de l'Électeur de Würzburg. Le maréchal Berthier qui l'attendait lui présenta les rapports de la veille et de la journée, puis répondit aux questions de l'Empereur au sujet des approvisionnements.

Rien ou presque n'était fait.

Napoléon, furieux, lui ordonna de prescrire sur-le-champ aux maréchaux Davout et Bernadotte de faire réquisitionner des farines et de faire construire sans retard huit grands fours à Bamberg et autant dans le fort de Kronach.

L'Empereur ordonna aussi d'écrire au maréchal Lefebvre pour lui dire de ne faire baraquer ni bivouaquer ses troupes, mais de les cantonner aux environs de Schweinfurth, de manière à pouvoir les réunir en trois ou quatre heures sur la position (d'alarme) qui aura été choisie.

« Vous devez continuer à avoir un poste de votre cavalerie « sur le débouché de Hamelburg, écrit le major général, la « division Dupont ne devant pas rester à Würzburg.

« Vous devez placer quelques postes de cavalerie intermé- « diaires jusqu'à Schweinfurth, afin d'avoir des nouvelles et « de les envoyer au quartier général. »

Le débouché de Hamelburg c'est le pont de la route de Fulda sur la Saale. Hamelburg est à 30 kilomètres de Schweinfurth et à 40 kilomètres de Würzburg.

La route de Fulda à Würzburg continue à attirer l'attention de Napoléon.

Cette route est, en effet, la plus dangereuse de toutes celles qui conduisent de la Thuringe dans la vallée du Main.

Si l'ennemi se présente en grandes forces devant Hamelburg, avant que la Grande Armée ne se soit engagée complètement dans les défilés du Franken-Wald et n'ait mis en sûreté ses *impedimenta* dans les places de Würzburg, de Kronach et de Forchheim armées et approvisionnées, la manœuvre en Saxe n'est pas possible et il faudra combattre au sud du Thuringer-Wald.

C'est pour cette raison que l'Empereur attache tant d'importance à recevoir promptement des nouvelles de Fulda par le poste de Hamelburg.

A cet effet, il est prescrit au maréchal Lefebvre de placer entre Hamelburg et Schweinfurth, implicitement entre Schweinfurth et Würzburg, des *postes intermédiaires* qu'on nomme aujourd'hui des *postes de correspondance*.

Les lettres aux maréchaux Davout, Bernadotte et Lefebvre, que nous venons de mentionner ou d'analyser, sont, toutes les trois, datées de 11 heures du soir, le 2 octobre.

Les rapports écrits que le major général mit le même soir sous les yeux de Napoléon émanaient des maréchaux Bernadotte, Davout, Soult et Ney.

§ 14. — Rapport du maréchal Bernadotte au major général.

(Bamberg, 1er octobre.)

Le maréchal accuse réception au major général de sa dépêche du 30 septembre (expédition des ordres de l'Empereur en date du 29) et lui rend compte que le 1er corps sera réuni, le 2 octobre, le 3 au plus tard, aux environs de Kronach.

On sait que, le 1er octobre, à 2 heures du matin, l'Empereur adressa au major général une lettre modifiant la position du 1er corps et lui donnant les environs de Lichtenfels comme point de réunion.

Les ordres en conséquence ne parvinrent au maréchal Bernadotte que le 3 octobre.

§ 15. — Premier rapport du maréchal Davout au major général.

(Nuremberg, 1er octobre.)

Le maréchal Davout accuse réception des ordres reçus le 29 septembre (expédition des ordres contenus dans la lettre impériale du 24 septembre, datée de Saint-Cloud) pour accélérer le rassemblement de la Grande Armée.

Le maréchal Davout fait observer que la tête de colonne du 3e corps ayant rencontré, à Nuremberg, les colonnes du 1er corps d'armée se dirigeant sur Bamberg (par suite de l'erreur de mot commise par l'Empereur dans « *les dispositions et mouvements pour la réunion de la Grande Armée* »), le 3e corps a dû faire halte pendant vingt-quatre heures.

En conséquence, la 1re division et la cavalerie légère atteindront Bamberg le 2 octobre seulement, les deux autres divisions, le lendemain.

Les sapeurs, le commandant du génie et la cavalerie légère iront ensuite de Bamberg à Kronach à marches forcées, probablement en deux jours.

Nous avons montré précédemment que l'Empereur, sous le coup des nouvelles alarmantes envoyées par le maréchal Berthier, avait écrit, le 24 septembre, de Saint-Cloud, au major général, pour faire filer la cavalerie du 3e corps sur Kronach et mettre la citadelle en état de défense par les soins du maréchal Davout.

§ 16. — Deuxième rapport du maréchal Davout au major général.

(Bamberg, 1er octobre.)

Le maréchal annonce qu'il vient d'arriver à Bamberg (assez tard dans la soirée) et qu'il a eu une entrevue avec le maréchal Bernadotte.

Ce dernier lui ayant communiqué ses ordres du 30 (expédition des instructions contenues dans la lettre impériale du 29) qui lui prescrivent d'aller avec son corps d'armée à Kronach, le commandant du 3e corps ne comprend plus l'ordre de détacher sa cavalerie à Kronach et de faire mettre cette place en état de défense. Il demande, en conséquence, de nouvelles instructions mais ne commence pas moins l'exécution des ordres donnés.

Quoi qu'il en soit, le 7e hussards, qui doit faire partie de la brigade Lasalle, marchera sans retard sur Kronach.

Comme on le voit, le maréchal Davout eut à supporter dans l'espace de quelques jours les conséquences de deux fautes imputables au commandement suprême.

La première consistait à n'avoir pas collationné l'ordre général pour la réunion de la Grande Armée, ordre dans lequel le point de rassemblement assigné au 1er corps est Bamberg au lieu de Nuremberg que voulait l'Empereur.

La seconde faute résulte de la précipitation et du trouble qui ont présidé à la dictée de la fameuse lettre du 24 septembre, datée de Saint-Cloud, qui fourmille d'erreurs matérielles et de prescriptions irraisonnées.

Le maréchal Davout rend compte ensuite de la position du 3e corps.

« La 1re division (et la cavalerie) est arrivée (1er octobre) « et est établie entre Bamberg et Forchheim, sa tête à une « lieue de cette première ville où demain elle appuiera sa « gauche, sa droite se prolongeant du côté de Staffelstein.

« Demain, 2 octobre, le reste du 3ᵉ corps sera entre Bam-
« berg et Forchheim. »

Il résulte des lignes qui précèdent que la 1ʳᵉ division et la
cavalerie forment bien l'avant-garde du 3ᵉ corps.

Mais, on pourrait croire, en lisant le rapport du maréchal
Davout, que sa 1ʳᵉ division va se déployer face au nord, le
2 octobre, sa gauche à Bamberg, sa droite vers Staffelstein.

Ce serait bien mal connaître les idées qui régnaient à la
Grande Armée.

A la vérité, les apparences sont en faveur du déploiement
de l'avant-garde ou, ce qui revient au même, à son cantonnement en largeur.

Seulement, un rapport postérieur (Bamberg, 2 octobre)
fait connaître que la 1ʳᵉ division s'est échelonnée, le 2 octobre,
sur la route de Kronach, entre Staffelstein et Hallstadt, ayant
un régiment à Bamberg.

L'expression gauche à....., droite vers..... signifiait, pour
le maréchal Davout, queue à....., tête vers..... La locution
est vicieuse, à coup sûr, et doit être évitée en pareil cas.

On remarquera combien est grande la distance d'avant-
garde, le 1ᵉʳ et le 2 octobre, au corps Davout.

Le 3ᵉ corps ne marche pas encore « en guerre » ; il s'étend
profondément sur la route et néanmoins il est pourvu d'une
forte avant-garde, mais il faut que celle-ci soit poussée en
avant d'autant plus loin qu'il faudra plus de temps au gros
du corps d'armée pour être en état de combattre.

Si un corps d'armée occupe sur une route des cantonnements profonds de 40 kilomètres, l'avant-garde devra être
poussée deux fois plus loin que si le même corps d'armée
occupait des cantonnements de marche mesurant 20 kilomètres seulement.

Cela est évident, car un corps d'armée échelonné sur
40 kilomètres de profondeur exigera, pour se concentrer en
vue d'une action de guerre, deux fois plus de temps que s'il
était échelonné sur 20 kilomètres seulement.

Or, deux conditions commandent le rôle d'une avant-garde, l'espace et le temps.

L'espace donne du temps, mais le temps ne tient pas toujours lieu d'espace.

Ainsi, une avant-garde éloignée du gros, fera gagner à celui-ci le temps dont il a besoin pour manœuvrer ou combattre. Par contre, une avant-garde rapprochée ne pourra pas toujours, même en supposant qu'elle soit douée d'une haute capacité de combat, préserver le gros des atteintes directes ou indirectes de l'ennemi.

§ 17. — Rapports du maréchal Soult au major général.

Deux rapports du maréchal Soult, expédiés de Ratisbonne le 1er octobre, ne présentent qu'un intérêt médiocre.

Le premier débute ainsi :

« J'ai l'honneur de remercier Votre Altesse de la bonté « qu'elle a eue de me prévenir de l'arrivée de l'Empereur « à Mayence ; nous espérons que Sa Majesté sera bientôt au « milieu de sa *fidèle armée* et qu'elle lui donnera le *signal* « *des combats* pour *tirer vengeance* de la *perfidie* de ses « ennemis. »

« Le style c'est l'homme » a dit Buffon.

En fait, le maréchal Soult annonçait que son corps d'armée serait réuni à Amberg, le 3 octobre, à la suite de marches de 10 et 11 lieues.

§ 18. — Rapport du maréchal Ney au major général.

Enfin, un rapport du maréchal Ney (6e corps) daté d'Anspach, le 1er octobre, répond à la lettre du major général du 30 septembre (expédition des ordres de l'Empereur du 29) et rend compte que, le 2 octobre, le 6e corps aura sa tête à Nuremberg et sa cavalerie sur les routes allant de cette ville à Baireuth.

§ 19. — Emplacements de la Grande Armée à la date du 4 octobre.

Dans la journée du 2 octobre, avant l'arrivée de l'Empereur à Würzburg, le maréchal Berthier avait expédié aux maréchaux les ordres contenus dans la lettre impériale du 1ᵉʳ octobre, 2 heures du matin, que nous avons analysés.

Il résulta de leur exécution que, le 4 octobre, les corps de la Grande Armée occupaient les emplacements suivants :

Le 1ᵉʳ corps autour de Lichtenfels, ayant une avant-garde auprès de la cavalerie légère de la réserve de cavalerie, entre Kronach et Steinwiesen avec postes au delà, vers Nordhalben ;

Le 3ᵉ corps, près de Bamberg ;

Le 4ᵉ corps, au nord d'Amberg ;

Le 6ᵉ corps, près de Nuremberg ;

Le 5ᵉ corps, près de Schweinfurth ;

Le 7ᵉ corps, à Würzburg, ainsi que la division Dupont et l'infanterie de la Garde ;

La 1ʳᵉ division de cuirassiers (général Nansouty), à Eltmann ;

La 2ᵉ division de cuirassiers (général d'Hautpoul), à Burgebrach ;

La 3ᵉ division de dragons (général Beaumont), à Hallstadt ;

La 4ᵉ division de dragons (général Sahuc), à Bannach ;

Les deux brigades légères (généraux Lasalle et Milhaud), à Kronach et au delà ;

Les 1ʳᵉ et 2ᵉ divisions de dragons (généraux Grouchy et Klein), non arrivées.

La Grande Armée est donc réunie, le 4 octobre, suivant la forme définitivement adoptée par l'Empereur.

Les rassemblements, largement articulés, et qui, loin de présenter le dispositif primitivement conçu par Napoléon, offrent déjà l'embryon de la marche d'invasion à travers le Franken-Wald en trois colonnes, n'auront qu'une durée éphémère.

§ 20. — Échelonnement des corps d'armée, préparatoire
à la marche d'invasion en Saxe.

Le 3 et le 4 octobre, l'Empereur fera donner des ordres aux
maréchaux pour que les corps d'armée s'échelonnent en cantonnements serrés sur leurs routes de marche.

En procédant ainsi, Napoléon se sera ménagé la possibilité
de faire exécuter de grandes étapes aux colonnes de la Grande
Armée lorsque viendra le moment d'entamer les opérations
et il aura conservé, jusqu'à l'extrême limite, la possibilité de
faire agir ses troupes dans la région du Main au cas où,
contrairement aux prévisions les mieux calculées, le gros des
forces prussiennes déboucherait de la Thuringe avant le 7 ou
le 8 octobre.

Par conséquent, à la phase du rassemblement proprement
dit succédera celle de la préparation de la marche dans le
sens choisi, et cette phase sera suivie du départ des trois
colonnes d'invasion, *ne varietur*.

La phase intermédiaire est indispensable lorsque l'on veut
surprendre l'adversaire par la rapidité des mouvements.

Aussi longtemps que les corps sont rassemblés, l'armée
peut agir dans un sens quelconque.

Dans le cas historique que nous étudions, la Grande Armée
pouvait avoir à lutter, soit contre la Prusse seule, soit contre
la Prusse alliée à la Saxe, soit contre la Prusse alliée à la
Saxe et à l'Autriche.

La seconde hypothèse s'est réalisée.

L'ennemi, ayant l'avance des armements, peut choisir son
théâtre d'opérations et l'imposer à la Grande Armée.

Il faut donc que celle-ci se rassemble tout d'abord en position défensive, prête à faire face de toutes parts.

Mais, les lenteurs de l'état-major prussien offrent à Napoléon la possibilité de mettre en œuvre son premier projet de
manœuvre débordante en Saxe. Alors, il modifie peu à peu

son premier dispositif de rassemblement et le transforme de telle sorte que, le 3 octobre, les corps de la Grande Armée sont prêts à s'engager, deux par deux, sur les trois routes *Baireuth-Hof*, *Kronach-Schleiz*, *Coburg-Saalfeld*, qui les conduiront sur la haute Saale en deux marches.

Le 3 et le 4 octobre, les renseignements sur l'ennemi étant de plus en plus rassurants, Napoléon organise les colonnes, étend les corps d'armée sur leurs routes de marche, bande en quelque sorte l'arc qui doit lancer le trait, puis, le lendemain, 5 octobre, il lance son ordre général de mouvement qui embrasse les journées du 7 et du 8 octobre.

Alea jacta est.

L'invasion de la Saxe par les défilés du Franken-Wald est dès lors entamée, et rien ne pourra détourner l'Empereur de l'exécution de son plan.

Nous allons revenir un peu en arrière pour examiner l'ordre du jour par lequel Napoléon prit, le 3 octobre, le commandement effectif de la Grande Armée.

Ensuite, nous étudierons en détail les dispositions arrêtées par les maréchaux en arrivant sur leurs zones de rassemblement, le 3 octobre et jours suivants jusqu'au 7 octobre.

Enfin, nous terminerons cette partie de notre étude, relative à la réunion de la Grande Armée en 1806, par l'exposé des renseignements sur l'ennemi, qui parvinrent à Napoléon pendant son séjour à Würzburg, renseignements qui le décidèrent à prescrire des dispositions préparatoires à la marche générale d'invasion par les routes désormais célèbres de Coburg à Saalfeld, de Kronach à Schleiz et de Baireuth à Hof.

CHAPITRE IX

PRISE DE COMMANDEMENT DE LA GRANDE ARMÉE
PAR NAPOLÉON, LE 3 OCTOBRE.

––––––––

Ordre du jour.

(Quartier général impérial, Würzburg, 3 octobre 1806.)

« L'Empereur est arrivé au quartier général à Würzburg.

« Sa Majesté a vu avec plaisir l'activité que les différents corps de la Grande Armée ont mise à se porter dans leurs positions (sous-entendu : de rassemblement).

« L'Empereur ordonne les dispositions suivantes :

« Chacun de MM. les maréchaux passera la revue de son corps d'armée et formera un dépôt des hommes convalescents ou fatigués; il nommera un officier pour commander lesdits hommes de son corps d'armée, et il les dirigera pour se rétablir sur les places suivantes :

« Ceux du 1er corps. . . . .⎫
«   —   3e corps. . . . .⎬ à Kronach.
«   —   4e corps. . . . .⎫
«   —   6e corps . . . .⎬ à Forchheim.
«   —   5e corps . . . .⎫
«   —   7e corps . . . .⎬ à Würzburg.
«   —   de la division Dupont.⎭

« Tous les petits dépôts de cavalerie, c'est-à-dire ce qui est
« éclopé et ne peut pas suivre, seront cantonnés aux environs
« de Forchheim pour être renfermés dans cette place s'il y
« avait lieu. Le grand-duc de Berg (Murat) nommera un
« général pour les commander. »

La phrase du début est d'allure noble comme il convient de
la part d'un souverain venant prendre le commandement de
son armée.

Pourquoi faut-il que l'Empereur entre ensuite dans des
détails au-dessous de lui?

En supposant que chacun fût prêt à faire son devoir en tout
et pour tout, ne suffisait-il pas de dire :

« Chacun de MM. les maréchaux formera sous les ordres
« d'un officier un dépôt des hommes hors d'état de marcher.

« Les dépôts seront à, etc..... »

En ce qui concerne la cavalerie, mêmes observations.

L'idée de réunir les dépôts des divisions de la réserve
à Forchheim était excellente, car cette place étant moins
rapprochée que les deux autres des frontières ennemies, les
chevaux malades pouvaient être répartis, sans danger, aux
environs de la place.

« Une fois l'armée en mouvement, tout ce qui arrivera de
« France ou des dépôts de Bavière rejoindra directement dans
« l'une des trois places où seront les petits dépôts de conva-
« lescents de leurs corps, et il est expressément défendu
« qu'aucun homme ne parte de ces places sans un ordre du
« major général, qui tracera et indiquera la route qu'on devra
« tenir. On en formera des détachements qui seront com-
« mandés par des officiers et des sous-officiers. »

L'Empereur étant son propre directeur des étapes, et l'on
peut dire aussi son propre major général, il est logique qu'il
ait donné des instructions pour la formation des détachements
de renfort; mais nous ne saurions admirer l'ingérence de
Napoléon dans les détails les plus infimes de son armée.

Son cerveau a pu suffire à tout pendant un temps. Ce n'est pas une raison pour admettre, avec quelques écrivains aveuglés par leur admiration sans bornes pour Napoléon, qu'un commandant d'armée n'a que faire d'un directeur des étapes.

Pour notre part, si nous nous inclinons humblement devant les conceptions napoléoniennes, aussi bien dans l'ordre stratégique et tactique que dans l'ordre administratif, nous faisons nos réserves quant aux procédés d'application.

« Sa Majesté ordonne que tous les bagages qui ne sont pas
« de la plus stricte nécessité, tant des états-majors que des
« corps d'infanterie et de cavalerie ; que les femmes et toute
« espèce d'embarras soient dirigés sur les places désignées
« pour les petits dépôts des corps, de manière que l'armée
« soit mobile, légère et ait le moins d'embarras possible. »

Quand il lança, le 20 septembre, son premier ordre de réunion, l'Empereur ignorait si la Prusse ne désarmerait pas, comme elle l'avait fait à la fin de 1805. On conçoit dès lors qu'il n'ait pas prescrit, dès ce moment, de renvoyer en Bavière ou en France les gros bagages et, en général, les *impedimenta* inutiles.

Mais, puisque chaque commandant de corps d'armée savait, le 3 octobre, comment devaient être constitués les équipages, ambulances et parcs, pourquoi ne s'être pas borné à dire :

« On dirigera sur les places de dépôt tout ce qui excède
« les fixations réglementaires en matière de chevaux et
« d'équipages. »

Il semble que Napoléon ait cru nécessaire de bien spécifier, comme s'il s'adressait à des hommes peu intelligents ou enclins à la désobéissance.

« A mesure que nous avancerons dans le pays ennemi, on
« désignera à l'ordre de l'armée les nouvelles places fortes
« qui serviront de dépôt, et l'état-major général donnera
« l'ordre quand les dépôts de 1re ligne, qui sont les trois

« ci-dessus désignés, devront partir pour ceux de la nouvelle
« ligne.

« Les généraux et commandants des corps observeront que
« les dépôts étant dans les places fortes, ce qu'ils y laissent ne
« court jamais aucune chance. »

La citation qui précède est extrêmement importante. Elle
résume le système de protection des services de l'arrière aux
armées du premier Empire.

L'absence de nombreuses troupes d'étapes, la multiplicité
des petites places dans l'intérieur de l'Allemagne, enfin le
souvenir récent des procédés de guerre du XVIIIe siècle,
basés sur le système des magasins échelonnés à cinq ou six
jours de marche les uns des autres, toutes ces causes réunies
firent admettre par Napoléon une organisation des derrières
de son armée reposant sur des places échelonnées à cinq ou
six jours de marche.

Mais entre les places-magasins de la guerre de Sept Ans et
les places-dépôts de la Grande Armée, il n'y a pas de comparaison possible.

Les places-magasins furent chargées d'alimenter les convois
de ravitaillement sur lesquels vécurent les armées de
Louis XV, tandis que les places-dépôts de 1806 ne durent
remplir qu'accidentellement le rôle de magasins, et seulement
dans le cas où l'armée sur la défensive serait appelée à
manœuvrer et à combattre dans leur voisinage.

Le rôle essentiel des places-dépôts organisées par Napoléon
était autre. Il consistait à mettre à l'abri d'un coup de main
les malades, les blessés, les ateliers de réparations et de
fabrication, les munitions, les vivres de réserve, enfin les
divers services de l'arrière sans lesquels une armée ne peut
poursuivre longtemps ses opérations.

Aujourd'hui, sans méconnaître l'utilité de certaines places
pouvant servir de dépôts et de magasins temporaires, leur
rôle, comme points d'appui des services de l'arrière, est bien
diminué, grâce à l'emploi, en grand, des troupes d'étapes,

grâce, aussi et surtout, aux chemins de fer et aux télégraphes.

Déjà, en 1870-1871, les armées allemandes ont eu recours, pour garder leurs communications, à des formations de la landwehr, équivalant à plusieurs corps d'armée.

Les troupes allemandes d'étapes ont gardé, durant cette guerre, outre les chemins de fer, les routes doublant ceux-ci comme lignes de protection et de décharge pour le matériel encombrant, les détachements d'hommes valides, etc...., et la protection des doubles communications de fer et de terre a été étendue au loin, en recourant au système des colonnes mobiles « rayonnant autour d'un point fixe » suivant l'expression de Napoléon.

De plus, l'organisation puissante des troupes d'étapes a permis aux Allemands de mettre en quelque sorte les régions envahies en coupe réglée, sous le rapport des réquisitions de toute nature venant affluer en des centres importants pour y constituer des magasins de réserve.

« Les registres des régiments, les papiers, les magasins, « tout autre objet de cette nature, et enfin tout ce que le « soldat ne porte pas dans son sac et l'officier dans son porte- « manteau, doit rester dans ces dépôts. »

Un général d'armée doit pouvoir embrasser aussi bien les détails que l'ensemble, et rien dans son armée ne saurait lui être étranger ; mais ne dirait-on pas que Napoléon met une certaine coquetterie à montrer qu'il connaît tout et que rien ne lui échappe ?

A quoi bon détailler les objets que traînent à leur suite les corps de troupe en déplacement ordinaire quand il vient d'être dit que tous les bagages inutiles en campagne seront versés dans les dépôts ?

Les paragraphes de l'ordre du jour impérial du 3 octobre se suivent sans méthode. Ainsi, après le paragraphe que nous allons transcrire, sur la répartition des convalescents dans les trois places de dépôt, en viendra un autre où il sera question encore des *impedimenta* sous forme d'armes appartenant aux hommes hospitalisés.

« Il est ordonné aux commandants des places et dépôts de « Würzburg, Forchheim et Kronach, de désigner autant de « dépôts séparés qu'il y a de corps d'armée dont les conva- « lescents sont dans leur place. »

L'ordre ayant été donné aux maréchaux de former un dépôt de malingres sous les ordres d'un officier, il suffisait d'un mot pour indiquer que ces dépôts ne seraient pas fusionnés en un seul dans chacune des trois places désignées.

Le paragraphe que nous analysons était donc inutile dans la forme qu'il revêt, mais la prescription en elle-même était très judicieuse, car il n'est pas bon de mélanger les hommes de corps d'armée différents.

« Il y a des corps qui traînent à leur suite des armes pro- « venant des hommes aux hôpitaux : il leur est ordonné de « les laisser dans leurs dépôts de campagne. »

Nous avons fait plus haut le procès des prescriptions détaillées lorsqu'elles émanent du chef suprême. Nous n'y reviendrons pas.

L'Empereur entend par *dépôts de campagne* les dépôts constitués dans les places choisies au début des opérations comme magasins et points d'appui. Le terme de *petit dépôt* avait la même signification.

Lorsque le 1er corps de l'armée du Rhin quitta Strasbourg, tout au commencement du mois d'août 1870, son chef donna l'ordre que chaque régiment formât un petit dépôt à Strasbourg.

Cette mesure était-elle raisonnée ?

Faisait-elle partie d'un ensemble ?

Non, évidemment.

On formait des petits dépôts à Strasbourg comme on en

vait formé, en 1854, à Varna, en 1859, à Alexandrie et à Gênes, par tradition fonctionnelle.

La forme survit longtemps à l'idée.

Les paragraphes de l'ordre du jour impérial du 3 octobre qui suivent sont consacrés uniquement à des détails qui ressortissent normalement aux colonels, non aux généraux et, *fortiori*, au commandant en chef ; nous perdrions notre temps à les transcrire.

Ces ordres minutieux révèlent un état d'esprit très dangereux, aussi bien chez les troupes et les états-majors que chez l'Empereur.

Le sentiment du devoir et l'honneur professionnel auraient dû dispenser l'Empereur d'intervenir dans des mesures qui ne concernaient que les corps de troupe ; et s'il l'a fait, c'est qu'il n'avait qu'une confiance très modérée en ses colonels et généralement en tous ceux qui occupaient des grades dans la Grande Armée.

Il faut absolument que la confiance remplace la défiance dans les rapports de chefs à subordonnés.

Pour arriver à ce résultat, une forte éducation à tous les degrés, est indispensable.

CHAPITRE X

EXÉCUTION DES MARCHES DE RASSEMBLEMENT PAR LES CORPS DE LA GRANDE ARMÉE.

Après avoir exposé, en les discutant, les projets et les dispositions de l'Empereur, ayant pour but d'assurer la réunion de la Grande Armée dans la région de Bamberg, il nous reste à montrer comment les maréchaux interprétèrent les ordres pour le rassemblement, quelle en fut l'exécution et, par suite, dans quelle mesure on retrouve chez eux cette unité de pensée, de doctrine, ou de méthode, qui, seule, assure le fonctionnement harmonique de corps autonomes agissant pour le compte de l'armée, à la façon des membres d'un seul et même organisme qui opèrent, tantôt sur un ordre du cerveau, tantôt en vertu de réflexes propres.

Nous passerons ainsi en revue les divisions et corps d'armée en allant de la gauche à la droite.

§ 1er. — Division Dupont.

A son arrivée à Würzburg, le 1er octobre, le général Dupont reçut l'ordre de cantonner sa division, le lendemain, sur la route principale de Fulda qui longe la rive droite du Main, tout en conservant un bataillon dans la citadelle de Würzburg.

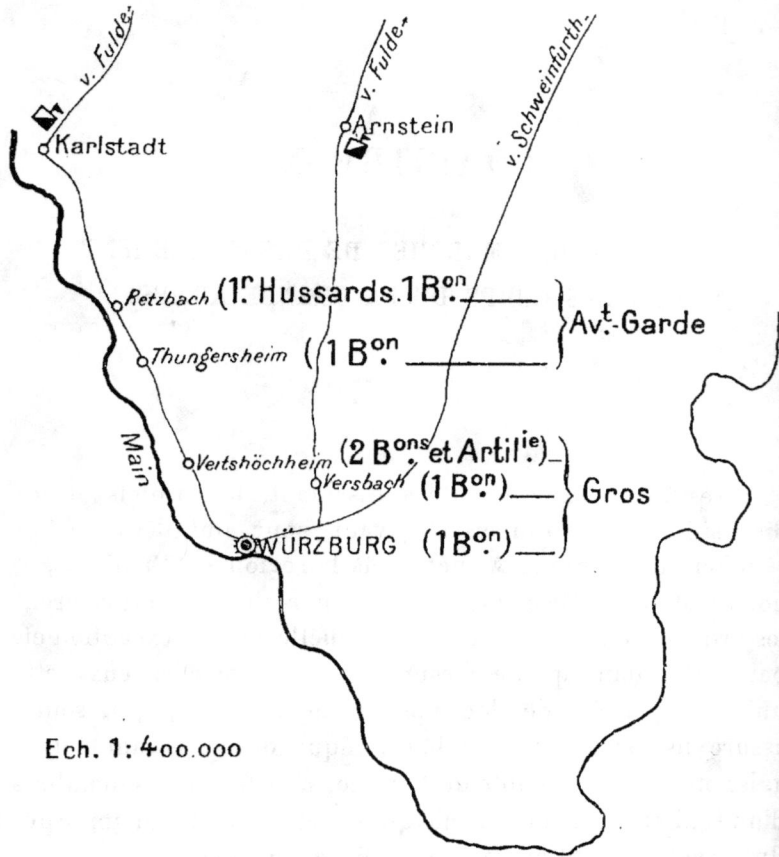

Ech. 1: 400.000

De Veitshöchheim à Würzburg........................ 6 kil.
De Versbach à Würzburg........................ 5
De Veitshöchheim à Thungersheim...... 6
De Thungersheim à Retzbach........................ 4
De Retzbach à Karlstadt........................ 10
De Retzbach à Arnstein........................ 18

Profondeur des cantonnements du gros................ 6 kil.
Distance d'avant-garde........................ 6
Profondeur des cantonnements de l'avant-garde........ 4
Éloignement des postes avancés au delà de l'avant-garde
   (en moyenne)........................ 14

Un ordre de la division, en date du 2 octobre, rectifia les
mplacements de la veille et les fixa comme il suit :

Le 1er hussards à Retzbach, ayant un poste d'observation à
arlstadt et un autre à Arnstein, sur les deux routes de Fulda ;

Le 9e d'infanterie légère : un bataillon à Retzbach, comme
epli de cavalerie, l'autre à Thungersheim ;

Le 32e de ligne à Veitshöchheim ;

Le 96e de ligne : un bataillon dans la citadelle de Würzburg,
autre à Versbach ;

L'artillerie à Veitshöchheim.

« Tous les cantonnements auront des postes de surveillance
et se garderont militairement. »

En résumé, Würzburg est éclairée à 24 kilomètres sur les
eux routes de Fulda, l'une par Karlstadt, l'autre par Arns-
ein, et la profondeur des cantonnements, sur la première de
es routes, est de 16 kilomètres en y comprenant les canton-
ements de l'avant-garde et la distance entre celle-ci et la
ête du gros.

L'avant-garde est tout entière sur la route principale de
ulda, éclairant par des piquets de cavalerie les deux direc-
ons dangereuses.

Un bataillon, logé avec le régiment de cavalerie, procure
celui-ci le repos nocturne dont il a besoin pour les soins à
onner aux chevaux.

Le gros, cantonné sur une surface triangulaire de 6 kilo-
ètres environ de côté, est en mesure de se porter, aussi bien
ers Karlstadt que vers Arnstein, et il a un bataillon, à
ersbach, pour commander le débouché des bois au sud
'Arnstein.

Les dispositions de la division Dupont, que nous venons
'indiquer, furent prises à la suite de l'ordre suivant du
ajor général, en date du 2 octobre :

« Il faut, Général, que vous laissiez un bataillon à la citadelle de Würzburg, que le reste de votre division soit

« cantonné sur la route de Fulda et que vos avant-postes
« soient établis militairement. Je pense que vous devez
« faire relever un petit poste d'observation que le maréchal
« Lefebvre a mis, sur la route de Fulda, au débouché qui
« conduit à Hamelburg.

« Je vous préviens que nous ne sommes pas en guerre et
« que vos avant-postes ne doivent point dépasser le pays de
« Würzburg. »

Supposons que cet ordre soit donné comme thème à un
officier de l'École supérieure de guerre, pense-t-on qu'il présenterait une solution très différente de celle qui fut adoptée
par le général Dupont ?

Nous ne le croyons pas.

Quant à nous, voici la répartition que nous ferions, dans
la circonstance, avec une division constituée comme aujour-
d'hui.

AVANT-GARDE.

Régiment de cavalerie ayant des postes à Essleben, Arnstein et Karlstadt ....
- De jour, à Retzbach.
- De nuit, à Thungersheim.

Régiment d'infanterie d'avant-garde...................
- 1 bataillon à Retzbach,
- 1 bataillon à Retzstadt, détachant 1 compagnie à Sobsthal.
- 1 bataillon à Thungersheim (état-major).

GROS.

Artillerie d'avant-garde (1 batterie), à Thungersheim.
Quartier général, à Würzburg.

2e régiment d'infanterie.......
- 2 bataillons à Veitshöchheim (état-major).
- 1 bataillon à Gundheim.

Artillerie (2 batteries), à Veitshöchheim.
Artillerie (3 batteries), à Würzburg.

3e régiment d'infanterie.......
- 1 bataillon à Ober-Durrbach.
- 1 bataillon à Unter-Durrbach.
- 1 bataillon à Würzburg (état-major).

4e régiment d'infanterie.......
- 2 bataillons à Versbach (état-major).
- 1 bataillon à Rimpar.

Génie, à Würzburg.
Train de combat, à Würzburg.
Ambulance, à Würzburg.
Train régimentaire, auprès des troupes.

La division Dupont partit, le 4 octobre, pour Bamberg
d'après un ordre du major général, en date du 3 octobre, lui
prescrivant d'exécuter ce déplacement en trois jours, mais en
lui laissant le choix des gîtes.

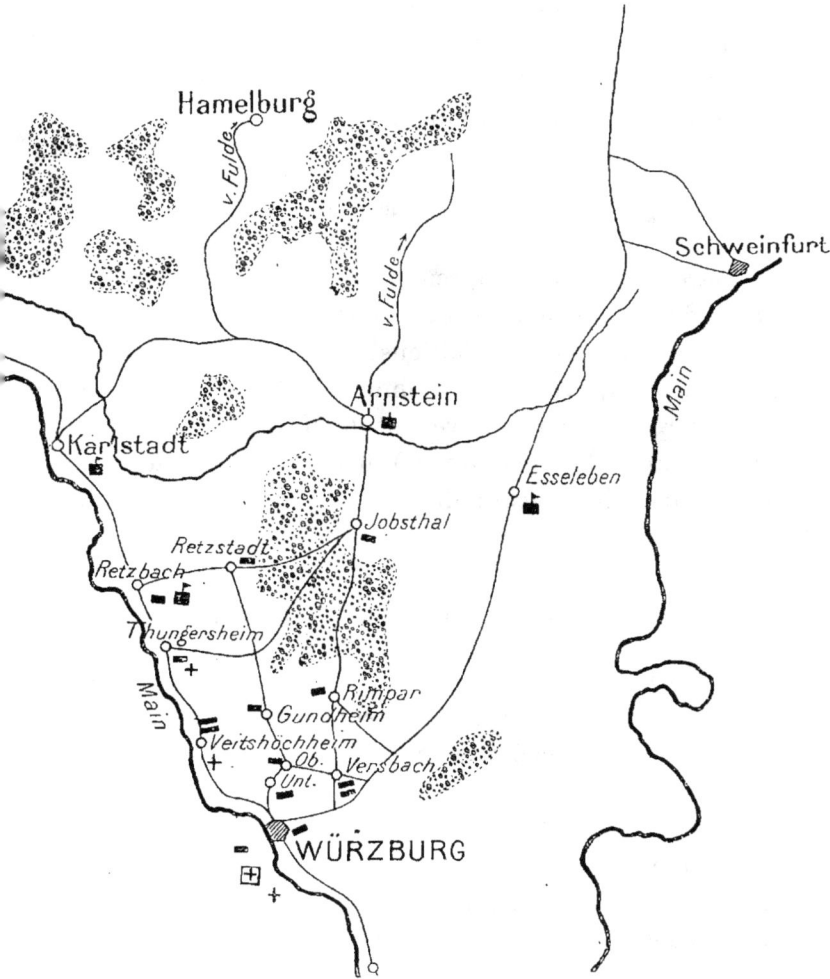

Ech. 1:400.000

Le général Dupont rendit compte, le 4 octobre, que ses gîtes seraient :

Le 4, à Dettelbach. Distance : 32 kilomètres.

Le 5, à Burgwindheim. Distance : 34 kilomètres.

Le 6, à Bamberg. Distance : 30 kilomètres.

La division Dupont fut destinée à remplacer, au 1ᵉʳ corps, la division bavaroise dont le commandement répugnait tant au maréchal Bernadotte (lettre de l'Empereur au maréchal Bernadotte, datée de Würzburg, le 5 octobre).

§ 2. — Garde à pied.

La Garde à pied, comprenant une brigade de chasseurs (4 bataillons), une brigade de grenadiers (4 bataillons), une brigade de dragons (4 bataillons), deux compagnies d'artillerie et une compagnie de pontonniers de la ligne, était arrivée à Würzburg, le 2 octobre, venant de Mayence.

Elle séjourna, le 3 octobre, à Würzburg et commença, le 4, à rompre dans la direction de Bamberg où elle arriva le 6 et le 7 octobre.

§ 3. — Cinquième corps.

Le 5ᵉ corps prit, le 3 octobre, des cantonnements serrés autour de Schweinfurth, pour se conformer à la prescription suivante du major général en date du 2 octobre, 11 heures du soir :

« L'intention de l'Empereur, Monsieur le Maréchal, est que « vos troupes ne baraquent ni ne bivouaquent ; vous devez les « cantonner aux environs de Schweinfurth, mais de manière à « pouvoir les réunir en trois ou quatre heures *sur la position* « *que vous aurez choisie.* »

Aux termes du rapport du général Lefebvre, daté du 3 octobre :

« Il (le 5ᵉ corps) occupe une ligne qui prend par la gauche

« à Berg-Rheinfeld, passe par Eggenhausen, Gressthal, Sulz-
« tahl, Eltingshausen, Rottershausen, Lauringen, Steinach, et
« va aboutir, à droite, à Gadheim.

« La cavalerie occupe en arrière de Schweinfurth, sur la
« rive gauche du Main, les villages de Grafen-Rheinfeld,
« Röthlein, Schwebleim et Weyer. »

Les cantonnements qui permettaient au 5e corps de se concentrer en trois heures sur la position d'alarme choisie et sans
doute préparée face aux débouchés de Fulda étaient compris,
la cavalerie exceptée, dans un rectangle qui mesure environ
28 kilomètres de largeur sur 14 kilomètres de hauteur.

En supposant que la position d'alarme fût située à 8 kilomètres environ au nord de Schweinfurth, les troupes les plus
éloignées avaient à parcourir, pour s'y rendre, 15 kilomètres.

La cavalerie était cantonnée sur la rive gauche du Main, où
la vallée est plus découverte que sur la rive droite et plus
riche en fourrages.

Cette cavalerie, qui avait des postes à Kœnigshofen et environs, ainsi qu'à Neustadt et environs, était à l'aise pour bien
soigner ses chevaux.

Elle occupait quatre gros villages dans la boucle du
Main.

La limite du territoire des cantonnements de rassemblement
du 5e corps, en couverture, est marquée par des routes ou
par des chemins reliant entre eux les villages formant la cein-
ture de la zone occupée.

Cette disposition est heureuse parce qu'elle détermine d'une
façon précise le périmètre que l'on ne doit pas franchir.

Les documents de l'époque qui sont arrivés jusqu'à nous
sont muets sur le service de sûreté des cantonnements de
rassemblement, en couverture, du 5e corps, mais un rapport
du général Savary, aide de camp de l'Empereur, daté de
Münnerstadt, le 4 octobre au matin, contient, sous forme de
post-scriptum, le renseignement suivant :

« Il y a à Münnerstadt 3 compagnies de la 21e légère (régi-

« ment d'infanterie légère) et 25 chevaux que leur comman-
« dant envoie, sur-le-champ, à Neustadt. »

On peut conclure, de là, qu'il y avait de l'infanterie légère
à Kœnigshofen et à Hamelburg et que cette infanterie était
éclairée elle-même par des piquets de cavalerie.

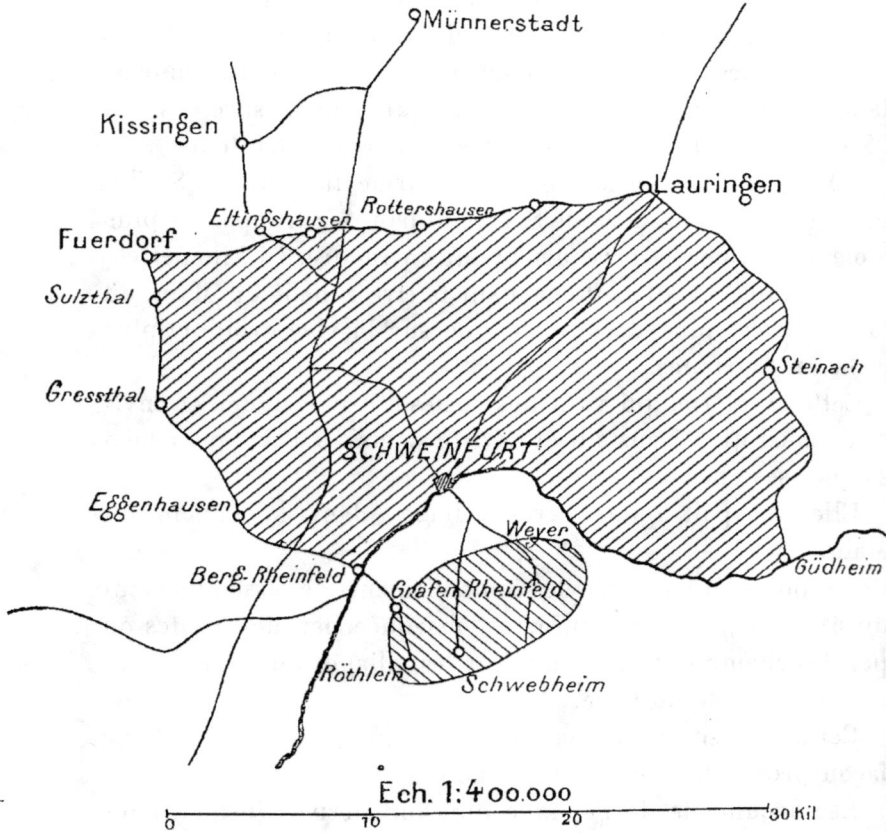

Ech. 1:400.000

D'ailleurs, un rapport du général Suchet (1re division du
5e corps), daté de Kœnigshofen, 3 octobre, ne laisse aucun
doute à cet égard.

De Münnerstadt à Rottershausen, le village compris dans

les cantonnements du 5ᵉ corps le plus proche, il y a 12 kilomètres.

De Münnerstadt à Neustadt, on compte 10 kilomètres.

De Kœnigshofen à Lauringen, limite des cantonnements du 5ᵉ corps au nord-est, la distance est de 16 kilomètres.

De Hamelburg à Gressthal, village de la zone des cantonnements le moins éloigné, il y a 12 kilomètres.

On peut donc dire, d'une façon générale, que les avant-postes d'infanterie, consistant en groupes de plusieurs compagnies réunis sur les trois principaux débouchés conduisant à Schweinfurth, sont à 12 ou 14 kilomètres environ de la ligne de tête des cantonnements du 5ᵉ corps et que des piquets de cavalerie, forts de 25 chevaux chacun, couvrent les avant-postes d'infanterie à 10 ou 12 kilomètres.

Nous avons dit que la profondeur de la zone de cantonnements du 5ᵉ corps était de 14 kilomètres.

La distance d'avant-postes d'infanterie était donc égale à cette profondeur, et la cavalerie de sûreté occupait les débouchés à même distance au delà.

D'où il résulte que :

La zone de stationnement du 5ᵉ corps est éclairée par la cavalerie à une distance double de la profondeur des cantonnements et cette zone est protégée par de forts postes d'infanterie à une distance égale à cette profondeur, mais sur les grandes avenues seulement, les avant-postes n'étant reliés entre eux que par un service de patrouilles.

Enfin, il résulte du passage suivant contenu dans le rapport précité du général Suchet (3 octobre), que les vedettes de la cavalerie d'avant-postes du 5ᵉ corps poussaient jusqu'à portée de pistolet des vedettes ennemies.

« Les Prussiens ont peur d'être attaqués et se gardent mal ;
« ils ne font pas garder leurs avant-postes à six lieues. Pour
« être tranquille, il faut pousser jusqu'à portée de pistolet
« (des vedettes ennemies). »

Si l'on tient compte d'une certaine exagération dans l'estimation de la distance, on voit que les postes de cavalerie, à 12 ou 14 kilomètres des postes d'infanterie, poussaient leurs vedettes, à quelques kilomètres au delà, jusqu'au contact des vedettes ennemies.

On peut tirer une conclusion de ce qui précède.

Évidemment, le maréchal Lefebvre avait une grande habitude de la guerre et il était secondé par des généraux habiles.

Les dispositions de stationnement gardé ont donc été prises après mûre réflexion.

Sans vouloir offrir ces dispositions comme un modèle à suivre étroitement, nous pensons qu'elles répondent assez bien à une situation du même genre qui pourrait se représenter à l'avenir.

Nous dirons donc :

La zone de cantonnements de rassemblement d'un corps d'armée, surtout s'il est en couverture, doit être protégée, dans toutes les directions dangereuses, par des postes d'infanterie établis à une distance égale à la profondeur (ou largeur) du stationnement et couverte, sur les mêmes directions, par des postes de cavalerie poussés à une distance égale au delà des postes d'infanterie.

§ 4. — Septième corps.

Le 2 octobre, le maréchal Augereau, au moment où il allait quitter Francfort, fit prendre les devants à son premier aide de camp (chef de cabinet), le colonel Sicard, et lui remit une lettre pour le major général où il était dit :

« L'objet essentiel est de savoir quelle position je dois faire « occuper par mon corps d'armée.

« M. le colonel Sicard a toute ma confiance..... Votre « Altesse peut, sans réserve, lui dire tout ce qu'elle me dirait « elle-même.

« Cet officier vous fera connaître les dispositions que j'ai

« faites, d'après les ordres de l'Empereur et ceux de Votre « Altesse. »

Ainsi que nous l'avons déjà montré, la 1re division du 7e corps d'armée dépassa Würzburg, le 4 octobre, et cantonna dans les villages situés sur la route de Bamberg entre Würzburg et Dettelbach (exclus), tandis que le même jour, la 2e division atteignait Esselbach, à 34 kilomètres à l'ouest de Würzburg.

En arrivant dans cette ville, le maréchal Augereau reçut du major général l'ordre suivant :

Würzburg, 4 octobre 1806.

« L'intention de l'Empereur, Monsieur le Maréchal, est que « vous fassiez cantonner votre corps d'armée aux environs de « Würzburg, *sur la route de Bamberg ;* vous laisserez un « bataillon dans la citadelle et aux environs; vous placerez un « parti de cavalerie sur la route de Fulda.

« Je vous préviens que le maréchal Lefebvre se trouve en « position en avant (au nord) de Schweinfurth.

« Faites-moi connaître ce soir vos cantonnements. Assurez-« vous si le maréchal Lefebvre a un poste de cavalerie au « débouché de Hamelburg; écrivez-lui qu'il vous prévienne « si ce poste apprenait quelque chose de l'ennemi. »

En prescrivant au maréchal Augereau de faire cantonner son corps d'armée aux environs de Würzburg, *sur la route de Bamberg*, Napoléon voulait que le 7e corps fût prêt à continuer sa marche sur Bamberg sans imposer aux troupes de grandes fatigues.

Un corps d'armée qui cantonne en profondeur dans les localités situées sur une route ou à proximité, peut exécuter des marches plus longues que s'il était étroitement concentré.

Supposons, en effet, qu'un corps d'armée ayant une distance d'écoulement de 16 kilomètres, comme c'était le cas pour les corps de la Grande Armée, ait été cantonné le long de sa route, sur une profondeur de 12 kilomètres.

La tête partant, par exemple, le lendemain matin à
6 heures, la queue se mettait en mouvement à 7 heures.

Cette queue pouvait donc marcher depuis 7 heures du matin
jusqu'à la nuit, s'il le fallait, parcourant ainsi 48 kilomètres
en douze heures. Sans demander aux hommes des efforts aussi
grands, le corps d'armée pouvait, dans tous les cas, exécuter
très facilement une étape de 10 lieues (40 kilomètres).

Si, au contraire, le corps d'armée eût été formé en pelote,
le dévidement exigeait quatre heures et la queue ne partait
qu'à 10 heures, en admettant que la tête se fût mise en route
à 6 heures du matin.

Pour une étape de 40 kilomètres, la queue ne pouvait
arriver au gîte, dans ces nouvelles conditions, qu'à 8 heures
du soir, peut-être même à 9 heures, en comptant une grand'-
halte d'une heure.

La précaution que prend Napoléon de prescrire l'échelonnement des cantonnements du 7e corps sur la route de marche,
quand il est à la veille de donner ses ordres pour l'ouverture
des opérations, est très judicieuse.

D'ailleurs, la précaution était inutile. Le maréchal Augereau, ainsi que tous les maréchaux de l'époque, ne concevait
pas les cantonnements de marche autrement qu'échelonnés
le long de la route.

Cette tradition s'est perdue dans notre armée après 1815,
et nous n'avons pu en rattacher le fil que grâce à l'examen
attentif des ordres de Napoléon en 1806.

Le 4 octobre, dans la soirée, le maréchal Augereau reçut
un nouvel ordre du major général lui enjoignant de continuer
sa marche, le 5 octobre, pour être rendu le 7 à Bamberg.

Il est probable que cet ordre ne put recevoir son exécution
ponctuelle à cause de l'éloignement de la 2e division, à Esselbach. Le maréchal Augereau dut aller trouver le major
général, ou bien l'Empereur, afin d'obtenir de ne mettre son
corps d'armée en mouvement, en un seul bloc, des environs
de Würzburg sur Bamberg, que le 6 octobre.

On trouve, en effet, dans la correspondance du major général un ordre, en date du 7 octobre, à l'adresse du maréchal Augereau, lui prescrivant de traverser la ville de Bamberg, le 8 octobre, dans la matinée, pour se diriger de là sur Coburg par Hallstadt et Oberndorf où était établi un pont de bateaux sur le Main.

En fait, le 7e corps, parti de Francfort, le 2 octobre, a été en quelque sorte le guide de gauche, sur lequel Napoléon a réglé les dispositions et mouvements préparatoires des autres corps avant de mettre franchement toute son armée en marche dans la direction de Dresde.

Le 7e corps n'a pour ainsi dire pas cessé de marcher depuis le 2 octobre, jour de son départ de Francfort, jusqu'au moment où la Grande Armée a débouché en Saxe.

Nous verrons, plus tard, le 5e corps s'allonger sur la route de Schweinfurth à Hassfurt, le 5 octobre, entamer la marche, le 6, et occuper Coburg le 8, pendant que le 7e corps viendra le rejoindre ce jour-là en passant par Bamberg.

§ 5. — Premier corps d'armée.

(*Voir carte n° 3.*)

Le 1er corps d'armée ne reçut pas, comme le 6e corps, l'ordre direct de l'Empereur (daté de Saint-Cloud, le 19 septembre) de se réunir préalablement en un point de ses quartiers.

L'ordre de rassemblement parvint au maréchal Bernadotte, à Anspach, le 28 septembre.

Cet ordre portait que le 1er corps devait être réuni à Bamberg le 3 octobre.

Nous avons déjà dit que Napoléon avait commis un *lapsus calami* en indiquant Bamberg et que son intention était que le point de réunion du 1er corps fût Nuremberg.

Dans ces conditions, rien né pressait ; il suffisait que le 1er corps fût rassemblé, par division, le 30 septembre ou le

1er octobre autour de Fürth et d'Anspach, car il n'y a que deux marches de Fürth à Bamberg.

Mais, ainsi que nous le verrons un peu plus loin, le maréchal Davout devant, lui aussi, se trouver réuni le 3 octobre à Bamberg, et le maréchal Bernadotte n'ayant reçu, suivant les errements d'alors, que les prescriptions le concernant, celui-ci fut tout surpris de voir déboucher sur Schwabach, le 28 septembre, la division d'avant-garde (1re) du 3e corps, venant de Gnosheim.

Le maréchal Bernadotte activa alors la mise en mouvement de ses troupes et put les échelonner, le 29 septembre, entre Forchheim et Fürth, non sans avoir fait perdre au 3e corps toute la journée du 29.

Le 1er corps arriva le 1er octobre à Bamberg, et son chef se disposait à lui faire prendre des cantonnements autour de cette ville lorsqu'il reçut du major général l'expédition de l'ordre contenu dans la lettre impériale du 29 septembre au matin, datée de Mayence, où il était dit que le 1er corps devait se mettre en marche sur Kronach, etc..... (voir la discussion de cette lettre, page 114).

Sans perdre de temps, le maréchal Bernadotte donna des ordres pour que la brigade Werlé, formant l'avant-garde, poursuivît sa route jusqu'à Staffelstein et que le reste de la division Drouet allât cantonner sur la route de Kronach entre Ebensfeld et Bamberg, tandis que la division Rivaud s'installerait dans cette dernière localité. Le 2 et le 3, la marche continua sur Kronach.

Le tableau suivant fait ressortir le détail des marches de rassemblement effectuées par le 1er corps pour se porter de ses quartiers de Fürth, de Nuremberg, d'Heilbronn, de Schwabach et d'Anspach à la position d'avant-garde de l'armée qui lui fut assignée par ordre impérial du 29 septembre (daté de Mayence), ordre expédié par le major général le 30 (de Würzburg) et reçu par le maréchal Bernadotte, le 1er octobre dans la matinée, à Bamberg.

Marches de rassemblement du 1er corps (maréchal Bernadotte), du 28 septembre au 3 octobre, inclus.

DATES.	EMPLACEMENTS APRÈS LA MARCHE			GENRE de stationnement.	PROFONDEUR du stationnement.	ÉTAPES PARCOURUES		OBSERVATIONS.
	AVANT-GARDE.	TÊTE.	QUEUE.			par la tête.	par la queue.	
28 septembre	Bruck.	Furth.	Heilbronn.	Cantonnements de marche.	24 kilom.	»	»	L'avant-garde et la distance d'avant-garde ne sont pas comprises dans les profondeurs des stationnements. L'avant-garde était constituée par la brigade Werlé (27e léger). Les distances d'avant-garde furent : Le 28 sept., de 10 kilom. Le 29, de 9 kilom. Le 30, de 10 kilom. Le 1er oct., de 6 kilom. Le 2, de 16 kilom. Le 3, de 12 kilom., à compter de la queue de la brigade d'avant-garde à la tête du gros.
29	Forchheim.	Baiersdorf.	Furth.	Id.	22 kilom.	22	21	
30	Bamberg.	Hirschaid.	Forchheim.	Id.	12 kilom.	20	30	
1er octobre	Staffelstein.	Ebensfeld.	Bamberg.	Id.	20 kilom.	32	21	
2	Kronach.	Hochstedt.	Staffelstein.	Id.	15 kilom.	20	25	
3	Échelonné depuis Steinwiesen jusqu'à Kronach.	Redwitz.	Lichtenfels.	Id.	14 kilom.	6	7	
4	Séjour							
5	Séjour							
6	Séjour							

A dater du 3 octobre, la brigade Werlé (division Drouet) resta échelonnée entre Steinwiesen et Kronach, comme avant-garde chargée de fournir les avant-postes d'infanterie, et le gros du corps d'armée fut cantonné depuis Redwitz jusqu'à Lichtenfels, sur une profondeur de 14 kilomètres environ, dans tous les villages bordant la route.

« Je me trouverai en échelons depuis Lichtenfels jusqu'à « Steinwiesen », écrivait le maréchal Bernadotte, le 3 octobre, au major général.

La cavalerie du 1er corps occupa des cantonnements en tête du gros, tandis que la brigade Lasalle était à Kronach et la brigade Milhaud à Langenstadt.

Donc, au 1er corps, la cavalerie légère cantonna en arrière de l'avant-garde, entre celle-ci et la tête du gros, et détacha des piquets aux avant-postes d'infanterie pour les couvrir sur les principaux débouchés conduisant à la frontière.

Cette disposition était indiquée par la nature montagneuse et boisée du pays.

En résumé, le 3 octobre, le 1er corps, échelonné sur la route de Bamberg à Schleiz, depuis Steinwiesen jusqu'à Lichtenfels, forme bien l'avant-garde de la Grande Armée en vue de la marche que Napoléon projette à travers le Franken-Wald.

En effet, ce jour-là, la cavalerie du 4e corps atteint Thumbach et le 5e corps n'a pas encore quitté Schweinfurth. Quant aux autres corps, ils sont plus en arrière.

La Grande Armée possède en ce moment deux avant-gardes.

L'une, formée par le 5e corps, est en position, ou en mesure de s'y mettre promptement, au nord de Schweinfurth.

L'autre, que constitue le 1er corps, est échelonnée sur la route centrale du Franken-Wald, sa queue à 36 kilomètres de Bamberg, point de réunion de la Garde et du 3e corps.

La première est défensive ; la seconde est offensive.

Le 5e corps n'est pas disposé pour marcher dans un sens

déterminé, alors que le 1er corps au contraire s'est échelonné en vue d'un bond à exécuter vers la Saxe.

§ 6. — Troisième corps d'armée.

(*Voir carte n° 4.*)

Dans sa lettre du 19 septembre au major général, l'Empereur disait :

« J'ai fait donner l'ordre au maréchal Davout de réunir « tout son corps d'armée à Œttingen. »

Le chef du 3e corps, alors en permission à Paris, expédia un courrier, le 19 septembre, au général Friant, commandant par intérim le corps d'armée et résidant au quartier général d'Œttingen ; il eut, en outre, la précaution, en indiquant au courrier la route par Mannheim, Heilbronn, Œhringen et Hall, de lui remettre des duplicata de l'ordre de rassemblement préalable pour le général Gudin (3e division), à Œhringen, et le général Kister (commandant par intérim la 2e division), à Hall.

Grâce à cette mesure de prévoyance, les 3e et 2e divisions, les plus éloignées de la zone du rassemblement préalable du 3e corps, purent commencer leurs mouvements préparatoires dès le 23 septembre.

L'ordre du maréchal Davout contenait les prescriptions suivantes :

« Le corps d'armée doit être réuni, le 26 ou le 27 du cou-« rant, entre Wassertrudingen et Nœrdlingen.

« La 1re division (général Morand) sera stationnée entre « Œttingen et Wassertrudingen ; les 2e et 3e entre Œttingen et « Nœrdlingen ; le parc de réserve sera établi à Nœrdlingen. »

Le général Gudin (3e division) reçut communication de l'ordre de rassemblement, le 22 septembre, à Œhringen, et prescrivit aussitôt les mesures nécessaires.

La brigade Petit, qui occupait les environs de Heilbronn fut réunie, le 23, et alla :

Réunion préparatoire du 3ᵉ corps d'armée, le 27 septembre 1806,

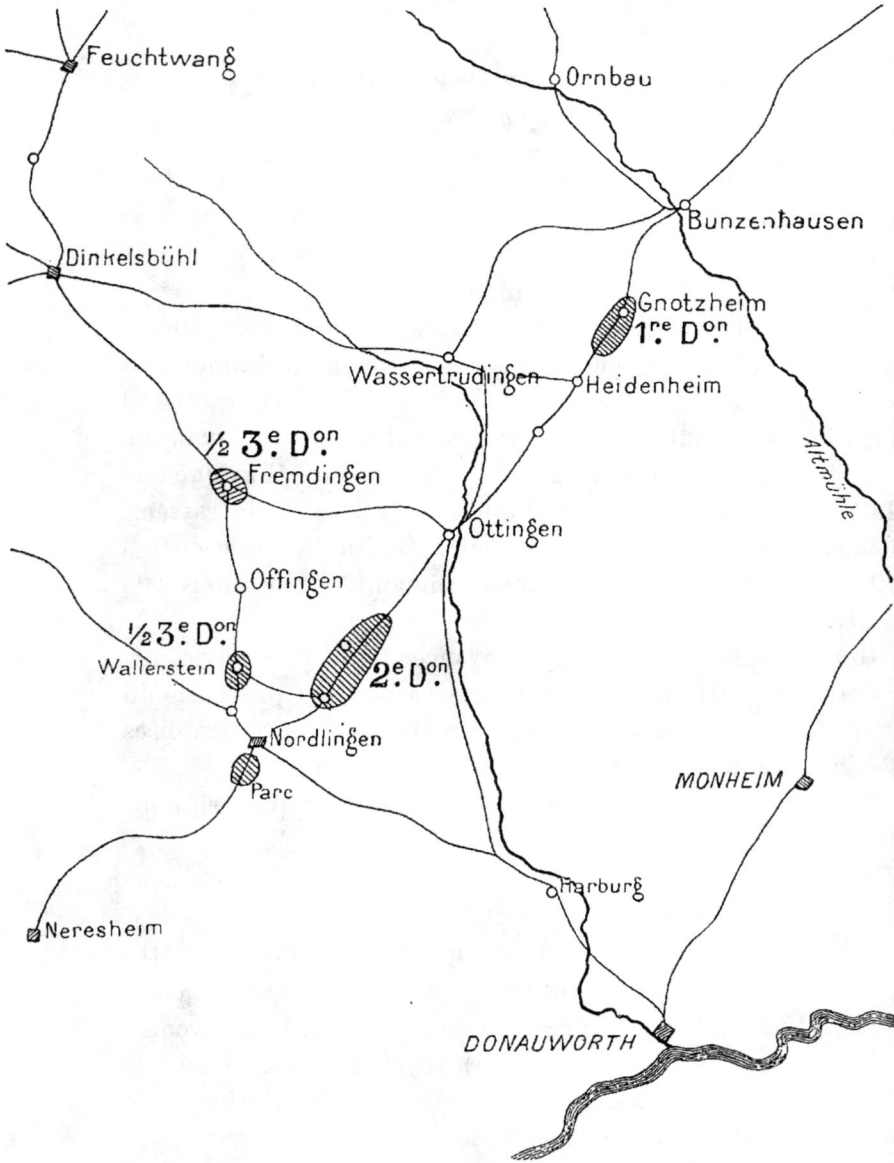

Ech. 1:400.000

Le 24, d'Heilbronn à Œhringen. Distance, 30 kilomètres.

Le 25, d'Œhringen à Hall. Distance, 25 kilomètres.

Le 26, de Hall à Ellwangen. Distance, 42 kilomètres.

Le 27, d'Ellwangen à Wallerstein. Distance, 30 kilomètres.

Dans sa lettre du 22 septembre au général Petit, le général Gudin disait :

« Je sais que les journées sont fortes, *mais nous savons* « *marcher.* »

Le général Friant, commandant le 3ᵉ corps par intérim, reçut à Œttingen, le 23 septembre, l'ordre de rassemblement du maréchal Davout et prescrivit aussitôt les dispositions nécessaires à son exécution.

Le 26, la 1ʳᵉ division se réunit à Œttingen et environs ; la 2ᵉ division à l'est d'Ellwangen, sur la route de Nœrdlingen ; la 3ᵉ division, par brigade, à Ellwangen et à Dinkelsbühl.

Le 27, la 1ʳᵉ division est concentrée à Gnosheim ; la 2ᵉ division cantonne entre Nœrdlingen et Œttingen ; la 3ᵉ division, par brigade, à Wallerstein et à Fremdingen.

En même temps, la cavalerie légère du 3ᵉ corps, à l'exception du 1ᵉʳ chasseurs primitivement détaché auprès de la 3ᵉ division, se portait de Mergentheim à Erlangen où elle avait l'ordre d'arriver pour le 1ᵉʳ octobre.

Le 29 septembre, le maréchal Davout arriva de sa personne à Wassertrudingen.

Le même jour, le 1ᵉʳ régiment de chasseurs ainsi que la batterie à cheval du parc de réserve, rejoignirent la 1ʳᵉ division constituée en avant-garde du 3ᵉ corps.

Les journées suivantes, c'est-à-dire le 30 septembre, le 1ᵉʳ et le 2 octobre, le 3ᵉ corps marcha en une seule colonne pour atteindre la région de Bamberg.

Le tableau suivant fait ressortir les conditions de ces marches de rassemblement.

Marches de rassemblement du 3ᵉ corps (maréchal Davout), du 28 septembre au 2 octobre 1806, inclus.

DATES.	EMPLACEMENTS APRÈS LA MARCHE			GENRE de stationnement.	PROFONDEUR du stationnement.	ÉTAPES PARCOURUES		OBSERVATIONS.
	AVANT-GARDE.	TÊTE.	QUEUE.			par la tête.	par la queue.	
7 septembre....	Gnosheim.			Cantonnements. (Voir *croquis*.)				La 1ʳᵉ division (général Morand) constitue l'avant-garde avec le 1ᵉʳ régiment de chasseurs à cheval précédemment détaché auprès de la 3ᵉ division. La distance d'avant-garde est : Le 28, de 12 kilom. Le 29, de 12 kilom. Le 30, de 8 kilom. Le 1ᵉʳ oct., de 12 kilom. Le 2 oct., de 14 kilom.
28 —	Aurach.	Erlbach.	Gnosheim.	Cantonnements en profondeur.	18 kilom.	35	32	
29 —	.... Séjour forcé........							
30 —	Furth.	Stein.	Schwabach.	Cantonnements en profondeur.	12 kilom.	27	33	
1ᵉʳ octobre.....	Hirschaid.	Forchheim.	Erlangen.	Cantonnements en profondeur.	12 kilom.	38	38	
2 —	Ebensfeld à Oberndorf.	Rosdorf.	Forchheim.	Cantonnements en profondeur.	18 kilom.	20	14	

Le maréchal Davout rendit compte, le 2 octobre, des positions occupées par le 3ᵉ corps d'armée, savoir :

La cavalerie légère entre Schesslitz, Hallstadt et Bamberg ;

La 1ʳᵉ division, en colonne, entre Staffelstein exclusivement et Hallstadt, ayant un régiment à Bamberg ;

La 2ᵉ division, en colonne, entre Bamberg et Hirschaid inclusivement ;

La 3ᵉ division, en colonne, entre Hirschaid et Forchheim ;

Le matériel du parc de réserve, près de Forchheim, et le personnel, ainsi que les chevaux, dans les villages de la rive gauche de la Wiesent.

L'Empereur reçut le rapport du maréchal Davout, le 3 octobre à Würzburg, et lui fit répondre, le 4, par le major général :

« L'Empereur pense, Monsieur le Maréchal, que vous devez
« occuper et faire approcher votre réserve du parc et toutes
« vos divisions autour de Bamberg ; que vous aurez bien fait
« cantonner vos troupes afin qu'elles prennent *le plus de repos*
« *possible;* mais cependant de façon à être prêtes à partir
« quelques heures après en avoir reçu l'ordre. »

A son tour, le maréchal Davout écrivit au major général, en réponse à l'ordre ci-dessus :

Bamberg, 5 octobre 1806.

« J'ai l'honneur d'assurer Votre Altesse que le 3ᵉ corps est
« cantonné de manière à *pouvoir être réuni à Bamberg en cinq*
« *heures* et en mesure de se mettre en marche au premier
« ordre que Votre Altesse pourrait me faire passer. »

Cette lettre du maréchal Davout montre trois choses :

1º Le maréchal Davout n'a pas cru devoir modifier l'assiette des cantonnements pris le 2 octobre parce qu'il les a jugés indispensables au bien-être de ses troupes ;

2º Ces cantonnements permettent au 3ᵉ corps de se concentrer en cinq heures à Bamberg.

En effet, de Forchheim à Bamberg il y a 24 kilomètres ou

cinq heures de marche et, de la tête de l'avant-garde, près d'Ebensfeld, à Bamberg, on compte 20 kilomètres ou cinq heures de marche ;

3° Le 3ᵉ corps est en mesure de se mettre en marche au premier ordre.

La position du 1ᵉʳ corps indique au maréchal Davout que la route probable du 3ᵉ corps est de Bamberg sur Kronach : Or, le 3ᵉ corps étant cantonné « en colonne », suivant l'expression même du maréchal Davout, sur la route *Forchheim-Bamberg-Staffelstein*, peut exécuter, au premier ordre, une marche aussi forte que le permettront les forces humaines, parce que les divisions stationnent sur une profondeur plus grande que leur longueur d'écoulement.

§ 7. — Quatrième corps d'armée.

(*Voir cartes* nᵒˢ 5, 6, 7.)

Le major général expédia, le 25 septembre, au maréchal Soult la partie de l'ordre général de rassemblement, daté de Saint-Cloud, le 19 septembre, qui concernait le 4ᵉ corps.

Cet ordre parvint au maréchal Soult, le 26 septembre. Le même jour, le chef du 4ᵉ corps rendit compte au major général que ses divisions se mettraient en mouvement le 27 septembre, de façon à être réunies à Amberg, le 3 octobre, après être passées par Ratisbonne.

Les quartiers du 4ᵉ corps s'étendaient autour de Braunau (1ʳᵉ division), de Passau (3ᵉ division) et de Landshut (2ᵉ division).

La 2ᵉ division (Lewal), la plus rapprochée de Ratisbonne, ne se mit en marche vers cette ville que le 28, tandis que les deux autres entamèrent le mouvement le 27 septembre.

La 2ᵉ division atteignit Ratisbonne, le 29, et continua, le 30, jusqu'au sud et près de Schwandorf.

Le 30 septembre, la 3ᵉ division (Legrand) dépassa Ratisbonne, à la suite de sa quatrième journée de marche, et vint cantonner entre cette ville et la 2e division, le long de la route de Schwandorf.

Le même jour, la 1re division (Saint-Hilaire) parvint à Ratisbonne, après quatre jours de marche et fut logée dans la ville.

La profondeur du stationnement, ce jour-là, fut d'environ 36 kilomètres.

Les distances pour atteindre Ratisbonne furent :

De Landshut à Ratisbonne, 60 kilomètres (2e division);
De Passau à Ratisbonne, 150 kilomètres (3e division) ;
De Braunau à Ratisbonne, 160 kilomètres (1re division).

La 2e division parcourut donc trois étapes de 30 kilomètres en moyenne pour arriver dans ses cantonnements du 30 septembre.

La 3e division fit quatre marches de 40 kilomètres, du 27 au 30 septembre.

La 1re division exécuta également quatre marches de 40 kilomètres pour se rendre de Braunau à Ratisbonne.

Dans ces évaluations ne sont pas compris les parcours que les régiments eurent à faire pour entrer dans les colonnes de division, le 27 (1re et 3e divisions) et le 28 (2e division).

Le maréchal Soult était donc en droit d'écrire (rapport du 1er octobre) au major général que, pour se trouver réunies à Bamberg, le 3 octobre, les divisions du 4e corps avaient à faire des marches de 10 à 11 lieues.

Les trois divisions du 4e corps se rendirent de leurs quartiers à Ratisbonne par étapes, comme en temps de paix, puis elles marchèrent « en guerre ».

Le 30 septembre, le maréchal Soult lança, de Ratisbonne, l'ordre suivant, qui fixait exactement les cantonnements de rassemblement du 4e corps, à partir des 2 et 3 octobre (*Voir carte n° 5*).

ORDRE.

Ratisbonne, le 30 septembre 1806.

« Le général Lewal (2ᵉ division) donnera ordre à la 2ᵉ divi-
« sion de prendre, le 2 octobre, des cantonnements très
« resserrés dans les environs de Sulzbach, sur un rayon
« d'une lieue et demie au plus, sans cependant dépasser la
Vils.

« Le général Legrand (3ᵉ division) donnera ordre à la
« 3ᵉ division de prendre aussi des cantonnements très resser-
« rés, le 3 octobre, en avant d'Amberg, sur la rive gauche
« de la Vils, depuis Hahnbach et Gebenbach, inclusivement,
« jusqu'à Pernvied, près d'Amberg, aussi inclusivement.

« Le général Saint-Hilaire (1ʳᵉ division) donnera ordre à la
« 1ʳᵉ division de se rendre aussi, pour le 3 octobre et en son
« entier, à Amberg ; il la fera cantonner dans cette ville et
« dans les villages les plus à portée non occupés par les 2ᵉ et
« 3ᵉ divisions, sans cependant pouvoir l'étendre à plus d'une
« lieue.

« Le général Milhaud (commandant la cavalerie légère)
« réglera le mouvement de la division de cavalerie légère
« (à Neuhaus) de manière à être rendu, le 3 octobre prochain,
« entre Hahnbach et Vilseck, faisant occuper cette dernière
« ville et laissant la première à la disposition du général
« Legrand (3ᵉ division).

« Le général Lariboisière (commandant l'artillerie) don-
« nera des ordres au parc d'artillerie pour continuer sa
« marche sur Amberg, et il réglera son mouvement de
« manière à ce qu'il arrive, le 3 octobre au soir, à hauteur
« d'Ebermansdorf, en arrière d'Amberg, et le fera établir dans
« cette partie.

« Les troupes se garderont militairement dans leurs canton-
« nements et se tiendront prêtes à continuer leur mouvement
« dans la journée du 4. Le général Milhaud fera garder la

« grande route de Vilseck à Baireuth et le général Legrand
« (3e division) celles qui conduisent sur la Naab.

« Le quartier général sera, le 1er, à Amberg, mais le maré-
« chal commandant en chef ne s'y rendra de sa personne que
« le 2. MM. les généraux voudront bien lui rendre compte de
« l'exécution de ces dispositions.

« Maréchal Soult. »

L'ordre qui précède est clair, net, judicieux. Les indications
d'heures du départ n'y figurent pas, comme inutiles, puisque
le corps d'armée stationne sur une profondeur plus grande
que la distance d'écoulement.

La forme générale des cantonnements qui résulte de cet
ordre est un cercle de 12 kilomètres de rayon environ.

Les dispositions arrêtées, le 30 septembre, par le maréchal
Soult découlent du premier ordre de rassemblement prescrivant au 4e corps d'être réuni, le 3 octobre, à Amberg, prêt
à continuer sa marche le 4.

A la date du 30 septembre, le maréchal Soult n'a pas encore
reçu la lettre impériale, datée de Mayence, 29 septembre, où
il est dit :

« Mon intention serait que vous puissiez arriver le 5 à Bai-
« reuth avec tout votre corps réuni, ayant quatre jours de
« pain, et en manœuvre de guerre. »

Cette lettre, qui parvint au maréchal Soult le 2 octobre, ne
lui fit pas modifier ses dispositions arrêtées pour le 3 octobre,
ainsi qu'en témoigne le rapport dont nous extrayons le passage
suivant :

Amberg, 2 octobre 1806.

« Votre Majesté a daigné m'instruire par sa dépêche du
« 29 septembre dernier, que je reçois à l'instant, des dispo-
« sitions que le 4e corps d'armée aura à exécuter en partant
« d'Amberg.

« Pour remplir ses intentions, j'ai l'honneur de lui rendre

« compte que, demain 3 octobre, toutes les troupes du corps
« d'armée seront réunies en avant d'Amberg et seront prêtes
« à en partir, le 4, pour entrer dans le pays de Baireuth si
« Votre Majesté l'ordonne. »

Dans l'intervalle, les troupes du 4e corps avaient continué
leur marche au delà de Ratisbonne.

Le 1er octobre, la 2e division vint cantonner à Amberg,
pendant que les deux autres divisions stationnaient le long de
la route depuis Amberg jusqu'à Regenstauf, sur une profondeur totale de 40 kilomètres environ.

Le 2 octobre, la 2e division occupa les cantonnements prescrits par l'ordre du 30 septembre autour de Sulzbach, la
3e division atteignit Amberg et la 1re division cantonna à
Schwandorf et au delà.

Mais, dans la soirée du 2 octobre, après le départ du courrier adressé par le maréchal Soult à l'Empereur, une dépêche
du prince Murat vint modifier les dispositions arrêtées au
4e corps pour la journée du 3.

Le prince Murat, on se le rappelle, avait conféré avec l'Empereur, à Mayence, pendant la matinée du 29 septembre, était
parti pour Würzburg, ce jour-là, à 1 heure, et était arrivé à
son poste, le 30, à 8 heures du matin.

Dès son arrivée à Würzburg, le prince Murat qui connaissait les intentions de l'Empereur écrivait, ainsi que l'ordre lui
en avait été donné, aux maréchaux et aux commandants des
divisions de cavalerie de la réserve.

Sa lettre au maréchal Soult portait que la cavalerie du
4e corps devait être poussée immédiatement sur les confins du
pays de Baireuth.

Or, le maréchal Soult ne pouvait pas lancer sa cavalerie
légère à deux marches d'Amberg sans la soutenir. Il résolut
donc d'annuler son ordre du 30 septembre et d'y substituer
celui que nous allons reproduire, où l'on verra le 4e corps
s'allonger sur la route de Baireuth, depuis Vilseck (inclus)

jusqu'à Amberg (inclus), non plus en cantonnements de rassemblement mais en cantonnements préparatoires à la marche,
c'est-à-dire disposé de telle sorte qu'il puisse entamer, au
premier signal, le mouvement sur Baireuth.

Avec le dispositif de cantonnements prescrit le 30 septembre, il fallait au 4e corps trois à quatre heures pour se
former en colonne sur la route qui serait indiquée.

Après la réception de la dépêche du prince Murat, le maréchal Soult va disposer son corps d'armée à proximité de la
route définitivement fixée, celle qui conduit d'Amberg à Baireuth. (*Voir carte n° 6.*)

4e CORPS D'ARMÉE.

ORDRE.

Amberg, 2 octobre 1806.

« Le général Milhaud (1), commandant la division de cava-
« lerie légère, donnera ordre aux régiments et compagnies
« d'artillerie qui la composent de se réunir demain pour
« 10 heures du matin, à Schlicht, près Vilseck ; il les diri-
« gera sur Thumbach, en suivant la grande route de Baireuth,
« et les établira entre Thumbach et Thurndorf, occupant tous
« les villages, dans cette partie, qui forment la frontière du
« royaume de Bavière, mais se gardant de mettre aucune
« troupe sur le territoire prussien ni d'y commettre aucune
« hostilité.

« Le général Milhaud se gardera militairement et établira
« son quartier général à Thumbach.

« Le général Legrand (3e division) portera la tête de son
« infanterie légère jusqu'à Schlicht et Vilseck, et fera can-

---

(1) Le général Milhaud quitta le 4e corps le 2 ou le 3 octobre, pour prendre
le commandement de la brigade de chasseurs de la réserve de cavalerie, à
Lichtenfels. Il fut remplacé par le général Guyot.

« tonner sa division depuis ces deux endroits compris jusqu'à
« Hahnbach aussi compris ; il s'établira de sa personne à
« Schlicht ou à Vilseck.

« Le général Lewal (2e division) fera rapprocher toutes
« les troupes qu'il a cantonnées en arrière de Sulzbach,
« sur la route de Nuremberg, et établira sa division entre
« Sulzbach et la Vils, depuis le village de Poppenricht
« jusqu'à celui de Weissenberg ; *il donnera ordre aux*
« *colonels des régiments de reconnaître les communications*
« *qui aboutissent des cantonnements qui leur sont assignés*
« *à la grande route d'Amberg à Baireuth, afin que, lors*
« *qu'il leur sera donné ordre de déboucher sur cette grande*
« *route pour prendre rang dans la colonne, ils n'aient point*
« *de détour à faire et puissent s'y rendre par le plus court*
« *chemin.*

« Le général Saint-Hilaire (1re division) établira la 1re divi-
« sion à Amberg et dans les villages situés à droite et à
« gauche de la route, depuis cette ville jusqu'à Hahnbach
« exclusivement.

« Le général Lariboisière (commandant l'artillerie) donnera
« ordre au parc d'artillerie de s'établir à Germersdorf en
« arrière d'Amberg, et il disposera, pour loger les hommes et
« les chevaux qui y sont employés, de ce village et des deux
« hameaux à droite et à gauche de Germersdorf.

« Les dispositions contraires au présent ordre, et qui sont
« contenues dans celui du 30 septembre, seront considérées
« comme non avenues.

« L'ordonnateur en chef fera effectuer dans la journée de
« demain, s'il ne l'a déjà fait, la remise des caissons des équi-
« pages militaires qui doivent être affectés aux régiments pour
« le transport du pain, mais cette remise aura lieu à Amberg,
« et, à cet effet, les colonels des régiments enverront des offi-
« ciers pour les prendre.

« Tous les caissons des régiments destinés au transport du
« pain devront être rendus à Amberg demain au soir pour

« prendre le pain qui doit être distribué à la troupe d'après
« les nouveaux ordres qui seront donnés ; l'ordonnateur s'assu-
« rera du nombre de voitures du pays nécessaires pour
« prendre le surplus du pain réuni à Amberg qui n'aurait pu
« être chargé sur les caissons des régiments. Il s'assurera
« également des voitures pour le transport des eaux-de-vie et
« du sel qui sont aussi réunis à Amberg.

« L'ordonnateur terminera également demain la remise des
« caissons d'ambulance, avec leur approvisionnement, qui
« doivent être affectés aux divisions, et il rendra compte dans
« le jour au maréchal commandant en chef de l'exécution de
« cette disposition.

« Maréchal SOULT. »

Nous avons souligné, dans l'ordre qui précède, la prescription relative à la mise en marche des régiments composant la
2ᵉ division.

Cette division est cantonnée en dehors de la route de
marche, tandis que les deux autres divisions ont leurs troupes
échelonnées le long de cette route sur une profondeur plus
grande que leur distance d'écoulement.

Il y a 20 kilomètres de Schlicht à Amberg.

Si le 4ᵉ corps doit continuer son mouvement sur Baireuth,
la 3ᵉ division prendra la tête, ensuite viendra la 2ᵉ division,
puis la 1ʳᵉ.

Pour que la marche puisse être entamée avec ordre, il faut
que la 3ᵉ division se rassemble, *en formation de marche*, la
tête à Schlicht.

Pendant ce temps, les régiments de la 2ᵉ division viendront
rejoindre, chacun pour leur compte et par le plus court chemin, la route de marche, puis se rassembleront sur cette
route, *en formation de marche*, la tête touchant la queue de
la 3ᵉ division.

Dans le même temps, la 1ʳᵉ division serrera, *en formation
de marche*, sur sa tête à Hahnbach.

Dès que la 3ᵉ division sera réunie sur la route en formation de marche, elle s'ébranlera.

La 2ᵉ division fera de même, et la 1ʳᵉ division se mettra en mouvement à son tour de façon à suivre la queue de la 2ᵉ division.

Cette façon de mettre en mouvement les grandes unités d'une colonne de corps d'armée, lorsqu'elles ont été cantonnées en profondeur, est très pratique, à la condition de donner l'heure et le point de départ de la tête de chaque division.

En ce qui concerne la 2ᵉ division, les régiments qui la composaient devaient venir s'embrancher par des chemins reconnus à l'avance sur l'artère principale.

Le procédé nous paraît supérieur à celui qui consiste à fixer un débouché unique.

Le règlement allemand du 23 mai 1887 sur le service en campagne recommande des points de rassemblement différents pour les diverses unités de commandement de la colonne.

« C'est ainsi, par exemple, que dans une division d'infan-
« terie, on pourra donner un point de rassemblement pour
« l'avant-garde, un autre pour le régiment de tête du corps
« principal et pour l'artillerie, un troisième pour la brigade
« d'infanterie de queue.

« Les unités de cette nature et celles d'un effectif moindre
« peuvent également être rassemblées sur la route même, en
« formation de marche. »

Le paragraphe qui précède réglemente, comme on le voit, un procédé de mise en mouvement, inauguré par nos pères et oublié depuis.

Le 3 octobre, les troupes du 4ᵉ corps occupèrent les cantonnements fixés par l'ordre du 2 octobre au soir.

Le maréchal Soult pensait que son corps d'armée romprait, le 4 octobre, de façon à occuper Baireuth, le 5, comme l'Empereur le lui avait fait pressentir dans sa lettre du 29 septembre, confirmée par un ordre du major général ainsi conçu :

« L'intention de l'Empereur, Monsieur le Maréchal, est que
« *votre corps d'armée réuni à Amberg étende ses cantonne-*
« *ments entre cette ville et Baireuth,* sans cependant passer les
« limites de ce pays. »

C'était une disposition préparatoire à la marche sur Baireuth que voulait l'Empereur, et, à ce titre, l'ordre du maréchal Berthier est très significatif.

Il montre de la façon la plus évidente, que Napoléon
connaissait les propriétés du cantonnement en profondeur
considéré comme la préparation nécessaire des longues
marches.

S'il eût connu la forme du stationnement adopté par le
maréchal Soult, le 3 octobre, l'Empereur l'eût probablement
approuvé, car ce stationnement permettait un prompt départ
et une forte marche.

Cependant, le maréchal Soult crut devoir prononcer d'une
façon plus complète l'échelonnement du 4ᵉ corps sur la route
de Baireuth, en vue de réduire au minimum les pertes de
temps et les mouvements latéraux au départ.

Il se décida, en conséquence, à faire prendre, le 4 octobre,
à son corps d'armée des cantonnements plus serrés que la
veille, plus étroits et plus profonds, véritables cantonnements
de marche, qui allaient lui permettre d'exécuter au premier
signal l'ordre de mouvement attendu d'un instant à l'autre.

Voici la teneur de l'ordre d'attente que lança le maréchal
Soult dans la soirée du 3 octobre. (*Voir carte n° 7.*)

4ᵉ CORPS D'ARMÉE.

ORDRE.

Amberg, 3 octobre 1806.

« Demain, 4, les troupes du corps d'armée exécuteront les
« dispositions suivantes :

« Le général Guyot (commandant la cavalerie légère depuis
« le départ du général Milhaud) réunira la division de cava-

« lerie légère à Thurndorf, sur le territoire bavarois, sans
« occuper d'aucune manière les dépendances du pays de
« Baireuth, et se tiendra prêt à exécuter dans le jour l'ordre
« de mouvement qui lui sera adressé.

 « Le général Legrand (3e division) dirigera sa division sur
« Thumbach, en suivant la grande route de Baireuth, et la
« fera cantonner dans les hameaux à droite et à gauche de la
« route sans trop écarter les troupes, si à midi il n'a pas reçu
« de nouveaux ordres.

 « Le général Lewal (2e division) réunira sa division en
« avant de Schlicht et la fera cantonner entre cet endroit
« exclus et Thumbach, si à midi il n'a pas reçu de nouveaux
« ordres.

 « Le général Saint-Hilaire (1re division) réunira sa division
« à Hahnbach et la fera cantonner entre cette ville et Schlicht
« et Vilseck compris, si à midi il n'a pas reçu de nouveaux
« ordres.

 « Le général Lariboisière (commandant l'artillerie) donnera
« ordre au parc d'artillerie de se porter en avant d'Amberg
« en suivant la même route, où il se tiendra prêt à exécuter
« les nouveaux ordres qui lui seront adressés.

 « Le maréchal commandant en chef se réserve de faire
« connaître par un nouvel ordre le lieu où sera établi le
« quartier général ; en attendant il restera à Amberg.

 « Toutes les troupes devront être en mouvement de bonne
« heure, afin d'exécuter les nouveaux ordres qui peuvent leur
« être donnés.

 « L'ordonnateur fera, sur-le-champ, partir pour les divi-
« sions les caissons, chargés pour deux jours de pain, qui sont
« affectés aux régiments, et il les dirigera sur les points où
« les divisions doivent se rendre en exécution du présent
« ordre. Il dirigera aussi sur les divisions des bestiaux pour
« assurer la distribution en viande pour deux jours ; du sel
« pour quinze jours et de l'eau-de-vie pour deux distributions.
« Le surplus du pain, des bestiaux, de l'eau-de-vie et du sel,

« sera transporté sur des voitures à la suite du quartier
« général.

« Les distributions de pain, de viande et de sel seront faites
« à la troupe le jour même qu'elle campera, mais pas aupa-
« ravant ; jusqu'à cette époque elle doit être *nourrie chez*
« *l'habitant*, dans les lieux de cantonnements.

« L'ordonnateur laissera un employé d'administration à
« Amberg pour faire réunir et transporter à la suite du corps
« d'armée tout le pain qui doit être fourni par la régence,
« d'après la demande qui lui a été faite à ce sujet. »

Maréchal SOULT.

L'ordre qu'on vient de lire donne lieu à plusieurs critiques :

1° L'heure du départ n'est pas indiquée , le maréchal Soult
se borne à prescrire que les troupes devront être en mouvement de bonne heure.

Il résulte de là que si le général Lewal (2ᵉ division)
ordonne un rendez-vous en formation de marche, la tête à
Schlicht, pour 8 heures du matin, alors que le général
Legrand aura indiqué le même point et la même heure à sa
tête de colonne, la confusion sera complète ;

2° L'idée de faire arrêter les 2ᵉ et 3ᵉ divisions à midi, dans
le cas où elles n'auraient pas reçu d'ordre, est très heureuse.

De cette manière, les troupes avancent d'une quantité
déterminée dans le sens de l'objectif et s'arrêtent toutes en
même temps pour cantonner des deux côtés de la route et
à faible distance, sur une profondeur égale à la distance
d'écoulement.

Encore fallait-il pour cela que les divisions se suivissent
sans interruption, ce qui n'eut pas lieu faute d'avoir indiqué
l'heure du départ de la 3ᵉ division ;

3° L'ordre porte que les troupes partiront de bonne heure
et qu'elles s'arrêteront à midi, sauf indication contraire.

On peut admettre que la 3ᵉ division ait commencé à serrer

sur sa tête à 6 heures du matin et qu'à 7 heures (de Schlicht à Hahnbach, 8 kilomètres) toute la division se soit mise en mouvement (profondeur d'environ 4 kilomètres).

Or, elle devait marcher sur Thumbach.

De Schlicht à Thumbach il y a 18 kilomètres. En quatre heures, au maximum, la tête de la 3ᵉ division devait atteindre Thumbach, c'est-à-dire entre 10 h. 30 et 11 heures.

Thumbach ayant été donné comme l'objectif final, le général Legrand arrêta sa tête de colonne dans ce bourg et laissa serrer la 3ᵉ division qui se trouva ainsi, vers midi concentrée à Thumbach et environs.

La 2ᵉ division (général Lewal) rejoignit la 3ᵉ division et cantonna à midi entre Thumbach et Haag.

Quant à la 1ʳᵉ division, l'ordre lui ayant fixé des cantonnements entre Vilseck et Hahnbach inclus, elle se trouva séparée de la queue des cantonnements de la 2ᵉ division par une distance de 8 kilomètres.

Il y eut là une faute de commandement dont la conséquence, sans être grave, fut d'obliger le maréchal Soult à faire serrer la 1ʳᵉ division pendant la soirée du jour (6 octobre) qui précéda l'invasion du pays de Baireuth (7 octobre).

A notre sens, l'ordre aurait dû porter ceci :

« La 3ᵉ division atteindra Thumbach à 11 heures et s'y « concentrera, sauf contre-ordre.

« La 2ᵉ division se cantonnera le long de la route entre « Haag, Schlicht et Vilseck inclus, si, à midi, elle n'a pas « reçu de nouvel ordre.

« La 3ᵉ division prendra des cantonnements de marche « entre Schlicht et Vilseck, exclus, et Hahnbach, inclus, à « partir de midi, sauf ordre contraire. »

En libellant l'ordre du 3 octobre comme nous venons de le faire, on obtenait la concentration certaine de la division d'avant-garde (3ᵉ) à Thumbach, ce qui était dans la doctrine de l'époque ; on se ménageait une bonne distance d'avant-garde (de Thumbach à Haag, 10 kilomètres) et l'on tenait les deux divisions (2ᵉ et 1ʳᵉ) du gros, réunies en cantonnements de marche, sur une profondeur (de Haag à Hahnbach, 16 kilomètres) peu supérieure à leur distance d'écoulement.

Un ordre du 4ᵉ corps, en date du 4 octobre, confirma les dispositions adoptées, le 3 octobre, par les généraux de division.

Pour faire suite à son ordre du 4 octobre et en manière d'explications, le maréchal Soult adressa le même jour des lettres particulières aux généraux commandant la cavalerie et les divisions pour leur prescrire les mesures de sûreté nécessitées par les circonstances. Ainsi la cavalerie dût envoyer 15 chevaux et un officier à Kemnath.

La 3ᵉ division, en avant-garde, réunie à Thumbach eut à se garder sur la route de Kemnath, par Neustadt, et la 1ʳᵉ division sur la route de Hahnbach à Kemnath et sur celle de Hirschau.

Le 5 et le 6 octobre, le 4ᵉ corps conserva les cantonnements-bivouacs du 4, sauf pour la 1ʳᵉ division qui vint cantonner et bivouaquer le 6, avant la nuit, le long de la route, en arrière de Haag, rejoignant ainsi la queue des cantonnements-bivouacs de la 2ᵉ division.

Enfin, le 7 octobre, le 4ᵉ corps envahit le pays de Baireuth, en occupa la capitale et, de ce jour-là jusqu'à Iéna, ne cessa de marcher.

Nous étudierons plus loin, avec les détails qu'elles comportent, les opérations du 4ᵉ corps, à partir du 7 octobre.

Revenant en arrière, nous allons jeter un coup d'œil d'ensemble sur les ordres du 30 septembre, du 2 octobre et du 3 octobre reproduits plus haut et qui jettent un jour si éclatant sur la doctrine qui régnait, dans l'armée française de 1806, en matière de marches et de stationnements.

En principe, les troupes vivent chez l'habitant.

Cette règle ne souffre d'exception que dans un seul cas, celui où les nécessités tactiques forcent à bivouaquer.

Le 4 et le 5 octobre, quelques régiments des 3e et 2e divisions durent bivouaquer, faute de place, dans les villages de la route. A ceux-là on fit des distributions de pain, de viande, de sel et d'eau-de-vie.

Le 6 octobre, les bivouacs dominèrent.

Il ne paraît pas que les troupes du 4e corps aient subi des privations depuis le départ de leurs quartiers jusqu'au jour de l'ouverture (7 octobre) des opérations.

Si l'on compare entre eux les quatre croquis donnant la forme du stationnement tel qu'il résulte des ordres du 30 septembre, du 2, du 3 et du 6 octobre, on voit les cantonnements de rassemblement se transformer progressivement en cantonnements de marche.

Toutefois, le passage du rassemblement ordinaire à la concentration de marche ne peut commencer que lorsque le chef sait d'une façon certaine quelle route doit prendre le corps d'armée pour entamer les opérations.

Le maréchal Soult reçut cette indication, le 2 octobre, et prit aussitôt des mesures en conséquence, mais ne sachant pas d'une façon positive s'il aurait à marcher, le 3 ou le 4 octobre, sur Baireuth, il donna aux troupes des cantonnements assez étendus pour qu'elles pussent y trouver à vivre.

Le fond et la forme des ordres du 4e corps ne nous satisfont point, et nous estimons qu'aujourd'hui un grand nombre de généraux et d'officiers d'état-major sont capables de rédiger un ordre de mouvement ou un ordre de stationnement avec plus de méthode, de concision et de netteté que ne le faisait le maréchal Soult en 1806.

Les ordres de mouvement du 4e corps auraient dû indiquer au moins l'heure et le point de départ de la tête de colonne. Dans le cas de cantonnements de marche plus profonds que la distance d'écoulement, il y avait lieu de donner à chaque division l'heure à laquelle sa tête devait se mettre en marche.

Enfin, les ordres du 4e corps ne font mention, ni de l'ennemi, ni de la tâche assignée au corps d'armée.

Ces deux lacunes résultant de l'esprit même de la guerre, telle que la concevait Napoléon, nous nous bornons à les signaler.

On a pu remarquer que les cantonnements de rassemblement, qui eussent été occupés, le 3 octobre, en vertu de l'ordre du 30 septembre sans la dépêche du prince Murat reçue le 2 octobre, se trouvaient à deux étapes de la frontière du pays de Baireuth.

C'est grâce à cet éloignement que le 3, le 4 et le 6, le 4e corps pût s'échelonner le long de la route d'Amberg à Baireuth en rétrécissant de plus en plus ses cantonnements latéraux et en s'allongeant au contraire dans le sens de l'objectif.

Que l'on suppose pour un instant que l'ordre primitif de rassemblement émanant de l'Empereur (19 septembre) ait prescrit au 4e corps de se réunir à Thumbach au lieu d'Amberg.

Dans ce cas, le maréchal Soult, au lieu d'échelonner, au préalable, ses divisions le long de la route, comme il le fit le 3, le 4 et le 6 octobre, ne pouvait que concentrer tout son corps d'armée à Thumbach, la veille de l'ouverture des opérations, c'est-à-dire de la marche sur Baireuth.

Les questions qui se rattachent au rassemblement comme aux opérations des armées avant la bataille sont indépendantes des progrès réalisés dans l'armement et n'ont été modifiées par les chemins de fer qu'en ceci : les marches dites de rassemblement ont fait place aux transports par voies ferrées. Mais, une fois les rassemblements exécutés, les armées de demain agiront suivant les principes inaugurés par Napoléon pour stationner et marcher.

L'homme et le cheval n'ont pas varié, en effet, d'une façon sensible, depuis le commencement du siècle, et nous ne pensons pas que l'on ait jamais égalé Napoléon, sous le rapport de l'utilisation de l'homme et du cheval en grandes masses, durant la période qui précède la décision d'une guerre.

§ 8. — Sixième corps d'armée.

(Voir carte n° 8.)

Le maréchal Ney, dont le quartier général était à Memmingen, reçut, le 22 septembre, un courrier de l'Empereur lui apportant l'ordre de réunir, dans le plus bref délai, le 6ᵉ corps à Ulm.

Les mouvements préparatoires commencèrent le 23 septembre, et, le 28, tout le corps d'armée était rassemblé au point indiqué.

Dans l'intervalle, était arrivée la partie de l'ordre impérial, transmise par le major général, et portant que le 6ᵉ corps devait être réuni, le 2 octobre, à Anspach.

Le 30 septembre, le maréchal Ney rendit compte au major général que la 2ᵉ division (1) était à Feuchtwang, que la tête de la 3ᵉ division avait atteint Dinkelsbühl, et que la brigade de cavalerie (général Colbert) avec le quartier général étaient arrivés à Anspach vers 4 heures du soir.

Ce même jour, 30 septembre, le major général recevait de l'Empereur, alors à Mayence, l'ordre de faire réunir le 6ᵉ corps à Nuremberg.

Ce point de rassemblement devait être primitivement attribué, on se le rappelle, au 1ᵉʳ corps d'armée, mais par suite d'une erreur de rédaction on avait substitué, dans l'ordre général de rassemblement, Bamberg à Nuremberg.

Cette circonstance explique que l'Empereur ait fixé, le 29 septembre, au 6ᵉ corps la ville de Nuremberg comme centre de son rassemblement.

Le 1ᵉʳ octobre, le maréchal Ney en accusant réception de l'ordre expédié (de Mayence) par le major général, le 30 septembre, rendit compte d'Anspach, que, dans la journée, la

---

(1) La 1ʳᵉ division était la division Dupont, détachée à Cologne. Cette division passa au 1ᵉʳ corps.

cavalerie légère irait au delà d'Heilbronn, que la 2ᵉ division occuperait Anspach et les villages sur la route sur Heilbronn, enfin que la 3ᵉ division cantonnerait sur la route entre Feuchtwang et Anspach.

Le 2 octobre, le 6ᵉ corps occupa des cantonnements de marche depuis Nuremberg, inclus, jusqu'à Heilbronn, inclus, la cavalerie légère vers Lauf.

Le 3 octobre, le 6ᵉ corps rectifia ses emplacements et fit séjour, mais, sur un avis lui faisant connaître qu'il aurait probablement à diriger son corps d'armée sur Baireuth, derrière le 4ᵉ corps, le maréchal Ney prescrivit, pour le 4, de nouveaux cantonnements à l'est de Nuremberg, savoir :

1º L'avant-garde, comprenant deux régiments de cavalerie, quatre compagnies de voltigeurs et deux pièces de canon, sous les ordres du général Colberg à Ittling et Grafenberg ;

2º La 2ᵉ division (général Marchand) en échelon depuis Lauf jusqu'à Rottenbach, le 6ᵉ léger au delà, à Obereau, sur la route de Betzenstein ;

3º La 3ᵉ division (général Marcognet) ayant sa 1ʳᵉ brigade à Nuremberg et sa 2ᵉ brigade en deçà, sur la route d'Anspach.

Le lendemain, 5 octobre, le maréchal Ney, tout en demeurant de sa personne à Nuremberg dans l'attente de nouveaux ordres, poussa son corps d'armée à une petite marche dans la direction de Baireuth.

Ainsi :

1º L'avant-garde, constituée comme la veille, occupa Betzenstein et Pottenstein avec postes sur la frontière du pays de Baireuth ;

2º La 2ᵉ division alla cantonner sur la route, près de Betzenstein, et détacha le 6ᵉ léger à Weidensees, tout près de la frontière ;

3º La 3ᵉ division occupa Hilpoldstein, Grafenberg et les villages intermédiaires situés sur la route.

Le 6ᵉ corps fit séjour, le 6, dans ses cantonnements du 5 octobre.

Ce jour-là, 6 octobre, le maréchal Ney reçut à Nuremberg l'ordre de mouvement, daté de Würzburg 5 octobre, qui lui prescrivait d'être à Baireuth le 8.

En conséquence, le maréchal transporta le jour même son quartier général à Hilpoldstein et dicta un ordre de mouvement pour le 7 octobre, en vertu duquel la tête du 6e corps devait atteindre Creussen.

A partir du 7 octobre jusqu'au 14, jour de la bataille d'Iéna, nous verrons le 6e corps marcher sans interruption, d'abord sur les traces du 4e corps et à une demi-étape de lui, puis, isolément, une fois qu'il eût franchi le Franken-Wald.

§ 9. — Corps de réserve de cavalerie.

(*Voir carte n° 9.*)

A la date du 4 octobre, quatre divisions sur six étaient cantonnées autour des points fixés par le prince Murat, le 30 septembre, pour le rassemblement du corps de réserve de cavalerie.

La 1re division de dragons (Klein), venant de la région de Siegen, entre Cologne et Francfort, était en marche, le 4 octobre, derrière le 7e corps d'armée dont la tête atteignait ce jour-là Würzburg.

La 2e division de dragons (Grouchy) se trouvait encore loin, le 4 octobre, ayant à venir de Friburg en Brisgau à Mergentheim.

La 3e division de dragons (Beaumont) occupait Hallstadt, ainsi que tous les villages situés sur la route jusqu'à Ebensfeld ; quartier général : Hallstadt.

Cette division se trouvait ainsi partager ses cantonnements avec les troupes de la 1re division (Morand) du 3e corps, et cela, par la faute du prince Murat qui, au lieu de laisser les divisions de la réserve continuer leurs mouvements de rassemblement d'après les ordres primitifs du maréchal Berthier, les entassa dans le couloir du Main, au risque de gêner les opérations ultérieures de la Grande Armée.

La 4ᵉ division de dragons (Sahuc) occupa Baunach, Rattelsdorf, Medlitz et les villages intermédiaires, tous situés sur la rive droite du Main ; quartier général à Baunach.

La 4ᵉ division, n'étant pas couverte par d'autres troupes, se garda militairement vers Coburg jusqu'à Rossach où ses reconnaissances d'officier entrèrent en contact avec des hussards prussiens.

La 1ʳᵉ division de cuirassiers (d'Hautpoul) se cantonna dans les villages compris entre Eltmann, Bamberg, l'Aurach et le Main ; quartier général à Eltmann.

La 2ᵉ division de cuirassiers (général Nansouty) fut répartie entre les villages entre l'Aurach et l'Ebrach, à l'est de Prolsdorf ; quatier général à Burgebrach.

Le parc d'artillerie du corps de réserve de cavalerie s'établit à Ebrach.

La division provisoire de cavalerie légère, formée de régiments empruntés aux corps d'armée, sous les généraux Lasalle et Milhaud était, le 4 octobre, à Kronach (général Lasalle) et Lichtenfels (général Milhaud).

Toutefois, le général Milhaud, amenant le 11ᵉ chasseurs du 4ᵉ corps, ne rejoignit son nouveau poste que le 6 octobre.

Les divisions de la réserve restèrent en position depuis le 3 jusqu'au 6 octobre inclus.

CHAPITRE XI

LA CAVALERIE LÉGÈRE PENDANT LA RÉUNION DE LA GRANDE ARMÉE.

———

Napoléon fit écrire au prince Murat, le 3 octobre, par le major général, la lettre suivante :

« L'Empereur ordonne que Votre Altesse prescrive aux « généraux Lasalle et Milhaud de tenir leurs brigades réunies « ayant des piquets sur les communications de Coburg.

« J'ordonne au maréchal Bernadotte de faire éclairer par « sa cavalerie légère la communication de Leipzig.

« Les généraux Lasalle et Milhaud devront tous les jours, « d'après les instructions de l'Empereur, envoyer par dupli- « cata au maréchal Bernadotte des rapports de ce qui se « passera sur la frontière ; ils fatigueront le moins possible « leurs chevaux et les tiendront en état de partir.

« J'écris au maréchal Bernadotte d'envoyer à Votre Altesse « les rapports de sa cavalerie légère. »

La lettre qui précède fut remise au prince Murat au moment où il quittait Würzburg pour aller à Bamberg, après avoir vu l'Empereur arrivé la veille au soir, à Würzburg, venant de Mayence.

Il semble que l'Empereur, en dictant cette lettre, ait prévu la dissémination des brigades légères de la réserve dans les montagnes environnant Kronach et qu'il ait voulu réagir contre la tendance commune aux esprits ordinaires, qui consiste à donner une importance égale à toutes les directions dangereuses, en cherchant la sécurité plutôt dans la garde étroite de tous les débouchés par où l'ennemi peut venir, que dans le jeu des forces actives venant au secours du point menacé ou attaqué.

On va voir si Napoléon s'était trompé.

Après avoir passé, le 4, la revue des 3e et 4e divisions de dragons à Hallstadt et à Staffelbach, le prince Murat se rendit, le 5, à Kronach pour inspecter les brigades Lasalle et Milhaud, dépendant de la réserve de cavalerie.

Le 5 octobre, à minuit, une fois de retour à Bamberg, il écrivit un rapport à l'Empereur, débutant ainsi :

« J'arrive à l'instant de Kronach.

« *On a été obligé de disséminer* les troupes légères des « généraux Lasalle et Milhaud en tant d'endroits différents « que, malgré que l'ordre de les réunir eût été donné hier « soir, elles n'auraient pu l'être que demain dans la journée. « J'ai donc dû revenir sans les voir. »

La phrase : « *on a été obligé de disséminer* etc..... » est très habilement tournée en vue de dégager les responsabilités, mais l'aveu n'est-il pas significatif ?

L'ordre de Napoléon contenu dans la lettre du 3 octobre adressée au prince Murat par le major général est parfaitement approprié à la situation.

Le 1er corps en avant-garde de la Grande Armée occupe des cantonnements serrés le long de la route de Leipzig, depuis Zettlitz jusqu'à Lichtenfels, sur une profondeur de 10 kilomètres. En avant et très près de lui, à Redwitz est sa brigade de cavalerie légère.

Mais, le 1er corps stationne au pied des montagnes du Franken-Wald et, en exécution d'ordres antérieurs, il a poussé la brigade Werlé, composée du 27e léger, à Stein-

wiesen, extrême frontière de la Saxe, près du pendant des
eaux, sur la route de Schleiz.

A cette brigade d'infanterie sont rattachés des piquets de
la cavalerie légère du 1er corps, pour étendre jusqu'à Nordhalben les investigations du service de sûreté.

Les brigades Lasalle et Milhaud ont pour mission d'éclairer
les flancs de la route de Leipzig dans la direction de Coburg,
de Neustadt et de Grafenthal.

L'ennemi a des postes de cavalerie à Coburg, à Neustadt et
à Nordhalben; aussi, les vedettes françaises sont-elles en
contact, sur la frontière de Saxe, avec les vedettes prussiennes ou saxonnes.

Il convient de remarquer la prescription impériale imposant aux généraux Lasalle et Milhaud l'obligation d'envoyer
leurs rapports en duplicata au maréchal Bernadotte, et à
celui-ci, d'adresser, de même, les rapports de sa cavalerie
légère au prince Murat.

Ainsi, le maréchal Bernadotte et le prince Murat, le premier
comme commandant du corps d'avant-garde, le second à titre
de chef de l'avant-garde générale, recevront, chacun, les
rapports de la cavalerie d'avant-postes, sans distinction
d'origine.

Lorsque, le 8 octobre, le 1er corps franchira la frontière,
le prince Murat prendra le commandement immédiat de
toute la cavalerie légère (3 brigades) d'avant-garde, la poussera rapidement au delà du débouché de Lobenstein, puis
enverra occuper les nœuds de route situés au pied oriental
des montagnes, d'une part, sur Grafenthal, d'autre part, sur
Hof, pendant qu'un régiment ira aussi loin que possible sur
la route de Leipzig.

Quelques auteurs, entre autres le général prince de Hohenlohe, reprochent à Napoléon de n'avoir pas lancé la majeure
partie de sa cavalerie en exploration dans la vallée de la Saale
et de l'Elster, plusieurs jours avant la mise en marche des
corps d'armée.

A quoi cette chevauchée eut-elle servi ?

L'ennemi aurait éventé quelques jours plus tôt la manœuvre de la Grande Armée, et la cavalerie française se serait fatiguée en pure perte, outre qu'elle courait le risque de se faire battre par la cavalerie prussienne plus nombreuse qu'elle et réputée meilleure.

Ah ! si les Prussiens, marchant sans s'arrêter, fussent venus offrir la bataille vers Würzburg, dans la plaine du Main, alors ils eussent trouvé derrière le corps de couverture (5e) toute la réserve de cavalerie prête à entrer en action, mais encore une fois, il ne s'agissait plus, dans les premiers jours d'octobre, de subir l'initiative de l'ennemi.

Dès le 4, Napoléon acquit la certitude qu'il pouvait entreprendre la traversée du Franken-Wald sans presque coup férir. Dans ces conditions, trois brigades de cavalerie légère étaient plus que suffisantes à l'avant-garde principale (1er corps), précédant la colonne du centre, pour éclairer la marche et lier des communications avec les colonnes voisines.

On entend dire parfois : Le généralissime ne pourra former ses projets que lorsqu'il aura été renseigné sur l'ennemi par sa cavalerie.

L'erreur est manifeste, car, à ce compte-là, si les deux généraux opposés pensaient de même, chacun attendant que l'autre ait fait des mouvements pour prescrire les siens, les armées risqueraient fort de prendre racine.

Autre chose est la direction d'une ou de plusieurs armées et le commandement d'un détachement isolé.

Un chef de partisans basera, par exemple, la surprise d'un village occupé par l'ennemi sur les rapports que lui auront faits ses patrouilles ou ses espions, quelques heures avant qu'il ait pris la résolution de surprendre ce village, mais, quand il s'agit d'armées réparties sur de vastes espaces et séparées des masses ennemies par plusieurs journées de marche, les renseignements n'arriveraient jamais en temps utile.

Il faut donc que le général en chef, ayant à sa disposition un bon service d'espionnage, se fasse une idée aussi nette que possible des emplacements de l'ennemi, de ses mouvements, de ses projets puis qu'il se décide dans un sens déterminé.

Avant l'ouverture des hostilités, ou plutôt des opérations d'ensemble, la cavalerie ne peut servir qu'à étendre, à prolonger les investigations du service de sûreté des troupes de couverture ou d'avant-garde.

Quelques officiers audacieux pourront exécuter alors des pointes hardies jusqu'au cœur des positions ennemies, ou bien, s'efforceront de détruire avec l'aide de quelques cavaliers ou sapeurs certains ouvrages d'art importants ; mais de tels raids n'ont rien de commun avec l'action indépendante de grandes masses cavalières.

D'ailleurs, le terme de cavalerie indépendante est impropre. Il n'y a et ne saurait y avoir de troupe indépendante dans le sens absolu du terme.

Les divisions de cavalerie, dites indépendantes, obéiront aux commandants d'armée ou au général en chef, et, si elles ne doivent pas s'attendre à recevoir tous les jours des ordres particuliers, elles agiront néanmoins en vertu d'instructions du haut commandement embrassant une période plus ou moins longue.

Nous verrons, à la Grande Armée, les divisions de cavalerie recevoir des missions très nettes et les remplir dans le sens d'un esprit cavalier très développé.

Le commandant d'une armée est donc appelé à jouer de sa cavalerie au même titre que de ses corps d'armée, mais d'une façon différente, en raison des propriétés spéciales de l'arme cheval.

Des armées françaises qui se rassembleraient entre Épinal et Belfort enverraient-elles leurs divisions de cavalerie escadronner en Haute-Alsace ?

Outre que les troupes d'infanterie de la couverture allemande feraient une opposition très efficace à un tel projet, quel résultat amènerait-il, en supposant qu'il pût réussir ?

La force des choses dictera, demain comme en 1806, des mesures de protection appropriées aux lieux et aux circonstances, et certes, l'emploi de la cavalerie en grande masse ne sera guère opportun avant le début des opérations, sauf peut-être en dehors d'une aile du dispositif de réunion pour tromper l'ennemi ou éventer ses démonstrations.

Si nous nous reportons à l'emploi de la cavalerie légère du 5e corps, en couverture à Schweinfurth, nous constatons que cette cavalerie se repose tranquillement dans la boucle du Main, rive gauche, pendant que quelques piquets fournis par elle font le service de sûreté, conjointement avec de l'infanterie légère, sur les débouchés conduisant à Fulda et à Erfurt.

A l'aile droite du rassemblement, le 4e corps s'est fait précéder de sa cavalerie légère poussée, le 3 octobre, sur Thumbach et rejointe, le lendemain, par la division Legrand (3e) laquelle participe, en qualité d'avant-garde du corps, au service de sûreté.

Lorsqu'un parti de cavalerie doit être envoyé au loin, comme celui du 4e corps sur Kemnat, à 25 kilomètres de Thumbach, c'est le commandant du corps d'armée qui en donne l'ordre.

En résumé, nulle part, nous ne voyons, pendant la période de rassemblement et d'approche de la Grande Armée, la cavalerie légère agir pour son propre compte et d'elle-même.

Sans cesse elle reste liée à l'infanterie d'avant-postes, sauf lorsque, par exemple, des partis de 25 ou 30 chevaux sont dirigés par ordre supérieur sur tel ou tel point important à occuper en raison des communications qui s'y croisent.

Nous concluerons donc que, pour la cavalerie comme pour toute l'armée, la période de rassemblements et de marches, qui précède l'ouverture des opérations proprement dites, est une période de défense, d'expectative et de surveil-

lance, qui réclame, de la part des fractions de cavalerie et
d'infanterie détachées aux avant-postes, une action combinée, active et intelligente.

La caractéristique du service de sûreté, voire même de
découverte, pendant le rassemblement de la Grande Armée,
est, en effet, la combinaison intime de la cavalerie et de
l'infanterie légères, aux avant-postes.

Le réseau est double.

Des postes d'infanterie, que soutiennent des compagnies et
des bataillons établis aux carrefours principaux, servent de
replis à des piquets de cavalerie poussés jusqu'à deux ou
trois lieues en avant, et ces piquets sont éclairés par des
vedettes doubles au contact « à distance de pistolet » des
vedettes ennemies, sur la frontière même.

Les divisions de cavalerie étaient disposées, on s'en souvient, en arrière du corps de couverture (5e).

Si les opérations eussent été conduites dans le bassin du
Main, il est vraisemblable que les divisions de cavalerie
auraient précédé, accompagné et prolongé le 5e corps qui,
de couverture, fût devenu l'avant-garde de la Grande Armée.

Le cas ne s'est pas présenté ; mais nous aurons l'occasion
de montrer que, dès la prise de possession des débouchés en
Saxe, Napoléon fit accélérer la marche de ses divisions de
cavalerie, restées en arrière pendant la traversée du Franken-
Wald, pour leur faire prendre la tête.

Les deux divisions (une division légère et une de dragons)
qui marchèrent de concert avec le 1er corps, avant-garde de
l'armée, pendant les journées du 11 et du 12 octobre, firent
du service d'exploration sans avoir à redouter les conséquences désastreuses d'un échec, parce qu'elles étaient soutenues à moins d'une journée de marche.

Les Allemands de 1870, n'ayant pas su ou voulu disposer, à proximité de la frontière la plus menacée, une
armée de couverture, n'ont pas eu davantage une armée
d'avant-garde.

En fait, leurs armées n'ont présenté que des avant-gardes tactiques sur les routes de marche des corps d'armée.

Il résulte de là que les divisions de cavalerie allemande n'étant pas appuyées à courte distance et ne pouvant l'être, dépourvues qu'elles étaient d'un noyau de résistance sur lequel elles pussent se rallier en cas d'insuccès, ont été pusillanimes au début de la guerre et n'ont acquis un peu d'audace qu'à la suite des victoires de Spicheren et de Frœschwiller.

La cavalerie est la seule arme qui n'ait sensiblement pas changé depuis un siècle.

Cette simple constatation nous permet de dire : Nos cavaliers ne sauraient trouver de meilleurs modèles que Lasalle, Curely et de Brack pour les détails de conduite de la cavalerie légère ; et pour l'emploi stratégique de la cavalerie, Napoléon est le maître sans égal.

Nous montrerons plus tard, lorsque nous discuterons les opérations qui ont précédé et suivi les batailles d'Iéna-Auerstädt, le génie souple et puissant de Napoléon faire varier les effets de la cavalerie par un jeu de répartition et d'objectifs, qui est le *summum* de l'art.

De telles combinaisons ne sauraient entrer dans un corps de doctrines, pas plus que le talent d'écrire une symphonie ne s'acquiert dans un traité d'harmonie, mais, de même que le musicien étudie les œuvres des grands maîtres et s'en inspire quand il écrit à son tour, de même aussi, l'officier passionné pour l'art militaire doit approfondir non seulement les actions des grands capitaines, mais encore les motifs qui les ont dictées, afin que, si le destin lui réserve un commandement élevé, il puisse édifier, lui aussi, une œuvre forte.

CHAPITRE XII

RENSEIGNEMENTS RECUEILLIS PAR NAPOLÉON PENDANT SON SÉJOUR A WURZBURG (2 au 6 octobre) ET DISPOSITIONS PRÉPARATOIRES AU FRANCHISSEMENT DU FRANKEN-WALD.

(*Voir carte* n° 10.)

L'Empereur avait dit dans sa lettre au major général, datée de Mayence 1er octobre, 2 heures de l'après-midi :

« Je désire que vous gardiez à Würzburg les officiers du « génie qui ont fait les reconnaissances des routes, pour que « je puisse causer avec eux de la nature du pays. »

Dès le lendemain de son arrivée à Würzburg, c'est-à-dire le 3 octobre, Napoléon vit ces officiers et reçut d'eux des renseignements verbaux qui s'appliquaient, non seulement aux routes, mais encore aux agissements de l'ennemi.

Le colonel Blein, entre autres, rendit compte à l'Empereur, en présence du général Clarke, de la reconnaissance qu'il venait de faire en Saxe.

Ce colonel, voyageant en uniforme, *sous le prétexte d'acheter des cartes de géographie à la foire de Leipzig (!)*, était passé par Coburg, Saalfeld, Iéna et Naumburg. Les vedettes prussiennes l'avaient laissé passer sans difficulté, le prenant sans doute pour un officier saxon.

Le 23 septembre, le colonel Blein arriva à Naumburg pendant la nuit.

« Le roi de Prusse et le prince de Brünswick y étaient.
« Le portier, dit le colonel Blein, voulut avertir l'officier de
« garde qui dormait, mais je parlai au caporal à qui je dis
« que *cela était inutile*, et on me laissa passer. »

L'anecdote est amusante ; elle dépeint les mœurs militaires
de l'armée prussienne d'alors, mieux que ne le ferait une
longue dissertation.

Le prince Murat développa sans doute devant l'Empereur
les renseignements sur l'ennemi qu'il avait résumés dans ses
deux lettres du 1er octobre, à savoir que les Prussiens n'avaient
pas encore pénétré dans la principauté de Fulda et que la
masse principale des ennemis paraissait se réunir sur Erfurt
et Weimar.

Le major général dut mettre, de son côté, sous les yeux de
Napoléon un rapport du maréchal Bernadotte, daté de Bamberg, 1er octobre, et contenant le passage suivant :

« Le roi de Prusse était, il y a quelques jours, à Naum-
« burg. On dit son armée forte de 80,000 hommes.

« Le prince de Hohenlohe doit avoir son quartier général
« à Chemnitz ; il a toujours des troupes à Zwickau et à
« Plauen ; un petit corps de 2,000 hommes sous les ordres
« du général Tauenzien est toujours à Hof.

« Le petit fort de Culmbach est encore occupé par de la
« milice commandée par un vieux général en retraite. »

Le 3 octobre, un rapport du maréchal Lefebvre portait
qu'au dire d'un émissaire revenant de Fulda :

« Hier à midi, il n'y avait pas un seul Prussien à Fulda.
« La partie de la Hesse, depuis Cassel jusqu'à cette ville
« (Fulda), est absolument sans troupes de cette puissance.....
« Il paraît, d'après les rapports des voyageurs, que les Prus-
« siens se trouvent en forces à Eisenach, Erfurt et Gotha. »

Le 4 octobre, l'Empereur reçut de nouveaux rapports de
ses maréchaux, contenant des renseignements sur l'ennemi.

Le maréchal Lefebvre lui transmettait un compte rendu
envoyé de Kœnigshofen par le général Suchet où il était dit :

« Nous avons devant nous *l'avant-garde* de l'armée prus-
« sienne, commandée par le général Blücher. Elle est derrière
« la forêt de Thuringe. On fortifie Erfurt..... Le général
« Blücher a fait faire des abatis dans la forêt. Les Prussiens
« ont peur d'être attaqués et se gardent mal.....

« Depuis nos derniers mouvements, on remarque que les
« officiers prussiens, avec qui on a pu avoir quelques relations
« aux avant-postes, ont remplacé leur ton de morgue et d'in-
« solence par beaucoup d'honnêteté et de modestie. »

Le maréchal Bernadotte écrivait de Lichtenfels, le 3 octobre :

« Sur le point de Hof, il n'y a pas d'augmentation de
« troupes. Le corps du général Tauenzien est toujours de
« 2,000 hommes environ; on y attend toutes les troupes qui
« étaient à Plauen; le prince Hohenlohe était attendu à
« Plauen avant-hier.....

« La grande armée prussienne se rassemble à Merseburg et
« à Naumburg. »

De son côté, l'Empereur envoya, le 3 octobre, deux officiers
de sa maison en reconnaissance ; l'un, le général Savary, dut
aller à Schweinfurth, auprès du maréchal Lefebvre, pour lui
faire une communication verbale, et de là, à Mellrichstadt, à
Kœnigshofen, et à Lichtenfels, auprès du maréchal Bernadotte,
avec mission de reconnaître entre Mellrichstadt, Kœnigshofen
et Lichtenfels une route carrossable suivant le pied des montagnes d'aussi près que possible.

L'autre officier reçut, par l'intermédiaire du général
Clarke, l'ordre impérial ci-dessous :

Würzburg, 3 octobre 1806, au soir.

« Il est ordonné à M. ....., aide de camp des généraux de
« service, de partir demain, deux heures avant le jour, pour
« se rendre à Hammelburg, route de Fulda. Il aura avec lui
« un courrier que lui donnera le grand écuyer, intelligent,
« parlant allemand; il l'expédiera jusqu'à Cassel; lui, de sa

« personne, continuera jusqu'à Fulda, ayant soin de prendre
« des renseignements pour savoir si les Prussiens sont entrés
« dans la principauté.

« Arrivé à Fulda, il prendra des renseignements pour
« connaître tous les mouvements prussiens et ce qui se passe
« à Cassel. Dès le moment qu'il aura des nouvelles des
« ennemis, il reviendra en toute hâte au quartier général. »

On le voit, Napoléon voulut acquérir la certitude absolue
que les Prussiens n'avaient pas encore paru dans la principauté de Fulda, avant de lancer son ordre général de mouvement pour la traversée du Franken-Wald, car il avait calculé
que si, le 4 octobre, l'armée prussienne n'avait pas encore
paru à Fulda, il aurait le temps de faire déboucher la Grande
Armée en Saxe sans avoir à redouter une rencontre dans la
région du Main.

En effet, les ordres de mouvement, s'ils sont lancés le
5 octobre, pourront recevoir un commencement d'exécution
le 7. Les têtes de colonnes déboucheront alors le 9 et le 10 sur
la haute Saale, et le 10, il ne restera plus ni un homme ni un
cheval dans la région du Main, en dehors des garnisons de
Würzburg, de Kronach et de Forchheim.

A ce moment, les Prussiens peuvent venir à Würzburg ; ils
auront donné un coup d'épée dans l'eau.

Il va sans dire que l'aide de camp de service auprès des
généraux revint, dans la soirée du 4 octobre, au quartier
impérial et rendit compte qu'aucun Prussien n'avait encore
paru dans la principauté de Fulda.

En conséquence, Napoléon fit commencer le 5 octobre,
pendant la matinée, l'envoi des ordres de mouvement de la
Grande Armée pour l'invasion de la Saxe ; mais auparavant,
et dès le 4 au soir, quand il sut d'une façon positive que
Fulda était vide d'ennemis, il fit expédier aux maréchaux
Lefebvre (5ᵉ corps) et Augereau (7ᵉ corps) l'ordre de se
mettre en mouvement le lendemain, 5 octobre, pour s'acheminer vers Coburg.

Le départ du quartier général pour Bamberg fut fixé également au 5 octobre, mais l'Empereur se réserva de ne quitter Würzburg que dans la nuit du 5 au 6 octobre.

En prévision des marches à exécuter selon toute probabilité vers la haute Saale, l'Empereur avait fait prescrire, le 3, au maréchal Soult, ce qui suit :

« L'intention de l'Empereur, Monsieur le Maréchal, est que « votre corps d'armée réuni à Amberg *étende ses cantonne-* « *ments entre cette ville et Baireuth*, sans cependant passer « les limites de ce pays. »

On se rappelle que le maréchal Soult avait prévenu les intentions de l'Empereur en donnant l'ordre, le 2 octobre, à son corps d'armée de s'échelonner, le 3, entre Thumbach et Amberg.

Dans le même ordre d'idées, le maréchal Lefebvre, dont le corps d'armée (5e) devait se cantonner, à partir du 4 octobre, sur deux lieues carrées (carré de 8 kilomètres de côté) pour être prêt à marcher dans la direction qui lui serait assignée, reçut l'ordre d'échelonner, le 5 octobre (ordre du 4 octobre au soir), sa cavalerie et la division Gazan sur la route entre Schweinfurth et Hassfurt.

De même, le 7e corps eut à se cantonner, le 4 octobre, sur la route de Bamberg, la queue à Würzburg (ordre du major général en date du 4 octobre).

On a vu que cet ordre reçut son exécution le 5 octobre seulement, par suite de l'éloignement de la 2e division.

Donc, si les ordres donnés par l'Empereur, le 3 et le 4 octobre, sont exécutés partout, les corps de la Grande Armée seront échelonnés, le 5 octobre, sur les routes désignées, savoir :

Future colonne du centre :

Le 1er corps, en avant-garde d'armée depuis Steinwiesen jusqu'à Lichtenfels.

Le 3e corps, entre Staffelstein et Forchheim.

La division Dupont, en route pour Bamberg et Lichtenfels.

La Garde, en route pour Bamberg.

Future colonne de droite :

Le 4e corps, entre Thumbach et Hambach, sur la route de Ratisbonne à Baireuth.

Le 6e corps, de Lauf à Nuremberg, sur la route aboutissant à Creussen, près Baireuth.

Future colonne de gauche :

Le 5e corps, sur la route d'Hassfurt, la queue à Schweinfurth.

Le 7e corps, sur la route de Bamberg, la queue à Würzburg.

CHAPITRE XIII

LETTRES DE NAPOLÉON ET ORDRES DU MAJOR GÉNÉRAL POUR LA TRAVERSÉE DU FRANKEN-WALD.

Napoléon a dû dicter, le 5 octobre, dans la matinée, l'ordre général de la Grande Armée pour la traversée du Franken-Wald, comme il avait dicté, le 19 septembre, à Saint-Cloud, l'ordre général sur les mouvements et dispositions de la Grande Armée, en vue de son rassemblement dans la région de Bamberg.

Malheureusement, nous n'avons pas cet ordre général de l'Empereur. Les instructions rédigées par le maréchal Berthier pour l'exécution de l'ordre général sont seules parvenues jusqu'à nous.

Le 4 octobre, deux ordres en quelque sorte préparatoires furent expédiés aux 5e et 7e corps (colonne de gauche) en vue de les engager sur leurs routes de marche, attendu qu'ils avaient plus de chemin à faire que les autres corps d'armée pour atteindre le pied du Franken-Wald.

C'est le 5 octobre au matin que furent lancés la plupart des ordres de mouvement.

Les corps de la colonne du centre, auprès de laquelle allait se porter Napoléon, ne reçurent leurs ordres que le 6 et le 7.

Indépendamment des ordres ou instructions expédiés par le major général, les maréchaux placés *à la tête de chacune des trois colonnes d'invasion* reçurent de Napoléon des lettres particulières leur développant le projet d'opérations et les moyens de le faire réussir.

Nous allons discuter les lettres de l'Empereur et les ordres du major général pour la traversée du Franken-Wald, dans leur succession chronologique, en commençant par les ordres du 4 octobre.

Cette journée du 4 octobre appartient plutôt à la période de réunion qu'à celle des opérations offensives, quoiqu'elle offre des dispositions ordonnées pour la marche vers la haute Saale.

Nous l'avons déjà fait observer : le passage des rassemblements de la Grande Armée à un dispositif préparatoire aux marches d'invasion ne s'est pas effectué d'un seul coup.

En grand artiste qu'il était, Napoléon a modifié en l'améliorant la réunion de ses forces jusqu'au jour où il s'est décidé à franchir la frontière, de crainte d'arriver en retard au rendez-vous qu'il donnait, *in petto*, aux Prussiens.

§ 1ᵉʳ. — La journée du 4 octobre.

Ce jour-là, l'Empereur ne dicta qu'une seule lettre adressée au major général, au sujet de détachements de cavalerie et d'infanterie, dont l'arrivée prochaine lui était annoncée par le général Rapp, gouverneur de Mayence.

Deux ordres inspirés par Napoléon, mais rédigés évidemment par le major général, furent adressés dans la soirée, l'un au maréchal Lefebvre (5ᵉ corps), l'autre au maréchal Augereau (7ᵉ corps), leur prescrivant d'échelonner leurs corps d'armée sur les routes à suivre pour se porte à Coburg.

Le major général au maréchal Lefebvre.

(Würzburg, 4 octobre.)

« L'Empereur ordonne, Monsieur le Maréchal, que, le 6 oc-

« tobre, vous ayez un poste de cavalerie, à Münnerstadt, sur la
« route de Meiningen, et un autre en avant de Kœnigshofen ;
« ces deux postes se replieront dans la journée du 6. »

Voilà un ordre qui, au lieu de débuter par la mission
donnée au 5ᵉ corps, à savoir la marche sur Coburg, expose
tout d'abord des mesures de détail concernant l'exécution du
mouvement exposé plus loin.

Sous le rapport de la méthode, c'est faible.

« L'intention de l'Empereur est que vous fassiez partir
« toute votre cavalerie, ainsi que la division du général
« Gazan, le 5, pour se rendre sur la route d'Hassfurt. »

Cette disposition avait pour but d'échelonner le 5ᵉ corps
sur sa future route de marche, afin qu'il pût exécuter, le 6 et
les jours suivants, des étapes aussi fortes que l'on voudrait,
tout en procurant aux troupes les moyens de vivre sur le pays
et de se cantonner.

« Le 6, à la pointe du jour, vous vous mettrez en marche
« avec votre corps d'armée pour vous rendre à Hassfurt, sur
« le chemin de Coburg ; vous aurez soin d'envoyer un esca-
« dron de cavalerie sur la hauteur en arrière, entre Hass-
« furt et Coburg, afin d'empêcher toute communication et
« tenir votre mouvement le plus secret possible. »

Ainsi, deux postes de cavalerie, l'un à Münnerstadt sur la
route de Meiningen, l'autre au nord de Kœnigshofen, plus un
escadron sur la hauteur entre Hassfurt et Coburg, doivent
assurer pendant la journée du 6 octobre le secret de la
marche de flanc que le 5ᵉ corps exécutera, ce jour-là, pour se
porter de Schweinfurth à Hassfurt.

A la mission de former rideau vers le nord, on affectait un
très petit nombre de cavaliers, en tout, un escadron et demi.

En agissant ainsi, on n'éveillait pas l'attention de l'ennemi
habitué depuis quelque temps à n'avoir en face de ses avant-
postes que quelques pelotons de cavalerie.

Pour notre part, tout en admettant comme bonne la disposition adoptée pour dérober la marche du 5ᵉ corps, nous ne pouvons nous empêcher de critiquer l'ingérence du major général, à l'instigation de l'Empereur, dans des détails qui ressortissaient évidemment au chef de la cavalerie du corps d'armée.

Le major général aurait dû se borner à dire :

« Afin de dérober la marche du 5ᵉ corps, on tendra un mince rideau de postes de cavalerie depuis Münnerstadt jusque sur la hauteur entre Hassfurt et Coburg, en évitant d'éveiller l'attention de l'ennemi. »

« Le 7, vous cantonnerez entre Hassfurt et Coburg ; le 8, « vous entrerez à Coburg *de manière* (1) à y arriver avec tout « votre corps d'armée, et *qu'une heure avant l'arrivée de vos* « *grenadiers on ne se doute pas à Coburg du commencement* « *des hostilités ;* arrivé le 8 à Coburg, vous prendrez position « en avant de cette ville en vous arrangeant *de manière* (1) « à être, le 10, à Gräfenthal, et *vous vous mettrez en position* « *de nous soutenir.* »

La disposition consistant à tenir la cavalerie très près de la tête de colonne du corps d'armée en arrivant sur Coburg était justifiée par cette circonstance que l'ennemi ayant de la cavalerie à Coburg ne serait instruit de l'occupation de cette ville que lorsqu'il ne serait plus temps d'y envoyer des renforts. En outre, on retardait le moment de la divulgation du mouvement sur cette ville.

Anticipant sur les événements, nous dirons ceci :

Le maréchal Lannes qui avait succédé, entre temps, au maréchal Lefebvre dans le commandement du 5ᵉ corps ne

_____

(1) Le maréchal Berthier emploie à tout propos l'expression : *de manière.* Quand cette locution se rencontre plusieurs fois dans un ordre attribué à l'Empereur, on peut être certain que l'ordre n'est pas de lui, mais bien du major général.

partagea pas la manière de voir du major général au sujet de l'arrivée à Coburg.

Ce maréchal envoya, pendant la nuit du 7 au 8, un régiment de chasseurs à cheval, en embuscade, près de Coburg, avec ordre d'enlever, dès le lendemain à la pointe du jour, la garnison de cette ville. Mais l'embuscade fut sans doute éventée, car les 30 cavaliers prussiens qui étaient encore à Coburg, le 7, avaient disparu le lendemain matin.

Le major général excite notre étonnement quand il dit que le 5ᵉ corps, une fois à Gräfenthal le 10, se mettra en position de soutenir la colonne du centre.

Évidemment, le commandant du 5ᵉ corps, dont le quartier général était à Schweinfurth, avait conféré avec l'Empereur alors à Würzburg, et devait connaître, au moment de se mettre en route, le dispositif de la Grande Armée et les projets de son chef. Ce maréchal ne pouvait ignorer, dès le 4 octobre, que les forces principales de l'ennemi étaient sur Erfurt, Gotha, Weimar et Naumburg.

L'ennemi étant au nord, c'était la colonne de gauche de la Grande Armée que la colonne du centre était appelée à soutenir, et non l'inverse. Le bon sens l'indique, mais, par surcroît, l'Empereur dans une lettre personnelle adressée, le 7 octobre, au maréchal Lannes, écrivait :

« Comme j'ai beaucoup de troupes à Lichtenfels et à Kro-
« nach, vous *serez soutenu* non seulement par le maréchal
« Augereau (7ᵉ corps) mais encore *par tout le corps du centre.* »

Comme on le voit, le major général était si peu tacticien que, pour lui, *soutenir* ou *être soutenu* étaient deux termes équivalents.

Nous aurons encore l'occasion de prendre le maréchal Berthier en flagrant délit d'incapacité en disséquant quelques-unes des instructions écrites par lui aux maréchaux, par, ordre de l'Empereur.

« Vous trouverez, ci-joint, l'ordre que je donne au maré-

« chal Augereau ; *vous aurez soin de correspondre fréquem-*
« *ment ensemble*, afin qu'il puisse vous secourir s'il y a lieu.

« Le quartier général sera, le 6 à Bamberg, le 8 à Lichten-
« fels, le 9 à Kronach. »

Le major général au maréchal Augereau.

(Würzburg, 4 octobre.)

« L'Empereur ordonne que vous partiez, le 5, avec votre
« corps d'armée pour être rendu, le 7, à Bamberg ; le 8, vous
« prendrez une position intermédiaire entre Bamberg et
« Coburg. »

Pourquoi le 7ᵉ corps allait-il passer à Bamberg pour se
rendre à Coburg lorsqu'il était si simple de le diriger de
Würzburg sur Schweinfurth et Hassfurt par la route qu'allait
suivre le 5ᵉ corps ?

La route de Würzburg à Bamberg ne subirait-elle pas un
surcroît d'encombrement, et le passage du 7ᵉ corps à Bamberg au milieu du 3ᵉ corps et des divisions de la réserve de
cavalerie, n'allait-il pas contrarier les mouvements de la
colonne du centre ?

Il faut que l'Empereur ait eu des motifs bien puissants pour
donner au 7ᵉ corps l'itinéraire par Dettelbach, Burgebrach et
Bamberg.

Nous ne voyons qu'un motif, un seul, ayant porté Napoléon à diriger tout d'abord le 7ᵉ corps, droit sur Bamberg.

Le 5ᵉ corps est corps de couverture. Il conserve son rôle
jusqu'à Coburg mais sous une forme un peu différente. De
couverture il devient flanc-garde mobile.

Derrière un mince rideau de cavalerie ce corps va défiler
devant la ligne des postes ennemis.

Il faut qu'il coure tous les risques de sa situation de corps
couvrant, afin de donner aux autres corps de la Grande Armée,
en cas d'événement, le temps et l'espace, autrement dit, la
liberté de manœuvre dont ils ont besoin pour agir suivant les

circonstances ou en vertu des ordres que pourra leur envoyer le général en chef.

Mais, de ce qu'un corps d'armée est engagé dans une situation périlleuse pour protéger l'armée, s'ensuit-il qu'un autre corps d'armée doive partager les mêmes dangers, courir les mêmes risques ?

Outre qu'un second corps serait inutile en flanc-garde, sa présence au contact de l'ennemi pourrait amener un engagement qui, en raison de la grandeur des effectifs, prendrait une importance que le commandant de l'armée serait impuissant à modifier.

Au lieu de servir de tampon et de masque protecteur, une colonne de gauche, forte de deux corps d'armée pendant sa marche de flanc depuis Schweinfurth jusqu'à Coburg, tout près des avant-postes ennemis, deviendrait peut-être la base d'un déploiement forcé, d'une bataille inévitable au lieu et au jour que l'ennemi aurait choisis.

Non ! plutôt des fatigues, des embarras de toute sorte que de subir la loi de l'ennemi.

Donc le 5e corps, seul, continuera son office de couverture parce que, libre de ses mouvements, n'ayant qu'un seul but à remplir : la protection de l'armée, il est en situation de refuser le combat ou de combattre en manœuvrant, sans pour cela enchaîner les décisions du général en chef.

« Je vous préviens que M. le maréchal Lefebvre arrivera
« le 8 à Coburg.

« Vous devez avoir votre cavalerie réunie avec trois pièces
« d'artillerie légère, et à une heure en avant de votre corps
« d'armée, afin de pouvoir secourir celle du maréchal
« Lefebvre s'il y avait lieu.

« *Vous correspondrez souvent avec le maréchal Lefebvre*
« pour savoir ce qu'il a devant lui.....

« Le quartier général sera le 6 à Bamberg, etc..... »

Dans l'esprit des ordres contenus dans la lettre en question, le 7ᵉ corps devait cantonner en profondeur, le 8, la tête à Rossach, la queue à Rattelsdorf, la cavalerie à Sieman, en supposant que, ce jour-là, la queue du 5ᵉ corps eût occupé Coburg, sa tête à Neustadt.

La lettre au maréchal Augereau, comme celle au maréchal Lefebvre, recommande des relations fréquentes entre le 5ᵉ et le 7ᵉ corps.

On verra plus tard que cette recommandation ne fut pas observée et qu'il aurait pu résulter de cette négligence une situation des plus dangereuses pour le 5ᵉ corps, le 10 octobre, jour du combat de Saalfeld.

§ 2. — La journée du 5 octobre.

L'Empereur dicta sept lettres, parmi lesquelles trois d'une grande importance, au major général, au maréchal Soult et au maréchal Bernadotte.

Nous allons en examiner avec soin les passages essentiels.

L'Empereur au major général.

(Würzburg, 5 octobre.)

« Le commandant de Würzburg doit loger dans la cita-
« delle..... il doit le moins possible sortir de la citadelle et
« de la basse ville qui est une partie de la citadelle. »

Napoléon, prévoyant l'arrivée prochaine de l'ennemi sur Würzburg, veut que le commandant de cette place la considère comme en état de siège.

L'Empereur donne l'ordre ensuite que le commandant de l'artillerie de l'armée fasse mettre en batterie sur les remparts de Würzburg les 40 pièces de canon qui vont arriver, soit de Mayence par bateaux, soit d'Ingolstadt par convois.

« Il doit y avoir aujourd'hui deux bataillons de troupes
« de Bade ; il va en arriver jusqu'à concurrence de 3,000
« hommes. »

L'Empereur veut donc que la garnison de Würzburg soit

de 3,000 hommes. Il est à supposer que les deux autres places
de dépôt : Kronach et Forchheim, devaient recevoir une garnison un peu inférieure, en raison de leur moindre étendue.

Napoléon annonce l'arrivée d'un grand nombre de détachements venant de France, par Mannheim.

Sa Garde à cheval sera, le 8, à Würzburg.

Tous les détachements, à l'exception de ceux qui seraient
inférieurs à 100 hommes, devront continuer leur route sur
Bamberg.

Ordre est donné que le commandant de Würzburg ait un
adjoint d'état-major chargé des détails de la place. Un adju-
dant-commandant, relevant directement du major général
pour la direction à donner aux détachements et les rapports
les concernant, doit en outre être laissé à Würzburg.

Encore une fois, les officiers d'état-major, à la Grande Armée,
remplissaient fréquemment des fonctions analogues à celles
que nous attribuons aujourd'hui aux officiers et aux fonction-
naires de l'intendance appartenant au service des étapes.

Les missions généralement quelconques que l'on attribuait
sous le premier Empire aux officiers d'état-major n'étaient
pas toujours de nature à rehausser la fonction.

Qu'arrivait-il alors ? Les officiers de haute valeur servaient
dans les troupes, à leur poste de combat, plutôt que d'aller
s'enfouir dans un « bureau des passages » aussi obscur que
peu intéressant.

Et dire que certains officiers de notre génération, élevés à
l'école formée par les admirateurs de l'état-major tel qu'il a
été constitué par Napoléon et dont le maréchal Berthier fut
la personnification la plus complète, voudraient nous ramener
à cet âge de l'officier bon à tout faire, pour les autres, et bon
à rien, par lui-même !

Il faut ignorer les principes les plus élémentaires de la
biologie pour croire qu'un officier d'une haute valeur intellec-
tuelle soit apte à remplir, tantôt des missions d'un ordre élevé,
tantôt un rôle infime.

Il faut savoir utiliser les hommes au mieux de leurs aptitudes.

Si le commandement a besoin d'une catégorie d'aides
appelés à des fonctions secondaires, que l'on crée un personnel secondaire, mais qu'on n'aille pas contraindre les
esprits d'élite à des besognes contraires à leur nature.

S'est-on jamais avisé d'atteler un pur sang à un tom-
bereau?

L'homme d'élite, à l'intelligence vive, au cœur ardent, peut
devenir rétif quand on ne sait pas l'utiliser convenablement,
à moins qu'il ne tombe dans le scepticisme, le plus grand de
tous les maux, le seul, à notre avis, qui soit presque incurable.

« Mon intention est que toute la place soit défendue contre
« des hussards, et même contre un corps d'infanterie légère
« ennemi, sauf à se retirer dans la citadelle et dans la partie
« basse de la ville sur la rive gauche du Main, si un corps
« d'armée considérable se présentait sur Würzburg et qu'on
« ne fût pas en force pour mettre toute la ville à l'abri d'un
« coup de main. »

Ainsi, toute la ville sera défendue contre des troupes
légères et, si un corps d'armée important se présente, la
garnison se retirera dans la citadelle et dans la basse ville
pourvue d'une enceinte fortifiée.....

« Dans la journée du 7 octobre, le pays de Würzburg se
« trouve découvert du côté de Fulda et de Gotha. Il faut que,
« le 8, le commandant se trouve en mesure de lever les
« ponts-levis et de fermer ses portes si, le 9 ou le 10, ce qui
« serait physiquement possible, les hussards se présentaient
« devant la ville. »

Effectivement, le 5e corps ayant l'ordre de rappeler à lui,
le soir du 6 octobre, les postes de cavalerie qu'il aura laissés
comme d'habitude en face des postes ennemis de Münnerstadt et de Kœnigshofen, la cavalerie ennemie pourra être
tentée d'avancer, le 7, dans la direction du Main.

La lettre dont nous venons d'analyser les passages principaux définit très complètement le rôle des places de dépôt, formant points d'appui pour les opérations dans le système de guerre napoléonien.

D'après les idées actuelles, les places frontières ne semblent pas devoir remplir une mission semblable à celle que leur donnait Napoléon, et pourtant, nous penchons à croire que si l'on voulait bien étudier nos zones fortifiées de la région de l'est au point de vue des ressources et des avantages qu'elles sont susceptibles de procurer aux opérations offensives, il en résulterait des enseignements précieux pour la préparation d'une guerre offensive dans la région de la Moselle et du Rhin.

Nous dirons même que nos régions fortifiées du nord-est ne rendront de grands services à nos armées que si nous prenons résolument l'offensive, car si l'ennemi écoule ses masses entre Épinal et Toul et au nord de Verdun, les musoirs fortifiés qui ont coûté si cher et qui absorberont pour leur défense tant d'éléments actifs ne seront pas plus utiles que ne l'ont été en 1813, pour Napoléon, les places de l'Elbe et, en 1814, celles de la région de l'est de la France.

L'utilisation d'une région fortifiée au début de la guerre suppose que les rassemblements principaux s'effectueront derrière elle pendant qu'une couverture, forte du quart au sixième des forces totales, jouera le rôle d'avant-garde.

Cela ne veut pas dire que la couverture sera placée directement en avant de la zone fortifiée en question, car une telle zone offrant sur tout son front une protection absolue c'est plutôt latéralement à ce front et en avant que la couverture trouvera l'emplacement le plus avantageux.

Soit par exemple la zone fortifiée A, C, B, dont les deux extrémités sont formées par des places de première grandeur et dont le front est défendu par des forts battant des débouchés de montagnes.

Pendant que les armées M, N, O, se rassembleront derrière

la zone A, C, B, l'armée de couverture P se tiendra un peu
en dehors et en avant, face au centre présumé des rassemblements ennemis X, Y.

Un tel dispositif permet de manœuvrer l'ennemi lorsque,
une fois amorcé par l'armée P, il s'est cramponné à elle.

Ce dispositif présente aussi l'avantage de reculer le moment
de notre offensive en laissant l'ennemi s'engager, à la suite de
l'armée de couverture P, dans la direction de R jusqu'au
moment où, débouchant de notre zone fortifiée A, C, B, nous
prendrons l'ennemi en flanc par un simple mouvement en
avant de nos armées M, N, O.

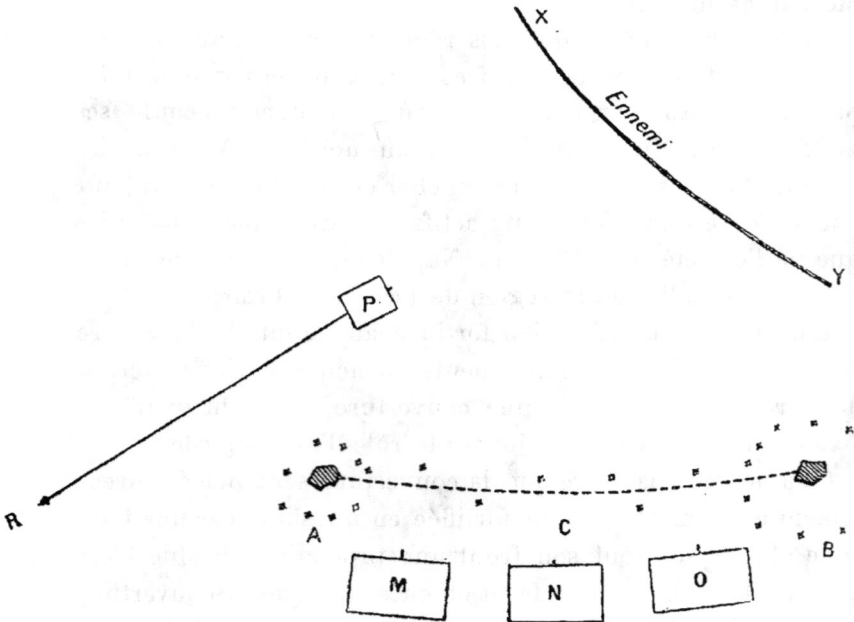

Nous croyons en avoir dit assez, pas trop cependant, sur
la question majeure des rassemblements en combinaison avec
la fortification permanente d'une frontière.

L'Empereur au maréchal Soult.

(Würzburg, 5 octobre, 11 heures matin.)

La lettre que nous allons étudier est une des plus importantes parmi celles qu'a dictées Napoléon avant l'ouverture des opérations.

On y trouve, magistralement exposée, la pure doctrine de la manœuvre d'armée qui consiste à dérober à l'ennemi trois ou quatre marches pour franchir un massif montagneux, se former au delà, *en bataillon carré*, et marcher dans cet ordre jusqu'à ce que l'ennemi vienne offrir la bataille, ou bien qu'on aille la lui imposer.

« Le major général rédige dans ce moment vos ordres que
« vous recevrez dans la journée. »

Cette rédaction consistait, nous l'avons déjà dit, à copier la minute de l'Empereur en changeant la phrase du début.

« Mon intention est que vous soyez le 8 à Baireuth..... »

« Le pays de Baireuth à Hof est un pays peu propre à la
« cavalerie. »

En effet, la route traversant des montagnes qui offrent un petit nombre de débouchés étroits et des plaines de faible étendue, la cavalerie prussienne, pour si bonne et si nombreuse qu'elle soit, ne pourra guère entraver la marche du 4e corps.

« Je crois convenable que vous connaissiez mes projets,
« afin que cette connaissance puisse vous guider dans les
« circonstances importantes. »

Il s'agit donc d'une instruction d'autant plus nécessaire que le maréchal Soult va se trouver séparé de la colonne du centre, par conséquent du grand quartier général pendant plusieurs jours, et que les communications transversales dans le massif du Franken-Wald deviendront très difficiles, sinon impossibles.

« J'ai fait occuper, armer et approvisionner les citadelles
« de Würzburg, de Forchheim et de Kronach, et je débouche
« avec toute mon armée sur la Saxe par trois débouchés.
« Vous êtes à la tête de ma droite, ayant à une demi-journée
« derrière vous le corps du maréchal Ney, et à une journée
« derrière 10,000 Bavarois, ce qui fait au delà de 50,000
« hommes.

« Le maréchal Bernadotte est à la tête de mon centre. Il a
« derrière lui le corps du maréchal Davout, la plus grande
« partie de la réserve de cavalerie et ma Garde, ce qui forme
« plus de 70,000 hommes.

« Il débouche par Kronach, Lobenstein et Schleiz. »

Le maréchal Soult n'est plus chargé de pénétrer le premier
chez l'ennemi et d'ouvrir le débouché de la colonne du centre.

Les derniers renseignements, on le verra plus loin, montrent très positivement le gros des forces ennemies sur Erfurt.

Il en résulte que l'ennemi ne pourra opposer que de faibles détachements aux têtes de colonne et que, par suite, une manœuvre préalable de Hof sur Schleiz devient inutile.

Toute l'armée va donc s'ébranler à la fois sur trois colonnes à la même hauteur ; mais le 1er corps précède d'une demi-marche environ le front du dispositif, comme avant-garde d'armée, bien que Napoléon ait écrit simplement :

« Le maréchal Bernadotte est à la tête de mon centre.

« Le 5e corps est à la tête de ma gauche. Il a derrière lui
« le corps du maréchal Augereau. Il débouche par Coburg,
« Gräfenthal et Saalfeld.

« Cela forme plus de 40,000 hommes.

« Le même jour que vous arriverez à Hof, tout cela sera
« arrivé dans des positions à la même hauteur. »

L'Empereur compte que le 4e corps devant être à Baireuth le 8, sera, le 10, à Hof, et que, ce jour-là, le 1er corps occupera Schleiz pendant que le 5e corps atteindra Saalfeld.

En réalité, le 4e corps ayant devancé son départ d'un jour (ordre expédié par le major général le 5 au soir), c'est-à-dire

ayant pris possession de Baireuth, le 7 au lieu du 8, il débou-
cha sur Hof, le 9.

« Je me tiendrai le plus constamment à la hauteur du
« centre.

« Avec cette *immense supériorité de forces réunies sur un*
« *espace si étroit*, vous sentez que je suis dans la volonté de
« ne rien hasarder et d'attaquer l'ennemi partout où il voudra
« tenir, avec des forces doubles.

« Il paraît que ce qu'il y a le plus à redouter chez les
« Prussiens, c'est leur cavalerie ; mais avec l'infanterie que
« vous avez, et en vous tenant toujours en position de vous
« placer en carrés, vous avez peu à redouter. Cependant
« aucun moyen de guerre ne doit être négligé, ayez soin que
« 3,000 ou 5,000 outils de pionniers marchent toujours à
« hauteur de vos divisions, afin de faire dans la circonstance
« une redoute ou un simple fossé. »

Napoléon sait qu'il aura affaire à des troupes autrement
redoutables que les troupes autrichiennes qui ont si peu tenu,
l'année précédente, au cours de ses opérations sur le Danube.
Il s'agit maintenant de jouer serré, de ne rien négliger parmi
les moyens de lutte et, par conséquent, d'avoir recours, s'il
le faut, à la fortification improvisée.

« Si l'ennemi se présentait contre vous avec des forces
« moindres cependant de 30,000 hommes, vous pouvez, en
« vous concertant avec le maréchal Ney, réunir vos troupes
« et l'attaquer ; mais s'il est dans une position qu'il occupe
« depuis longtemps, il aura eu le soin de la reconnaître et de
« la retrancher ; dans ce cas, conduisez-vous avec prudence. »

Autrement dit, n'attaquer qu'un ennemi en mouvement et
manœuvrer devant un ennemi en position retranchée.

Cette règle est de tous les temps.

La prudence ordonnée par l'Empereur est significative.

Non seulement, il ne faudra pas attaquer avec les 50,000

hommes de la colonne de droite un corps prussien supérieur
à 30,000 hommes, mais encore on devra agir avec beaucoup
de prudence vis-à-vis d'une force inférieure à 30,000 hommes
si elle est en position et retranchée.

« Arrivé à Hof, votre premier soin doit être de lier des
« communications entre Lobenstein, Ebersdorf et Schleiz. Je
« serai ce jour-là (le 10) à Ebersdorf. »

Les cartes de l'époque portent une route à deux traits de
Hof à Schleiz et un chemin à un trait de Hof à Lobenstein.

Cette dernière localité se trouve à moitié distance environ
entre la ligne de faîte (le pendant des eaux, d'après le style
du temps) et Saalburg ; Ebersdorf est située à moitié route
de Saalburg et de Lobenstein.

Les communications prescrites par Napoléon devront se
faire ainsi par les chemins transversaux du versant de la
haute Saale.

« Les nouvelles que vous aurez de l'ennemi, à votre débou-
« ché de Hof, vous porteront à vous appuyer un peu plus
« sur mon centre ou à prendre une position en avant, pour
« pouvoir marcher sur Plauen. »

Cette phrase signifie que si le maréchal Soult apprend en
arrivant à Hof que l'ennemi a un corps nombreux vers Schleiz
en face du débouché central et peu de forces à Plauen, il
marchera aussitôt de Hof sur Schleiz afin d'ouvrir le débouché à la colonne du centre et, dans le cas contraire, il devra
prendre position sur les hauteurs, entre Saale et Elster, qui
commandent l'accès de Plauen.

« Selon tous les renseignements que j'ai *aujourd'hui*, il
« paraît que si l'ennemi fait des mouvements, c'est sur ma
« gauche, puisque le gros de ses forces paraît être à Erfurt. »

Napoléon fait ainsi entrevoir au maréchal Soult qu'il ne
rencontrera probablement que de très faibles détachements
pendant sa marche sur Hof et Plauen.

« Je ne saurais trop vous recommander de correspondre
« très fréquemment avec moi et de m'instruire de tout ce que
« vous apprendrez sur la chaussée de Dresde. »

« Vous pensez bien que ce serait *une belle affaire que*
« *de se porter autour de cette place en un bataillon carré de*
« *200,000 hommes.* Cependant *tout cela demande un peu d'art*
« *et quelques événements.* »

L'idée maîtresse contenue dans la phrase qui précède est la
forme en carré que doit affecter la Grande Armée, une fois
sortie des montagnes, pour se porter sur Berlin par Dresde.

Napoléon ignore si la bataille qui doit décider de l'issue de
la guerre aura lieu en deçà ou au delà de Dresde. Toutefois,
il pense que l'ennemi, lorsqu'il saura l'armée française au
delà de la haute Saale, s'empressera de rétrograder rapidement vers l'Elbe pour défendre ce fleuve, la seule barrière
couvrant Berlin. Alors Dresde pourra devenir le point de
passage de la Grande Armée, laquelle évitera ainsi les places
de Torgau et de Wittemberg, tout en débordant par le sud les
lignes de défense probables.

Les événements ont été autres que ceux que Napoléon pouvait présumer le 5 octobre. La marche sur Dresde n'a pas eu
lieu, mais la Grande Armée a pris, dès le 11 octobre, la forme
d'un bataillon carré.

Cette forme doit être celle de toute armée qui s'avance
vers un ennemi éloigné, sans savoir encore de quel côté elle
portera ses efforts.

L'Empereur au maréchal Bernadotte, à Kronach.

La présente lettre offre beaucoup moins d'intérêt que les
deux précédentes ; aussi en résumerons-nous ses parties accessoires en réservant notre analyse pour les prescriptions qui
présentent de l'importance au point de vue de la doctrine stratégique.

Napoléon annonce au maréchal Bernadotte qu'il n'aura
plus sous ses ordres les Bavarois du général de Wrède

(réponse favorable à la demande en date du 19 septembre) et qu'en échange la division Dupont (auparavant au 6ᵉ corps) passe sous son commandement.

La division Dupont arrivant de Cologne par Mayence et Würzburg sera, le 6 octobre, à Bamberg et devra cantonner sans délai près de Lichtenfels et de Kronach. Le 1ᵉʳ hussards, détaché à cette division, fera le service d'escorte auprès de l'Empereur jusqu'à l'arrivée de la Garde à cheval.

« Le fort de Kronach doit être armé, etc.....

« Choisissez une bonne position au pendant des eaux, que « l'on puisse occuper pendant que tout le centre de l'armée « filera par Kronach sur le chemin de Leipzig. »

La prévision impériale présente une certaine analogie avec le système de protection d'une colonne traversant un défilé, que le maréchal Bugeaud employait au cours de ses opérations dans le Tell algérien quand une attaque était à craindre en avant ou sur les flancs de la marche. Dans ce cas, l'avant-garde détachait une fraction plus ou moins forte qui allait prendre position du côté dangereux, sur le mamelon voisin du col à traverser, ou bien, faisait occuper les deux hauteurs qui commandaient le défilé. Lorsque toute la colonne s'était écoulée au delà du col, les fractions détachées par l'avant-garde quittaient leur position et se joignaient à l'arrière-garde.

Dans l'esprit de Napoléon, le 1ᵉʳ corps, avant-garde de l'armée, celui par conséquent qui franchirait le premier le col de la route Kronach-Saalburg, aurait à placer une brigade ou une division en position sur les flancs de la route, au pendant des eaux, pour garantir la colonne du centre contre toute attaque latérale pendant son écoulement.

Ajoutons que la précaution commandée par l'Empereur fut jugée inutile au moment où elle aurait pu être observée.

« Je serai demain, 6, à Bamberg. Mon intention est de « commencer mes opérations incontinent. »

Napoléon n'a pas perdu un seul jour depuis que les ordres ont été lancés pour faire venir à Würzburg le 7e corps, la Garde et la division Dupont.

Ces troupes n'ont pas cessé de marcher, sauf la division Dupont qui a passé trois jours aux environs de Würzburg, et c'est sur leur arrivée à la place qu'elles doivent occuper dans le dispositif général de marche que se réglera l'Empereur pour mettre toute l'armée en mouvement.

Le 7e corps va jouer ainsi un rôle analogue à celui d'une compagnie dont l'arrivée à sa place de colonne décide de la mise en marche du bataillon.

« Vous devez trouver à Lichtenfels et à Kronach des « paysans qui connaissent suffisamment le pays pour vous « donner des renseignements sur la nature des communica- « tions de Gräfenthal à Lobenstein et de Lobenstein à Hof et « Plauen. »

L'Empereur attache, on le voit, une grande importance aux communications transversales qui permettraient, le cas échéant, aux trois colonnes de se soutenir mutuellement quand elles déboucheront, le 10, au delà du pendant des eaux.

Comme Lobenstein, Gräfenthal est un peu à l'est de la ligne de faîte du Franken-Wald et appartient au versant de la Saale.

Pendant la journée du 5 octobre, l'Empereur écrivit encore quatre lettres d'une importance moindre que les précédentes.

L'Empereur au maréchal Davout, à Bamberg.

« Je serai probablement demain à Bamberg..... Vous « devez prendre le chemin de Lichtenfels : ainsi *n'éloignez* « *pas vos cantonnements de cette route.* »

Cette dernière recommandation revenait à dire : échelonnez votre corps d'armée sur la route qui conduit à Lichtenfels.

Ordre de Napoléon à M. de Montesquiou, officier d'ordonnance de l'Empereur.

Passer le 6 à Würzburg ; en repartir le 7 à 4 heures du soir. Aller le 7 à midi à la citadelle ; voir le nombre de pièces en batterie, la quantité de munitions, la situation de la garnison, comment le service fonctionne.

Prendre note des effets d'artillerie, de la farine et du biscuit arrivés le 6 et le 7.

Rejoindre sur la route de Bamberg la 1re division du grand parc mobile et compter les voitures, compagnies d'artillerie et de sapeurs qui s'y trouvent.

Être de retour, le 8, à Bamberg, avec note de tout ce qui aura été vu.

Napoléon ne possédant pas le don d'ubiquité donnait assez souvent à des officiers de sa maison militaire des missions dans le genre de celle-ci afin d'être renseigné de la façon la plus sincère sur la véritable situation des choses.

Par devoir professionnel, tout officier d'état-major est appelé à rendre un compte exact, sans faiblesse comme sans passion, de ce que son chef lui a ordonné de voir ; c'est là un rôle des plus délicats, un de ceux qui exigent le plus de fermeté dans le caractère ; car l'humanité est ainsi faite que les rapports destinés au commandement ne sont pas toujours en parfaite harmonie avec la stricte vérité.

Au risque de soulever des ressentiments, l'officier d'état-major chargé de voir aux lieu et place de son général doit à celui-ci la vérité absolue.

Ordres.

Le maréchal Lannes, par ordre de Sa Majesté, prend le commandement du 5e corps d'armée qui se trouve à Schweinfurth.

Ainsi, l'Empereur, à la veille de l'ouverture des opé-

ations, enlève au maréchal Lefebvre le commandement du
e corps qu'il occupe depuis plusieurs mois, pour le donner
u maréchal Lannes.

La décision a dû paraître fort pénible au maréchal
efebvre, mais elle était commandée par l'intérêt supérieur
e l'armée.

Le maréchal Lannes était un homme de guerre, un tac-
cien consommé qui avait toute la confiance de Napoléon,
andis que le maréchal Lefebvre venait de commettre, pen-
ant la période du rassemblement, un certain nombre
'erreurs, on pourrait dire de bévues, qui avaient proba-
lement indisposé l'Empereur contre lui.

On se rappelle son projet de bivouacs pour toute la durée
u rassemblement, ses tergiversations au sujet du point le
lus favorable pour assurer la sécurité du rassemblement
énéral, etc.

Le 5ᵉ corps devant être, suivant les derniers renseigne-
ents acquis, le plus exposé à une attaque sérieuse de
'ennemi et sa mission de flanc-garde générale pouvant le
ontraindre à manœuvrer et à combattre dans des conditions
ort périlleuses, il était naturel que Napoléon mît à sa tête
e maréchal renommé comme le plus manœuvrier, après
Davout, et le plus fertile en ressources.

Le major général eut l'ordre d'affecter le maréchal Lefebvre
u commandement d'une division de la Garde et, pour lui
endre la mutation moins amère (lui dorer la pilule), il lui
ommuniqua la décision de l'Empereur et la faisant précéder
l'une phrase des plus élogieuses :

« L'Empereur désirant vous avoir plus particulièrement
uprès de lui, etc..... »

Le major général expédia en outre, ce jour-là (5 octobre),
eurs ordres de mouvement : au 5ᵉ corps (maréchal Lannes),
u 7ᵉ (maréchal Angereau), au 4ᵉ (maréchal Soult), au 6ᵉ
maréchal Ney), à la Garde (maréchal Bessières), au grand

quartier général et aux grands parcs mobiles du génie et de l'artillerie (généraux Kirgener et Songis).

Nous allons examiner les points saillants de ces ordres.

Ordre au maréchal Lannes, à Schweinfurth.

Le 5e corps partira, le 6, à la pointe du jour, et se rendra à mi-chemin de Schweinfurth à Bamberg, de manière à arriver, le 7, à la fourche de la route de Bamberg à Coburg et, le 8, de bonne heure, à Coburg.

« Le 9, vous porterez vos postes en avant de Neustadt pour « faire place au maréchal Augereau (7e corps) qui doit « arriver, ce jour-là, à Coburg.

« Vous prendrez le plus tôt possible position sur le pen- « dant des eaux ; vous arriverez à Gräfenthal le 10. Vous « serez toujours appuyé dans vos mouvements par le corps « du maréchal Augereau qui marchera derrière vous. ».

L'ordre d'arriver à Gräfenthal le 10 est formel. Cette loca- lité importante étant située près du col, sur le versant de la Saale, c'est auprès d'elle que l'Empereur a sans doute voulu que le 5e corps prît position en attendant de nouveaux ordres. D'ailleurs, à l'inspection de la carte, les environs immédiats de Gräfenthal présentent une zone de terrain découvert qui permettait aux troupes de prendre des formations tactiques.

A partir du 8, le 7e corps devant former le deuxième échelon de la colonne dont le 5e corps tenait la tête, celui-ci allait perdre un peu de son importance de corps couvrant. Désor- mais, les opérations du 5e corps n'auront plus le caractère d'indépendance relative dévolu à la couverture d'une armée, et pourtant, nous verrons Napoléon écrire, le 7 octobre, au maréchal Lannes, pour lui tracer sa ligne de conduite dans le cas où il serait attaqué par des forces supérieures aux environs de Coburg et de Gräfenthal, comme s'il remplissait encore, le 8 et le 9, le rôle de corps flanquant pour l'en- semble de l'armée.

L'ordre prescrit au maréchal Lannes de communiquer si c'est possible, le 9, avec le maréchal Bernadotte qui aura ses troupes à Lobenstein et Saalburg (avant-garde) et avec l'Empereur qui sera à Ebersdorf ou en arrière de Lobenstein.

« Pour masquer et assurer votre mouvement, il est conve-
« nable que, dans la journée du 6 et celle du 7, un piquet de
« cavalerie de 20 hommes reste derrière Melrichstadt et fasse
« des reconnaissances comme à l'ordinaire ; qu'un autre soit
« en avant de Kœnigshofen. Dans la journée du 8, tous les
« détachements vous rejoindront. »

L'ordre du 4 octobre au maréchal Lefebvre, alors chef du 5e corps, disait que les postes de cavalerie destinés à continuer le service de reconnaissances sur la frontière seraient repliés le 6 octobre.

La prescription contenue dans l'ordre du 5 octobre est plus judicieuse, mais nous nous refusons à approuver les minuties dans lesquelles entre l'ordre d'armée du 5 octobre, quand il fixe le nombre de piquets, leur composition et leur emplacement.

Un commandant de corps d'armée de la valeur du maréchal Lannes avait-il besoin qu'on lui mâchât la besogne à ce point? De tels procédés de commandement tuent à la longue la réflexion et l'initiative, dépriment enfin ceux qui, de simples exécutants, pourraient devenir des collaborateurs précieux.

Le maréchal Lannes dut placer un piquet de 10 chevaux à la croix de Würzburg à Schweinfurth, pour faire rétrograder sur Würzburg les détachements en marche sur Schweinfurth, cette ville devant être totalement évacuée par les troupes françaises ou alliées.

« A votre passage, le 7, à Bamberg, *vous vous rendrez*
« *au quartier général pour recevoir des instructions plus*
« *détaillées sur vos opérations.* »

Cette prescription est excellente et doit être retenue, car un commandant de corps d'armée peut, en quelques quarts d'heure d'entretien avec le commandant de l'armée ou le chef de l'état-major, recevoir des indications plus complètes sur la situation et les opérations qui le concernent qu'à la suite d'une volumineuse correspondance. L'occasion est bonne pour lui de faire part de ses objections, de demander des explications, en un mot, de s'orienter très exactement sur ce qu'on attend de lui et des autres.

Ordre au maréchal Augereau.

Le maréchal Augereau reçut, le 5, cet ordre laconique :

« Ordre au maréchal Augereau de partir, le 6, avec son
« corps d'armée pour se rendre à Bamberg, de manière à y
« être arrivé, le 8 au matin, de bonne heure. »

Ordre au maréchal Soult.

Le major général expédia, le même jour (5 octobre), au maréchal Soult, un ordre fort long qui n'est en quelque sorte que la paraphrase de la lettre impériale analysée un peu plus haut.

Toutefois, nous y relèverons les prescriptions suivantes :

« L'Empereur, Monsieur le Maréchal, ordonne que vous
« preniez vos mesures pour entrer à Baireuth, le 7, de meil-
« leure heure possible. Vous y entrerez en masse, de manière
« qu'une heure après l'entrée du premier de vos hussards
« tout votre corps d'armée soit à Baireuth et puisse faire
« encore quelques lieues au delà sur la route de Hof; vous
« continuerez votre marche, le 8, de manière à avoir votre
« corps d'armée, dans la nuit du 8 au 9, sur les hauteurs de
« Münchberg.

« Dans la journée du 9, vous porterez votre corps d'armée
« à Hof. »

L'ordre de mouvement avance d'un jour l'arrivée du 4e corps

à Baireuth, puisque la lettre impériale du 5 donne le 8 comme date de la prise de possession de cette ville qui dépendait des États prussiens.

Il résultera de cette disposition et d'une autre analogue prise à l'égard de la colonne du centre, que la colonne de gauche sera en retard sur les autres, c'est-à-dire ne pourra déboucher sur la Saale à Saalfeld, que le 11, alors que le corps de tête (4e) de la colonne de droite aura atteint cette rivière, le 9, à Hof, et l'avant-garde de l'armée (1er corps, en avant de la colonne du centre), le 8, à Saalburg.

Entre le moment où l'Empereur a écrit au maréchal Soult et celui où l'ordre de mouvement dicté par lui puis expédié par le major général a été lancé, Napoléon a dû réfléchir que la colonne de gauche étant la plus exposée il convenait de faciliter son débouché en Saxe en donnant aux autres colonnes une certaine avance sur elle.

L'avant-garde de l'armée arriva en effet devant Saalburg, le 8, ce qui permettait au 1er corps d'attaquer en flanc, le 10, à la suite d'une marche latérale en descendant le cours de la Saale, les troupes ennemies qui de Saalfeld voudraient s'opposer au débouché du 5e corps.

L'ordre de mouvement du 5 au maréchal Soult, veut que le 4e corps entre en masse à Baireuth de manière que son écoulement, depuis le premier hussard jusqu'à l'arrière-garde, ne dure qu'une heure.

On verra plus loin comment cet ordre fut exécuté. Disons, dès à présent, que par « masse » ou « masse de guerre » on entendait, en ce temps-là, que les troupes fussent disposées, en colonne, par peloton (compagnie), simple ou double, à demi-distance ou serrée, l'infanterie en dehors d'un seul ou des deux côtés de la route, l'artillerie sur la route

L'arrivée « en masse » du 4e corps autour de Baireuth, visait surtout l'effet moral à produire sur les habitants et, par contre-coup, sur l'ennemi.

Le corps d'armée marchant « en masse de guerre » faisait

avorter, le cas échéant, toute velléité de résistance de la part d'un ennemi peu nombreux, et, s'il fallait combattre, la période d'engagement n'était pas longue.

On marchait donc « en masse de guerre » quand on croyait pouvoir rencontrer l'ennemi et le surprendre ; mais il fallait, pour que cette marche fût possible, que le terrain limitrophe de la route se prêtât à la marche de l'infanterie en colonne.

D'après l'inspection de la carte, Napoléon dut supposer que de Thumbach à Baireuth, la marche en masse était possible.

Il ajoute que le 4e corps devra pouvoir faire encore quelques lieues au delà, sur la route de Hof.

Cela veut dire qu'après une halte du 4e corps, en masse de guerre près de Baireuth, on rompra la masse pour faire quelques lieues en formation de marche sur la route qui, à partir de Baireuth, devient montagneuse.

« Je vous préviens que le maréchal Ney sera à une demi-
« journée derrière vous ; je lui donne l'ordre d'avoir toujours
« sa cavalerie à une heure en avant de lui, afin qu'il puisse se
« porter au secours de la vôtre, s'il y avait lieu. »

Un ordre semblable avait été donné, le 4, on s'en souvient, au maréchal Augereau devant suivre le 5e corps, à partir des environs de Bamberg.

« Vous ne devez, Monsieur le Maréchal, prendre aucune
« peine du château de Culmbach ; le général de Wrède (com-
« mandant les Bavarois) qui marche après le corps du maré-
« chal Ney, a l'ordre de le cerner et de le prendre, si toutefois
« l'ennemi n'est pas en force à Hof. »

Le château de Culmbach (Kulmbach ou Plessenburg) était situé sur la route longeant la rive droite du haut Main, à 30 kilomètres de Lichtenfels et à 20 kilomètres de Baireuth. Ce fort, alors occupé par une garnison prussienne, n'avait aucune action sur la route de Baireuth à Hof, à cause de la distancé de 16 à 18 kilomètres qui le sépare de Berneck le point de cette route le plus rapproché de Culmbach.

Les Bavarois de 1806 n'étaient pas des gens à s'emparer de vive force d'un poste fortifié ; ils n'eurent Culmbach qu'à la fin de novembre, par capitulation. Leurs descendants ont agi de même devant Bitche, en 1870.

Un fort qui ne commande pas directement un passage inévitable comme était le fort de Bard, lors du passage de l'armée de réserve en Italie, ne mérite pas qu'on s'en occupe autrement qu'en le faisant investir par un détachement de troupes de l'arrière ; c'est ce que fit Napoléon.

« Le quartier général sera, le 6, à Bamberg, le 8, à Lichten-
« fels, le 9, à Kronach. »

L'ordre de mouvement pour le 5ᵉ corps indiquait que, le 9 octobre, le grand quartier général serait à Ebersdorf ou en arrière de Lobenstein, suivant les circonstances, c'est-à-dire bien au delà de Kronach.

En fait, Napoléon coucha, le 9, à Ebersdorf, après avoir assisté au début du combat de Schleiz.

La différence que nous venons de signaler au sujet des emplacements probables du quartier impérial semble indiquer que les ordres expédiés, le 5, aux maréchaux étaient antérieurs à celui qui fut adressé, le même jour, au maréchal Lannes et que, dans l'intervalle, l'Empereur se décida à porter, le 9, son quartier général auprès de l'avant-garde de l'armée, à Ebersdorf.

« Vous aurez soin d'envoyer, tous les jours, un officier à
« l'état-major général, pour rendre compte de votre position
« et des nouvelles que vous aurez de l'ennemi. »

Cette prescription est importante ; elle est la base des communications indispensables à établir journellement entre les quartiers généraux des corps d'armée et le grand quartier général de l'armée.

En 1870, du côté allemand, les corps d'armée envoyèrent, chaque jour, à une heure déterminée, un officier d'état-major, à cheval, et le plus souvent en voiture, pour remettre les rapports et prendre les ordres.

« Sa Majesté est assurée de la bonne intelligence qui « régnera entre vous et le maréchal Ney ; si vous aviez seule-« ment affaire à un corps de 20,000 hommes, Sa Majesté entend « que le corps du maréchal Ney soit arrivé avant que vous « attaquiez, non que Sa Majesté ne doute que votre corps ne « culbutât un corps d'égale force, même beaucoup plus consi-« dérable, mais c'est qu'en se trouvant plus nombreux, on « épargne le sang et on a des affaires plus décisives. »

L'idée qui couve sous ce paragraphe est la même que celle exprimée dans l'ordre de mouvement au maréchal Lannes.

L'Empereur ne veut pas d'engagement à moins d'opposer à l'ennemi des forces doubles.

La colonne de droite comprend au total plus de 50,000 hommes ; elle devra donner, tout entière réunie, si la force de l'ennemi dépasse 20,000 hommes.

Napoléon excite la confiance de ses troupes quand il affirme que le 4e corps est fort capable, à lui seul, de culbuter un corps ennemi égal ou même supérieur en nombre ; seulement il ne veut pas d'affaire de ce genre pour plusieurs raisons parmi lesquelles les plus essentielles ne sont pas celles mises en avant d'épargner le sang et d'obtenir une action plus décisive.

L'armée prussienne est encore environnée de l'auréole due aux succès de Frédéric. Napoléon la tient en grande estime, lui accorde même plus de valeur qu'elle n'en possède réellement, et il veut agir en conséquence.

Telle a été la situation au début de la guerre de 1870, lorsque les Allemands imbus d'une crainte salutaire à notre endroit nous attaquèrent sur la Lauter et la Sauer avec des forces plus que doubles.

On peut dire avec certitude qu'à une époque comme la nôtre, où l'opinion joue un si grand rôle, il faut, au début d'une guerre, frapper un grand coup avec des forces tellement supérieures que l'ennemi, là où la rencontre initiale se produira, ne puisse éviter un échec.

Ce succès d'avant-garde, gage des victoires ultérieures à remporter sur les grandes masses, appartiendra à la nation dont l'armée de couverture sera la plus forte, la première prête et la plus habilement conduite.

« Sa Majesté vous aurait envoyé plus de cavalerie, mais le
« pays de Hof est tellement coupé qu'il pense qu'entre vous et
« le maréchal Ney vous en avez suffisamment. »

Le 8 octobre, écrivant au maréchal Lannes au sujet de l'entrée du 5e corps à Coburg, le 7, au lieu du 8, l'Empereur s'exprime ainsi :

« Je n'ai point de vos nouvelles. Je suis fâché que vous
« soyez entré à Coburg hier : *vos instructions portaient d'y*
« *entrer ce matin et en masse.* »

De cette citation et de quelques autres symptômes que nous signalerons plus loin, nous concluons que les ordres de mouvement lancés par le major général, le 4 et le 5, n'ont pas été la copie pure et simple d'un ordre général de mouvement dicté par l'Empereur. En effet :

1° L'ordre au maréchal Lannes ne dit pas d'entrer à Coburg en masse ; c'est seulement dans l'ordre au maréchal Soult que se trouve cette prescription ;

2° L'Empereur emploie indifféremment le terme d'ordre ou d'instruction pour désigner les lettres adressées par le major général aux maréchaux en vue de la traversée du Franken-Wald ;

3° La lettre de l'Empereur au maréchal Soult est nette, claire et concise. Celle du major général au même maréchal, dont nous avons sauté un grand nombre de passages prolixes ou inutiles, compte 663 mots et ne fait que diluer la prose si ferme de Napoléon.

Voici comment les choses ont dû se passer :

Napoléon a dicté un ordre général de mouvement pour la Grande Armée, contenant, comme l'ordre pour les dispositions de rassemblement du 19 septembre, un paragraphe pour chaque corps ou service.

Il a dû ensuite expliquer de vive voix au major général les mesures de détail à prendre pour l'exécution, et le maréchal Berthier a sans doute pris des notes sur son carnet.

C'est sur l'ordre général, avec le secours de ses notes, que le major général a probablement fait son travail de rédaction des ordres aux corps d'armée.

Napoléon voulait que le 5e corps entrât à Coburg en masse, ainsi que le 4e corps à Baireuth.

Le major général a fait part de cet ordre au maréchal Soult et l'a oublié, en ce qui concernait le maréchal Lannes.

Les ordres de mouvement du 4 et du 5 octobre mettent à nu la faiblesse du maréchal Berthier, sa « niaiserie » pour employer le qualificatif d'un contemporain (1).

Nous avons dit que l'ordre du major général au maréchal Soult, en date du 5 octobre, compte 663 mots sans compter l'adresse. L'ordre analogue envoyé le même jour au maréchal Lannes n'en a guère moins.

Du 4 au 7 octobre, le major général a expédié 16 ordres ou instructions, pour la traversée du Franken-Wald devant embrasser les journées du 7, du 8 et du 9 octobre.

Ces 16 ordres contiennent, ensemble, 3,839 mots, non compris ceux des adresses.

Le 4 août 1870, le prince Frédéric-Charles, commandant de la IIe armée allemande, lança un ordre pour la traversée de la Haardt qui devait s'exécuter en trois jours, les 5, 6 et 7 août.

_____

(1) Mme de Rémusat.

Son armée se composait de 6 corps et de 2 divisions de cavalerie.

L'ordre en question, unique pour la 11ᵉ armée, contient 396 mots, ou seulement 30 mots de plus que l'ordre du maré chal Berthier à un seul corps d'armée, le 4ᵉ.

Mais la supériorité de l'état-major allemand s'arrête là et ne dépasse pas la question de forme, car les mesures prises par le prince Frédéric-Charles pour la traversée de la Haardt ne rappellent que de très loin les dispositions magistrales de Napoléon en vue du franchissement d'un massif plus difficile, le Franken-Wald, à la barbe de l'ennemi.

Plus tard, quand nous étudierons la stratégie du grand état-major prussien en 1870, nous examinerons, comme terme de comparaison, les trois journées de marche montagneuse ou boisée de la IIᵉ armée allemande, les 5, 6 et 7 août 1870 et l'on verra la distance qui sépare les disciples du maître, quant à la conception et à la préparation.

Mais, sous le rapport de la méthode apportée dans la rédaction et la transmission des ordres, en un mot, dans le service d'état-major, nous sommes obligés de convenir que l'armée allemande de 1870 s'est montrée très supérieure à la Grande Armée de Napoléon, à cette armée faite par un homme, pour un homme, et pas pour un autre.

Les autres ordres de mouvement, expédiés par le major général dans la journée du 5 octobre, étant moins importants que les ordres aux maréchaux Lannes et Soult placés, l'un à la tête de la colonne de gauche, l'autre à celle de droite, nous allons les résumer brièvement.

Le major général au maréchal Ney (6ᵉ corps), à Nuremberg.

Le maréchal Soult entre le 7 à Baireuth et de là marche sur Hof.

Le 6ᵉ corps sera le 8 à Baireuth, se tiendra toujours à une demi-journée du 4ᵉ corps et lui prêtera son appui.

Le général de Wrède (Bavarois) qui suit le 6ᵉ corps a ordre d'occuper Culmbach.

Le quartier général sera le 6 à Bamberg, le 8 à Lichtenfels, le 9 à Kronach.

Le major général au maréchal Bessière (Garde). à Würzburg.

Le maréchal Bessière partira avec toute la Garde pour être rendu le 6 ou le 7 à Bamberg.

Le major général au commandant du grand quartier général. à Würzburg.

Ordre de partir ce matin, à 10 heures, pour Bamberg où le grand quartier général arrivera le 6.

Ordre aux commandants des grands parcs mobiles du génie et de l'artillerie.

Les grands parcs mobiles du génie et de l'artillerie, divisés chacun en deux échelons, partiront de Würzburg, le 6 et le 8, pour Bamberg, le parc du génie précédant de deux heures le parc d'artillerie.

Les généraux Songis et Kirgener partiront le 5 pour être rendus le 6 à Bamberg.

On aura remarqué que l'Empereur écrit, le 5 octobre, une longue lettre au maréchal Soult pour lui faire part de ses intentions et lui donner une idée nette de l'ensemble.

Pourquoi n'avoir pas écrit pour le même objet au maréchal Lannes ?

On conçoit que le maréchal Bernadotte formant la tête de la colonne du centre n'ait pas eu besoin d'une lettre de l'Empereur destinée à l'orienter sur la situation, parce que le chef de l'armée se propose de rejoindre son avant-garde en temps utile, et là, de donner ses ordres ; mais, Lannes ?

C'est que le maréchal Lannes a été invité par le major
énéral à venir, le 7, au quartier général pour y recevoir ses
struction.

§ 2. — La journée du 6 octobre.

Dès son arrivée à Bamberg, le 6 octobre, l'Empereur lança
ses troupes la proclamation que tout le monde connaît pour
eur annoncer la guerre avec la Prusse.

Ce document est intéressant à lire comme manifestation
'une souplesse d'esprit très remarquable.

Le ton de la proclamation, sa forme qui rappelle les tirades
mpoulées de la période révolutionnaire, font un contraste
aisissant avec la prose habituelle si sobre et si nette de
apoléon.

On sent que l'Empereur a composé sa proclamation pour
es hommes accessibles aux phrases ronflantes, des simplistes,
l'écorce rude, très montés sur le point d'honneur et fiers
e leurs succès antérieurs.

Les soldats de Napoléon sont bien les fils de ces Gaulois
ont parle César, qui se laissaient griser par de belles paroles.

Le major général expédia deux ordres de mouvement, le
octobre, au maréchal Bernadotte et au général Dupont,
lus une instruction explicative de l'ordre du 5 octobre au
aréchal Lannes.

Le major général au maréchal Bernadotte, à Lichtenfels.

(Bamberg, 6 octobre, 2 heures du soir.)

« L'Empereur ordonne, Monsieur le Maréchal, que votre
quartier général soit demain, 7, à Kronach et que vos deux
premières divisions soient en position entre Kronach et la
frontière ; que la division du général Dupont qui fait partie
de votre armée soit en avant de Lichtenfels, à la position de
Zettlitz, éclairant la route de Coburg et de Culmbach.

« Dans la journée du 8, M. le maréchal Lannes occupera
« Coburg et M. le maréchal Davout occupera Zettlitz en avant
« de Lichtenfels, ce qui vous mettra à même de rappeler la
« division du général Dupont et de marcher avec tout votre
« corps d'armée pour être arrivé, le 9, au delà des frontières,
« sur les hauteurs de Lobenstein ».

L'ennemi était à Coburg et à Culmbach.

Le 7, les deux premières divisions du maréchal Bernadotte
devant s'échelonner entre Kronach et la frontière, il devenait
important d'assurer, au moins jusqu'au 8, c'est-à-dire jusqu'à
l'arrivée du 5e corps à Coburg et des Bavarois devant Culmbach, la garde des débouchés conduisant de Coburg et de
Culmbach sur Zettlitz, point important de la route réservée à
la colonne du centre.

Dans ce but, la division Dupont occupera Zettlitz, le 7, et le
3e corps y aura une division, le 8, avec ordre d'éclairer sur
Coburg et sur Culmbach.

Il résulte de l'ordre que nous étudions en ce moment que,
le 8, la division Dupont rejoindra la 2e division du 1er corps
au delà de Kronach et que, le 9, tout le 1er corps d'armée
débouchera entre Lobenstein et Saalburg, dans la vallée
de la Saale.

« Si l'ennemi avait marché à la rencontre du maréchal
« Soult sur la route de Baireuth, coupez-lui tout ce qui vou-
« drait se retirer sur la route de Schleiz. Il sera convenable
« que vous vous teniez très éclairé par votre droite pour
« connaître les mouvements de l'ennemi à Hof et pour pré-
« venir l'Empereur de tout ce qui pourrait revenir de ses
« projets. »

Le maréchal Berthier confond ici projet avec opération.
L'ennemi ne fait jamais connaître ses projets, mais il les
laisse deviner parfois par les mouvements ou les dispositions
qu'il exécute.

Suivent des détails sur la marche des colonnes laté-
rales.

Le major général au général Dupont, à Bamberg.

(Bamberg, 6 octobre.)

« L'Empereur ordonne que vous partiez, demain 7, à la pointe du jour, pour joindre le maréchal Bernadotte ; vous laisserez tout le pays entre Bamberg et Lichtenfels entièrement libre pour les autres corps de l'armée qui vous suivent. »

On se souvient que la division avait quitté Würzburg, le octobre, pour être rendue en trois jours, c'est-à-dire le octobre, à Bamberg.

Ce qu'il faut retenir de l'ordre ci-dessus, c'est que la vision Dupont doit partir de Bamberg, le 7 octobre à la ointe du jour.

Cette division pouvait présenter, en y comprenant ses équiiges et son parc divisionnaire, une durée d'écoulement de ux heures.

D'autre part, il y a 12 kilomètres de Bamberg à Oberndorf llage dont l'importance apparaîtra bientôt ; donc, la division upont, en supposant qu'elle quittât Bamberg à 6 heures u matin, aurait certainement dépassé Oberndorf, quatre ures après, ou à 10 heures.

Le 5 octobre dans la soirée, le maréchal Berthier avait voyé au maréchal Lannes un ordre de mouvement où il ait dit :

« L'intention de l'Empereur est que votre corps d'armée (le 5e), parte demain (6 octobre) à la pointe du jour et se rende à moitié chemin de Schweinfurth à Bamberg, de manière à pouvoir arriver à la fourche de la route de Bamberg à Coburg, dans la journée du 7, et, le 8 de bonne heure, à Coburg. »

C'était clair.

Néanmoins, le major général se vit forcé d'écrire un nouvel rdre, ou instruction, au maréchal Lannes, le 6, à 5 heures

du soir, au sujet de la marche du 5ᵉ corps pendant la journée
du 7 octobre.

Cette instruction nouvelle va nous faire toucher du doigt
l'imprévoyance et la passivité du maréchal Berthier ainsi que
de l'état-major de la Grande Armée, à l'époque la plus brillante des guerres napoléoniennes.

Le major général au maréchal Lannes, à Hassfurt.

(Bamberg, 6 octobre, 5 heures du soir.)

« L'instruction que je vous ai envoyée hier soir, Monsieur
« le Maréchal, vous fait connaître que vous devez coucher,
« le 7, à la fourche des routes de Bamberg à Coburg et de
« Schweinfurth à Bamberg ; cette fourche se trouve au village
« de Dorfleins, où je viens d'ordonner qu'il soit jeté un pont
« sur le Main. »

La seconde rédaction diffère du tout au tout de la première. Dans l'ordre du 5, la fourche était située entre Bamberg et Coburg, près du village d'Oberndorf (exactement à
Breitev). L'ordre du 6 insinue que c'était à la fourche de
Dorfleins que le 5ᵉ corps doit s'arrêter, le 6.

Pourquoi ?

Ceci demande une explication un peu longue.

Le 5 octobre à minuit, c'est-à-dire à la première minute de
la journée du 6, le grand-duc de Berg expédia de Bamberg à
l'Empereur encore à Würzburg un rapport sur les revues
passées aux divisions de cavalerie. Son rapport se terminait
ainsi :

« J'observe à Votre Majesté qu'on passe le Main dans un
« bac pour venir de Würzburg à Bamberg et qu'il n'y a pas
« de pont établi. »

C'était une erreur.

On ne passe pas le Main quand on va de Würzburg à
Bamberg, mais bien la Regnitz, rivière qui traverse Bamberg
par le milieu.

Mais quand on va de Schweinfurth à Bamberg il faut traverser le Main à Dorfleins.

C'est le bac de Dorfleins qu'a voulu signaler le prince Murat.

L'Empereur, en apprenant qu'il n'y avait pas de pont à Dorfleins, sur l'itinéraire du 5ᵉ corps, dut entrer dans une violente colère ; mais, suivant son habitude, il ne s'attarda pas en récriminations inutiles et fit envoyer au maréchal Davout, le matin du 6 octobre, l'ordre de faire construire, le jour même, par tous les moyens possibles, même en employant la réquisition, deux ponts sur le Main, l'un à Dorfleins, l'autre près d'Oberndorf.

Le maréchal Berthier craignit sans doute, le 6, que le pont de Dorfleins ne fût pas prêt, le 7, et, afin de pouvoir se retrancher derrière un ordre antérieur lancé avant la découverte de son imprévoyance, il eut le soin de défigurer, dans son ordre du 6, la prescription très nette de son ordre du 5, en vertu de laquelle le 5ᵉ corps devait s'arrêter, le 7, à la fourche d'Oberndorf.

De cette façon, le major général pouvait dire à l'Empereur que, d'après les ordres lancés le 5, le maréchal Lannes ne devait traverser le Main à Dorfleins que le 8 au matin.

L'ordre du 5 octobre au maréchal Lannes prescrivait au 5ᵉ corps d'atteindre Coburg, le 8 octobre de bonne heure. Or, de Dorfleins à Coburg il y a près de 50 kilomètres !

Ainsi, le maréchal Berthier est à Würzburg avec l'état-major de la Grande Armée depuis le 28 septembre ; il sait depuis plusieurs jours que toute l'armée doit se ployer sur Coburg, Kronach et Baireuth et néanmoins il ne fait rien et ne fait rien faire pour savoir dans quel état sont les communications que devront suivre les corps de la Grande Armée pour se porter de leurs cantonnements de rassemblement à leurs cantonnements préparatoires de marche.

Il faut que ce soit par un avis inexact d'ailleurs, adressé dans la nuit du 5 au 6 par le prince Murat, que l'Empereur apprenne la détresse où va se trouver le 5e corps ayant à traverser le Main deux fois, le 7, et le 8.

Vraiment, l'impéritie est par trop forte.

Et puis, quelle opinion peut-on avoir du caractère d'un major général qui, pour masquer sa faute, falsifie, dans un nouvel ordre au maréchal Lannes, une indication très nette portée dans le premier ?

Ce fait n'est pas isolé ; on en trouve d'autres exemples en fouillant la correspondance du maréchal Berthier.

En arrivant à Bamberg, le 6 dans la matinée, l'Empereur dut se rendre compte que si la division Dupont ne partait pas de Bamberg pour Zettlitz, le 7 de très grand matin, et si le 5e corps ne débarrassait pas complètement la route depuis Bamberg jusqu'à Oberndorf dans la même journée, il serait impossible au 7e corps venant de Würzburg, et au 3e corps, encore à Bamberg, de déboucher de cette dernière ville, le 8 octobre. Dès lors, son projet d'ouvrir les opérations le 7 octobre, se trouvait bouleversé ou, tout au moins, retardé de vingt-quatre heures.

Napoléon porta beaucoup d'attention sur cette particularité que l'élément de route compris entre Bamberg et Oberndorf devait être commun, le 7 et le 8 octobre, à la division Dupont, au 3e corps, au 5e corps, à la Garde, au 7e corps et à quatre divisions de cavalerie, sans compter les équipages du grand quartier général.

Les ordres qu'il dicta, ou bien qu'il fit rédiger par le major général, le 6 octobre au soir et le 7 de grand matin, visent en effet à éviter l'encombrement sur la section : Bamberg-Oberndorf.

Nous ferons ressortir les dispositions ordonnées pour l'écoulement des troupes et des convois entre Bamberg et Oberndorf, au fur et à mesure qu'elles apparaîtront dans les ordres de mouvement du 6 et du 7 octobre.

Revenons maintenant à l'ordre du major général au maréchal Lannes, en date du 6 octobre.

« Il serait à désirer que votre 1re division et votre cavalerie puissent passer demain, 7, le Main sur ce pont (de Dorfleins) et profiter du reste du jour pour vous porter à Oberndorf et y passer le Main sur un second pont que j'y fais établir, et de *cantonner votre armée sur la rive droite du Main*, sans avoir aucun poste ni aucun homme sur la rive gauche qui est occupée par les autres corps de l'armée. Le 8, cette division qui serait *ainsi rapprochée de Coburg* se mettrait en marche pour *se rapprocher également* de cette ville.

« Vous réunirez dans la journée du 7 tout le reste de votre corps d'armée, de manière que, le 8 avant le jour, tout ce qui appartient à votre armée ait traversé le Main et franchi tout l'espace de pays qui se trouve entre Hallstadt (au nord et près de Bamberg) et Oberndorf, de manière qu'à 8 heures du matin cette portion de la route soit libre. »

Quel pathos !

On peut être certain que l'Empereur, s'il a inspiré un tel ordre, ne l'a pas dicté.

Cette prose confuse signifie ceci :

Le 7 dans la soirée, la cavalerie et la division du 5e corps traverseront le Main une première fois à Dorfleins et iront cantonner au delà du second pont du Main établi à Obern‑ dorf, aucun homme du 5e corps ne devant se trouver dans la nuit du 7 au 8 sur la rive droite du Main.

Le 5e corps stationnera ainsi en deux groupes, tous les deux sur la rive droite du Rhin, l'un (cavalerie et 1re division) au nord d'Oberndorf, l'autre (le reste du corps d'armée) à ouest de Dorfleins.

Ensuite, la seconde portion du 5e corps se mettra en marche, le 8, de telle sorte qu'à 8 heures du matin sa queue ait évacué Oberndorf.

La section de route : Hallstadt-Oberndorf est donc attribuée au 5e corps depuis le 7, à midi, jusqu'au 8, à 8 h. du matin.

L'ordre du major général se termine par la défense de faire aucune réquisition sur la rive gauche du Main; le pays de la rive droite et particulièrement les environs de Coburg étant attribués comme zone de subsistances au 5e corps.

§ 4. — La journée du 7 octobre.

(*Voir carte n° 11.*)

L'Empereur adressa, le 7 octobre, un message au Sénat pour lui annoncer la guerre avec la Prusse. Ce document fut rédigé dans un style admirablement approprié aux personnages composant la première assemblée du pays.

L'extrait suivant suffit à donner la tonalité du morceau écrit pour le public restreint et spécial que l'on peut se figurer, quand on connaît les mœurs et les préjugés de la bourgeoisie française..... au commencement du XIXe siècle.

« Les armées prussiennes étaient arrivées devant les can-
« tonnements de nos troupes. Des provocations de toute
« espèce, et *même des voies de fait*, avaient signalé l'esprit de
« haine qui animait nos ennemis et la modération de nos
« soldats, qui, *tranquilles à l'aspect de tous ces mouvements*,
« étonnés de ne recevoir aucun ordre, *se reposaient dans la*
« *double confiance que donnent le courage et le bon droit.* »

Napoléon écrivit le même jour :

1° A M. Fouché, ministre de la police à Paris, pour l'inviter à donner une direction à l'opinion publique dans le sens du message au Sénat ;

2° A M. de Talleyrand, à Mayence, au sujet de l'ultimatum envoyé par le roi de Prusse ;

3° A M. Otto, ministre de France auprès du roi de Bavière, afin de l'instruire du commencement des hostilités et pour faire venir la moitié du corps Deroy, environ 8,000 Bavarois, à Bamberg ;

4° Au roi de Bavière, pour lui annoncer l'ouverture des hostilités ;

5° Au prince primat, même objet ;

6° Au roi de Wurtemberg, même objet ;

7° Au général Junot, gouverneur de Paris, au sujet de la garnison de la capitale;

8° Au prince Eugène, vice-roi d'Italie, pour lui dire que les hostilités ont commencé, le jour même, par l'invasion de Baireuth. Réunir les 9 escadrons de cuirassiers (3 régiments) de l'armée d'Italie à Brescia. Envoyer par le Tyrol des aides de camp qui prendront langue à Forchheim et rendront compte de tout ce qu'ils auront vu sur les derrières de la Grande Armée. En attendant la nouvelle d'un événement majeur, faire courir le bruit que tout s'est arrangé avec la Prusse.

Tandis que l'Empereur faisait expédier, le 7 au matin, par son cabinet civil les lettres que nous venons de résumer, le major général envoyait de son côté les ordres et les instructions que nous allons analyser sommairement.

Le major général au maréchal Davout.

(Bamberg, 7 octobre, 4 heures du matin.)

« L'Empereur ordonne, Monsieur le Maréchal, que vous
« portiez votre quartier général dans la journée du 7 à Lich-
« tenfels et que vous *poussiez votre première division pour*
« *cantonner à Lichtenfels;* vos deux autres divisions seront
« cantonnées entre Bamberg et Lichtenfels, de manière que,
« demain 8, tout votre corps d'armée puisse être réuni *en*
« *masse de guerre en avant de Kronach* et être en mesure de
« soutenir le maréchal Bernadotte qui doit, dans la journée
« du 9, se porter sur Lobenstein et sur la Saale. »

Cet ordre indique qu'au 3° corps, la 1re division formant l'avant-garde doit cantonner en boule, ramassée sur elle-même, tandis que les deux autres stationneront en profondeur, le long de la route.

Ce dispositif semble avoir été la règle à la Grande Armée lorsque l'éloignement de l'ennemi autorisait les commandants des corps d'armée à cantonner leurs troupes.

* 20

Nous ne voyons pas la nécessité pour le 3ᵉ corps de se réunir en *masse de guerre*, le 8 après la marche, en avant de Kronach. Le major général dit que c'est pour être en mesure de soutenir le maréchal Bernadotte dont le corps d'armée doit déboucher, le 9, sur la Saale.

Mais, tout le territoire entre Kronach et Lobenstein étant montagneux et boisé, la route n'est entre ces deux points qu'un long défilé. Quel avantage retirerait-on de la formation du 3ᵉ corps, en masse de guerre, à proximité d'une route sur laquelle les régiments devront forcément s'écouler étroitement, en vue de marcher sur les traces du 1ᵉʳ corps?

On comprend que, le 8, le 3ᵉ corps ait eu à serrer un peu sur lui-même, afin de laisser de l'espace en arrière pour la Garde et les divisions de cavalerie de la réserve, mais c'est tout.

En fait, le 3ᵉ corps a pris des cantonnements-bivouacs, le 8 octobre, sur sa route de marche, entre Steinwiesen et Zettlitz, sur une profondeur de 20 kilomètres environ.

Ainsi, les maréchaux se voyaient parfois dans la nécessité de modifier les dispositions qui leur étaient adressées par le major général lorsque, par exemple, il leur était démontré que le maréchal Berthier avait compris à rebours les intentions de l'Empereur.

Le major général au prince Murat.

(Bamberg, 7 octobre, 4 h. 1/2 du matin.)

Le deuxième ordre lancé par le maréchal Berthier était destiné au prince Murat; il porte en substance :

« Le prince ira aujourd'hui, 7, à Kronach où il recevra « dans la journée une instruction détaillée.

« La division Beaumont (3ᵉ de dragons) partira, le plus tôt « possible, pour Kronach.

« La division Sahuc (4ᵉ de dragons) se dirigera aujourd'hui « sur Lichtenfels.

« Les deux divisions de grosse cavalerie cantonneront, le 8, « entre Bamberg et Lichtenfels.

« Les divisions Klein (2ᵉ de dragons) et Grouchy (1ʳᵉ de « dragons) doivent continuer leur marche pour rejoindre. »

D'après cet ordre, les 3ᵉ et 4ᵉ divisions de dragons cantonneront, le 7, sur la route centrale entre la queue du 1ᵉʳ corps (avant-garde de l'armée) et la tête du 3ᵉ corps.

En résumé, il devait passer, sur la route de Bamberg à Lichtenfels ou, tout au moins, depuis Hallstadt jusqu'à Oberndorf, le 7 octobre :

Les 3ᵉ et 4ᵉ divisions de dragons ;

Tout le 3ᵉ corps d'armée ;

Tout le 5ᵉ corps d'armée.

Le major général à l'adjoint Desnoyers.

(Bamberg, 7 octobre, 4 h. 1/2 du matin.)

« Il est ordonné à l'adjoint d'état-major Desnoyers de partir « sur-le-champ pour se rendre sur le chemin de Bamberg à « Baireuth ; il s'arrêtera à l'extrême frontière, il interrogera « les habitants et les voyageurs afin d'avoir des nouvelles du « maréchal Soult qui doit être entré à Baireuth à midi ; il n'en « dira rien à personne et, du moment qu'il sera certain que « l'armée française est à Baireuth, il me l'écrira par une esta- « fette ou par un homme du pays ; de sa personne, M. Des- « noyers se rendra à Baireuth et rapportera à l'Empereur tous « les renseignements qu'il aura pu se procurer sur la situa- « tion de l'armée du maréchal Soult, ainsi que de tous ceux « qu'il aura pu recueillir sur la situation de l'ennemi à Hof. « Il prendra également des notes sur l'abondance des subsis- « tances et la manière de vivre dans le pays de Baireuth. »

Voilà une instruction qui peut servir de modèle, lorsqu'il s'agit d'envoyer un officier de l'état-major de l'armée vers un corps d'armée en opérations avec mission d'en rapporter les renseignements dont le commandant en chef a besoin.

L'instruction en question vise quatre points :

1° Annoncer, le plus vite possible, l'entrée certaine du 4ᵉ corps à Baireuth ;

2° Joindre le 4ᵉ corps, voir son chef, et faire ample provision de renseignements sur la situation de ce corps d'armée ;

3° Rapporter des nouvelles de l'ennemi ;

4° Noter les ressources en subsistances du pays de Baireuth.

Le chef d'escadron Desnoyers dut partir, à 5 heures du matin au plus tard, de Bamberg pour Baireuth.

Cet officier supérieur prit la route par Schesslitz et Hollfeld.

Arrivé à l'extrême frontière située à 4 lieues environ de Baireuth, près du village de Busbach, il s'y arrêta, interrogea les voyageurs et expédia, à 3 heures du soir seulement, le rapport suivant au major général :

« J'ai l'honneur de rendre compte à Votre Altesse Séré-
« nissime que les troupes françaises sont en possession ce
« matin de Baireuth, sans y être entrées.

« Le maréchal Soult est à une demi-lieue de la ville.

« Il n'y a aucun ennemi dans la ville.

« Jusqu'à présent je n'ai pu me procurer des renseigne-
« ments assez précis et qui méritent quelque attention. Je
« continue ma route à Baireuth ; dès que j'aurai des détails
« sur la position des deux armées et que je connaîtrai les
« ressources du pays, je me rendrai avec célérité au quartier
« général. »

Ce rapport ne put parvenir que très tard dans la soirée au major général, pour les raisons suivantes :

Le point de départ du rapport — l'extrême frontière — étant à 40 kilomètres de Bamberg, le cavalier qui l'a porté a dû mettre quatre heures (10 kilomètres à l'heure) pour arriver à Bamberg, autrement dit, n'a pu remettre le pli dont il était chargé qu'à 7 heures du soir.

La preuve que l'estafette envoyée par le chef d'escadron Desnoyers est arrivée à Bamberg après 5 heures du soir, c'est que l'Empereur ayant fait partir, à cette heure-là, un de ses officiers d'ordonnance, le capitaine de la Marche, avec une lettre pour le maréchal Soult, remit à cet officier une instruction écrite, où l'entrée du 4ᵉ corps à Baireuth est donnée comme douteuse.

Le pays parcouru par le commandant Desnoyers jusqu'à la frontière appartenait au royaume de Bavière. On n'avait pas à y craindre l'enlèvement de postes de relai.

Dans ces conditions, nous pensons que le commandant Desnoyers aurait dû emmener huit cavaliers très bien montés, en laissant deux à Schesslitz et deux à Hollfeld. De la frontière, l eût envoyé son rapport par deux cavaliers à Hollfeld. Les deux cavaliers de Hollfeld l'eussent porté aux deux cavaliers de Schesslitz et ceux-ci à Bamberg. Il fût resté au commandant Desnoyers deux cavaliers pour l'accompagner à Baireuth.

Le rapport pouvait, avec deux relais, parvenir au major général à 5 heures du soir, deux heures après son expédition.

Le major général adressa, le 7 octobre dans la matinée, un nouvel ordre au maréchal Augereau lui prescrivant de traverser Bamberg, le 8 au matin, et de cantonner sur la rive droite du Main, entre Coburg et Oberndorf, après avoir franchi le pont de bateaux établi près de cette dernière localité.

A midi, l'arrière-garde du 7ᵉ corps devait avoir traversé Bamberg.

Cet ordre avait pour objet de déterminer exactement le temps pendant lequel le 7ᵉ corps occuperait la section comprise entre Bamberg et Oberndorf sur la route centrale de l'armée.

La durée d'écoulement du 7ᵉ corps, à 2 divisions, étant de 3 heures environ, la tête de colonne traversait Bamberg à 9 heures du matin, et la queue, à midi. Par conséquent, la route de Bamberg à Oberndorf serait disponible pour les troupes de la colonne du centre depuis la pointe du jour jusqu'à 9 heures et, à partir de midi, jusqu'au soir.

*20

On peut observer que les prescriptions ordonnées, le 7, au
maréchal Augereau, concernant la traversée de Bamberg et le
cantonnement du 8 octobre, condamnaient les termes de
l'ordre du 4 octobre où il était dit :

« Le 8, vous prendrez une position intermédiaire entre
« Bamberg et Coburg. »

L'ordre du 4 octobre était fautif et vague puisqu'il autorisait le maréchal Augereau à cantonner ses troupes sur la rive
gauche du Main, au risque d'enrayer les mouvements de la
colonne du centre.

Évidemment, le major général n'avait pas réfléchi, le 4,
aux inconvénients qui résulteraient de la présence du 7e corps
à proximité de Bamberg, sur la route centrale, et il a fallu
que Napoléon lui mît les points sur les i, pour l'amener à
donner un nouvel ordre très net réglant le stationnement du
7e corps après la marche du 8 et le moment de sa traversée
de Bamberg.

Ces détails ont surtout pour but de montrer la nécessité
absolue, pour le commandement d'une armée, de régler
minutieusement la marche des corps ou détachements ayant
à faire usage d'une section de route qui leur est commune le
même jour.

Le major général a été, sous ce rapport comme sous beaucoup d'autres, inférieur à sa tâche.

Nous allons maintenant examiner l'instruction du major
général, annoncée dans l'ordre du 7 octobre, à 4 h. 1/2 du
matin, au prince Murat, concernant le rôle de la cavalerie
d'avant-garde pendant la journée du 8 octobre.

Cette instruction, due à la plume du major général, présente
les dispositions conçues par l'Empereur sous une forme tellement confuse que l'on peut se demander si le maréchal Berthier les a comprises en les écrivant.

Le major général au prince Murat.

(Bamberg, 7 octobre, 10 heures du matin.)

L'instruction débute par l'ordre qu'aucune cavalerie ne dépasse la frontière, le 7, *afin de ne pas donner l'éveil à l'ennemi.*

« Le 4ᵉ corps devant entrer à Baireuth aujourd'hui, l'ennemi ne connaîtra le commencement des hostilités que le 8, à midi ou vers le soir.

« Il y a à *l'avant-garde* trois brigades de cavalerie légère ; il faut y mettre beaucoup d'ordre. »

Cette avant-garde est constituée par le 1ᵉʳ corps d'armée avec 3 brigades de cavalerie légère, le tout, aux ordres du prince Murat. C'est l'avant-garde de la Grande Armée

« La brigade (de cavalerie) attachée au maréchal Bernadotte (1ᵉʳ corps) est commandée par le général Wathier (2ᵉ, 4ᵉ hussards, 5ᵉ chasseurs) ; elle débouchera demain matin, fera prisonnier tout ce qu'elle pourra, s'avancera le plus loin possible, et battra tout le pays pour avoir des renseignements.

« Le général de brigade Milhaud (1) (13ᵉ chasseurs), après avoir dépassé Lobenstein, se jettera sur la gauche et reconnaîtra ce qu'il y a à Saalfeld et Gräfenthal. »

Jusqu'à présent, voici le rôle des brigades légères de la colonne du centre et de la colonne de gauche, à l'exception de la brigade Lasalle dont nous nous occuperons un peu plus loin.

1° La brigade Wathier — cavalerie du 1ᵉʳ corps d'armée — débouche la première et avance, droit devant elle, sur la route de Leipzig, aussi loin qu'elle peut.

---

(1) La brigade Milhaud devait comprendre le 1ᵉʳ hussards et le 13ᵉ chasseurs, mais le 1ᵉʳ hussards avait été affecté au service du grand quartier général jusqu'à l'arrivée de la cavalerie de la Garde.

2° La brigade Treillard — cavalerie du 5° corps — pousse de Coburg sur Gräfenthal.

3° La brigade Milhaud — de la réserve de la cavalerie — avec le seul régiment dont elle dispose, longe les montagnes sur le versant de la Saale à partir de Lobenstein, dans la direction de Gräfenthal et de Saalfeld, avec la double mission d'établir la liaison avec la cavalerie du 5° corps et de reconnaître l'ennemi signalé vers Saalfeld.

Cette brigade va éclairer le flanc gauche du débouché central.

« L'intention de l'Empereur est que le grand-duc (prince
« Murat) se tienne en position, ayant en avant de lui la bri-
« gade du général Lasalle qu'il tiendra le plus réunie possible
« pour en former une réserve ; mais il enverra reconnaître la
« droite sur Hof, et comme le général Wathier qui se portera
« en avant avec un régiment en a trois, le grand-duc se trou-
« vera avoir en masse quatre régiments et sera couvert vis-à-
« vis de lui par le général Wathier avec un régiment, à sa
« gauche par le général Milhaud, à sa droite par le général
« Lasalle. »

Il faut savoir que le prince Murat avait le commandement de toute l'avant-garde de l'armée pour comprendre l'expression : « le grand-duc se tiendra en position ».

Cela veut dire que le 1er corps occupera une position sur le revers oriental du Franken-Wald pendant que s'exécuteront les reconnaissances de la cavalerie.

Le major général veut que la brigade Lasalle (5° et 7° hussards) forme avec deux des régiments de la brigade Wathier une réserve de quatre régiments et, d'autre part, il dit que le prince Murat sera couvert à sa droite par le général Lasalle.

La forme ambiguë de cette partie de l'instruction ne pouvait amener de la part du prince Murat que des mesures malencontreuses ; c'est ce qui eut lieu. Toute la brigade Lasalle fut détachée sur la droite pour établir la liaison dans la vallée de la Saale avec le maréchal Soult et, le 9, au combat de Schleiz, le prince Murat ne put disposer que de deux régiments, ce qui fit dire à l'Empereur, le 10 au matin :

« Il m'a paru que vous n'aviez pas sous la main assez de « cavalerie réunie ; en l'éparpillant toute, il ne vous restera « rien. Vous avez 6 régiments ; je vous avais recommandé « d'en avoir au moins 4 dans la main, je ne vous en ai vu hier « que 2. »

Assurément, la critique de l'Empereur était fondée, mais encore fallait-il que ses intentions transmises par le major général fussent claires et ne portassent pas que la droite du prince Murat dût être couverte par la brigade Lasalle.

Néanmoins, l'instruction expédiée au prince Murat présente un caractère de précision qu'on ne trouve pas toujours dans les instructions adressées à la cavalerie au cours des grandes manœuvres d'automne.

Le major général, si médiocre traducteur qu'il soit des intentions de l'Empereur, se garde bien de dire :

« La cavalerie, aux ordres du prince Murat, explorera le « secteur : Hof-Schleiz-Saalfeld. »

Tout au contraire, le gros de la division de cavalerie, qui comprendra 4 régiments sur 6, doit marcher réuni, sur la chaussée de Leipzig, couvert, en avant, par un régiment de la brigade Wathier, à gauche, par l'unique régiment du général Milhaud, à droite, par un détachement de la brigade Lasalle.

Ces trois généraux de brigade sont chargés de diriger les reconnaissances sur les trois directions indiquées.

Continuons l'analyse de l'instruction.

« Ces trois généraux (Wathier, Milhaud, Lasalle) passeront « le Main (sic) dès demain, à une ou deux lieues, chacun sur « sa direction, ayant battu et éclairé le pays. »

Comment le major général a-t-il pu prescrire que les généraux Wathier, Milhaud et Lasalle passeraient le Main, le 8 au matin, alors que ces brigades étaient cantonnées depuis nombre de jours à plusieurs lieues au nord de cette rivière?

D'ailleurs, la région de la rive droite du Main est très boisée, très montagneuse, et les brigades légères étaient bien empêchées de battre et d'éclairer le pays à deux lieues les unes des autres, chacune sur sa direction.

Le maréchal Berthier a-t-il commis un *lapsus* et a-t-il voulu dire la Saale? Non, certes, puisque la brigade Milhaud est chargée de reconnaître Gräfenthal et Saalfeld, qui sont sur la rive gauche, pendant que la brigade Lasalle enverra reconnaître sur Hof, même rive.

Le major général suppose donc que les brigades légères cantonnent au sud du Main et qu'elles vont pouvoir chevaucher, à travers monts et vallées, comme en pays ouvert.

Jamais chef d'état-major n'a commis une pareille erreur

« Il sera attaché un officier du génie à chacun de ces géné
« raux de brigade pour faire la reconnaissance du pays, de
« sorte que, demain vers minuit, l'Empereur reçoive, à Kro-
« nach où il se trouvera, la reconnaissance de ces officiers et
« des trois généraux de brigade; ces reconnaissances devront
« porter sur ces points :

« Peut-on de Saalburg communiquer sur Saalfeld?

« Peut-on communiquer de Saalburg à Hof?

« Peut-on communiquer de Lobenstein à Gräfenthal?

« Peut-on communiquer de Lobenstein à Hof?

« Quelle espèce de communication y a-t-il?

« Est-elle propre à l'infanterie, à la cavalerie et à l'artil-
« lerie?

« Quelle est la situation de l'ennemi du côté de Hof, du
« côté de Saalburg, et surtout celle de la grande chaussée de
« Leipzig?

« Quelle est sa position sur Gräfenthal et Saalfeld, c'est-à-
« dire sur la communication de Coburg à Naumburg? »

Les prescriptions qui précèdent sont nettes et précises; elles ont dû être reproduites par le maréchal Berthier d'après ses notes exactement écrites sous la dictée de l'Empereur.

Le questionnaire ci-dessus peut s'appliquer dans tous les cas analogues d'une armée voulant déboucher dans une vallée après avoir traversé un massif montagneux ou boisé.

Il s'agit de savoir si le corps d'avant-garde de l'armée, qui débouchera le premier par la route centrale, pourra

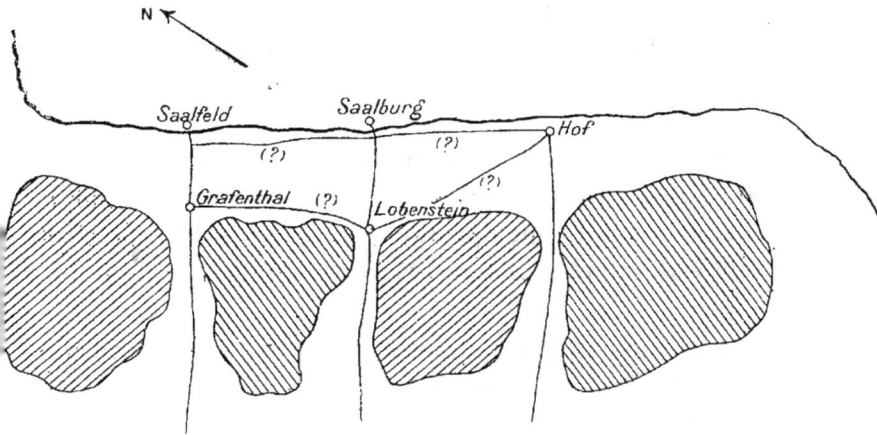

se porter facilement de Lobenstein à Hof ou à Gräfenthal, ou bien, de Saalburg à Hof, ou encore, de Saalburg à Saalfeld.

En effet, si l'ennemi est à Hof, en position, l'avant-garde de l'armée doit pouvoir l'attaquer en flanc tandis que les troupes de la colonne de droite le combattront de front, de même, si l'ennemi tentait de s'opposer avec des forces un peu considérables au débouché de la colonne de gauche, l'avant-garde générale aurait à marcher contre lui, soit de Lobenstein à Gräfenthal, soit de Saalburg à Saalfeld.

Cette conception du rôle de l'avant-garde de l'armée au débouché central était tellement celle de Napoléon que nous verrons le major général écrivant, le 9 octobre, au maréchal Lannes, lui dire :

« Si l'ennemi avait des forces notables à Saalfeld, l'Empe-
« reur marcherait avec 20,000 ou 25,000 hommes (le 1er corps)
« dans la nuit (du 9 au 10) pour arriver demain (10) vers midi
« sur Saalfeld, par Saalburg. »

Nous ne reviendrons pas sur le rôle attribué par Napoléon
aux officiers du génie, avant et après les opérations.

Les officiers de cette arme étaient, mieux que tous autres,
par leur éducation militaire, en situation d'apprécier, vite et
bien, les caractères topographiques d'une région, la viabilité
des routes, le régime des cours d'eau, la valeur des ouvrages
d'art, etc.

« L'Empereur envoie le grand-duc (Murat) en personne à
« cette reconnaissance, exprès pour que Sa Majesté puisse
« connaître, autant que possible, la position de l'ennemi et
« profiter de notre première irruption pour frapper un grand
« coup. »

L'intention de Napoléon, pour avoir été mal exprimée par
le major général, n'est pas moins claire et marquée au coin
de la prévoyance la plus haute.

L'Empereur veut profiter de l'irruption soudaine en Saxe
des trois brigades légères de Murat pour frapper un grand
coup.

Quel moyen emploie-t-il?

Le prince Murat a, pour la circonstance, le commandement
de toute l'avant-garde.

La cavalerie, par essence même, est susceptible de jeter le
désordre, mais elle est impuissante à le rendre durable.

Il faut donc que des troupes nombreuses d'infanterie et
d'artillerie puissent rendre définitifs les premiers succès de la
cavalerie. Or la seule manière d'assurer l'union intime des
armes consiste à les réunir dans la main d'un seul.

On peut conclure de là, pour l'avenir, qu'une nombreuse
cavalerie faisant irruption sur le territoire ennemi devra être
soutenue de près par un corps d'infanterie et d'artillerie afin

de frapper un grand coup. Dans ces conditions, il faudra donner le commandement de l'avant-garde et des masses de cavalerie, soit au chef suprême de la cavalerie, soit au chef direct de l'avant-garde.

Transposant la notion de l'avant-garde stratégique de 1806 à une guerre future, nous entrevoyons une armée d'avant-garde, pourvue de plusieurs divisions de cavalerie, en marche sur le rassemblement ennemi le plus proche ou le plus menaçant, afin de frapper tout d'abord un grand coup.

Les masses de cavalerie, soutenues de près par l'armée d'avant-garde, inonderont le territoire de l'ennemi, battront sa cavalerie moins concentrée ou moins nombreuse, immobiliseront puis investiront les forces adverses les premières réunies et les contraindront ainsi à recevoir une première bataille dans des conditions d'infériorité flagrante.

Ces résultats, on ne les obtiendra que si l'armée de couverture, devenant l'avant-garde du groupe principal, est plus forte, plus tôt prête et mieux pourvue en cavalerie que la couverture opposée.

Les Prussiens de 1806 n'avaient que de faibles détachements d'avant-garde dans le Thuringer-Wald, à Saalfeld et à Hof.

Les Allemands de 1870 étaient-ils mieux disposés, à la fin de juillet, pour contre-battre une offensive soudaine des Français dans le bassin de Saarbrück?

« S'il y a *une brigade d'infanterie* du maréchal Bernadotte « qui puisse être demain au soir *sur une bonne position* en « avant de Lobenstein et d'Ebersdorf, on la fera pousser « jusque-là. »

Qu'est-ce une brigade d'infanterie à pousser au delà du débouché, sinon l'avant-garde du 1er corps d'armée, lui-même avant-garde de l'armée?

Les corps de la Grande Armée avaient donc des avant-

gardes autrement constituées que par un bataillon en soutien
de la cavalerie.

« Le maréchal Bernadotte, avec son corps d'armée, doit
« prendre une bonne position *sur la hauteur de Saalburg (?)*.
« Probablement que les ponts de la Saale seront coupés ;
« il faudra les faire réparer sur-le-champ, et pour cela, il
« sera nécessaire que les pontonniers du maréchal Bernadotte
« soient en avant. »

Ici le maréchal Berthier réapparaît tout entier.

Il confond la position de la brigade d'avant-garde avec
celle du gros du 1er corps.

La position de la brigade d'avant-garde était évidemment
sur la hauteur de Saalburg au delà d'Ebersdorf, mais le gros
du 1er corps ne pouvait prendre position qu'en arrière de ce
point ; c'est ce qui eut lieu en réalité.

Mais que penser d'un major général qui ne comprend pas
ce qu'il écrit ? En vérité, Napoléon a été singulièrement inspiré en conservant à la tête de l'état-major général un
homme aussi incapable que le maréchal Berthier : c'est à
croire qu'il ne se faisait jamais présenter les ordres expédiés
par son major général.

« Pour que l'Empereur soit certain d'avoir des nouvelles
« demain à Kronach, il faut que le grand-duc (Murat) tienne
« des *officiers d'état-major* à mi-chemin. »

Singulier rôle que celui de cavalier de correspondance
attribué à des officiers d'état-major !

Il faut croire que le major général avait mal interprété les
ordres de l'Empereur sur cet objet et que, d'autre part, le
prince Murat ne se conforma pas à la prescription portée
ci-dessus, car l'Empereur n'ayant reçu, le 8, qu'à 4 heures
du soir un rapport du prince Murat, expédié de Lobenstein
à 10 heures du matin, se plaignit du retard en ces termes :

Kronach, 8 octobre, 5 heures du soir.

« Je reçois votre lettre écrite à 10 heures du matin. Vous n'avez pas mis de *piquets de cavalerie* comme je vous avais dit de le faire ; je vous en témoigne mon mécontentement parce que votre lettre écrite à 10 heures ne m'est parvenue que vers 4 heures. »

Le rapport avait donc mis six heures à parcourir les 6 kilomètres qui séparent Lobenstein de Kronach ; soit à une itesse moyenne de 6 kilomètres à l'heure.

Mais, circonstance atténuante, la route était couverte de roupes, durant la matinée et la majeure partie de l'après-nidi du 8 octobre.

Le prince Murat, au lieu de s'excuser de n'avoir pas placé des officiers d'état-major à mi-chemin » aux termes de l'insuction du maréchal Berthier, n'osa mettre en doute *l'ordre maginaire* de tenir des *piquets* de cavalerie sur la route et épondit, le 9 octobre, à Napoléon :

« Je ne mérite pas les reproches que me fait Votre Majesté, puisque l'officier que j'ai eu l'honneur de lui adresser est arrivé à Kronach avec les chevaux des *piquets* de cavalerie *que j'avais placés sur la route d'après ses ordres.* »

Ainsi, le prince Murat commet une double inexactitude our se disculper d'une omission que la sottise du maréchal Berthier avait rendue presque inévitable. Ces petits détails de ommandement en disent long sur la valeur morale de certains rands personnages militaires touchant de près à Napoléon.

« Son Altesse est prévenue que le maréchal Soult sera demain au delà de Münchberg. »

A 5 heures du soir, le 7 octobre, l'Empereur fit monter à heval un de ses officiers d'ordonnance, le capitaine de la Iarche, avec mission de porter une lettre au maréchal Soult . Baireuth et de venir le retrouver, le lendemain, à Kronach.

Cet officier fit diligence, car il arriva à Baireuth auprès du maréchal Soult, le 7 avant minuit, et rapporta, le 8 vers 3 heures du soir, à Kronach, la réponse du maréchal.

De Bamberg à Baireuth il y a 50 kilomètres. De Baireuth à Kronach, on compte 65 kilomètres avec les détours nécessités par le fort de Culmbach qu'occupaient les Prussiens.

Donc, en vingt-deux heures, le capitaine de la Marche a parcouru, à cheval, 115 kilomètres et il a dû s'arrêter plusieurs heures à Baireuth pour donner le temps au maréchal Soult d'écrire son rapport.

La lettre de l'Empereur, portée par le capitaine de la Marche au maréchal Soult, présente peu d'intérêt.

Le passage essentiel est celui-ci :

« Je désire connaître d'une manière positive le nom du lieu « où vous passerez la nuit du 8 au 9. La cavalerie légère de la « réserve débouchera, le 8, par Lobenstein et poussera des « partis du côté de Hof, afin d'avoir, le 9, de vos nouvelles. »

Mais quelques heures auparavant, à 2 heures, l'Empereur avait expédié au maréchal Lannes, par un des aides de camp de ce maréchal, une lettre importante dont nous allons analyser avec le soin qu'ils méritent les points principaux.

L'Empereur au maréchal Lannes.

(Bamberg, 7 octobre, 2 heures du soir.)

« Vous arriverez demain à Coburg. Prenez une bonne posi-« tion en avant de cette ville. L'ennemi peut être de deux côtés « contre vous ; il peut venir par le chemin de Gotha, et par « Eisfeld et Saalfeld. »

Trois routes débouchaient sur Coburg, venant du nord et de l'est.

C'étaient :

1º La route de Gotha, par Meiningen et Hildburghausen ;

2º La route de Saalburg, par Gräfenthal et Neustadt ;

3º La route d'Erfurt, par Arnstadt, Hemenau et Eisfeld.

Les deux premières étaient relativement bonnes, tandis que la troisième était peu carrossable depuis Erfurt jusqu'à Eisfeld.

« La cavalerie légère du centre, qui débouche, le 8 au « matin, par Lobenstein, enverra des reconnaissances sur « Gräfenthal. »

Le maréchal Lannes devait se rendre (ordre du 5 octobre) au quartier général de l'Empereur à Bamberg, le 7 octobre dans l'après-midi, pendant le défilé du 5e corps à Hallstadt.

Il n'en fut rien, paraît-il, puisque la lettre que nous analysons ici fut expédiée au maréchal par l'un de ses aides de camp, à 2 heures de l'après-midi.

Le major général avait sans doute l'intention de prescrire au maréchal Lannes de pousser, le 8, sa cavalerie jusqu'à Gräfenthal, ainsi qu'il ressort des termes de l'instruction adressée, le 7, à 10 heures du matin au prince Murat.

L'Empereur devait donc penser que, dans la journée du 8, la brigade de cavalerie légère du 5e corps, aux ordres du général Treillard, atteindrait, en partie, sinon en totalité, le bourg de Gräfenthal. C'est dans cette hypothèse qu'il annonce au maréchal Lannes l'envoi de reconnaissances de la cavalerie du centre sur Gräfenthal, afin que ce maréchal prévenu donne des ordres à sa cavalerie en vue d'assurer la liaison avec la cavalerie du centre sur la direction de Lobenstein.

Gräfenthal est situé près de la ligne de faîte du Franken-Wald, sur le versant de la Saale.

Münchberg, que le 4e corps devait atteindre, le 8, est placé, comme Gräfenthal, sur les pentes orientales du massif.

Lobenstein est à moitié distance entre le sommet du col et Saalburg.

Donc, le 8, toute l'avant-garde de l'armée sera réunie sur le versant saxon, ayant, en avant et sur ses flancs, trois brigades de cavalerie légère, et, le même jour, les colonnes collatérales tiendront avec leur cavalerie (colonne de gauche) ou des troupes des trois armes (colonne de droite) les localités situées immédiatement au delà des cols à traverser pour descendre en Saxe.

Le 8, au soir, la liaison pourra exister entre les trois colonnes de l'armée dans la vallée de la Saale.

« Le maréchal Augereau (7ᵉ corps) dépassera demain Bam-« berg pour arriver demain soir (le 8) près de Coburg. Il est « nécessaire, avant de vous porter trop en avant sur la route « de Gräfenthal, que vous ayez des nouvelles positives que « le maréchal Augereau a passé le pont du Main, à Obern-« dorf. »

L'Empereur veut avec raison que le 5ᵉ corps ne s'expose à combattre, au débouché du Franken-Wald, que s'il peut compter sur la coopération du 7ᵉ corps.

La prescription impériale sous-entendait des rapports fréquents entre les maréchaux Lannes et Augereau. On sait, qu'au contraire, le maréchal Augereau, une fois arrivé à Coburg, ne reçut ni instruction nouvelle du major général ni avis du maréchal Lannes, et qu'il perdit là quarante-huit heures à attendre des ordres et des renseignements qui ne vinrent pas.

« Il paraît que les principales forces de l'ennemi sont sur « Naumburg, Weimar, Erfurt et Gotha. »

Les renseignements de l'Empereur étaient exacts.

Nous verrons un peu plus loin le prince Murat, les maréchaux Bernadotte, Soult, Lannes et Davout faire part à Napoléon des rapports de leurs espions et conclure tous, dans le sens de la position de l'ennemi telle que l'Empereur la définit, le 7, au maréchal Lannes.

« Je serai aujourd'hui, à deux heures après minuit (le 8, « 2 heures du matin), à Kronach.

« Du moment que vous entrerez à Coburg, vous m'enverrez

« tous vos rapports à Kronach. Il est fort urgent qu'ils
« m'arrivent vite, afin que je puisse comparer vos rapports
« avec ceux qui m'arrivent d'autres côtés et juger des projets
« de l'ennemi.

« Je pense que vous devez placer deux piquets, *chacun de*
« *cinq chasseurs*, entre Coburg et Kronach, afin que vos rap-
« ports puissent arriver rapidement et être fréquents (12 kilo-
« mètres entre ces postes de correspondance). »

C'est par l'ensemble des rapports envoyés de toutes parts
que le général en chef peut se faire une opinion sur l'emplacement et la répartition des forces ennemies; mais il faut que
la comparaison des renseignements entre eux s'effectue, autant
que possible, d'après des rapports de même date.

Ne voit-on pas dans la désignation du nombre et de la composition des postes de correspondance à placer entre Coburg
et Kronach l'ingérence fâcheuse de l'Empereur dans des
détails au-dessous de lui?

En mâchant ainsi la besogne à ses maréchaux, Napoléon
les déshabitue de réfléchir et de prévoir, les rend de plus en
plus passifs, et dépense lui-même sa vigueur cérébrale en
excitations inutiles, donc nuisibles.

Les nombreuses sautes d'idées dans un même document
sont un indice de surmenage intellectuel; nous l'avons déjà
fait ressortir en étudiant les nombreuses lettres impériales
datées de Mayence, qui frisent parfois l'incohérence.

La lettre que nous analysons présentement va en fournir
une nouvelle preuve.

« Dans tout événement, votre ligne de retraite est sur Bam-
« berg.

« Il est possible que je fasse attaquer l'ennemi à Saalburg.
« Je le ferai attaquer le 9.

« Faites ouvrir les lettres à Coburg et à la poste de Neu-
« stadt; cela pourra vous donner quelques renseignements. »

En trois lignes, trois idées, sans lien commun :

1° Ligne de retraite sur Bamberg; 2° Attaque possible de

Saalburg, puis date fixée au 9 ; 3° Lettres à ouvrir à la poste
de Coburg et à celle de Neustadt.

Continuons :

« Placez-vous très militairement. Je vois avec plaisir que
« vous arriverez demain de très bonne heure à Coburg ; cela
« vous mettra à même de vous placer très militairement et
« d'avoir déjà reconnu tous les débouchés de la route qui arrive
« de Saalfeld et celle qui arrive d'Eisfeld. »

Cette phrase contient deux fois la même prescription en
termes identiques ; n'est-ce pas un indice de fatigue cérébrale ?

Par l'expression : « Placez-vous très militairement », l'Empereur veut dire : le 5ᵉ corps sera au bivouac, les bataillons
en colonne, les avant-postes placés, comme si un combat était
imminent.

« Écrivez-moi très fréquemment.

« Arrivé à Coburg ou à Neustadt, envoyez-moi tous les ren-
« seignements que vous pourrez vous procurer sur la route de
« Gräfenthal à Lobenstein et à Saalburg. »

Le prince Murat a reçu l'ordre d'envoyer des rapports de
reconnaissance sur ces deux routes qui permettent d'établir
des communications entre la colonne du centre et la colonne
de gauche.

L'Empereur veut que le maréchal Lannes fasse reconnaître
de son côté les mêmes routes et rende compte des renseignements obtenus parce qu'on obtiendra ainsi des recoupements
précieux.

« Arrangez vos affaires comme si, deux ou trois jours après
« avoir abandonné Coburg, l'ennemi devait y venir. Il serait,
« en effet, possible que l'ennemi y vînt. Tous les embarras que
« vous avez, [dirigez-les sur la citadelle de Kronach, car au-
« jourd'hui vous êtes trop loin de Würzburg pour les envoyer
« là. »

Pendant la marche de la Grande Armée à travers le Franken-Wald pour déboucher en Saxe, la colonne de gauche défilait à moins de 20 lieues de la ligne : Gotha-Erfurt-Weimar sur laquelle on savait que l'ennemi avait ses principales forces.

En apprenant, le 9, par les avant-postes de cavalerie du général Blücher que les Français étaient entrés, le 8, à Coburg, les Prussiens pouvaient fort bien envoyer de Gotha ou d'Erfurt une colonne qui atteindrait Coburg, sans difficulté, le 11 ou le 12, c'est-à-dire deux ou trois jours après le départ du 5e corps.

Mais, le 11 ou le 12, toute la colonne du centre aurait dépassé Kronach et il ne resterait ni un homme ni un cheval sur les routes de gauche et du centre en dehors de Würzburg et de Kronach.

D'ailleurs, quel besoin pouvait avoir le maréchal Lannes à laisser du personnel ou du matériel à Coburg?

Le conseil d'envoyer les embarras de Coburg à Kronach était bon, attendu que 36 kilomètres à peine séparent ces deux villes reliées entre elles par une bonne route.

« En vous disant plus haut que votre retraite serait sur
« Bamberg, je dois ajouter que ce ne doit pas être sur la route
« que vous avez prise en venant, mais par la grande chaussée;
« et vous trouverez des positions intermédiaires derrière
« Coburg, qui vous mettraient à même de couvrir la route de
« Lichtenfels et de Bamberg. Comme j'ai beaucoup de troupes
« à Lichtenfels et à Kronach, vous serez soutenu, non seule-
« ment par le maréchal Augereau, mais encore par tout le
« corps du centre. »

L'indication d'une retraite éventuelle du 5e corps sur Zeittlitz, par la grande chaussée de Coburg à Baireuth, vise uniquement le cas où le maréchal Lannes serait attaqué le 8, par des forces supérieures venant, soit de Saalfeld, soit d'Erfurt, soit de Gotha, ou encore, de ces trois directions simultanément.

A partir du 9 et du 10, le 5e corps ne trouverait plus, en

effet, sur Lichtenfels et Kronach l'appui des nombreuses troupes de la colonne du centre parce que, à ce moment, elles auraient toutes, ou à peu près toutes, débouché en Saxe, par Lobenstein.

La conception de Napoléon dans le cas visé plus haut est remarquable ; voici pourquoi :

Si le 5ᵉ corps, pressé par des forces très supérieures, rétrogradait sur le 7ᵉ corps venant de Bamberg, par Oberndorf et Rattelsdorf, la réunion de ces deux corps formerait, à la vérité, une masse de 40,000 hommes, susceptible d'opposer une résistance durable, mais la chaussée de Coburg à Zettlitz serait découverte et l'ennemi pourrait jeter le désordre dans les parcs, convois et divisions de cavalerie qui devaient défiler, le 9 et le 10, dans le couloir du Main pour gagner Kronach puis la Saxe.

Les 5ᵉ et 7ᵉ corps seraient donc séparés pour plusieurs jours du gros de l'armée qu'ils ne pourraient rejoindre qu'après un long détour par Bamberg, en supposant que les troupes de la colonne du centre, non encore passées en Saxe, eussent pu contenir l'ennemi sur la route de Coburg à Zettlitz.

En ordonnant, au contraire, au 5ᵉ corps d'effectuer éventuellement sa retraite sur Zettlitz, Napoléon ménage aux 5ᵉ et 7ᵉ corps la possibilité de diviser les forces de l'ennemi, de le manœuvrer, peut-être même de l'envelopper avec le concours des troupes de la colonne du centre.

Pendant que le 5ᵉ corps reculera lentement de position en position vers Zettlitz, le 7ᵉ corps, marchant au canon, attirera sur lui des forces nombreuses et, s'il est contraint lui-même à la retraite, il l'exécutera sur une direction divergente par rapport à celle du 5ᵉ corps, par conséquent, de nature à diviser l'ennemi.

Les troupes de la colonne du centre, encore sur le versant du Main, viendront au secours du 5ᵉ corps, pourront battre l'ennemi sur Coburg, le rejeter au loin, et prendre à revers les forces qui auront refoulé le 7ᵉ corps.

Sous quelque face que l'on examine la prescription de l'Em-

)ereur, on ne peut qu'en admirer la haute et judicieuse pré-
'oyance.

C'est la solution par excellence d'un thème stratégique
:omplexe mais bien posé.

Le prince Murat, de son côté, fit envoyer, le 7, par son
hef d'état-major, le général Belliard, des ordres de mouve
nent aux divisions de dragons et de cuirassiers de la réserve
le cavalerie pour leur faire suivre la marche des corps d'armée
le la colonne du centre.

Les premiers ordres, datés de Bamberg dans la matinée,
isent les emplacements à prendre par les divisions de cava-
erie, le 7 et le 8. (*Voir carte n° 11.*)

D'autres ordres, envoyés de Kronach, après que le prince
Iurat se fût transporté en cette place, prescrivent les mouve-
nents à effectuer, le 8 et le 9.

La 3ᵉ division de dragons (général Beaumont) était can-
onnée depuis plusieurs jours aux environs de Staffelstein,
)êle-mêle avec la division d'avant-garde (1ʳᵉ) du 3ᵉ corps.

Cette division de dragons eut à se porter, le 7, sur la route
le Kronach, la tête à Neuses (inclus), la queue à Lichtenfels
exclus), par conséquent entre le 1ᵉʳ et le 3ᵉ corps.

La 4ᵉ division de dragons (général Sahuc), cantonnée aux
·nvirons de Baunach, sur la rive droite du Main, dut s'établir,
·e 7, sur la route du centre, la tête à Lichtenfels (inclus), la
jueue à Ebensfeld, immédiatement derrière la 3ᵉ division de
lragons, non sans laisser sur la rive droite du Main des frac-
ions chargées d'éclairer sur Coburg.

Les 3ᵉ et 4ᵉ divisions de dragons, placées immédiatement
lerrière le 1ᵉʳ corps d'armée (Bernadotte), étaient à même de
·uivre son mouvement pour déboucher en Saxe.

Avec ses trois brigades légères et les 3ᵉ et 4ᵉ divisions de
lragons, le prince Murat va donc disposer de dix-huit régi-
nents de cavalerie et d'un corps d'armée, formant ensemble
l'avant-garde de la Grande Armée, pour refouler les détache-

ments de l'ennemi, ouvrir les débouchés des trois colonnes, reconnaître le gros des forces adverses, le fixer, et permettre ainsi à la Grande Armée de se concentrer, de manœuvrer, puis de combattre.

Une avant-garde d'armée ne peut remplir son rôle que si elle dispose d'une force imposante en cavalerie.

Celle-ci, en effet, lui est indispensable pour protéger ses flancs, tendre un large rideau devant elle et prendre le contact des postes et patrouilles de l'ennemi sur toute l'étendue de leur front.

Sous le couvert de sa nombreuse cavalerie, le corps d'armée d'avant-garde pourra se porter là où le général en chef voudra déchirer le voile formé par le réseau de sûreté et d'observation de l'ennemi.

Les Prussiens, au lendemain de la guerre de 1870-1871, n'avaient pas lieu d'être très satisfaits du rôle joué par leur cavalerie, avant pendant et après la bataille.

Quelques-uns de leurs écrivains militaires, et parmi eux le remarquable auteur de : *Armement, Instruction, Organisation et emploi de la cavalerie*, firent alors une campagne en faveur de l'action indépendante et souvent décisive des divisions de cavalerie.

Ignorant la notion fondamentale de l'avant-garde stratégique, les cavaliers allemands réclamèrent pour la cavalerie seule la tâche dévolue par Napoléon à son avant-garde très fortement pourvue en cavalerie.

L'auteur auquel nous faisons allusion un peu plus haut, Fritz Hœnig, écrivait en 1883 :

« Avec des armées d'un effectif aussi considérable que « celles de nos jours, il est inévitable que 60,000 ou 70,000 « cavaliers se rencontrent devant le front des deux adversaires « (par exemple l'Allemagne contre la France, ou l'Allemagne « contre la Russie).

« Répartie d'abord sur une longue ligne, cette cavalerie se « concentrera à l'approche de la bataille décisive.

« Comme *il est du devoir de la cavalerie des deux partis de*
« *se regarder dans le blanc de l'œil jusqu'au dernier moment,*
« de contrarier, de gêner ou d'empêcher les intentions de
« l'adversaire, il est probable que toutes les batailles princi-
« pales seront précédées de grands combats de cavalerie,
« dans lesquels une grande partie de la besogne de la bataille
« principale devra être déjà faite. »

Il était difficile de réunir plus de sophismes en moins de
mots.

L'auteur raisonne comme si les armées adverses avaient, au
début d'une nouvelle guerre, à exécuter cinq ou six marches
avant de se rencontrer.

Mais, les forces de couverture auront leurs avant-postes
au contact dès le 3ᵉ ou le 4ᵉ jour de la mobilisation, et celui
des deux adversaires qui aura l'infériorité numérique en cavalerie se gardera bien d'accepter un duel où les conditions
seraient très inégales.

On conçoit qu'il soit très avantageux pour un parti d'envelopper ses armées d'un voile impénétrable, de crever les yeux
du parti adverse et, par conséquent, de manœuvrer en toute
liberté contre un ennemi marchant à tâtons.

Napoléon, en 1806, se rendait parfaitement compte de la
supériorité de la cavalerie prussienne sous le rapport du
nombre, de la qualité des chevaux et de l'instruction, quand
il choisissait pour premier théâtre de ses opérations les hautes
vallées de la Saale et de l'Elster.

Jusqu'au jour de la bataille d'Iéna, la cavalerie française a
fait de l'exploration, sans chercher à obtenir par des coups
de force les renseignements qu'un bon service d'espionnage et
la crainte inspirée par la Grande Armée marchant en masse
de guerre devaient procurer à Napoléon.

L'idée des grands tournois de cavalerie préludant aux premières batailles de la guerre future conduit à la constitution
des corps permanents de cavalerie.

L'organisation n'est pas nouvelle.

Napoléon avait, en 1806, un corps de cavalerie composé de 7 divisions, dont 4 de dragons, 2 de cuirassiers et 1 de cavaliers légers, sous les ordres du prince Murat.

Le corps de cavalerie de 1806, désigné alors sous le nom de réserve de cavalerie, ne put pas agir, un seul jour, ensemble.

Il arriva même, le 14 octobre, que les trois divisions lancées sur Zeitz furent privées de direction et restèrent inertes, parce que, la veille, l'Empereur avait appelé auprès de lui, à Iéna, le prince Murat pour lui donner le commandement des quatre autres divisions de cavalerie en marche sur cette ville.

En 1812 et 1813, les corps de cavalerie de la Grande Armée éprouvèrent de telles difficultés pour vivre et se loger que leurs effectifs diminuèrent très vite dans des proportions effroyables.

Les Prussiens de 1866 eurent, eux aussi, des corps de cavalerie qu'ils s'empressèrent de supprimer après la campagne.

Fritz Hœnig s'exprime ainsi à leur sujet :

« Bientôt, on dut se rendre compte qu'un corps de cava-« lerie composé de plusieurs divisions formait une masse « trop grande, trop difficile à nourrir, à loger, ou à diriger, « pour qu'il pût atteindre les résultats qu'on avait eus en « vue. »

Mais si la constitution de la cavalerie, dite indépendante, en corps permanents nous paraît vicieuse, il ne saurait en être de même de la réunion provisoire de plusieurs divisions de cette arme sous la direction d'un seul chef.

Telle opération peut s'imposer au généralissime qui exige la coopération de plusieurs divisions de cavalerie à une action commune.

On verra plus loin, Napoléon lancer, le 12 octobre, le prince Murat avec 3 divisions de cavalerie dans la plaine de Leipzig en vue d'acquérir la certitude que cette région était vide d'ennemis.

C'est ce que notre regretté camarade et ami le capitaine Georges Gilbert appelait « l'exploration négative ».

Supposons qu'un groupe d'armées de l'ouest, en marche de la Meuse vers la Meurthe, ait à craindre l'arrivée sur son flanc gauche d'une armée ennemie venant des environs de Thionville.

Un nombreux corps de cavalerie, soutenu à courte distance par un corps d'armée, pourra recevoir la mission d'aller à la rencontre de cet ennemi pour le reconnaître et, le cas échéant, retarder sa marche.

Dans ces conditions, si le corps de cavalerie de l'ouest rencontre, au nord de Verdun, une cavalerie de l'est à gros effectifs, il devra la combattre pour s'assurer si, oui ou non, elle précède une armée.

Dans le premier cas, on aura le temps d'aviser aux mesures propres à enrayer l'attaque ; dans le second cas, le corps de cavalerie aura éventé la mèche et donné aux armées de l'ouest toute sécurité pour le flanc menacé.

Pour nous résumer, nous pensons que la cavalerie est appelée à jouer des rôles variés au début et au cours des opérations, soit en corps provisoires ne dépendant que du généralissime, soit en divisions rattachées à des armées ; mais nous nous élevons hautement contre les tendances particularistes de cette arme et spécialement contre l'idée caressée avec amour par certains cavaliers, qui consiste à croire que la cavalerie opérera pour son propre compte en avant des zones de rassemblement des armées.

Revenons maintenant au 7 octobre 1806.

On se rappelle que la 1re division de dragons (général Klein) avait suivi le mouvement du 7e corps depuis Francfort jusqu'à Würzburg.

Cette division continua sa route jusqu'à Bamberg, toujours à la suite du 7e corps, et elle dut se cantonner, le 8, dans les villages voisins de cette ville, le long de la route de Würzburg.

La division Nansouty (1re division de cuirassiers) reçut l'ordre, le 7, de quitter ses cantonnements de rassemblement, le 8, pour venir s'établir autour de Staffelstein, au nord de Bamberg, sur la route de Kronach.

La division d'Hautpoul (2e division de cuirassiers) eut à se cantonner, le 8, dans les villages de la route de Bamberg à Kronach, la tête à Ebensfeld (exclus), la queue à Kemmern (inclus), immédiatement derrière la division Nansouty.

Le parc d'artillerie de la réserve de cavalerie dut s'établir, le 8, à Hallstadt.

Enfin, les trois brigades légères de l'avant-garde reçurent l'ordre d'être réunies, le 8, à 6 heures du matin, sur le plateau de Nordhalben et d'y attendre de nouveaux ordres.

De Kronach, où il transféra dans la soirée du 7 son quartier général, le prince Murat expédia les ordres suivants aux divisions de la réserve :

1° La 3e division de dragons (général Beaumont) sera, le 8, de Zeyern à Steinwiesen (inclus) :

2° La 4e division de dragons (général Sahuc) s'établira, le 8, de Neuses (tête) à Zettlitz (queue).

Cette nouvelle disposition plaçait la 4e division de dragons derrière le 3e corps et faisait perdre les bénéfices de la position de la veille qui mettait cette division immédiatement à la suite de la 3e division de dragons.

La 4e division de dragons allait donc éprouver un retard au débouché et ne pourrait concourir aux opérations de l'avant-garde de l'armée que lorsque le 3e corps aurait lui-même dépassé tout entier le débouché de Lobenstein.

Nous considérons le recul de la 4e division de cavalerie et son emplacement dans l'intérieur de la colonne du centre, entre le 3e corps et la Garde à pied, comme une faute. Il convenait, ou bien, de la laisser suivre la 3e division de dragons marchant derrière le corps d'avant-garde, ou bien, de la reléguer, en queue de colonne, avec les divisions de cuirassiers.

En fait, la 3ᵉ division de dragons accompagna le 3ᵉ corps jusqu'à Naumburg (12 octobre) et passa sous les ordres directs du prince Murat, le 13 octobre seulement ;

3° La division Nansouty (1ʳᵉ de cuirassiers) viendra, le 9, à Küps et continuera, les jours suivants, sur la route de Schleiz, à marches ordinaires ;

4° La division d'Hautpoul (2ᵉ de cuirassiers) ira, le 9, à Lichtenfels et s'adjoindra le parc de réserve de cavalerie, lequel parquera à une demi-lieue en arrière ;

5° La division Klein (1ʳᵉ de dragons) se portera, le 9, à Zapfendorf, dans les cantonnements occupés, le 8, par la division d'Hautpoul.

La 2ᵉ division de dragons (venant de Friburg en Brisgau) n'étant pas encore signalée, aucun ordre ne lui fut adressé en propre.

Ainsi, à l'exception des 3ᵉ et 4ᵉ divisions de dragons qui allaient se placer, le 7, derrière le corps d'avant-garde, les divisions de la réserve ne devaient commencer leur mouvement que, le 8, pour venir prendre la queue du gros de la colonne du centre, formé par le 3ᵉ corps et la Garde à pied.

Le maréchal Berthier donna, le 7, dans la soirée, l'ordre à la Garde et au grand quartier général de partir, le 8, à 3 heures du matin pour Lichtenfels.

Le grand quartier général dut se préparer à quitter Lichtenfels pendant la nuit du 8 au 9 pour se trouver à Kronach, le 9, à 6 heures du matin, afin de ne pas gêner la marche des troupes dans la matinée de ce jour.

D'après les ordres expédiés par le major général et par le général Belliard chef d'état-major du prince Murat, la route de Kronach, à sa sortie de Bamberg, allait être couverte de troupes et de voitures pendant la majeure partie de la journée du 8, dès 3 heures du matin.

En effet, le grand quartier général et la Garde à pied, suivie de son convoi de réserve, devant quitter Bamberg à partir de 3 heures du matin, auraient débouché entièrement avant 6 heures du matin.

Vers 8 heures, la tête du 7e corps se présenterait à la porte de Bamberg et la queue de ce corps d'armée aurait achevé de défiler dans la ville à midi.

Toute l'après-midi serait donc utilisée par les 1re et 2e divisions de cuirassiers avec le parc de la réserve de cavalerie pour se porter sur Staffelstei et Zapfendorf.

Les calculs d'écoulement, faits très largement, ont prévu plusieurs heures entre les grandes fractions à pousser vers le nord afin de parer à l'imprévu, aux retards accidentels, etc...

Ce qu'il faut retenir de l'ensemble des ordres de mouvement sur l'artère centrale pour la journée du 8, c'est l'utilisation de la route, depuis 3 heures du matin jusqu'à la nuit.

Le lendemain, 9 octobre, le major général voulant avoir auprès de lui, à Kronach, le grand quartier général, se voit obligé de lui prescrire une marche de nuit afin qu'arrivant à Kronach avant 6 heures du matin, ses voitures ne gênent en rien la marche des colonnes. Tout cela est judicieux.

Nous l'avons déjà dit : la mise en mouvement de la Grande Armée pour la traversée du Franken-Wald exigea de la part du major général *seize* ordres ou instructions, envoyés le 4, le 5, le 6 et le 7.

Sur ces seize ordres ou instructions, quatorze pouvaient être réunis en un seul.

Il suffisait, en effet, d'un ordre particulier envoyé, le 4 octobre, aux 5e et 7e corps pour les acheminer, pendant les journées du 5 et du 6, vers Bamberg, comme préparation à la marche d'ensemble ; d'une instruction au prince Murat, en date du 6, réglant le débouché de l'avant-garde, par Lobenstein ; enfin, d'un ordre d'armée, donné, le 6, pour la marche générale de l'armée pendant les journées du 7, du 8 et du 9 octobre.

La rédaction d'un seul ordre d'armée pour les journées

u 7, du 8 et du 9, eut présenté cet avantage d'orienter tous
es maréchaux et chefs de service, sans compter les troupes,
ur les mouvements du voisin et la disposition de l'ensemble.

Alors on n'aurait pas vu le maréchal Augereau perdre
uarante-huit heures à Coburg, en attendant des indications
ui ne vinrent pas, et le maréchal Lannes attaquer seul, à
aalfeld, malgré la recommandation formelle de ne pas s'en-
ager avant l'arrivée du 7ᵉ corps.

Dans l'armée allemande de 1870 régnait, en fait de com-
nandement et d'émission des ordres, une doctrine qui, à
éfaut de génie, présentait, dans la forme, une supériorité
nanifeste sur le système adopté par Napoléon.

Il semble que celui-ci ait pris pour principe que le Français,
avard et indiscret, doive être tenu, jusqu'au moment de
'exécution immédiate, dans l'ignorance des mouvements ou
ispositions à effectuer.

De là, ces ordres particuliers qui arrivent quelques heures
eulement avant leur mise à exécution.

De tels ordres excitaient les organes de l'armée sans leur
onner la vie, car lorsqu'ils n'arrivaient pas, on restait
nerte.

Le maréchal Bugeaud semble avoir été particulièrement
rappé des inconvénients du système d'ordres, suivi dans les
uerres napoléoniennes, lorsqu'il s'élève avec force argu-
nents contre l'ignorance où on laisse trop souvent les exécu-
ants sur les projets du chef.

Pour notre part, nous jugeons la méthode des Allemands
eule susceptible de développer l'initiative et l'activité des
hefs, à tous les degrés, dans le sens des vues du commande-
nent, en tenant compte de la situation d'ensemble.

Passons maintenant à la colonne de droite, composée du
4ᵉ corps, du 6ᵉ corps et du corps bavarois.

Nous avons trop longuement discuté les lettres de l'Empereur au maréchal Soult, en date du 29 septembre et du

5 octobre, pour que nous croyions nécessaire de revenir sur
le rôle que Napoléon réservait à la colonne de droite en vue
d'ouvrir le débouché de Schleiz à la colonne du centre.

Dans sa lettre du 5 octobre au maréchal Soult, Napoléon
annonçait l'ouverture des hostilités pour le 8 octobre et prescrivait que, ce jour-là, le 4e corps prît possession de Baireuth.
Mais, dans la soirée du 5, le major général envoyait, par
ordre de l'Empereur, au 4e corps, l'ordre formel d'entrer à
Baireuth le 7 octobre, en masse de guerre, de manière qu'une

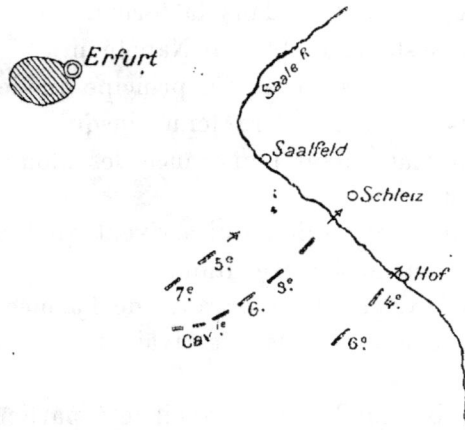

heure après l'entrée du 1er hussards, tout le corps d'armée eût
atteint cette ville.

Un coup d'œil jeté sur la forme de la frontière de la principauté de Baireuth montre que si le 4e corps envahissait ce
pays, le 8 octobre seulement, le dispositif de la Grande Armée
pour le débouché en Saxe n'était plus celui que Napoléon
avait mûri dans son esprit depuis les derniers jours de septembre. (Voir la lettre de l'Empereur au maréchal Soult à la
date du 29 septembre.)

Ce dispositif en trois colonnes, l'aile droite en avant, répondait bien à la position connue de la masse principale de
l'ennemi au nord du Thuringer-Wald.

Le maréchal Soult lança, en conséquence, le 6 octobre au soir, l'ordre de mouvement du 4e corps pour la journée du 7.

Cet ordre fort long renferme des prescriptions de toute nature. Après avoir défini les dispositions à prendre pour la marche, il donne des instructions à l'ordonnateur au sujet des subsistances, règle les évacuations, prescrit des mesures disciplinaires contre les maraudeurs, explique le but (apparent) de la marche et se termine par une instruction relative à l'envoi d'officiers au rapport journalier du corps d'armée.

Un tel ordre, ainsi que la plupart des documents de même nature se rapportant à l'armée impériale, manque totalement d'esprit de méthode.

Il convient, en effet, dans un ordre de mouvement, de séparer nettement les prescriptions purement militaires de celles qui visent l'entretien des troupes.

Afin de tromper les émissaires de l'ennemi, l'ordre du 6 octobre pour le 4e corps renferme par ordre du major général (lettre du 5 octobre) un faux renseignement. Il y est dit que le 4e corps va occuper Baireuth pour empêcher les Prussiens de tourner la droite de la Grande Armée.

Or, l'Empereur avait écrit, le 5 octobre, au maréchal Soult, que le gros des forces ennemies paraissait être à Erfurt.

Pour notre part, nous considérons comme une faute de tromper tout un corps d'armée sur la situation de l'ennemi dans l'unique but de faire courir dans le pays traversé par les troupes des bruits mensongers.

On développe ainsi le scepticisme, en matière de renseignements, chez les officiers et les soldats et, le jour où il est nécessaire que chacun apporte toute son intelligence et son énergie à la réalisation du but indiqué par l'ordre on ne rencontre que des incrédules.

L'ordre de mouvement du 4e corps pour le 7 octobre organise la marche « en masse de guerre » sur Baireuth. A ce titre, il est intéressant à étudier.

Le maréchal Soult prescrit qu'à 8 heures du matin, la

brigade de cavalerie légère, les 3ᵉ et 2ᵉ divisions (Legrand et Leval) soient réunies à hauteur de Thurndorf et que la 1ʳᵉ division (Saint-Hilaire) les ait jointes, à la même heure, au nord de Thumbach. Entre cette dernière localité et Thurndorf on compte 5 kilomètres.

On peut donc penser que le 4ᵉ corps a marché sur une profondeur de 4 kilomètres seulement, probablement en colonne serrée par bataillon en masse, sur le côté gauche de la route, celle-ci étant réservée aux voitures.

Le soir du 7, le maréchal Soult écrivait de Baireuth à l'Empereur :

« Les divisions Leval et Saint-Hilaire (3ᵉ et 2ᵉ divisions) ont « fait aujourd'hui dix lieues ; elles sont cependant arrivées « deux heures avant la nuit et ont pris position ; elles n'ont « pas laissé 20 hommes en arrière. »

La distance indiquée est exagérée ; la queue de la 2ᵉ division (Leval) n'a pas parcouru plus de 35 kilomètres depuis ses cantonnements de Haag jusqu'à Baireuth.

La marche de cette division a compris deux phases : la première, de 12 kilomètres sur la route, pour venir se rassembler près de Thurndorf ; la seconde, de 22 à 23 kilomètres, en formation massée, de ce point jusqu'à Baireuth.

Les emplacements du 4ᵉ corps, à l'issue de la marche du 7 octobre, figurent sur le croquis ci-contre.

Le 8ᵉ hussards, formant avant-garde, est à Berneck, à 15 kilomètres au delà de Baireuth.

Les 16ᵉ et 11ᵉ régiments de chasseurs avec une compagnie d'artillerie légère sont à Benk, à 8 kilomètres en arrière du 8ᵉ hussards, et à 7 kilomètres de Baireuth.

La 3ᵉ division (Legrand) est auprès de Bindloch, à 4 kilomètres au delà de Baireuth.

La 2ᵉ division (Leval) est un peu au nord de Baireuth.

La 3ᵉ division (Saint-Hilaire) est un peu au sud de cette ville.

Une grand'garde du 16ᵉ chasseurs a été placée à hauteur

le Benk, sur la route de Culmbach, ayant en avant d'elle à Neu-Drosenfeld un petit poste de 1 brigadier et 4 chasseurs.

Le stationnement du 4ᵉ corps, le 7 octobre 1806, étant donné son rôle, la situation générale et la nature du terrain, serait appliqué avec avantages dans une circonstance analogue par un corps d'armée de l'époque contemporaine.

Stationnement du 4ᵉ corps (le 7 octobre).

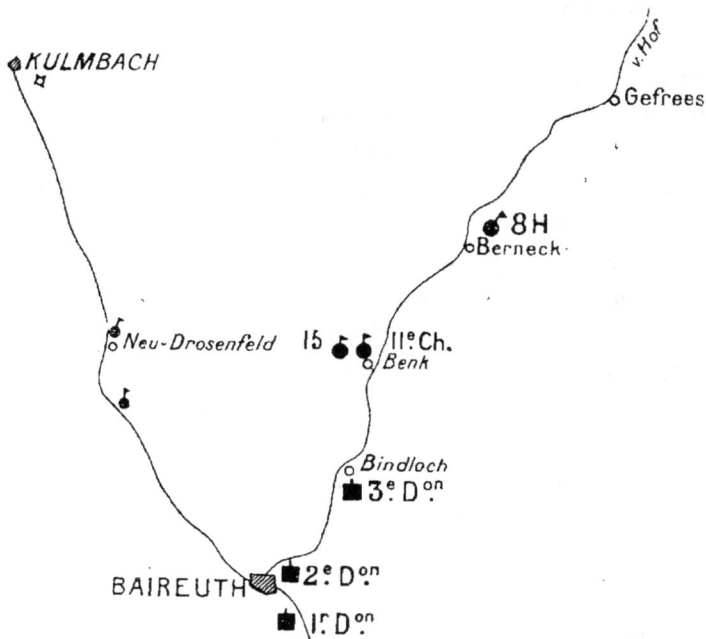

On donnait, à la Grande Armée, le nom d'avant-garde au régiment de cavalerie qui fournissait les reconnaissances pour le compte du corps d'armée, et le même terme était souvent employé pour désigner celle des divisions d'infanterie qui stationnait en avant du gros.

A l'heure actuelle, la terminologie est plus précise.

La 3ᵉ division, bivouaquée à 4 kilomètres en avant des deux autres, représente bien, à nos yeux, l'avant-garde telle que nous la concevons, c'est-à-dire une grosse unité capable d'arrêter les efforts de l'ennemi et de donner au commandant du corps d'armée le temps de prendre ses dispositions pour combattre ou pour manœuvrer.

Le jour où le 4e corps entrait dans la principauté de Baireuth, le 6e corps (maréchal Ney) poussait son avant-garde jusqu'à Creussen, à moins de 15 kilomètres du 4e corps.

Une fois à Baireuth, le maréchal Soult eut des renseignements positifs sur les emplacements et la composition des troupes ennemies signalées depuis quelques temps à Hof.

C'est ainsi que dans sa lettre du 7 au soir à l'Empereur, le commandant du 4e corps annonçait la présence à Hof de 3 régiments de hussards prussiens, de 2 régiments d'infanterie prussienne et d'un bataillon de grenadiers saxons, le tout sous les ordres du général Tauenzien.

L'ordre du major général au maréchal Soult, en date du 5 octobre au soir, disait que, le 8, le 4e corps devait occuper les hauteurs de Münchberg et se porter, le 9, sur Hof.

L'Empereur, en faisant exécuter, le 8, une grande reconnaissance au delà de Lobenstein, dans la vallée de la Saale, espérait faire déboucher le 1er corps, en entier, le 9, sur Saalburg. On voit donc que, dans son esprit, le 4e corps, tête de la colonne de droite, et le 1er corps, avant-garde de l'armée, atteindraient la Saale en même temps.

Le 7, au soir, toutes les dispositions préparatoires de franchissement du Franken-Wald sont terminées.

La période suivante, du 8 au 11 octobre inclus, comprend la traversée des montagnes et le débouché en Saxe.

La Grande Armée réunie au delà des défilés sera prête, le 11 octobre, à marcher, à manœuvrer et à combattre, où et comme le voudra son chef.

CHAPITRE XIV

LA TRAVERSÉE DU FRANKEN-WALD ET LE DÉBOUCHÉ
EN SAXE.

(Journées des 8, 9, 10 et 11 octobre.)

_____

Nous avons eu maintes fois l'occasion de démontrer, au cours de cette étude, l'infériorité de la méthode de commandement suivie par Napoléon, comparée à celle du maréchal de Moltke.

A la Grande Armée, peu ou point d'ordres généraux orientant les chefs des grandes unités sur l'ensemble de la situation et les opérations des corps voisins, mais des ordres particuliers très nombreux expédiés à toute heure du jour et de la nuit.

Toutefois, Napoléon rachète son insuffisance de méthode par les lettres particulières qu'il dicte ou fait écrire à ses maréchaux, ainsi qu'aux directeurs des grands services.

L'envoi de lettres explicatives fut très actif dans les premiers jours d'octobre, comme on a pu s'en convaincre par l'analyse que nous avons faite de ces lettres, mais il redoubla pendant les quelques jours de crise correspondant à la traversée du Franken-Wald, pendant cette marche en trois colonnes isolées qui devait amener la Grande Armée dans la région comprise entre la haute Saale et l'Elster.

Si nous critiquons en principe la méthode de Napoléon,

nous devons nous réjouir, au point de vue psychologique et militaire, de pouvoir suivre, heure par heure, dans les lettres de l'Empereur et du major général la pensée du maître, de connaître au jour le jour les renseignements vrais ou faux qui lui parvinrent et sur lesquels il échafauda ses combinaisons.

Nous allons donc commenter, dans l'ordre chronologique, ainsi que nous l'avons fait jusqu'ici, les ordres, instructions et renseignements les plus importants de la période comprise entre le 8 et le 11 octobre 1806.

§ 1er. — La journée du 8 octobre.

L'Empereur, avec le quartier impérial, passa la journée à Kronach et se transporta en voiture pendant la nuit du 8 au 9 à Lobenstein où il arriva vers 2 heures du matin.

La précaution de voyager la nuit dans le défilé était bonne parce que, durant le jour, la route obstruée par les colonnes aurait été d'un parcours difficile.

Lettre de Napoléon au maréchal Soult.

Dans une lettre expédiée à 3 h. 1/2 du soir au maréchal Soult en marche, ce jour-là, de Baireuth sur Münchberg, Napoléon, après avoir fourni au maréchal des renseignements sur la position des colonnes du centre et de gauche, s'exprime ainsi :

« Donnez-moi plus fréquemment de vos nouvelles; dans « une *guerre combinée*, comme celle-ci, on ne peut arriver à « de beaux résultats que par des *communications très fréquentes ;* mettez cela au rang de vos premiers soins. »

Qu'entendait l'Empereur par *guerre combinée* ?

L'expression était nouvelle, car elle répondait à un système de guerre nouveau.

On avait vu pendant la guerre de Sept Ans plusieurs armées d'une même puissance, ou des armées alliées, concerter leurs opérations d'après un plan initial, mais jamais les éléments d'une même armée n'avaient été momentanément dissociés en vue d'une combinaison.

Pour la première fois, en 1805, certains corps de la Grande Armée avaient eu à remplir des rôles séparés, dont l'ensemble avait constitué une manœuvre de circonstance.

Entre le système de guerre du XVIIIe siècle et celui de Napoléon la différence était la même qu'entre un chant à l'unisson et un chœur à plusieurs voix.

Mais la principale difficulté d'une guerre combinée réside dans les modifications apportées au dispositif initial et dans les changements d'objectifs que provoquent les nouvelles de l'ennemi.

En 1806, les communications entre les colonnes, surtout en pays montagneux, étaient précaires.

Combien la télégraphie de campagne facilite aujourd'hui les opérations de la guerre combinée !

Ce moyen idéal de transmission renforce singulièrement le haut commandement, à la condition que celui-ci soit déjà fort ; mais, au service d'une direction faible, le télégraphe électrique est une cause d'énervement pour les divers organes de l'armée.

Napoléon continue en ces termes :

« Ce moment est *le plus important de la campagne ;* ils ne « s'attendent pas à ce que nous voulons faire ; malheur à eux « s'ils hésitent et s'ils perdent une journée ! »

Oui, *le plus important,* car *la décision d'une campagne dépend de son début.*

Chez les Prussiens règne l'hésitation, mère de l'inertie. La Grande Armée, elle, va franchir d'un bond le massif qui la sépare du pays ouvert et riche qui s'étend de la Saale à l'Elster.

Une fois là, et lorsque les corps d'armée auront pris entre eux la liaison nécessaire aux communications rapides et sûres, Napoléon sera le maître d'accepter ou de provoquer la bataille, toutes forces réunies, avec la certitude, non seulement de vaincre, mais encore d'envelopper et de détruire le gros des forces ennemies.

La Grande Armée plus nombreuse, mieux organisée, plus aguerrie que l'armée saxo-prussienne, était commandée par Napoléon.

La victoire ne pouvait donc lui échapper.

« Ils ne s'attendent pas à ce que nous voulons faire. »

C'est la situation de toute armée qui attend les événements ou ne sait prendre à temps une résolution. En la circonstance, la nouvelle que les Français débouchaient en masse au nord du Franken-Wald produisit sur l'armée prussienne réunie autour d'Erfurt un effet de surprise mêlée de terreur ! Comment ! ces troupes que l'on croyait encore cantonnées entre Würzburg, Ratisbonne et Ulm, sont à l'est du méridien d'Erfurt et marchent sur Dresde ou Berlin !

« Malheur à eux s'ils hésitent et s'ils perdent une journée. »

Les Prussiens arriveront-ils assez tôt à Gera pour s'opposer à la marche de la Grande Armée vers Leipzig et Berlin ?

Ce n'est plus pour eux une question de jours mais d'heures.

On ne peut qu'admirer l'intuition de Napoléon en fait de psychologie expérimentale.

Il prévoit et il escompte l'effet d'épouvante que va produire sur l'armée prussienne la nouvelle de l'invasion de la Saxe, parce qu'il sait, à n'en pas douter, que le commandement prussien est faible et que les troupes conduites par des chefs dépourvus d'intelligence et d'énergie ne sont qu'une foule en armes.

Rapport du maréchal Davout à l'Empereur.

Dans la matinée du 8, l'Empereur reçut à Kronach un rapport du maréchal Davout, daté de Lichtenfels, dans lequel le maréchal donnait des informations sur les mouvements de l'ennemi.

Napoléon avait, à bon droit, une grande confiance en Davout, t nous aurons plusieurs fois l'occasion de montrer l'influence u'ont eues sur son esprit les nouvelles transmises par ce aaréchal.

Or, dans le rapport en question, Davout disait :

« Les rapports sur les Prussiens sont encore fort obscurs ; il en résulte seulement qu'ils sont en marche et en grand mouvement. Hier, 7, tout me porte à croire qu'il en est arrivé vers les 4 heures du soir à Coburg, d'où il ne laisse sortir ni entrer personne. Jusqu'à ce moment il n'avait paru à Coburg que 30 ou 36 hussards qui y étaient depuis cinq jours. On y assurait que partie de l'armée prussienne avait dû arriver le même jour à Saalfeld et avait poussé une avant-garde à Gräfenthal. Suivant les rapports, les grandes forces prussiennes devaient se réunir sur Iéna et Saalfeld. »

Les rapports dont parle le maréchal Davout sont évidem-ent des rapports d'espions.

Les renseignements ci-dessus furent admis par Napoléon omme exacts, et la preuve en est qu'il terminait sa lettre 1 maréchal Soult (3 h. 1/2 soir), par ces mots :

« Il est *certain* que des régiments qui ont débouché de Dresde avec le prince de Hohenlohe, venant de Silésie, étaient lundi (6 octobre) en position à Saalfeld. »

Le renseignement de Davout s'était un peu transformé dans cerveau de l'Empereur, à la suite d'un calcul de probabi-tés, facile à reconstituer.

Si Coburg a été occupé le 7, il n'a pu l'être que par la avalerie du maréchal Lannes, et, d'autre part, si, le même ur, une avant-garde lancée de Saalfeld est arrivée à Gräfen-al, c'est que le prince de Hohenlohe signalé précédemment Iéna, s'est porté de cette ville sur Saalfeld, où il a dû arriver 6.

Mais, d'autre part, si la cavalerie de Lannes avait capturé ans la soirée du 7 les 30 ou 40 hussards prussiens signalés epuis plusieurs jours à Coburg, le maréchal n'aurait pas manqué d'adresser aussitôt un rapport qui serait parvenu à l'Empereur le 8 au matin.

Par conséquent, le coup a été manqué et les hussards prussiens ont pu échapper, à l'exception de 5 ou 6 peut-être.

Sous l'impression de l'idée qu'il s'était faite de la situation, l'Empereur écrivit (4 heures soir) au maréchal Lannes :

Lettre de Napoléon au maréchal Lannes.

« *Je n'ai point de vos nouvelles.*

« Donc, ce que je sais du 5e corps je l'ai appris autrement « que par vous.

« Je suis fâché que vous soyez entré à Coburg hier. Vos ins- « tructions portaient d'y entrer ce matin et en masse. Si vous « l'eussiez fait ainsi, il vous eût été facile de combiner vos opé- « rations pour enlever, à la petite pointe du jour (aujourd'hui), « tout ce qui était à Coburg. La prise d'une cinquantaine de « chevaux eût été agréable. »

Quelques instants avant la réception du rapport envoyé par le maréchal Davout, l'Empereur avait écrit (lettre de 3 h. 1/2 du soir) au maréchal Soult :

« Le maréchal Lannes est à Neustadt ; il est entré à Coburg « ce matin à la pointe du jour et a pris quelques hussards. »

Ainsi, Napoléon prend ses espérances pour la réalité ; il donne comme fait accompli un événement qu'il souhaite et qu'il croit possible.

En fait, le 5e corps n'atteignit Coburg, le 8 octobre, qu'à 3 heures du soir.

Au prince Murat (lettre de 5 heures du soir) l'Empereur annonce également que « le maréchal Lannes est entré à « Coburg à la pointe du jour et couchera ce soir à Neustadt ».

Cette fois, l'inexactitude est voulue, car la lettre de Napoléon au maréchal Lannes est antérieure à celle qu'il dicta pour le prince Murat.

En réalité, le prince Louis de Prusse ne prit position avec

sa division à Saalfeld que le 9 octobre et il est au moins curieux que des espions à la solde des Français aient annoncé, le 7, qu'une partie de l'armée saxo-prussienne était arrivée à Saalfeld.

Dans la conviction où il était que le rapport du maréchal Davout était l'expression de la vérité, l'Empereur fit au maréchal Lannes (lettre de 4 heures du soir) la recommandation suivante :

« Comme vous formez la gauche de l'armée, je pense qu'il « sera fort utile, lorsque vous ferez bivouaquer vos divisions, « que vous fassiez bivouaquer chaque division en bataillon « carré. »

Napoléon sous-entend :

La gauche de l'armée étant la plus exposée, il convient qu'elle stationne très rassemblée, prête à combattre au premier signal.

L'Empereur recommande au maréchal Lannes de lui envoyer fréquemment de ses nouvelles et de placer des postes pour se lier avec le centre constitué par le corps Davout, qui est entre Kronach et Steinwiesen.

Napoléon se dispose à rejoindre l'avant-garde générale à son débouché en Saxe.

A 5 heures du soir, l'Empereur annonce par lettre au prince Murat qu'il montera à cheval, le lendemain matin vers 4 heures, à Nordhalben « *pour se rendre à l'avant-garde* ».

Napoléon voulait rejoindre l'avant-garde, afin d'assister en personne aux premières opérations offensives.

Le maréchal Berthier écrivit de son côté au maréchal Bernadotte, le 8 au soir :

« L'intention de l'Empereur est que, demain à la pointe du « jour, vous soyez en marche pour reconnaître et attaquer « Saalburg, s'il y a lieu.

« On ne sait pas encore si Saalburg est occupé par l'ennemi, « mais c'est le point de passage de la Saale, sur la route de

« Leipzig, que doit franchir la colonne du centre. A tout évé-
« nement, il faut se préparer à enlever de vive force ce point
« important et l'Empereur veut y être. »

A l'heure où le major général envoyait cet ordre au maréchal Bernadotte, il ignorait que, le jour même, la brigade
Wathier, soutenue par quatre compagnies du 27e léger, avait
livré devant Saalburg un léger combat, lequel s'était terminé
par la retraite de l'ennemi et l'occupation de la ville.

Au début d'une campagne, le moindre engagement prend
une importance énorme. Les esprits sont tendus ; que va-t-il
se passer ? L'ennemi sera-t-il rencontré en forces, et les
longues colonnes d'invasion auront-elles à combattre pour
s'ouvrir le passage ?

Dans un pareil moment, le général en chef qui, plus tard,
réservera la vigueur de sa pensée pour les vastes combinaisons
que nécessite la partie grandiose entamée contre l'adversaire,
se laisse entraîner parfois à des détails au-dessous de lui. C'est
ainsi que Napoléon fait ordonner, par le major général, au
maréchal Bernadotte de préparer, à Nordhalben et à Lobenstein « quelques repos pour les ambulances ». Cela veut dire
qu'il faut aménager des locaux pour y recevoir les blessés.

Les ordres du 8 aux maréchaux annoncent tous l'envoi de
proclamations qui seront lues à la tête des troupes. La proclamation en question fut rédigée, le 6, par Napoléon et
imprimée à un grand nombre d'exemplaires.

Instructions du major général au maréchal Lannes.

Dans la soirée, le maréchal Berthier expédia au maréchal
Lannes une lettre développant les intentions de l'Empereur.

Napoléon avait écrit, à 4 heures du soir, au maréchal
Lannes :

« Marchez le plus rapidement que vous pourrez sur Grä-
« fenthal ; le maréchal Augereau vous suivra à une demi-
« journée. »

Le major général entre dans plus de détails. Il annonce que cinq régiments prussiens étaient, le 7, à Saalfeld et qu'ils ont pris position près de Gräfenthal, ce qui n'était pas exact.

« Si l'ennemi est plus fort qu'on ne le présume, il est
« convenable d'attendre l'arrivée du maréchal Augereau, mais
« s'il n'y a que 10,000 ou 12,000 hommes, le maréchal Lannes
« peut les attaquer après les avoir reconnus, et presser l'ar-
« rivée du maréchal Augereau. »

On voit quelle prudence préside aux instructions de l'Empereur. Il ne veut rien hasarder, ainsi qu'il l'écrivait, le 5, au maréchal Soult, et entend ne combattre l'ennemi qu'avec des forces doubles.

« Comme l'Empereur fera attaquer demain Saalburg, il est
« convenable, si vous n'attaquez pas vous-même l'ennemi,
« que vous le veilliez et le teniez en échec pour empêcher
« que, par une marche de flanc, il ne puisse venir au secours
« de Saalburg. »

En 1806, le 5e corps pouvait à la rigueur tenir en échec un corps de 20,000 ou 30,000 hommes sans engager le combat. Il lui suffisait de menacer l'ennemi d'une attaque générale. Le déploiement du 5e corps forçait l'adversaire à se déployer, et, la distance de combat étant faible, le maréchal Lannes pouvait constater, *de visu*, les mouvements que des fractions de la ligne de bataille ennemie exécuteraient pour se dérober vers Saalburg.

Mais aujourd'hui, la situation n'est plus la même ; on se forme, pour combattre, à grande distance ; les canons portent très loin, et les points d'appui de la bataille peuvent n'être occupés que par des détachements tandis que les masses d'infanterie sont abritées et masquées aux vues de l'ennemi.

Pour remplir la mission dévolue au maréchal Lannes le 9 octobre, le commandant d'un corps d'armée actuel se verrait obligé d'engager l'action, parce que le combat, seul, lui permettrait de tenir l'ennemi en échec, de l'immobiliser.

Il y a tant de variétés dans le mode d'engagement d'un corps d'armée qu'un chef de talent, quand il disposera de bonnes troupes, saura résoudre le problème qui consiste à menacer l'ennemi, à le fixer, sans pour cela perdre la liberté de ses propres mouvements.

Premier rapport du prince Murat à l'Empereur.

Un peu avant 5 heures du soir, l'Empereur reçut, à Kronach, un premier rapport du prince Murat, expédié de Lobenstein, à 10 heures du matin. Nous avons expliqué précédemment la cause du retard que la dépêche mit à parvenir au quartier impérial ; nous n'y reviendrons pas.

Dans ce rapport, le prince Murat annonce que ses éclaireurs ont rencontré les Prussiens au nord d'Ebersdorf et que ceux-ci se sont retirés sans opposer la moindre résistance.

A l'heure où le prince écrit, les généraux Milhaud, Lasalle et Wathier partent pour exécuter les reconnaissances ordonnées.

On dit, à Lobenstein, que 500 hommes d'infanterie prussienne étaient la veille à Saalburg.

Le prince Murat annonce que le 1er corps va prendre la disposition suivante :

Le 27e léger, au nord d'Ebersdorf ; les deux autres régiments de la division Drouet, en position, près et au sud de Lobenstein ; la division Rivaud, sur les hauteurs de Naumdorf.

Le dispositif du 1er corps est échelonné sur une profondeur de 9 kilomètres qui se divisent en 6 kilomètres de distance d'avant-garde et 3 kilomètres pour les éléments du gros.

On compte 5 kilomètres d'Ebersdorf à Saalburg.

Le 27e léger sera disposé à une heure de marche du pont de Saalburg, et si l'ennemi tient ce débouché, l'infanterie d'avant-garde du 1er corps pourra venir attaquer Saalburg, une heure et demie après que la cavalerie du général Wathier en aura constaté l'occupation.

Les emplacements du 1er corps, le 8 octobre, avant la prise

Saalburg, furent bien ceux qu'indiquait le prince Murat
ans son rapport de 10 heures du matin, comme on peut s'en
nvaincre en lisant le court rapport du maréchal Bernadotte,
pédié de Lobenstein, à 3 heures du soir.

Un tel dispositif, parfaitement approprié à la circonstance,
ut, encore aujourd'hui, servir de modèle.

Le 27e léger, qui sert d'appui à la brigade Wathier, est
ssemblé derrière la hauteur d'Ebersdorf.

Les deux autres régiments de la division Drouet sont en
osition au débouché des routes conduisant, d'une part, à
of, d'autre part, à Gräfenthal et Saalfeld, d'où ils peuvent
opuyer, soit le général Lasalle, soit le général Milhaud, ou
us les deux, pour le cas ou ces généraux seraient refoulés
ar une cavalerie supérieure.

Enfin, la division Rivaud, formant réserve, est plus en
rière, sur la hauteur de Naumdorf, à l'intérieur du défilé.

Le combat de Saalburg.

Le combat de Saalburg, peu important par lui-même, donne
eu, néanmoins, à des observations intéressantes.

Voici dans quelles conditions il fut livré.

Le prince Murat, dans son rapport daté de Lobenstein à
9 heures du matin, annonçait que ses éclaireurs avaient
ncontré et mis en fuite l'ennemi, au nord d'Ebersdorf.

Selon toute probabilité, les patrouilles de la brigade
'athier mirent beaucoup de temps à parcourir la distance
ui sépare Ebersdorf de Saalburg et, vers midi seulement,
les constatèrent l'occupation de Saalburg par des troupes
e toutes armes, ainsi que la destruction du pont de la Saale.

Le prince Murat, prévenu, accourut de sa personne avec le
énéral Wathier et se mit en devoir de reconnaître l'adver-
aire; il fut salué par quelques coups de canon.

Tout en examinant le terrain et l'ennemi, le prince Murat
ut s'apercevoir qu'en face de Kloster, à 3 kilomètres en

amont, dans un coude de la Saale, existait un bac ; il envoya de ce côté son aide de camp, le capitaine Lagrange, avec un groupe de cavaliers, ce que voyant, l'ennemi marcha de ce côté, craignant sans doute d'être coupé de sa ligne naturelle de retraite sur Schleiz. (*Voir carte n° 12.*)

En attendant, le prince Murat envoya chercher, vers 2 heures, quatre compagnies d'élite du 27ᵉ léger avec une pièce de canon, à Ebersdorf, et il massa les trois régiments de cavalerie qui lui restaient (2ᵉ et 7ᵉ hussards, 5ᵉ chasseurs) à l'abri de la hauteur au nord d'Ebersdorf.

Aux environs de 4 heures, le renfort demandé arriva.

Le pont de la Saale, devant Saalburg, avait été incomplètement rompu.

Les carabiniers (ou chasseurs) et les voltigeurs du 27ᵉ léger franchissent le pont, dont quelques madriers seulement avaient été enlevés, se précipitent sur l'ennemi sans tirer un coup de fusil et provoquent sa retraite.

Le 4ᵉ hussards, qui formait primitivement l'avant-garde sous les ordres du général Wathier, traverse le pont à son tour et contribue efficacement à la poursuite.

L'ennemi avait à Saalburg 3 escadrons, 2 pièces d'artillerie et 1000 hommes d'infanterie.

Ces troupes ont été mises en déroute par 400 carabiniers ou voltigeurs du 27ᵉ léger.

Le fait montre, indépendamment de toute considération tactique, combien le moral des Saxons-Prussiens postés à Saalburg était faible.

Ce détachement qui faisait partie de la division Tauenzien lancée primitivement de Dresde sur Hof et Baireuth, avait été témoin et victime des incohérences de la haute direction militaire des armées prussiennes.

Sans cesse en mouvement depuis les premiers jours d'octobre, la division Tauenzien était, le 8, en pleine marche pour rallier le prince de Hohenlohe du côté d'Iéna, et c'est pour se couvrir de la Saale dans son mouvement de Hof sur

chleiz que ce général envoya un détachement occuper Saal-
urg. Les défenseurs de ce bourg savaient donc qu'ils n'avaient
u'une mission temporaire à remplir, que leur retraite sur
chleiz était pour eux l'objet important et qu'à tout prix il
llait ne pas se laisser couper de cette ville.

Ces considérations expliquent sans l'absoudre la conduite
lus que timide des défenseurs de Saalburg.

Mais, d'autre part, on ne peut qu'admirer la confiance et
audace des 400 carabiniers et voltigeurs du 27e léger, qui,
ans compter le nombre de leurs ennemis, se sont précipités
l'attaque d'un village fortement occupé, ayant d'abord à
:averser la Saale sur un pont à moitié démoli.

On peut donner comme circonstance atténuante, en faveur
u défenseur, que son infanterie ne comprenait que des
axons ralliés de force à la cause prussienne.

Quoi qu'il en soit, l'événement prouve que les Français
ur l'offensive, bien commandés et soutenus, sont capables
e toutes les audaces.

Le même fait pourrait se reproduire de nos jours, attendu
ue les meilleurs fusils n'ont guère plus de valeur que des
âtons lorsque les assaillants sont animés d'une confiance sans
ornes. N'a-t-on pas vu, il y a quelques années, une cohue de
Iadhistes se précipiter sur un carré anglo-égyptien et le
étruire totalement à coups de matraque ?

Aussitôt que le maréchal Bernadotte, alors à Lobenstein,
ut informé de l'enlèvement de Saalburg par les compagnies
'élite du 27e léger, il donna l'ordre à son corps d'armée de
e porter en avant, la division Drouet à Saalburg, la division
Rivaud à Ebersdorf.

Le 27e léger dépassa Saalburg et vint bivouaquer entre cette
ille et Schleiz.

Dispositif de stationnement du 4e corps, à l'issue de la marche du 7 octobre.

Tandis que ces événements avaient lieu à l'avant-garde de

la colonne du centre, le maréchal Soult, formant avec le
4ᵉ corps la tête de la colonne de droite, gagnait les hauteurs
de Münchberg, au pendant des eaux, entre Baireuth et Hof.

Au début de la marche du 8 octobre, le 8ᵉ hussards, formant
l'avant-garde de la cavalerie du 4ᵉ corps fut rejoint par le
bataillon des tirailleurs du Pô, en raison du caractère montagneux de la région à traverser.

Le dispositif adopté pour le stationnement du 4ᵉ corps, le
8 octobre, après la marche, est très intéressant parce qu'il
montre à quel point, en 1806, le maréchal Soult avait la
notion de la guerre napoléonienne.

Le commandant du 4ᵉ corps n'envoie pas sa cavalerie en
exploration ; ce rôle est dévolu à la cavalerie d'armée. Il ne
vise, dans les dispositions qu'il ordonne, que la sûreté de la
colonne et la conservation de sa liberté d'action.

Pendant la marche du 8, le maréchal Soult s'est tenu de sa
personne auprès du 8ᵉ hussards formant avec le bataillon de
tirailleurs du Pô l'avant-garde de la division de cavalerie.

En arrivant à Münchberg, le maréchal exécute la reconnaissance des lieux, puis dicte un ordre de stationnement, en
vertu duquel les éléments du 4ᵉ corps vont occuper les emplacements figurés sur le croquis ci-contre.

La 1ʳᵉ division, au bivouac, en ligne, adossée au bois de
Sparneck.

La 2ᵉ division sur son prolongement, à gauche de la route
et en arrière du village de Sfrass ; le 4ᵉ régiment de cette
division, à droite et près de la route.

La 3ᵉ division, qui est appelée à jouer le rôle d'avant-garde
tactique ou de combat, prend ses bivouacs sur la hauteur au
nord de Münchberg, à 3 kilomètres (distance d'avant-garde)
en avant du gros. Cette division détache trois bataillons
chargés de fournir les postes nécessaires, savoir :

Un bataillon (a), au nord et près de Ahornberg, surveillant
la route de Selbitz et servant d'appui à la division de cavalerie
cantonnée à Weissleinreuth.

Stationnement du 4ᵉ corps (le 8 octobre).

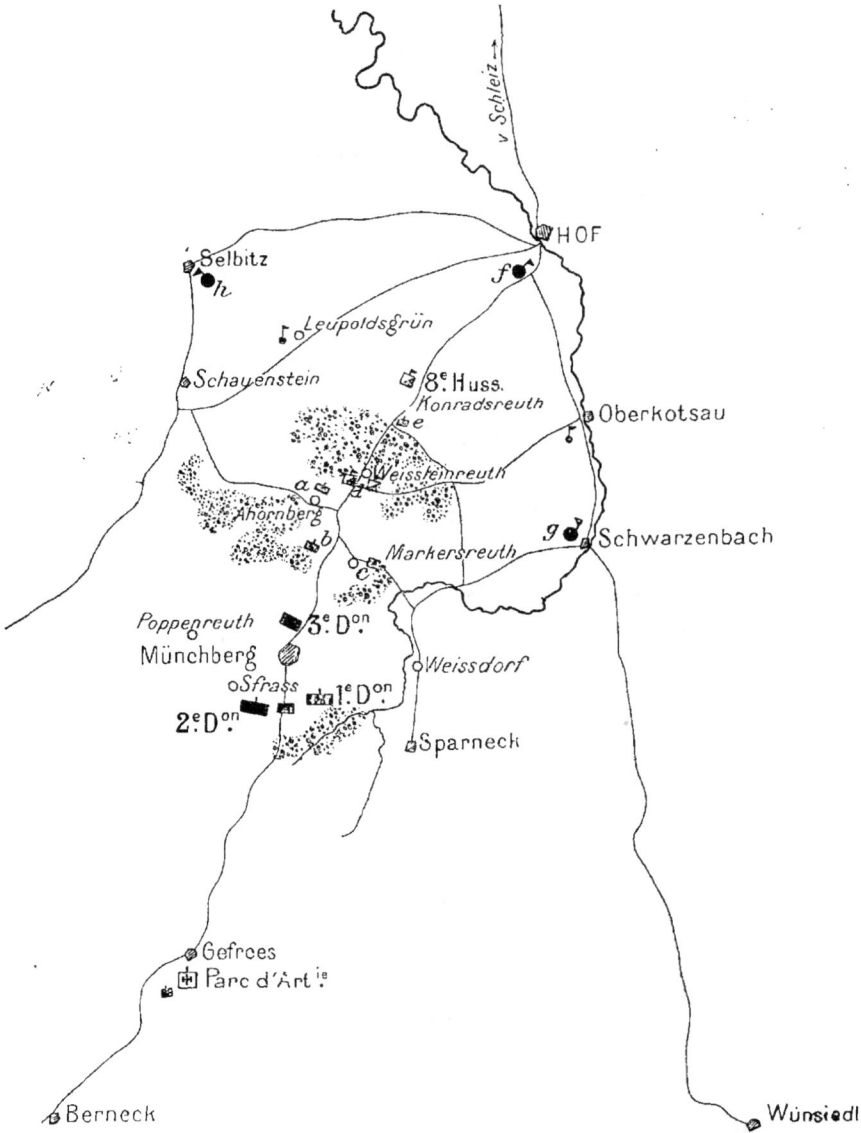

Un bataillon (*b*), adossé au petit bois de Markersreuth, gardant les débouchés de Weissdorf et de Schwarzenbach.

Un bataillon (*c*), en réserve d'avant-postes, près de la route de marche.

Le dispositif de sûreté que présentent ces trois bataillons est commandé par la nature du terrain et les communications ; il affecte la forme d'un arc convexe mesurant environ 8 kilomètres de développement ; ceux de ses éléments les plus rapprochés de la 3e division en sont à 2,550 mètres, tandis que les plus éloignés (bataillon *a*) s'en écartent de 5 kilomètres.

Le gros de la division de cavalerie légère (11e et 16e chasseurs) est disposé au sud et près de Weissleinreuth (*d*), à 5 kilomètres en avant de la 3e division, ayant devant lui, à 4 kilomètres, le 8e hussards et le bataillon des tirailleurs du Pô (*e*).

Le 8e hussards envoie sur Hof un peloton (*f*), pendant que le gros de la cavalerie dirige sur Schwarzenbach et Selbitz des détachements (*g, h*) de la force d'un escadron.

On remarquera, sur le croquis de la page 357, que le gros de la cavalerie, ainsi que les bataillons d'avant-postes, sont masqués, aux yeux d'un ennemi occupant Hof, par le grand bois compris entre Konradsreuth et Weissleinreuth.

L'avant-garde de la cavalerie est couverte ; à 6 kilomètres en avant, par le peloton dirigé sur Hof ; sur son flanc droit, à 8 kilomètres, par le détachement de Schwarzenbach ; et sur son flanc gauche, à 9 kilomètres, par le détachement de Selbitz.

La profondeur totale du stationnement, sans y comprendre la distance du peloton de Hof, est de 12 kilomètres, et la largeur du front battu par les reconnaissances est de 18 kilomètres.

En outre, tous les passages de la Saale, depuis sa source jusqu'à Hof, sont gardés ou observés.

D'une façon générale, les avant-postes d'infanterie sont disposés en arrière de défilés boisés dont ils peuvent battre les débouchés.

La 3e division, par son placement sur (ou en arrière de) la hauteur au nord de Münchberg, constitue bien une troupe de repli ou de recueil pour les troupes engagées devant les débouchés des bois, dans le cas où elles se verraient contraintes à la retraite.

La position du 4e corps, le 8 octobre, présente un caractère nettement défensif.

Il ne s'agit pas, en effet, pour le maréchal Soult « d'attaquer l'ennemi partout où il le rencontrera » suivant la formule chère aux Allemands de 1870, qui savaient ne devoir trouver devant eux que des groupes épars.

Il viendra un moment, le 12 octobre, où Napoléon prescrira à ses maréchaux d'attaquer tout ce qui est en marche, mais l'heure n'en est pas encore venue, le 8 octobre, et le maréchal Soult se comporte, ce jour-là, comme devra le faire tout commandant de colonne subordonnée avant la première bataille, lorsque les intentions, la répartition et les emplacements de l'ennemi ne sont pas connus d'une façon suffisamment précise pour que l'on puisse agir en connaissance de cause.

Tout stationnement avant la décision de la première lutte générale est, par essence même, défensif, et l'on ne peut qu'admirer les dispositions prudentes et réfléchies du 4e corps s'établissant, pour passer la nuit du 8 au 9, en arrière de débouchés que l'ennemi, si fort qu'il soit, ne saurait franchir que par colonnes étroites, faciles à maîtriser.

La preuve que la position choisie, le 8 octobre, par le maréchal Soult dérivait d'une idée ferme, d'un système, apparaît clairement dans une note jointe à l'ordre pour la prise de position du 4e corps à Münchberg, note qui nous paraît avoir été rédigée en prévision d'une retraite possible sur Baireuth devant des forces très supérieures.

En voici le texte :

« Dans la route de Baireuth à Münchberg, la position qui est en arrière de Benk a été *observée* ; cette position offre un

« beau développement ; elle domine à une grande distance.
« Le terrain est en pente rapide, boisé, coupé et parfois maré-
« cageux ; le fond de la vallée est aussi marécageux et rempli
« d'étangs. Si un corps d'armée occupait cette position, il
« serait convenable que son avant-garde fût placée à la tête
« du défilé de Berneck qu'on peut défendre avec avantage,
« même contre des forces supérieures ; du reste, la position
« de Benk et celle du défilé de Berneck demandent à être
« étudiées avec beaucoup de soin. »

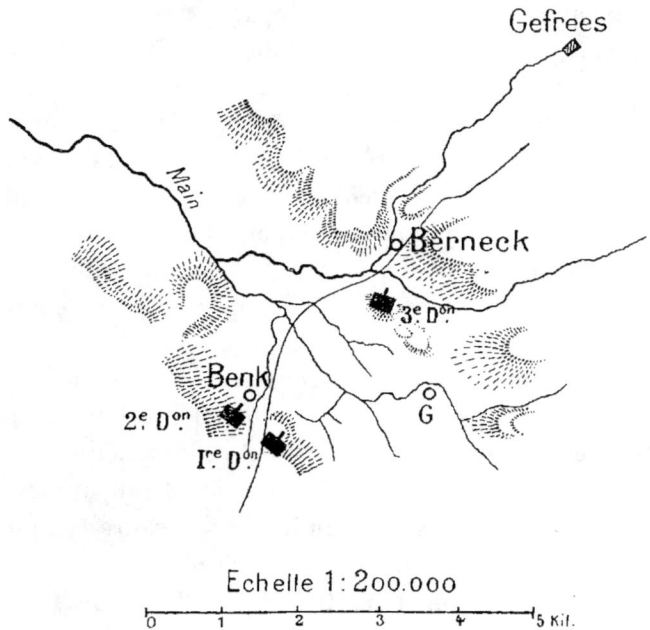

Nous avons figuré, sur le croquis ci-dessus, la disposition
du 4ᵉ corps dans l'hypothèse, admise par son chef, de l'occupation de la position de Benk.

L'avant-garde, formée par la 3ᵉ division, est placée sur une
hauteur isolée qui commande le débouché du Berneck et les
deux autres divisions occupent les hauteurs de Benk.

La distance entre l'avant-garde tactique et le gros, qui est de 4,500 mètres, ménage au commandant du corps d'armée sa liberté d'action, autrement dit, une zone de manœuvre plus que suffisante, eu égard à la portée des canons en ce temps-là.

De l'avant-garde particulière des corps de la Grande Armée.

On a constaté, aussi bien dans le stationnement du 7 auprès de Baireuth que dans celui du 8 aux environs de Münchberg, que le 4ᵉ corps place sa division de tête (la 3ᵉ) à 3 ou 4 kilomètres en avant des deux autres, comme avant-garde, et pourtant, le maréchal Soult désigne le plus souvent sous le nom d'avant-garde le régiment de cavalerie légère, appuyé d'un bataillon d'infanterie légère, qui précède la colonne, sur la route de marche à 7 ou 8 kilomètres.

L'expression d'avant-garde prenait, en effet, nous l'avons déjà dit, des sens variés, suivant les moments et les circonstances.

Quand il s'agissait de combattre, l'avant-garde était une grosse fraction de toutes armes, telle qu'une division pour un corps d'armée à trois divisions, ou une brigade quand il n'y avait que deux divisions, mais, en marche, on désignait sous le nom d'avant-garde la troupe de cavalerie, avec ou sans adjonction d'infanterie, qui fournissait les patrouilles de découverte.

La confusion terminologique était plus apparente que réelle et tenait à ce que la colonne de combat ne présentait presque jamais le vide que nous nommons aujourd'hui la *distance d'avant-garde*.

Tous les ordres de mouvement des maréchaux, en particulier ceux du maréchal Soult, pour les marches qui conduisirent le 4ᵉ corps depuis Baireuth jusqu'à Iéna, recommandent de ne laisser aucune distance entre les divisions ; bien mieux, le commandant du 4ᵉ corps veut que le gros de sa cavalerie précède immédiatement la division de tête.

Et pourtant, l'avant-garde, telle que nous la comprenons aujourd'hui, existait dans l'esprit de tous.

Lorsqu'un ennemi nombreux était signalé, en marche ou en position, par le régiment de cavalerie « de pointe », le corps d'armée prenait des dispositions préparatoires de combat. A ce moment, le gros de la cavalerie et la division de tête se rassemblaient sur leurs éléments les plus avancés, pendant que les autres divisions se massaient pareillement sur l'élément qui marchait immédiatement derrière la division de tête.

La distance d'écoulement étant de 4 kilomètres environ pour une division, il en résultait que, les rassemblements une fois formés, la division de tête se trouvait à 4 kilomètres en avant du gros et formait bien ainsi l'avant-garde tactique.

La distance d'avant-garde ainsi obtenue répondait parfaitement, avec le maximum d'économie de temps et d'espace, aux conditions du combat d'engagement, tel qu'il pouvait avoir lieu sous l'empire d'un armement très inférieur à celui que nous possédons actuellement.

De nos jours, la profondeur d'écoulement d'une brigade d'avant-garde de corps d'armée, avec tous ses accessoires, est de 5,000 mètres environ.

Si la rencontre de l'ennemi a lieu, cette avant-garde se déploie sur son élément le plus avancé pendant que le gros se rassemble à hauteur de sa propre tête. Dans ces conditions, l'éloignement de l'avant-garde, facteur essentiel de la zone de manœuvre, sera suffisante, pour peu que le terrain soit mouvementé, coupé, ou couvert.

La distance d'avant-garde fixée par nos règlements actuels à 2,500 mètres, que l'avant-garde soit normale ou renforcée (profondeur d'écoulement de 6,800 mètres), doit varier selon le but, la situation et le terrain ; elle peut être nulle, comme aussi elle peut atteindre 2,000 mètres ; mais on ne voit pas la nécessité de dépasser une profondeur de 7,000 mètres entre la tête de l'avant-garde et la tête du gros.

En résumé, à la Grande Armée, la distance d'avant-garde n'existe pas.

Voulant à juste titre diminuer la profondeur des colonnes, les maréchaux font marcher leurs corps d'armée aussi serrés que possible, en un seul bloc, à l'exception d'un détachement de cavalerie, appuyé ou non d'infanterie, qui éclaire la route en avant et sur les flancs.

Mais, si la distance d'avant-garde est inconnue à la Grande Armée, on y sait très bien masser, ou déployer, selon le cas, les troupes d'une colonne de corps d'armée en deux échelons distants entre eux de la profondeur d'écoulement de l'échelon de tête, que celui-ci soit formé d'une division ou d'une brigade.

Emplacements des corps et divisions de cavalerie, le 8 au soir.

Le maréchal Ney (6ᵉ corps, en deuxième ligne de la colonne de droite), atteignit, le 8 octobre, les environs de Berneck et fit cantonner son corps d'armée, partie sur la route de marche jusqu'au sud de Baireuth, partie sur la route de Culmbach, de Baireuth à Neuen-Plos.

A la colonne de gauche, le 5ᵉ corps bivouaqua, le 8 octobre, près de Coburg, le gros de la cavalerie très près de cette ville, sur la route de Neustadt, à Kortendorf. Le maréchal Lannes fit explorer les directions dangereuses :

1° Par le 9ᵉ hussards envoyé à Neustadt, d'où il lança un parti sur Gräfenthal ;

2° Par un fort détachement (un escadron probablement) sur Hildburghausen ;

3° Par un fort détachement sur Eisfeld (1).

Ces deux derniers détachements, poussés très loin, ne virent rien de l'ennemi.

---

(1) Neustadt est à 15 kilomètres
Hildburghausen à 30 kilomètres } de Coburg. (*Voir carte n° 11.*)
Eisfeld à 25 kilomètres

Le même jour, le maréchal Augereau fit défiler dans la matinée son corps d'armée par Bamberg et le cantonna en échelons, partie sur la rive droite, partie sur la rive gauche du Main.

A la colonne du centre, le 3ᵉ corps fut échelonné dans le défilé de Kronach, la tête au confluent de la Rodach et de la Kronach, la queue près de Theisenort.

La Garde, à l'exception de la brigade de chasseurs à pied qui avait suivi l'Empereur, était en arrière du 3ᵉ corps.

Enfin, partageant les cantonnements très pauvres du 3ᵉ corps et de la Garde, les divisions de dragons et de cuirassiers de la réserve de cavalerie passèrent la nuit du 8 au 9 en échelon, depuis Steinwiesen jusqu'à Bamberg.

Renseignements sur l'ennemi adressés à l'Empereur par les maréchaux, le 8 octobre.

Les lettres et rapports, envoyés le 8 par les maréchaux et reçus le même jour par l'Empereur ou le major général, contiennent sur l'ennemi les renseignements suivants :

A 10 heures du matin, le prince Murat écrit, d'après les nouvelles qu'il a recueillies à Lobenstein :

« L'armée (ennemie) est concentrée sur Naumburg ; le « prince de Hohenlohe se trouve, dit-on, à Iéna. Un seul « régiment se trouve à Hof ; il se retirera ; point de troupes « d'ici à Leipzig. »

Ensuite, c'est Davout qui annonce une concentration de forces prussiennes sur Saalfeld.

Le maréchal Lannes, à 5 heures du soir, expédiait à l'Empereur une lettre qui commence ainsi :

« Sire, d'après tous les renseignements que j'ai pu me « procurer, il paraît que la ligne de l'ennemi est à Weimar,

« Erfurt et Gotha et que le corps que Sa Majesté veut faire
« attaquer à Saalburg, n'est que pour observer les mouve-
« ments de notre droite. Il y a tout à parier qu'il évitera le
« combat.

« Il y a trois jours que le grand quartier général, c'est-à-
« dire le Roi, était à Naumburg. »

A 10 heures du soir, le prince Murat, dans son rapport à
l'Empereur sur la prise de Saalburg, revient sur les renseignements qu'il a donnés le matin et dit :

« Il est très positif que l'armée est concentrée sur Naum-
« burg et Erfurt. Le prince de Hohenlohe a son quartier
« général à Iéna. »

De ces divers renseignements, lequel va exercer une
influence prépondérante sur les projets de l'Empereur? C'est
celui du maréchal Davout annonçant l'ennemi en forces à
Saalfeld, ainsi qu'on peut en juger par la lettre suivante
adressée, le 9, à 7 heures du matin, par le major général au
maréchal Lannes.

§ 2. — La journée du 9 octobre.

Lettre du major général au maréchal Lannes.

Cette lettre fut portée au maréchal Lannes par un aide de
camp, le capitaine Lamark, qui partit de Nordhalben, à
7 heures du matin et dut arriver à Gräfenthal, en passant
par Coburg et Neustadt, entre 4 et 5 heures du soir.

Nordhalben, le 9 octobre 1806, 7 heures matin.

« Je vous préviens, Monsieur le Maréchal, que le quartier
« de l'Empereur sera ce soir à Ebersdorf.

« Le maréchal Davout sera à Lobenstein.

« Le prince Murat, à Schleiz.

« Le maréchal Bernadotte, à Saalburg.

Croquis des emplacements de l'armée française (réels) et des armées prussiennes (supposés), le 9 octobre au soir.

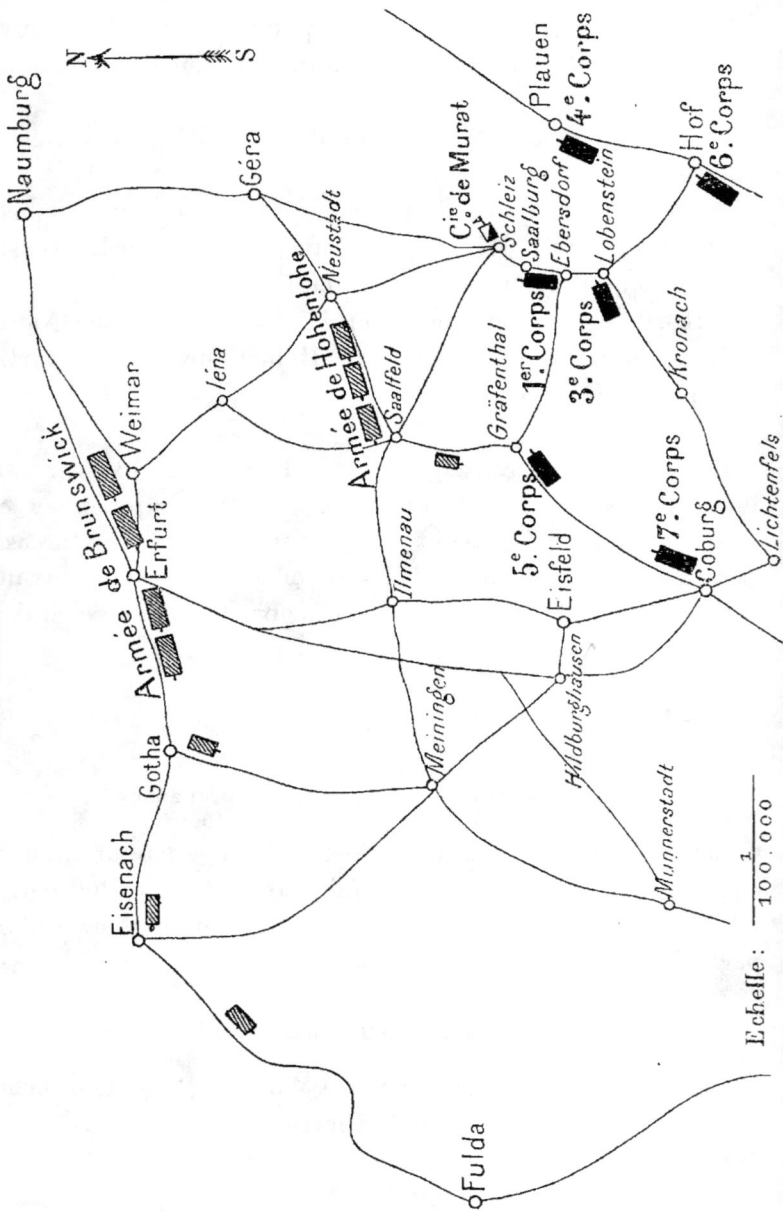

Echelle : $\dfrac{1}{100.000}$

« Le maréchal Soult, vis-à-vis Plauen.

« Le maréchal Ney, à Hof.

« On suppose que l'ennemi veut défendre Saalfeld ; s'il est
« en force supérieure, il ne faut rien engager que le maréchal
« Augereau ne vous ait rejoint.

« Dans la journée, on aura des nouvelles de l'ennemi, et
« s'il avait des forces notables à Saalfeld, l'Empereur mar-
« chera (sic) avec 20,000 ou 25,000 hommes dans la nuit,
« pour arriver demain vers midi sur Saalfeld par Saalburg.

« Dans cette situation de choses, Monsieur le Maréchal, où
« l'ennemi réunit toutes ses forces à Saalfeld, alors *nous*
« *n'avons* (sic) autre chose à faire qu'à prendre position à
« Gräfenthal.

« L'ennemi ne peut se hasarder à marcher sur vous ayant
« des forces si considérables sur son flanc gauche ; si cepen-
« dant il le faisait en force très supérieure, il n'y a pas de
« doute que vous ne dussiez battre en retraite, parce qu'alors
« il serait pris et attaqué en flanc par le corps du centre ;
« mais, si l'ennemi n'a que 15,000 à 18,000 hommes, vous
« devez, après avoir bien étudié sa position, l'attaquer ; bien
« entendu que *le corps du maréchal Augereau sera avec*
« *vous.*

« Ce qui est le plus important dans cette circonstance,
« Monsieur le Maréchal, c'est d'envoyer trois fois par jour de
« vos nouvelles et de celles de l'ennemi à l'Empereur.

« Si l'ennemi bat en retraite devant vous, arrivez le plus
« promptement possible à Saalfeld, et là, placez vos troupes
« militairement. »

Cette lettre, lourdement écrite, et qui contient une erreur
de rédaction « nous n'avons » au lieu de « vous n'avez »
reflète néanmoins la pensée de l'Empereur. A ce titre, elle
présente un grand intérêt.

Napoléon admet que le prince de Hohenlohe, à la tête des
Saxons et des contingents prussiens venus de Silésie par

Dresde, en tout 50,000 hommes au plus, avait tout récemment son quartier général à Iéna (renseignements de Davout et autres).

Le gros des forces prussiennes étant signalé d'une façon à peu près certaine aux environs d'Erfurt, les deux armées vont probablement marcher d'Erfurt et Iéna sur Würzburg, l'une par Fulda, l'autre par Saalfeld et Coburg.

L'aile gauche, commandée par le prince de Hohenlohe, est donc la seule force redoutable pour le moment.

Si elle exécute le mouvement qu'on lui prête, il faut l'accabler sous des attaques tellement supérieures qu'elle soit hors de cause pour le reste de la campagne.

Étudions les dispositions que compte prendre Napoléon dans l'éventualité du débouché de l'armée du prince de Hohenlohe sur Gräfenthal en partant de Saalfeld.

Le maréchal Lannes devant arriver à Gräfenthal, le 9, avec le gros de son corps d'armée pourra envoyer, le soir même, à l'Empereur des renseignements, fournis par sa cavalerie, sur l'importance des forces qui occupent Saalfeld ou qui en ont débouché.

Si l'armée du prince de Hohenlohe a marché sur Gräfenthal dans la journée du 9, le maréchal Lannes *aura combattu en retraite*, ce jour-là, et, suivant la recommandation que lui a faite l'Empereur le 7 octobre (lettre expédiée de Bamberg à 2 heures du soir), il se retirera lentement sur Coburg en disputant le terrain.

Mais alors, l'Empereur à la tête du 1er corps marchera dans la nuit du 9 au 10 sur les derrières de l'ennemi, par Schleiz, Pösneck et Saalfeld, pendant que le 3e corps ira de Lobenstein et de Nordhalben sur Gräfenthal, par Lehesten et Probstzella. (*Voir carte nº 12.*)

Le corps Augereau (à Coburg) ayant rejoint, sur ces entrefaites, le corps Lannes, l'ennemi aura en face de lui 40,000 hommes, sera attaqué sur son flanc gauche par le corps Davout (35,000 hommes) et recevra en queue l'effort des

25,000 hommes de Bernadotte, conduits par Napoléon en personne.

Les 50,000 hommes de Hohenlohe seront maintenus de front, attaqués de flanc et pris en queue par trois masses formant ensemble 90,000 hommes.

Le sort de l'armée de Hohenlohe, dans ces conditions, n'est pas douteux.

Sa ruine sera d'autant plus certaine qu'elle n'a aucun secours à espérer, pendant les journées du 10 et du 11 octobre, du gros de l'armée prussienne, en marche d'Erfurt sur Gotha—Fulda et séparée d'elle par un massif boisé de plus de 60 kilomètres d'épaisseur.

Le 10 à midi, ainsi que l'annonce le major général, l'Empereur sera avec 25,000 hommes à Saalfeld, par Saalburg et Schleiz, après une étape de 7 lieues seulement.

Dans le même temps, le 3ᵉ corps (maréchal Davout) aura franchi les huit lieues qui séparent Lobenstein de Gräfenthal.

Si donc, les premiers engagements du 3ᵉ et du 1ᵉʳ corps, dans la soirée du 10 octobre, n'amènent pas un événement décisif, on peut compter que le 11 octobre ne s'écoulera pas sans que la ruine de l'armée du prince de Hohenlohe ait été consommée.

L'opération dont nous venons de discuter le plan n'eut pas lieu, mais elle présente à nos yeux un intérêt presque égal à celui d'une opération vécue.

L'esprit de la guerre chez un chef d'armée tel que Napoléon présente des manifestations si variées et pourtant si harmoniques que laisser les unes dans l'ombre, sous prétexte qu'elles sont restées à l'état de projet, pour n'étudier que celles qui ont été douées de vie serait diminuer volontairement le champ de notre vision.

Fidèle à notre méthode de travail, nous ne faisons pas de différence entre les idées militaires de l'Empereur, qu'elles aient été, ou non, suivies d'exécution.

Le combat de Schleiz.

Le prince Murat s'étant porté avec le 4ᵉ hussards et le
27ᵉ léger dans la direction de Schleiz, reconnut un ennemi
assez nombreux posté dans ce bourg et aux environs.

Sur ces entrefaites, Napoléon rejoignit l'avant-garde. Sur
son ordre, le maréchal Bernadotte fit avancer la division
Drouet, qui se trouvait en arrière de Saalburg, pour soutenir
le 27ᵉ léger et laissa au prince Murat ainsi qu'au maréchal
Bernadotte le soin de préparer l'attaque.

Elle eut lieu en deux colonnes. L'avant-garde (27ᵉ léger)
fouillant les bois situés à droite de la route, était suivie
du 94ᵉ, tandis que le 95ᵉ formait une seconde colonne à la
gauche et en arrière de la première pour déborder la droite
de l'ennemi.

Le village fut évacué presque sans combat; mais les Saxo-
Prussiens prirent position sur la hauteur d'Œttersdorf, à
2 kilomètres au nord de Schleiz, où ils tinrent pendant
quelque temps.

Le prince Murat, oubliant sans doute qu'il était le chef de
l'avant-garde de l'armée, prit le commandement du 4ᵉ hussards (rouges) et les mena plusieurs fois à la charge contre la
cavalerie prussienne très supérieure en nombre. Après avoir
été ramené à plusieurs reprises, le 4ᵉ hussards fut secouru
par le 5ᵉ chasseurs, puis, grâce à l'intrépidité de quelques
compagnies d'élite, notre cavalerie prit enfin le dessus et
enfonça l'ennemi.

Le détachement battu à Schleiz, comprenait en majeure
partie la division Tauenzien, savoir : 4 bataillons prussiens,
4 bataillons saxons et 2 régiments de cavalerie, l'un prussien,
l'autre saxon.

Dans cette rencontre, la cavalerie française se montra
moins manœuvrière que la cavalerie saxo-prussienne.

Celle-ci se composait du régiment de hussards de Bila (Prussiens) et des chevau-légers du prince Jean (Saxons).

Le rapport du prince Murat à l'Empereur laisse deviner, en dépit de ses gasconnades, que sans les cinq compagnies

Combat de Schleiz.

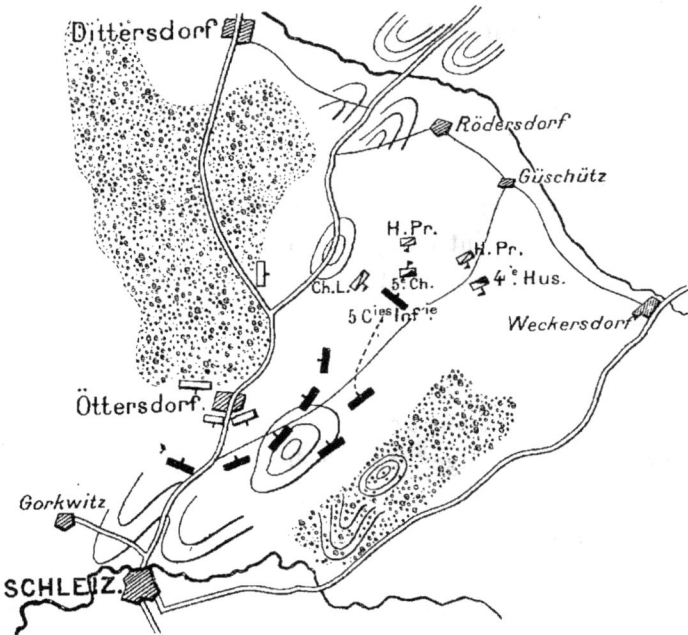

d'élite venues à son secours, notre cavalerie eût été complètement battue par la cavalerie ennemie.

On en jugera par l'extrait suivant du rapport en question :

« M'apercevant que l'ennemi évacuait la ville (Schleiz), je « l'ai traversée avec le 4ᵉ régiment de hussards pour tomber « sur l'infanterie qui en sortait et qui déjà était sur les hau- « teurs ; j'ai alors manœuvré par ma droite pour tâcher de « déborder l'ennemi par sa gauche et d'arriver avant lui au « défilé en avant (au nord) de Rödersdorf.

« La cavalerie ennemie a suivi notre mouvement, *toujours*

« *en couvrant son infanterie* qui a réussi à gagner les pre-
« miers bois. »

L'idée du prince Murat était juste. La cavalerie assaillante,
grâce à sa vitesse, peut atteindre un défilé situé en arrière
d'une position occupée par l'infanterie adverse, et lui en inter-
dire l'accès. Mais la manœuvre de la cavalerie prussienne a
déjoué le projet de Murat, ce qui montre que cette cavalerie avait deviné les intentions du 4e hussards et su déjouer
ses tentatives.

Le prince Murat expose ensuite que le 4e hussards a fourni
contre la cavalerie ennemie, trois charges qui, toutes les trois,
ont été repoussées.

« J'attendais avec la plus grande impatience le 5e chasseurs
« qui n'arrivait point malgré les ordres réitérés que j'avais
« envoyés; il a paru enfin et fort à propos dans le moment où,
« après une nouvelle charge (la troisième), le 4e hussards
« venait encore d'être repoussé.

« Le brave 5e a chargé avec sa bravoure accoutumée et a
« *coupé en deux la ligne de l'ennemi.*

« Les dragons rouges (chevau-légers) du prince Jean qui
« chargeaient le 4e hussards ont manœuvré par leur gauche
« pour le prendre en flanc, et les hussards prussiens ont fait
« la même manœuvre par leur droite; mais déjà les éclai-
« reurs du 27e léger que j'avais fait demander débouchaient
« sur le mamelon et ont été chargés en queue par ces mêmes
« dragons. Ces incomparables chasseurs (carabiniers), aux-
« quels je n'ai eu que le temps de faire faire demi-tour et qui
« n'ont pas eu le temps de se former en carré, ont fait un feu
« de files à brûle-pourpoint; moitié des dragons sont restés
« sur la place ; le reste s'est sauvé dans la plus grande
« déroute. »

On admettra difficilement que le 5e chasseurs ayant coupé
en deux la ligne de cavalerie ennemie, celle-ci ait pu aussitôt
manœuvrer par régiment, l'un par la gauche, l'autre par la
droite, en vue de prendre en flanc le 4e hussards.

Le maréchal Bernadotte dans son rapport sur le combat de Schleiz dit, de son côté :

« L'ennemi (la cavalerie) qui avait abordé et enfoncé la « droite du 4ᵉ hussards a voulu prendre à dos le 5ᵉ chas- « seurs en marchant sur le corps à cinq compagnies d'éclai- « reurs (d'élite) du 27ᵉ et du 94ᵉ..... »

Cherchons à reconstituer l'épisode.

Le 4ᵉ hussards, après sa troisième charge malheureuse, est poursuivi par les hussards prussiens de Bila ayant en arrière de leur aile droite, en seconde ligne, le régiment de chevau-légers saxons.

A ce moment, arrive sur le terrain de la lutte le 5ᵉ chasseurs.

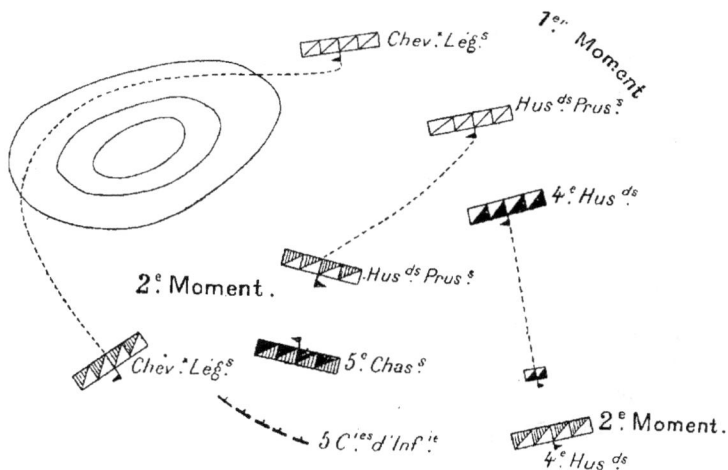

Les hussards de Bila, abandonnant la poursuite du 4ᵉ hus-sards à une fraction, se portent à la rencontre du nouvel assaillant, pendant que les chevau-légers décrivent un mou-vement excentrique qui doit les amener dans le flanc gauche et sur les derrières du 5ᵉ chasseurs.

Mais, derrière ce régiment arrivent, au pas de course, cinq compagnies d'élite, sous les ordres du général Maison, que le

prince Murat a fait demander au général Drouet pour servir
de point d'appui à sa cavalerie en venant occuper le mamelon
situé entre Œttersdorf et Rödersdorf.

Les chevau-légers saxons, qui ont contourné ledit mamelon
par l'ouest, tombent à l'improviste sur les compagnies françaises se dirigeant en bataille, du sud-ouest au nord-est, vers
le mamelon précité.

Les fantassins font demi-tour et fusillent à bout portant les
chevau-légers qui s'enfuient affolés, laissant sur le terrain bon
nombre des leurs.

Alors, chasseurs et hussards français tournent leurs efforts
contre les hussards prussiens et les rejettent définitivement
dans le défilé de Rödersdorf.

Sans les « incomparables » voltigeurs du général Maison,
c'en était fait du 4ᵉ hussards et du 5ᵉ chasseurs.

L'épisode montre que lorsqu'on est inférieur en nombre ou
en qualité à la cavalerie ennemie, il est bon de faire soutenir
sa propre cavalerie par un détachement d'infanterie, lequel
prenant position en un point convenablement choisi constitue
un pivot de manœuvres.

Le combat de Schleiz offre encore d'autres sujets de
réflexions.

L'ennemi occupe et défend Schleiz, pourquoi?

Le général Tauenzien avait l'ordre de rallier l'armée du
prince de Hohenlohe près de Gera. Devait-il accepter ou
refuser le combat?

L'engagement de Saalburg était un avertissement, et le
général Tauenzien ne pouvait pas ignorer, le 9 au matin, que
des colonnes françaises très profondes marchaient de Baireuth
et de Kronach vers la Saxe.

Il semble que la présence des Français à Saalburg ait eu
le don de cristalliser le détachement de Schleiz, alors qu'il
devait forcer de vitesse pour se mettre promptement hors
d'atteinte.

En supposant que le général Tauenzien ait voulu combattre afin de reconnaître les forces de l'ennemi, il avait à occuper les bois et villages formant d'excellents points d'appui sur la petite rivière qui passe à Schleiz et à proximité.

Mais, les Prussiens de 1806 ignoraient la puissance défensive que l'infanterie acquiert par l'occupation des localités.

Les belles positions découvertes exerçaient sur eux une attraction décevante et, durant toute la campagne, ils ne surent utiliser une seule fois les villes, bourgs, ou villages situés aux points de passage des cours d'eau dont ils avaient à défendre l'accès.

Il en a été de même à l'armée française de 1870. Au cours des batailles du mois d'août, en particulier, les villages compris dans le rayon d'action des Français furent occupés et défendus par de faibles détachements dont l'ennemi eut facilement raison, et ces localités devinrent entre les mains de nos adversaires des points d'appui inexpugnables.

Deux exceptions fortuites montrent l'extraordinaire puissance défensive des localités dans la bataille.

Le 18 août 1870, la prise de Saint-Privat, par les Allemands, a nécessité de leur part des efforts et des moyens exceptionnels.

Le 1er septembre 1870, à Bazeilles, la division d'infanterie de marine a tenu en échec des troupes bien supérieures en nombre et s'est acquis une réputation qui rejaillit sur l'armée coloniale actuelle.

Pendant que la division de Vassoigne défendait Bazeille, les autres divisions d'infanterie de l'armée de Châlons étaient déployées sur des crêtes, ayant devant elles, en contre-bas, de nombreuses localités masquées, pour la plupart, aux vues des batteries allemandes et capables d'assurer une longue résistance.

Après avoir assisté au début de l'opération de la division Drouet sur Schleiz et constaté que le combat était en bonne voie, l'Empereur revient à son quartier général d'Ebersdorf.

Le rapport du prince Murat sur les résultats de l'affaire est daté du 10, à 2 heures du matin.

Le même jour, le 10, à 5 heures du matin, c'est-à-dire avant d'avoir reçu ce rapport, l'Empereur écrivait au prince Murat :

« Le général Rapp m'a fait connaître l'heureux résultat de « la soirée. Il m'a paru que vous n'aviez pas sous la main « assez de cavalerie réunie ; *en l'éparpillant toute* il ne vous « restera rien. Vous avez 6 régiments, je vous avais recom- « mandé d'en avoir au moins 4 dans la main ; je ne vous en « ai vu hier que 2. »

S'il eût vu les échecs du 4e hussards, le débouché tardif du 5e chasseurs et la crise que l'arrivée opportune du général Maison avec ses 5 compagnies d'infanterie put heureusement conjurer, nul doute que Napoléon n'eût manifesté son mécon- tentement au prince Murat en termes plus sévères.

Quoi qu'il en soit, le combat de Schleiz venait de démon- trer combien la tactique articulée de l'infanterie française agissant par petites colonnes précédées de tirailleurs était supérieure au mode de combat rigide de l'ordre linéaire encore usité dans l'armée prussienne.

En dépit des premiers échecs de la cavalerie de Murat, les 6 bataillons de la division Drouet avaient eu raison des 8 bataillons saxo-prussiens.

Rapport du maréchal Lannes à l'Empereur.

Pendant la nuit du 9 au 10, l'Empereur reçut un rapport du maréchal Lannes, daté de Gräfenthal, le 9, à 5 heures du soir, où il était dit :

« La journée a été terrible pour les troupes et l'artillerie ; « les chemins sont affreux ; le pays n'offre absolument aucune « ressource. »

Suivant le maréchal Lannes, le 7e corps (maréchal Auge- reau) qui doit être le 9, à Coburg, ne pourra pas arriver le 10, à Gräfenthal.

« Il y a douze mortelles lieues de Coburg à Gräfenthal. »

La lettre annonce la capture de 8 hussards prussiens et l'envoi de leurs interrogatoires. Enfin, le maréchal Lannes confirme à l'Empereur, d'après les questions posées à un grand nombre de personnes, les renseignements des rapports précédents sur la position de l'ennemi.

Rapports et dispositions du maréchal Soult.

A la colonne de droite, le maréchal Soult rendit compte à l'Empereur, le 9, à 10 heures du matin, de l'arrivée du 4e corps d'armée à Hof et de la continuation de sa marche sur une position à choisir à moitié chemin entre Hof et Plauen.

Le commandant du 4e corps donnait, en outre, les renseignements suivants :

Hof a été évacué le 8 par l'ennemi qui s'est retiré, partie sur Schleiz, partie sur Plauen, quelques fractions sur Œlsnitz, enfin les équipages et chevaux de main sur Plauen « ce qui me confirme que c'est un point de réunion ».

De Hof, le maréchal Soult dirigea un escadron sur Schleiz, par Gefell, et un autre escadron sur Œlsnitz, l'un pour lier communication avec la colonne du centre et remettre à l'Empereur le rapport du 4e corps, l'autre pour éclairer la droite du corps d'armée.

Le maréchal Soult laissa sa division de queue (Saint-Hilaire) et son parc sur les hauteurs de Hof (rive gauche de la Saale) jusqu'à ce qu'il eût « une parfaite connaissance des dispositions de l'ennemi ».

Le maréchal Soult savait que, le 9, le maréchal Ney avec le 6e corps arriverait à Münchberg.

Sa 1re division placée à 2 ou 3 kilomètres en arrière de Hof est appelée à jouer le rôle de troupe de repli ou de recueil, et aussi, de troupe de liaison avec le 6e corps.

Il résulte de cette disposition que la cavalerie et les 2 divisions de tête du 4e corps constituent bien réellement une *forte*

Stationnement des 4ᵉ et 6ᵉ corps, le 9 octobre au soir.

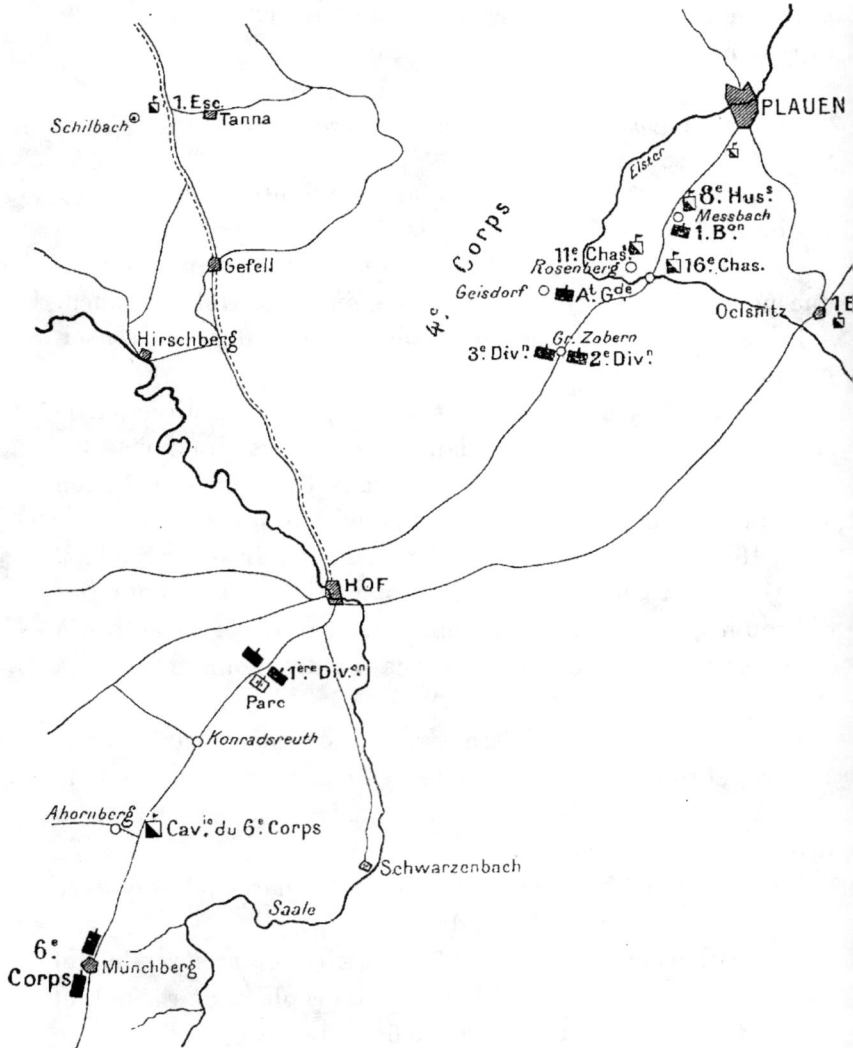

avant-garde destinée à reconnaître l'ennemi que le maréchal Soult suppose réuni à Plauen, à le tâter avec la plus grande prudence, pendant que la 1re division que viendra renforcer, s'il le faut, tout le 6e corps stationné à 12 kilomètres en arrière, occupe une position défensive sur la rive gauche de la Saale.

Rendant compte à l'Empereur, dans la soirée (6 heures) du 9 octobre, des emplacements occupés par le 4e corps, le maréchal Soult écrivait :

« La cavalerie légère est à Rosenthal et Rosemberg, sur « l'Elster ; *son avant-garde* composée du 8e hussards et d'un « bataillon d'infanterie légère (tirailleurs du Pô) est à Mess- « bach, à une lieue de Plauen ; elle a ordre de pousser « jusque dans cette ville s'il n'y a pas d'ennemis.

« Les divisions commandées par les généraux Legrand (3e) « et Leval (2e) campent (bivouaquent) sur les hauteurs de « Gross-Zöbern et *occupent Geilsdorf.*

« La division commandée par le général Saint-Hilaire (1re) « est restée en position sur les hauteurs de Hof, ainsi que le « parc d'artillerie. »

La citation qui précède appelle quelques commentaires.

Le 8e hussards, avec le bataillon des tirailleurs du Pô, n'est pas l'avant-garde du corps d'armée, mais bien celle de la division de cavalerie. La distinction que nous avons déjà signalée est importante, car l'étude superficielle des documents français relatifs à la campagne de 1806 pourrait faire croire aux officiers de l'époque actuelle que les colonnes de corps d'armée, sous le premier empire, n'avaient pour toute avant-garde qu'un régiment de cavalerie soutenu par un détachement d'infanterie.

Le gros du 4e corps (2e et 3e divisions) au bivouac sur les hauteurs de Gross-Zöbern, a fait occuper Geilsdorf, c'est-à-dire a constitué une avant-garde laquelle tient un point d'appui situé sur une hauteur à faible distance du pont de Plausch sur l'Elster.

Il va de soi que le pont et le village de Plausch ont été pourvus d'une garde détachée de Geilsdorf, dans le double but d'assurer le libre passage et de recueillir la cavalerie dans le cas où elle serait ramenée.

De Gross-Zöbern à Geilsdorf, la distance est de 12 kilomètres.

La position du gros du 4e corps, le 9 octobre, au soir, est purement défensive, et cependant, le maréchal Soult, en poussant toute sa cavalerie au delà de l'Elster, s'est ménagé la possibilité de faire déboucher son corps d'armée sur la rive droite de cette rivière au cas où l'ennemi venant de Plauen n'attaquerait Messbach qu'avec des forces peu nombreuses.

En résumé, les dispositions prises pour le stationnement du 4e corps, le 7, le 8, et le 9 octobre, sont essentiellement défensives et répondent bien aux intentions de l'Empereur qui avait fait écrire au maréchal Soult (lettre du 5 octobre) par le major général :

« Sa Majesté s'en rapporte à *votre prudence* et à vos talents
« militaires pour ne faire donner ses troupes qu'après avoir
« *mûrement examiné* la position de l'ennemi et avoir *toutes*
« *les probabilités de succès*. »

Dans le même rapport daté de Gross-Zöbern à 6 heures du soir, le maréchal Soult annonce à l'Empereur que, d'après les renseignements qu'il a sur Plauen, cette ville a été évacuée, le matin même, par *l'ennemi qui s'est dirigé sur Gera.*

Cette nouvelle exerça une telle influence sur l'esprit de Napoléon que tous les mouvements prescrits aux corps de la Grande Armée, le 10 *et le* 11 *octobre, en découlèrent directement.*

Le maréchal Soult n'ayant d'ordres que jusqu'à Plauen attend impatiemment de nouvelles instructions, afin que la journée du 10 ne soit pas perdue pour les opérations.

Enfin, le commandant du 4e corps rend compte que l'escadron du 11e chasseurs lancé de Hof sur Gefell et Schleiz a rencontré à hauteur de Tanna deux partis du 5e hussards (brigade Lasalle) se rendant à Mühltruff.

Déjà la veille, en pénétrant dans Hof, une reconnaissance du 8e hussards avait communiqué avec un escadron du 5e hussards venant de Lichtenberg (brigade Lasalle) et « les deux « troupes qui ne se reconnaissaient pas d'abord avaient failli « en venir aux mains. »

La méprise s'explique moins par la diversité de couleur dans l'uniforme des régiments de hussards à cette époque que par l'étonnement qu'éprouvent toujours deux troupes à cheval quand elles s'aperçoivent tout à coup à faible distance.

Les Bavarois.

La division bavaroise, rattachée par ordre au 6e corps, arriva, le 9 octobre, à Baireuth et se disposa à faire le blocus du fort de Plassenburg, près de Culmbach.

§ 3. — La journée du 10 octobre.

(*Voir carte n° 12.*)

Le 9 octobre, dans la soirée, les deux régiments de cavalerie qui avaient combattu à Schleiz, poursuivirent les débris de la division Tauenzien jusqu'au delà (nord) de Rödersdorf, puis vinrent passer la nuit à Lohma, sous la protection du 27e léger. Dans le même temps, la division Drouet coucha près d'Œttersdorf, et la division Rivaud, non loin de Schleiz.

Le prince Murat rédigea son rapport sur l'affaire, le soir même, et ne l'expédia que le 10, à 2 heures du matin, sans doute afin d'y joindre le rapport du maréchal Bernadotte.

Dans la nuit, l'Empereur connut les détails du combat de Schleiz par le général Rapp, son aide de camp, qui avait assisté à l'affaire depuis le commencement jusqu'à la fin.

Le 10, à 5 heures du matin, avant que les rapports lui

fussent parvenus, Napoléon dicta une lettre à l'adresse du prince Murat.

Le début de cette lettre, que nous avons reproduit précédemment, critique l'éparpillement de la division de cavalerie légère d'avant-garde ; nous n'y reviendrons pas.

L'Empereur montre ensuite que, le 4ᵉ corps arrivant à Plauen sans avoir rencontré l'ennemi, les reconnaissances sur la droite deviennent peu importantes. Par contre, « c'est « sur Pösneck et Saalfeld qu'il faut porter de fortes recon- « naissances pour savoir ce qui s'y passe.

« Le maréchal Lannes est arrivé, le 9 au soir, à Gräfen- « thal ; il attaquera demain (le 11) Saalfeld. Vous savez « combien il m'importe de connaître dans la journée (le 10) « le mouvement (de l'ennemi) sur Saalfeld, afin que, si « l'ennemi avait réuni là plus de 25,000 hommes, je puisse « y faire marcher des renforts, par Pösneck, et les prendre « en queue. »

Napoléon sait par le rapport du maréchal Lannes (Gräfen- thal, 9 octobre, 5 heures soir) que, le 10 au matin, le 5ᵉ corps sera réuni à 2 lieues au delà de Gräfenthal, sur la route de Saalfeld, en attendant des ordres.

Il suppose que le 7ᵉ corps pourra rejoindre le 5ᵉ corps dans la soirée du 10 octobre.

Ces deux corps attaqueront l'ennemi, le 11, à Saalfeld ; mais il faut que, le 10 au soir, les forces qui occupent Saalfeld aient été reconnues très exactement.

Si elles sont supérieures à 25,000 hommes, une partie des troupes qui ont débouché de Lobenstein se porteront, par une marche de nuit, sur Saalfeld en passant par Pösneck et prendront l'ennemi en queue pendant que Lannes et Auge- reau l'attaqueront en tête. Donc, le 10 octobre, à 5 heures du matin, avant d'avoir reçu les rapports sur le combat de Schleiz et les interrogatoires des prisonniers, Napoléon admet que l'armée de Hohenlohe, en tout ou partie, puisse être à Saalfeld.

Toutefois, cette hypothèse ne lui fait pas perdre de vue l'éventualité d'une offensive de l'armée du prince de Hohenlohe, dirigée d'Iéna sur le débouché de Schleiz.

La lettre de Napoléon porte en effet :

« Il faut, à tout événement, reconnaître une belle position « en avant (nord) de Schleiz qui puisse servir de champ de « bataille à plus de 80,000 hommes. »

Aux 60,000 ou 70,000 hommes dont dispose le prince de Hohenlohe, Napoléon veut pouvoir opposer, dès le 11 octobre, 80,000 hommes bien postés, et ces 80,000 hommes, il les aura en concentrant en moins de 24 heures, au nord de Schleiz, les 1er, 3e, 6e corps, la Garde et deux divisions de dragons, sans compter la division de cavalerie légère.

Dans la même lettre, Napoléon annonce au prince Murat l'arrivée, le matin même, des divisions Dupont et Beaumont (3e division de dragons) à Schleiz, le débouché du 3e corps au delà d'Ebersdorf dans la matinée, enfin la marche du 6e corps sur Tanna.

Mais, entre 5 et 6 heures du matin, les rapports sur le combat de Schleiz et les interrogatoires des prisonniers arrivent à l'Empereur.

De la direction prise par la division Tauenzien battant en retraite, Napoléon conclut que le gros de l'armée du prince de Hohenlohe se trouve encore du côté d'Iéna.

Les prisonniers ont déclaré, de leur côté, que le prince de Hohenlohe est encore à Iéna et que le prince Louis avec une division d'avant-garde occupe depuis quelques jours les environs de Saalfeld.

Ces renseignements permettent aussitôt de faire écrire au maréchal Lannes (d'Ebersdorf, 6 heures du matin) par le major général :

« L'Empereur, Monsieur le Maréchal, approuve les dispo- « sitions que vous avez prises ; pressez l'arrivée de M. le « maréchal Augereau et, immédiatement après, attaquez « Saalfeld. »

Suit la nouvelle du combat victorieux de Schleiz.

« Nos postes vont sur Pösneck, et, si les forces de l'ennemi
« sur Saalfeld devenaient trop considérables, on marcherait
« à elles par derrière, mais *rien ne donne à penser à*
« *l'Empereur qu'il puisse y avoir là plus de 12,000 à 15,000*
« *hommes.* »

A la même heure (6 heures du matin), furent lancés les
ordres pour amener la 3e division de dragons (général Beaumont) de Röppisch à Schleiz et le 3e corps à Saalburg (cavalerie et 1re division), Lobenstein et Ebersdorf.

Avant le jour, la division Dupont avait reçu l'ordre de
rejoindre immédiatement le 1er corps d'armée, à Schleiz.

L'Empereur dicta ensuite plusieurs lettres datées d'Ebersdorf à 8 heures du matin et, parmi elles, une lettre au maréchal Soult dont nous allons reproduire et commenter quelques
passages importants.

« Nous avons culbuté hier les 8,000 hommes qui, de Hof,
« s'étaient retirés à Schleiz où ils attendaient des renforts
« dans la nuit.....

« Voilà ce qui me paraît le plus clair. Il paraît que les
« Prussiens avaient le projet d'attaquer ; que leur gauche
« (armée de Hohenlohe) devait déboucher par Iéna, Saalfeld
« et Coburg ; que le prince de Hohenlohe avait son quartier
« général à Iéna et le prince Louis à Saalfeld ; l'autre colonne
« (armée de Brunswick) a débouché par Meiningen sur
« Fulda ; de sorte que je suis porté à penser que vous n'avez
« personne devant vous, peut-être pas 10,000 hommes
« jusqu'à Dresde. Si vous pouvez leur écraser un corps,
« faites-le.

« Voici du reste mes projets pour aujourd'hui : Je ne puis
« marcher, j'ai trop de choses en arrière ; je pousserai mon
« avant-garde (1er corps, 3e division de dragons et division de
« cavalerie légère) à Auma ; j'ai reconnu (fait reconnaître par
« le prince Murat) un bon champ de bataille pour 80,000 ou

« 100,000 hommes. Je fais marcher le maréchal Ney (6e corps)
« à Tanna (par Hof); il se trouvera à 2 lieues de Schleiz;
« vous-même, de Plauen, n'êtes pas assez loin pour ne pas
« pouvoir en 24 heures y venir. Le 5, l'armée prussienne
« (armée de Brunswick) a encore fait un mouvement sur le
« Thuringe, de sorte que je la crois arriérée d'un grand
« nombre de jours. Ma jonction avec ma gauche (5e et
« 7e corps) n'est pas encore faite..... Le maréchal Lannes
« (5e corps) n'arrivera qu'aujourd'hui à Saalfeld, à moins
« que l'ennemi n'y soit en force considérable. Ainsi, les jour-
« nées du 10 et du 11 seront perdues. Si ma jonction (avec la
« gauche) est faite, je pousserai en avant jusqu'à Neustadt et
« Triptis; *après cela, quelque chose que fasse l'ennemi, s'il*
« *m'attaque je serai enchanté, s'il se laisse attaquer je ne le*
« *manquerai pas; s'il file par Magdebourg, vous serez avant*
« *lui à Dresde. Je désire beaucoup une bataille. S'il a voulu*
« *m'attaquer, c'est qu'il a une grande confiance dans ses*
« *forces; il n'y a point d'impossibilité alors qu'il ne*
« *m'attaque; c'est ce qu'il peut me faire de plus agréable.*
« *Après cette bataille, je serai à Dresde ou à Berlin avant*
« *lui.....* »

L'Empereur, on le voit, était bien renseigné, grâce à un
bon service d'espionnage et aux interrogatoires des prisonniers faits la veille au combat de Schleiz.

Il pense que le prince de Hohenlohe, encore à Iéna, a détaché le prince Louis en avant-garde, à Saalfeld.

Cette présomption lui fait croire que le maréchal Lannes
ne rencontrera qu'une simple division de 12,000 à 15,000
hommes à Saalfeld et qu'il en aura facilement raison.

Les derniers renseignements remontaient évidemment au
8 octobre, époque à laquelle la division du prince de Weimar,
formant l'avant-garde de l'armée principale, venait d'arriver
à Meiningen, tandis que la division du prince Louis, avant-
garde de l'armée secondaire, atteignait Rudolstadt.

Le mouvement que Napoléon attribue à l'armée principale,

le 5 octobre, est erroné ; il se rapporte à la division Rüchel qui s'était portée de Mülhausen à Eisenach.

L'intention de marcher avec le gros de ses forces sur Neustadt, dès qu'il aura fait sa jonction avec la colonne de gauche, indique, de la part de Napoléon, le projet de prendre Iéna, où il suppose le prince de Hohenlohe, comme premier objectif de ses opérations, en rase campagne.

La pensée de l'Empereur est nette :

Réunir sur Neustadt, dans la direction d'Iéna, les 1er, 3e, 5e, 6e, 7e corps, éventuellement le 4e corps, et se trouver en situation d'accepter ou d'offrir la bataille sur Iéna avec toutes ses forces.

Si l'ennemi, refusant la lutte immédiate, file sur Magdebourg, le 4e corps se portera à grandes marches de Plauen à Dresde, point de passage important sur l'Elbe situé en dehors de l'action de l'adversaire, y franchira le fleuve dont il fera tomber la défense avant même que les Prussiens ne l'aient atteint (à Magdebourg), et formera ainsi l'avant-garde de la Grande Armée dans sa marche sur Berlin.

Si, au contraire, l'ennemi accepte la bataille sur Iéna, la Grande Armée sera en mesure de franchir l'Elbe avant lui et de le devancer, soit à Dresde, soit à Berlin.

Ces prévisions étaient absolument justes parce qu'elles reposaient sur l'affaissement moral qu'allait créer, dans le milieu dégénéré de l'état-major prussien, la nouvelle de l'envahissement de la Saxe par l'armée française.

Connaissant les idées stratégiques alors admises dans les armées européennes, Napoléon avait la certitude, soit de provoquer la retraite des armées prussiennes en menaçant leurs lignes de communication avec Berlin, soit de les amener à livrer une bataille, uniquement pour couvrir ces mêmes communications.

Fort d'un système de guerre basé sur la « quantité de mouvement », l'Empereur ne pouvait rien désirer de mieux qu'une bataille parce qu'il prévoyait que l'ennemi la lui offrirait, non dans l'espoir de vaincre, mais pour échapper à un danger imaginaire.

Napoléon avait à peine terminé la dictée de la lettre qui précède, qu'il reçut du maréchal Soult un rapport daté de Hof, le 9 octobre, à 6 heures du soir, et contenant la phrase suivante :

« Les rapports que j'ai sur Plauen portent que ce matin,
« l'ennemi a évacué cette ville et s'est dirigé sur Gera : il y
« avait 1000 chevaux, un train d'artillerie et quelque infan-
« terie. »

Aussitôt, Napoléon ajoute à sa lettre, en post-scriptum :

« Les renseignements que vous me donnez que 1000
« hommes de Plauen se sont retirés sur Gera *ne me laissent*
« *plus aucun doute que Gera ne soit le point de réunion de*
« *l'armée ennemie.* Je doute qu'elle puisse s'y réunir avant
« que j'y sois. »

Alors, sans perdre une minute (8 heures du matin), l'Empereur fait adresser au prince Murat, le billet suivant :

« Ordre au grand-duc de Berg et au maréchal Bernadotte
« de partir, *sur-le-champ*, pour se rendre à Auma et *inter-*
« *cepter la route de Saalfeld à Gera.* »

Le renseignement du maréchal Soult induisit Napoléon en erreur.

Les Prussiens, en les supposant concentrés, le 10, entre Weimar et Iéna, ne pouvaient plus arriver à Gera avant la Grande Armée, et leurs hésitations, ainsi que leurs lenteurs depuis le début de la campagne, ne pouvaient faire supposer de leur part une détermination aussi audacieuse.

Nous verrons, néanmoins, les mouvements de la Grande Armée se succéder, le 10 et le 11 octobre, sous l'empire de l'idée fausse qui fut suggérée à Napoléon par le rapport « à la cosaque » du maréchal Soult, tant il est vrai que l'homme, même supérieurement doué, s'accroche à une apparence de vérité quand il se trouve momentanément privé de toute lumière sur une question

Un autre ordre de 8 heures du matin prescrivit au maréchal Ney (1) de se rendre à Tanna, à 2 lieues de Schleiz.

Sur ces entrefaites, la division Dupont (1er corps), partie d'Ebersdorf vers 6 heures du matin, était arrivée à Schleiz entre 8 et 9 heures.

De son côté, le 3e corps s'était mis en mouvement, à 7 heures, dans la direction de Saalburg.

Vers 11 heures, on entendit, à Ebersdorf, où se trouvait le quartier général de l'Empereur, le bruit de la canonnade de Saalfeld.

Cette circonstance provoqua une série d'ordres laconiques, tous datés de 11 heures du matin qui dénotent chez Napoléon une *forte dose de nervosité*.

« Il est ordonné à Monsieur le maréchal Lefebvre de se « porter *en toute hâte* avec la Garde à Schleiz (d'Ebersdorf) ;

« Au général Klein (1re division de dragons), à Bamberg (!) ;

« Au général d'Hautpoul (1re division de cuirassiers), à Küps (!) ;

« Au général Nansouty (2e division de cuirassiers), à Ebensfeld (!) ;

« Au général Grouchy (2e division de dragons), plus loin que Bamberg (!) ;

« Au parc d'artillerie, à Kronach ;

« Au parc du génie, à Kronach ;

« L'Empereur ordonne au prince Jérôme qu'au lieu de se « rendre à Lobenstein, il se rende (avec le corps bavarois) « *en toute diligence* à Hof ;

« Ordre, à Monsieur le maréchal Augereau, de partir et de « rejoindre *à grandes marches de guerre*, le maréchal Lannes « qui a ordre d'attaquer Saalfeld de concert avec lui (!) ;

---

(1) Le 6e corps avait à exécuter, ce jour-là, une courte marche pour se rendre de Münchberg à Hof.

« Ordre au maréchal Davout de se rendre *en toute dili-*
« *gence* à Schleiz où il portera son quartier général ; il
« prendra position en avant de cette ville avec ses trois divi-
« sions ;

« Ordre au maréchal Soult de se diriger sur Gera ; il
« occupera d'abord la ville de Weyda, où il se mettra en
« communication avec l'avant-garde (de l'armée) qui sera au
« delà d'Auma, sur la route de Saalfeld à Gera. Arrivé à
« Hirschbach, il se mettra également en communication avec
« Auma. »

Ces ordres, sauf ceux qui se rapportent à la Garde, au
grand quartier général, au maréchal Davout et au maréchal
Soult, étaient absolument inexécutables en raison de l'éloignement des troupes auxquelles ils s'adressaient.

En particulier, l'ordre du major général au maréchal
Augereau à Coburg, de rejoindre à grandes marches le maréchal Lannes, dans un moment où celui-ci est sûrement aux
prises avec l'ennemi, montre, de la part du maréchal Berthier, ou bien une naïveté sans bornes, ou bien le désir de se
couvrir contre les reproches que ne manquera pas de lui
adresser l'Empereur quand il saura que le 7e corps n'a reçu
ni ordres, ni instructions depuis le 7 octobre.

L'Empereur, devant la gravité de la situation, confia, vers
midi, au maréchal Davout la mission de diriger en personne
la division Dupont sur Saalfeld par Pösneck.

Cette division quitta les environs de Schleiz vers une
heure, mais, par suite du mauvais état des chemins et de la
longueur du trajet, ne dépassa guère Pösneck où elle arriva
au milieu de la nuit.

Un peu après 4 heures du soir, l'Empereur n'entendant
plus le canon de Saalfeld acquit la conviction que le maréchal
Lannes avait forcé l'ennemi. Il écrivit peu après, à 5 h. 1/2
du soir, de Schleiz au prince Murat :

« Comme j'ai cessé d'entendre la canonnade ce soir, je suis

« porté à penser que l'ennemi ne s'est pas longtemps défendu
« à Saalfeld. »

Cette simple phrase en dit long sur la valeur que Napoléon
prête à ses troupes.

Lannes eût-il été plus faible que son adversaire, ce n'est
pas à 4 heures du soir que se fût arrêté le combat, mais bien
à la nuit close, et on eût entendu le bruit de la canonnade se
rapprocher de plus en plus, tandis que, le canon s'éteignant
sur place, Lannes était vainqueur et l'ennemi en fuite.

Pendant que s'écoulaient, non sans une certaine anxiété,
les heures de l'après-midi du 10 octobre, Napoléon vit naître
des doutes dans son esprit au sujet de la nouvelle contenue
dans la lettre du maréchal Soult, en date du 9 octobre,
6 heures du soir.

Aussi, écrivit-il (6 heures du soir), à ce maréchal :

« A Gera, *les affaires s'éclairciront.* Je crois être encore en
« mesure d'être à Dresde avant eux (avant qu'ils ne puissent
« atteindre l'Elbe à Magdebourg) ; mais, une fois que je serai
« tranquille sur ma gauche, tout prendra une vive tournure. »

Sous l'empire des mêmes doutes, Napoléon fit expédier le
soir même (de Schleiz, 7 heures du soir) au maréchal Lannes,
par le major général, une lettre contenant cette phrase :

« L'Empereur attend avec impatience que vous vous ren-
« diez à grandes journées sur Neustadt. Vous devez former
« la gauche de *l'armée qui va se porter sur Gera.* »

En effet, les 5ᵉ et 7ᵉ corps une fois arrivés aux environs de
Neustadt, toute l'armée sera réunie hors des montagnes,
c'est-à-dire prête à manœuvrer et à combattre, où, quand, et
comme il conviendra le mieux pour vaincre.

Nous ne reviendrons pas sur le combat de Saalfeld gagné
par la division Suchet, du 5ᵉ corps, luttant contre la division
saxo-prussienne du prince Louis.

Le récit de cet engagement avec commentaires figure dans

notre livre *De Rosbasch à Ulm,* à titre d'exemple typique montrant l'abîme qui séparait les méthodes de combat usitées dans l'une et dans l'autre des armées opposées.

C'est à 4 heures du soir seulement que le maréchal Augereau, encore à Coburg par manque d'ordres, d'instructions et même de communications avec le maréchal Lannes, mît en mouvement le 7ᵉ corps dans la direction de Saalfeld.

La passivité du maréchal Augereau, demeurant à Coburg vingt-quatre heures en attendant des ordres, est un signe des temps. Mais aussi, l'oubli dans lequel le major général et le maréchal Lannes laissèrent le 7ᵉ corps, le 8 et le 9, était impardonnable.

Le 10 octobre, le 1ᵉʳ corps précédé de la 3ᵉ division de dragons, couverte elle-même par la cavalerie légère du prince Murat, se porta sur Auma sans rencontrer l'ennemi.

Le prince fut rejoint, au cours de la marche, par la brigade Lasalle, laquelle, après avoir établi, le 8 et le 9, la liaison de la colonne du centre avec la colonne de droite et constaté l'absence de tout ennemi vers Plauen, avait reçu l'ordre, le 9, de se rabattre, le 10, sur Schleiz.

N'est-il pas étrange de voir le prince Murat réunir le commandement de l'avant-garde générale, de la division de cavalerie légère d'avant-garde et des divisions de la réserve de cavalerie encore fort éloignées !

Une telle méthode est vraiment fâcheuse. Comment le prince pouvait-il, à la fois, diriger les opérations de l'avant-garde générale, surveiller la marche des quatre divisions de cavalerie échelonnées à la suite du 3ᵉ corps et commander *directement,* sans l'intermédiaire d'un général de division, les trois brigades légères de l'avant-garde ?

De ces trois rôles si différents, le prince Murat devait choisir celui qui convenait le mieux à son tempérament et à ses aptitudes. Aussi, le vit-on, durant cette partie de la cam-

pagne qui aboutit à Iéna, se consacrer presque exclusivement
au commandement des brigades légères d'avant-garde et faire
le coup de sabre, comme à Schleiz, à la façon d'un colonel de
hussards.

Le 10 octobre et pendant la nuit suivante, la brigade
Milhaud (13e chasseurs) établie à Pösneck eut ses patrouilles
en contact avec des postes de hussards prussiens s'étendant
de Saalfeld dans la direction de Neustadt, le long des lisières
boisées qui bordent la route au Nord.

La brigade Wathier eut aussi ses détachements de sûreté et
d'exploration arrêtés par une chaîne de postes de hussards
mélangés avec de l'infanterie qui tenaient les lisières depuis
Neustadt jusque vers Mittel-Pölnitz.

Enfin, la brigade Lasalle, à Mittel-Pölnitz, eut devant elle
(au nord) des détachements mixtes formant comme les
mailles d'un filet qu'aucune patrouille ne pouvait franchir.

Devant la colonne de droite, au contraire, pas l'ombre d'un
ennemi.

Le nœud de la situation était donc à gauche, entre Saalfeld,
Neustadt et Gera, et c'est du côté de cette ville que l'armée
allait se porter, en masse de guerre, aussitôt qu'elle serait
entrée en liaison étroite avec les 5e et 7e corps après leur
débouché de Saalfeld.

A 8 h. 1/2 du soir, l'Empereur fit adresser plusieurs ordres
dans le but d'assurer, le lendemain, la concentration de
toutes ses forces disponibles sur Gera.

L'avant-garde (1er corps, 3e division de dragons et division
de cavalerie légère) dut partir avant le jour pour Gera.

Le maréchal Davout (à Pölnitz) eut à revenir de sa personne
auprès du 3e corps lequel irait à Auma.

La division Dupont (à Pölnitz) reçut l'ordre de marcher,
le 11, à la pointe du jour, sur Neustadt et Gera en se faisant
flanquer sur sa gauche par la brigade Milhaud dont tous les
postes auraient été au préalable relevés.

Ainsi, le 11 octobre, si le 5e corps arrive à Neustadt, l'armée, à l'exception du 7e corps encore en arrière vers Saalfeld, sera réunie entre Neustadt (5e), Gera (1er), Weyda (4e), Auma (3e et Garde) et Schleiz (6e).

A partir de ce jour-là, les manœuvres proprement dites pourront commencer parce que, libre de se mouvoir et de se concentrer sous toutes les formes, après avoir achevé son écoulement par les trois déversoirs d'Hof, d'Ebersdorf et de Saalfeld, la Grande Armée va devenir, dans la main de Napoléon, l'instrument à la fois souple et fort auquel rien ne saurait résister.

La manœuvre d'Iéna commencera donc le lendemain de l'arrivée du maréchal Lannes à Neustadt, autrement dit, le 12 octobre au matin.

Le 10 octobre au soir, les corps et divisions de cavalerie de la Grande Armée se trouvaient auprès des points suivants :

COLONNE DE GAUCHE.	COLONNE DU CENTRE.	COLONNE DE DROITE.
5e corps, à Saalfeld. 7e corps, en route de Coburg sur Saalfeld.	Brigade Lasalle, à Mittel-Pölnitz. Brigade Wathier, à Triptis. Brigade Milhaud, à Pösneck. Division Beaumont, à Tömmelsdorf. 1er corps, au nord d'Auma. Division Dupont, à Pösneck. 3e corps, près de Schleiz. Division Sahuc, près de Schleiz. Garde, à Schleiz Quartier impérial, à Schleiz. 1re division de cuirassiers, à Nordhalben. 2e division de cuirassiers, à Steinwiesen. Grand parc mobile, à Kronach. 1re division de dragons, à Küps. 2e division de dragons, à Bamberg.	4e corps, à Plauen. 6e corps, à Tanna et Gefell. Bavarois, à Baireuth.

§ 4. — La journée du 11 octobre.

(*Voir carte n° 12.*)

A 6 heures du matin, le major général expédia au maréchal Ney, à Tanna, l'ordre de venir à Schleiz avec son corps d'armée et de lui faire prendre position au nord de la ville.

A la même heure, ordre au général Sahuc (4e division de dragons) de marcher, à 10 heures du matin, de Schleiz sur Auma.

A 9 h. 1/2 du matin, le prince Murat rendit compte à l'Empereur que l'ennemi avait évacué Gera, la nuit précédente, et que les troupes battues à Schleiz, ainsi que celles qui occupaient Gera, s'étaient dirigées sur Roda.

Ces dernières comprenaient la majorité des deux divisions saxonnes, venues de Dresde, que le prince de Hohenlohe avait arrêtées pendant quelques jours, à Mittel-Pölnitz, avec l'arrière-pensée de les pousser sur Schleiz et Kronach dans le temps que les deux divisions prussiennes marcheraient, par Saalfeld, sur Coburg.

De très bonne heure, le général Lasalle avait traversé Gera sans voir un seul ennemi et continuait au delà, lorsqu'il rencontra et prit un convoi saxon de 300 voitures, qui se rendait à Roda à la suite des divisions saxonnes.

Les hussards de Lasalle firent une centaine de prisonniers et allèrent bivouaquer à 10 kilomètres au delà, sur la route de Zeitz, ayant derrière eux, à 6 kilomètres (à Tinz), la 3e division de dragons.

La brigade Wathier resta auprès de Neustadt et de Triptis pour surveiller les nombreux postes de cavalerie prussienne établis de ce côté.

Lorsque le 1er corps atteignit Gera, sa brigade d'avant-garde (général Werlé) alla s'installer à Tinz, auprès de la 3e division de dragons, et le gros forma ses bivouacs au nord de la ville (Gera).

Le 3e corps quitta les environs de Schleiz, à 4 heures du matin, et marcha sur Auma puis, de là, sur Mittel-Pölnitz, où s'établit la 1re division en avant-garde, les deux autres, en bivouacs échelonnés, à distance d'écoulement.

Le maréchal Lannes attendit jusqu'à 10 heures du matin, près de Saalfeld, sur la route de Neustadt, l'ordre parti la veille à 8 h. 1/2 du soir qui lui prescrivait d'arriver le plus vite possible à Neustadt.

Le 5e corps se mit en mouvement à midi et parvint à destination dans la soirée.

Le maréchal Augereau qui, faute d'ordres ou d'indications quelconques, était resté, le 9 et le 10, à Coburg, mit son corps d'armée en marche, le 10 à 4 heures du soir, en recevant une lettre du maréchal Lannes lui annonçant que le 5e corps allait attaquer l'ennemi posté près de Saalfeld.

Le 7e corps marcha depuis ce moment jusque vers le milieu de la nuit du 11 au 12, en ne prenant que quelques heures de repos.

Le 11 au soir, ce corps d'armée atteignit Saalfeld et poussa encore au delà. Il avait ainsi parcouru 70 kilomètres en 30 heures.

Le maréchal Augereau témoigna au major général, quoique en termes contenus, son vif mécontentement dans une lettre écrite, le 11 à 5 heures du soir, à Saalfeld.

« Je prie Votre Altesse de croire, disait-il, que si j'avais « reçu des ordres je les aurais exécutés sans retard et que mes « troupes n'auraient pas fait vingt lieues dans la nuit dernière « et dans la journée d'aujourd'hui. »

Au maréchal Lannes, il écrivit :

« Dorénavant, il faudra nous entendre pour agir de con- « cert ; donnons-nous mutuellement de nos nouvelles, le plus « souvent et le plus promptement possible ; le besoin du ser- « vice l'exige. »

Cependant telle était la valeur physique et morale des

troupes françaises en 1806, que le 7ᵉ corps supporta sans faiblir la dure épreuve qui lui était imposée.

Un officier saxon, fait prisonnier le 10 près de Saalfeld, vit passer le 7ᵉ corps dans les rues de cette ville, le 11 octobre au soir. Voici en quels termes il a donné son impression (1) :

« Pendant un passage de plusieurs heures, je ne remarquai « pas le moindre mouvement défectueux, je n'aperçus pas un « traînard.

« A la rencontre d'un obstacle, les rangs s'ouvraient puis « se refermaient soudain comme par enchantement, sans la « moindre apparence de désordre. Dans ces circonstances, les « accélérations et les ralentissements partiels de marche, « nécessaires pour le raccordement de l'ensemble, s'exécu- « taient avec une précision, une dextérité prodigieuse.

« *Ce défilé avait l'allure majestueuse et puissante d'un grand* « *fleuve.* »

Dans la soirée du 11 octobre, à la suite des marches effectuées ce jour-là, la Grande Armée pouvait être considérée comme réunie, autrement dit, prête à manœuvrer en tous sens, et déjà son dispositif, en demi-cercle autour de Roda, semble indiquer, de la part de Napoléon, la pensée que la première bataille aura lieu sur la rive droite de la Saale, à l'est d'Iéna.

En dehors du renseignement expédié à 9 h. 1/2 du matin par le prince Murat, qui annonçait de la façon la plus formelle le récent départ de troupes ennemies de Gera sur Roda, l'Empereur ne sut rien de l'adversaire dans le courant de la journée.

Le matin, il s'était transporté de Schleiz à Gera, derrière le 1ᵉʳ corps, y avait appris la nouvelle de la capture d'un convoi saxon, puis s'était rendu à son quartier général installé, ce jour-là, à Auma.

---

(1) Document recueilli et traduit par le baron Ernouf.

Napoléon ignora jusque fort avant dans la nuit du 11 au 12 où se trouvait le maréchal Lannes, le 11 au soir.

Pendant toute la journée du 11 octobre, l'Empereur semble avoir vécu dans une grande perplexité, car aucun ordre émanant de lui ou du major général ne vient donner l'impulsion aux différents corps pour le lendemain.

Toutefois, à minuit, Napoléon se décide à faire envoyer par le major général au maréchal Ney (à Schleiz), l'ordre de marcher sur-le-champ sur Neustadt.

« Il est à croire qu'arrivé à Neustadt vous recevrez des « ordres pour continuer votre marche. »

La continuation de la marche eût conduit le 6ᵉ corps sur Iéna.

Sous l'influence de quelle suggestion l'Empereur envoie-t-il le 6ᵉ corps à Neustadt?

La réunion des armées prussiennes n'a pas eu lieu à Gera ; voilà le fait.

Ces armées se réunissent-elles sur la rive gauche de la Saale ou sur la rive droite ?

Le rapport de Murat (9 h. 1/2 du matin) dit positivement que les troupes battues à Schleiz et d'autres encore venant de Leipzig et de Gera, *se sont rendues à Roda.*

Si Roda est le point de réunion des troupes du prince de Hohenlohe, c'est que l'armée principale a l'intention de passer sur la rive droite de la Saale, par Lobeda et Kahla, en vue d'agir offensivement.

La bataille que Napoléon souhaite tant est donc imminente, et l'ennemi va l'offrir de lui-même.

En conséquence, il faut que, le 12 au matin, la Grande Armée soit disposée de la façon suivante :

A Gera, le 1ᵉʳ corps, en échelon offensif d'aile droite ;

A Weyda, le 4ᵉ corps, formant l'aile droite ;

A Mittel-Pölnitz, le 3ᵉ corps, formant le centre ;

A Neustadt, le 6ᵉ corps, formant la gauche ;

Entre Saalfeld et Neustadt, les 5ᵉ et 7ᵉ corps, en échelons défensifs d'aile gauche.

Les trois corps de bataille, à Weyda (4e), Mittel-Pölnitz (3e) et Neustadt (6e), sont à 10 kilomètres les uns des autres sur un front (de 20 kilomètres) orienté comme pour une marche générale sur Roda.

Napoléon allait sans doute lancer des ordres de mouvement aux corps d'armée, autres que le 6e, pour la journée du 12, afin d'amener leur concentration sur Roda par une marche concentrique, quand il reçut, entre 1 heure et 2 heures du matin, le 12 octobre, des rapports qui modifièrent du tout au tout ses projets assez mal définis de la veille et lui firent adopter la combinaison très précise en vertu de laquelle s'est effectuée la manœuvre d'Iéna.

CHAPITRE XV

LA MANŒUVRE D'IÉNA

§ 1ᵉʳ. — La journée du 12 octobre.

(Voir cartes nᵒˢ 13 et 14.)

Le 11 octobre, le général Lasalle avait capturé au delà de Gera un convoi saxon et fait 100 prisonniers.

Ce n'est qu'à 8 heures du soir que cet officier général expédia son rapport au prince Murat sur les événements de la journée.

Ce rapport contenait la phrase suivante :

« Les prisonniers disent que le roi est à Erfurt avec « 200,000 hommes. »

Le prince Murat transmit de Gera, à 11 heures du soir, le rapport de Lasalle, en l'accompagnant d'une lettre contenant cette phrase :

« Les nouveaux renseignements que j'ai pu me procurer « semblent confirmer ceux que Votre Majesté a déjà reçus sur « la réunion de l'armée ennemie à Erfurt. »

Napoléon, après avoir reçu, vers 1 heure du matin, le rapport et la lettre en question, se mit à réfléchir profondément.

Deux heures après, l'idée de la manœuvre d'Iéna avait franchi tous les degrés, depuis la conception jusqu'à la maturité.

C'est à 3 heures du matin qu'éclate la première manifestation du revirement qui s'est produit dans l'esprit de l'Empereur.

Ordre avait été expédié, à minuit, au maréchal Ney de venir sur-le-champ à Neustadt.

Contre-ordre lui fut porté, en ces termes, à 3 heures du matin, par un officier de l'état-major général :

« En conséquence des *nouveaux renseignements* que nous « venons d'avoir de l'ennemi, Sa Majesté ordonne que vous « vous rendiez de suite sur Auma et que vous regardiez « comme non avenu l'ordre daté de minuit qui vous ordonnait « de vous rendre à Neustadt. »

Cherchons à nous rendre compte du travail qui s'est opéré dans l'esprit de Napoléon pendant les deux heures qui suivirent l'arrivée des renseignements fournis par le général Lasalle et le prince Murat.

Ayant cru, sur la foi de la fausse nouvelle envoyée par le maréchal Soult (le 9, à 8 heures du soir), que l'ennemi voulait se réunir à Gera, l'Empereur, en recevant le rapport de Murat (le 11, à 9 h. 1/2 du matin), s'était persuadé que le prince de Hohenlohe formait, à Roda, l'avant-garde offensive du gros des forces prussiennes concentrées entre Weimar et Iéna.

Les derniers renseignements de Murat (de Gera, le 11, à 11 heures du soir), firent évanouir cette présomption et montrèrent au contraire les armées prussiennes en voie de réunion sur Erfurt.

L'armée du prince de Hohenlohe était donc en marche de Roda sur Iéna et Weimar, *rappelant à elle tous ses détachements.*

En étudiant la carte, Napoléon vit que la Saale, depuis Saalfeld jusqu'à Naumburg, est une rivière profondément encaissée, à flancs abrupts, qui ne présente qu'un petit nombre de points de passage.

Ceux-ci étaient au nombre de cinq, dont trois principaux

ssez bons, à Kahla, Lobeda et Kösen, et deux secondaires
ort mauvais, à Dornburg et à Camburg.

L'armée de Hohenlohe, après être passée sur la rive gauche
le la Saale, par les ponts de Kahla et de Lobeda, avec l'inten-
ion de se réunir sur Weimar à l'armée principale, pouvait
létruire ces ponts et laisser en face d'eux, sur la rive gauche,
les arrière-gardes chargées de s'opposer aux tentatives de
passage des Français.

Dans ces conditions, l'armée du duc de Brunswick eût été
ibre de filer sans encombre sur Magdebourg. Ensuite, elle
se fût établie derrière l'Elbe (rive droite), dont elle aurait dis-
puté le passage en attendant l'arrivée des Russes.

Napoléon devait supposer que l'armée du duc de Brunswick
se trouvait à Erfurt, dans une sorte d'équilibre instable.

Il n'était pas admissible que les forces prussiennes atten-
dissent la bataille, le dos aux montagnes de Thuringe, faisant
face à Berlin.

D'un moment à l'autre, les armées prussiennes allaient
donc se mettre en marche vers l'Elbe pour se retrouver vis-à-
vis des Français dans une situation normale.

Trois routes conduisent de la région d'Erfurt à l'Elbe.

La première, la plus occidentale, va de Gotha à Magdebourg, par Nordhausen et Halberstadt.

La seconde conduit au même point par Eisleben, en sor-
tant d'Erfurt.

Une troisième route part de Weimar et aboutit à Dessau,
par Kösen, Freyburg, Merseburg et Halle.

Les deux premières voies étant les moins exposées, c'est
elles que suivaient vraisemblablement les armées prussiennes.

Napoléon connaissait la présence, à Wittemberg, de la
réserve stratégique prussienne, forte de 10,000 à 15,000 hommes, aux ordres du duc de Wurtemberg.

Cette réserve pouvait venir prendre position à Halle, pour
couvrir la marche des deux armées sur Magdebourg, l'une,

la principale, par Halberstadt, l'autre, la secondaire, par Eisleben.

Il faut donc qu'un corps d'armée marche sur Leipzig, Halle et Dessau, pour détruire la réserve stratégique de l'ennemi et prendre pied sur la rive droite de l'Elbe en dehors des colonnes de l'armée prussienne, afin de faire tomber la défense de ce fleuve par une action générale combinée sur les deux rives. A l'avant-garde générale (1er corps et cavalerie d'exploration) va échoir ce rôle.

Un autre corps fortement constitué et très bien commandé, le 3e, arrivera à Naumburg le plus rapidement possible pour, de là, atteindre, aux environs d'Eisleben, la colonne prussienne de droite, la retarder, et permettre au gros de la Grande Armée de venir l'attaquer en queue, après qu'elle aura débouché par les ponts, une fois rétablis, de Kahla et de Lobeda.

Mais la préparation d'une manœuvre stratégique ne doit pas viser seulement le cas le plus probable ; elle doit tenir compte des autres éventualités.

Si, contrairement à toute vraisemblance, les armées prussiennes s'immobilisent auprès d'Erfurt et de Weimar, les 1er et 3e corps doivent pouvoir participer à la bataille générale que désire l'Empereur.

Dans cette hypothèse, deux circonstances peuvent se présenter : ou bien, les passages de Kahla et de Lobeda seront défendus par le prince de Hohenlohe, ou bien, ils auront été laissés libres.

Dans le premier cas, et tandis qu'on fera venir devant Kahla et Lobeda l'équipage de pont qui se trouve au grand parc mobile, le 3e corps franchira le pont de Kösen, suivi du 1er corps arrivant de Zeitz, et les 4e et 6e corps viendront passer la Saale, à Camburg et Dornburg, pendant que les 7e et 5e corps feront face aux ponts détruits de Kahla et de Lobeda.

Ensuite, les 3e, 1er, 4e et 6e corps ouvriront aux 5e et 7e corps les débouchés de Lobeda et de Kahla, en même temps qu'ils se porteront sur Weimar.

Dans le second cas, les passages de la Saale, à Kahla et à Lobeda, étant ouverts, les 5e et 7e corps formeront une nouvelle avant-garde, déboucheront au delà d'Iéna sur Weimar, et les 4e et 6e corps les rejoindront, pendant que les 3e et 1er corps arriveront à Apolda, l'un, par le pont de Kösen, l'autre, par les ponts de Dornburg et de Camburg, en formant la droite de l'armée.

La première hypothèse, qui se rapporte au départ imminent des armées prussiennes pour se rendre à Magdebourg, souriait moins à l'Empereur que la seconde, en vertu de laquelle la bataille générale aurait lieu sur Erfurt.

C'est cette dernière que Napoléon caressa avec amour et fouilla profondément.

On a retrouvé une note, écrite de sa main pendant la fin de la nuit du 11 au 12 octobre, sur laquelle sont portés les emplacements projetés de ses corps d'armée, le 14 et le 15 octobre, en supposant que la bataille dût se produire, le 16, entre Weimar et Erfurt.

En voici la reproduction :

« Garde (cavalerie), le 10 au soir, à Bamberg ; le 11 au soir, « à Lichtenfels ; le 12 au soir, en avant de Kronach ; le 13 au « soir, à Lobenstein.

« D'Hautpoul (1re division de cuirassiers), le 11, à 2 lieues « en avant de Kronach ; le 14, à Auma ; le 15 à Iéna.

« Klein (1re division de dragons), le 11, à 2 lieues en « avant de Kronach ; le 15, à Iéna ; le 14, à Iéna ; le 13, à « Auma.

« Klein, le 12, à Lobenstein.

« Iéna à Weimar, 4 lieues ; Naumburg à Weimar, 7 lieues ; « Kahla à Weimar, 5 lieues ; Neustadt à Iéna, 5 lieues ; Gera « à Iéna, 7 lieues ; Zeitz à Iéna, 7 lieues.

« Cavalerie de réserve, le 14, à Iéna ; Garde, le 15, à Iéna ;

« Parc, le 15, à Auma ; Davout, le 14, à Apolda ; Lannes, le
« 15, à Weimar ; Augereau, le 14, à Mellingen ; Bernadotte,
« le 14, à Dornburg ; Soult, le 14, à Iéna ; Ney, le 14, à
« Kahla. »

Les emplacements des corps d'armée, pour le 14 et le 15,
qui figurent dans la note ci-dessus, impliquent, pour le 12,
les marches suivantes :

Le 1er corps, de Gera à Zeitz, vers Leipzig ;

Le 3e corps, de Mittel-Pölnitz à Naumburg ;

Le 5e corps, de Neustadt à Iéna, par Lobeda ;

Le 7e corps, de Pösneck à Kahla.

De ces points à ceux qu'il s'agit d'atteindre, le 14, il n'y a
qu'une marche.

Le 13 sera donc un jour de repos destiné à remettre de
l'ordre dans les unités, à reconnaître l'ennemi, à compléter
les ravitaillements, enfin à donner aux éléments de la réserve
de cavalerie le temps d'arriver.

D'après la note de l'Empereur, la Grande Armée présenterait, le 14, après la marche, le dispositif suivant. (*Voir la
carte n° 13*.)

Une première ligne de trois corps d'armée, celui du centre
(le 5e) un peu en avant des deux autres (3e et 7e).

Une seconde ligne de trois corps, à 12 ou 15 kilomètres de
la première.

L'étendue du front déterminé par les trois corps de tête est
de 15 kilomètres, et celle du front des trois corps de queue
mesure 20 kilomètres.

C'est encore le bataillon carré, non plus seulement stratégique, mais tactique.

Toutefois, les corps d'aile, en seconde ligne, débordent un
peu ceux des ailes de la première ligne, pour permettre le
double enveloppement de la ligne de bataille ennemie.

Un corps (le 4e) et la Garde, au centre de la seconde ligne
formeront la réserve générale.

Voyons maintenant comment fut traduite la pensée de l'Empereur et à la suite de quelle série de tâtonnements la manœuvre d'Iéna prit sa forme définitive.

Lettres de Napoléon à ses maréchaux.

(Auma, le 12 octobre.)

1° 4 heures du matin. — *Au maréchal Lannes, à Neustadt :*

« Toutes les lettres interceptées font voir que l'ennemi a
« perdu la tête. Ils tiennent conseil jour et nuit, et ne savent
« quel parti prendre.

« Vous verrez (par l'ordre du major général qui va suivre)
« que mon armée est réunie, *que je leur barre le chemin de*
« *Dresde et de Berlin* (envoi des 1er et 3e corps à Zeitz et
« Naumburg).

« L'art est *aujourd'hui* d'attaquer tout ce qu'on rencontre,
« afin de battre l'ennemi en détail et pendant qu'il se
« réunit (1).

« Quand je dis qu'il faut attaquer tout ce qu'on rencontre,
« je veux dire qu'il faut attaquer tout ce qui est en marche et
« non dans une position qui le rend trop supérieur.

« Les Prussiens avaient déjà lancé une colonne sur Franc-
« fort (division Rüchel) qu'ils ont bientôt repliée. Jusqu'à
« cette heure, ils montrent bien leur ignorance de l'art de la
« guerre.

« Ne manquez pas d'envoyer beaucoup de coureurs devant
« vous pour intercepter les malles, les voyageurs et recueillir
« le plus de renseignements possible.

« Si l'ennemi fait un mouvement d'Erfurt sur Saalfeld, ce

---

(1) Napoléon sous-entend : Le prince de Hohenlohe rappelant tous ses détachements de la rive droite de la Saale pour se réunir à l'armée principale sur Weimar et Erfurt, toutes les colonnes ennemies qu'on rencontrera se rendent isolément à un point de rendez-vous et, en cas de rencontre, ne seront pas soutenues.

« qui serait absurde, mais dans sa position il faut s'attendre à
« toute sorte d'événements, vous vous réunirez au maréchal
« Augereau et vous tomberez sur le flanc des Prussiens. »

2° 4 heures du matin. — *Au prince Murat, à Gera :*

« Vous verrez (ordre du major général qui va suivre) par
« la situation de l'armée que *j'enveloppe complètement l'en-*
« *nemi.* Mais il me faut des *renseignements sur ce qu'il veut*
« *faire.....*

« Attaquez hardiment ce qui est en marche. Ce sont des
« colonnes qui cherchent à se rendre à un point de réunion,
« et la rapidité de mes mouvements les empêche de recevoir à
« temps un contre-ordre. Deux ou trois avantages de cette
« espèce écraseront l'armée prussienne (de Hohenlohe) sans
« qu'il soit peut-être besoin d'affaire générale.

« Le maréchal Davout envoie directement à Naumburg
« toute sa cavalerie ; il mène avec son corps d'armée la divi-
« sion Sahuc (4ᵉ de dragons). *Inondez avec la vôtre toute la*
« *plaine de Leipzig.* »

3° 4 heures du matin. — *Au maréchal Soult, à Weyda :*

« Réunissez-vous à Gera et à Ronneburg..... Je serai à
« midi à Gera avec le quartier général. »

Le major général aux maréchaux.

(Auma, le 12 octobre.)

1° 4 heures du matin. — *Au prince Murat, à Gera :*

« Ordre de partir pour Zeitz et de jeter des coureurs sur
« Leipzig et Naumburg.

« *De Zeitz, si vos renseignements portent que l'ennemi est*
« *toujours du côté d'Erfurt,* l'intention de l'Empereur est
« que vous vous portiez sur Naumburg où sera le maréchal
« Davout..... »

2° 4 heures du matin. — *Au maréchal Bernadotte, à Gera :*

« ..... L'intention de l'Empereur est que vous appuyiez le
« mouvement du grand-duc (prince Murat); concertez-vous
« avec lui pour votre marche. »

3° 4 h. 1/2 du matin. — *Au maréchal Lannes, à Neustadt :*

« Ordre de se porter sur Iéna (par Kahla).

« Le maréchal Augereau a l'ordre de se porter sur Kahla.

« L'intention de l'Empereur, Monsieur le Maréchal, est
« qu'aussitôt votre arrivé à Iéna, vous preniez tous les ren-
« seignements possibles pour *savoir ce que fait l'ennemi depuis*
« *trois jours (9, 10, 11)*..... »

4° 4 h. 1/2 du matin. — *Au maréchal Augereau, à Pösneck :*

« Ordre d'aller à Kahla. »

Suivent des renseignements sur les autres corps d'armée.

5° 5 heures du matin. — *Au maréchal Davout, à Mittel-*
Pölnitz :

« Ordre de marcher sur Naumburg où il arrivera, le plus
« vite qu'il pourra, en se faisant précéder de toute sa cava-
« lerie légère. La division Sahuc (4ᵉ de dragons) sera sous
« ses ordres. »

Suivent des renseignements sur l'armée.

6° 5 à 7 heures du matin. — Le major général expédia, au
même moment, des ordres pour faire venir les garnisons de
Bamberg, de Würzburg et d'Ellwangen, composées de con-
·tingents alliés, à Schleiz et à Baireuth.

Après avoir ordonné la répartition de ses forces dans la
double éventualité de la retraite de l'ennemi sur Magdebourg
ou de sa concentration près d'Erfurt, tout en accordant sa
préférence à la seconde hypothèse dont la réalisation com-
blerait ses vœux, Napoléon écrivit à Talleyrand :

« Les affaires vont ici tout à fait comme je les avais cal-

« culées, il y a deux mois à Paris, marche par marche,
« presque événement par événement ; *je ne me suis trompé en*
« *rien.....* Il se passera des choses intéressantes d'ici à deux
« ou trois jours : mais tout paraît me confirmer dans l'opinion
« que les Prussiens n'ont presque aucune chance pour eux.
« *Leurs généraux sont de grands imbéciles.* »

L'Empereur dicta ensuite le deuxième bulletin de la Grande
Armée, puis, au moment de monter à cheval pour se rendre
à Gera, il adressa une courte lettre au maréchal Davout
(8 h. 1/2 du matin) dans laquelle nous relevons le passage
suivant :

« Il serait possible que l'ennemi exécutât son mouvement
« de retraite derrière l'Ilm et la Saale ; car il me paraît qu'il
« évacue Iéna. Il vous sera facile de vous en assurer, une fois
« arrivé à Naumburg. »

Les lignes qui précèdent démontrent que, dans la matinée
du 12, Napoléon ignorait les mouvements de l'ennemi.

Un seul point était acquis : le prince de Hohenlohe évacue
le terrain de la rive droite de la Saale pour réunir son armée
à celle du duc de Brunswick.

L'Empereur ne fit donner aucun ordre nouveau après son
départ d'Auma pour Gera.

Il voulut attendre, avant de rien décider pour le lendemain,
que les maréchaux Lannes, Davout et prince Murat lui
eussent fait parvenir leurs rapports sur les événements de la
journée, ainsi que les renseignements sur l'ennemi qu'ils
auraient pu se procurer.

§ 2. — La journée du 13 octobre.

(*Voir carte n° 15.*)

L'Empereur, qui s'était couché la veille à 8 heures du soir
selon son habitude, se leva à minuit, dicta de nombreux
ordres au major général concernant les subsistances, les
troupes alliées, la réserve de cavalerie, le grand parc, la

reconnaissance de l'ennemi, la liaison à établir entre les corps d'armée, etc.....

Ces ordres furent expédiés, pour la plupart, entre 1 heure et 4 heures du matin.

A ce moment, Napoléon n'avait encore reçu aucun rapport de Murat, de Davout ni de Lannes.

Toutefois, ayant entendu, la veille au soir, le bruit de quelques coups de canon dans la direction d'Iéna, il en avait conclu avec son optimisme bien justifié que le maréchal Lannes avait franchi la Saale et se trouvait à Iéna.

Ordres de Napoléon lancés à 1 heure et 3 heures du matin.

Parmi les ordres des premières heures de la matinée, nous retiendrons les suivants :

1 heure du matin. — Ordre à l'intendant général de l'armée de faire continuer sur Auma les convois de subsistances dont la destination première était Kronach et d'y installer un hôpital. Cet ordre transférait, de Kronach à Auma, la tête d'étapes de route et conservait Forchheim, avec Bamberg pour annexe, comme tête d'étapes de guerre, pour employer la terminologie actuelle.

1 heure du matin. — Ordre à la division bavaroise de Wrède, en route pour Plauen, de se rendre à Schleiz.

1 heure du matin. — Ordre aux généraux Nansouty (1re division de cuirassiers), d'Hautpoul (2e division de cuirassiers) et Klein (1re division de dragons), ainsi qu'aux grands parcs mobiles de l'artillerie et du génie, de ne pas dépasser Auma et de se cantonner aux environs de cette ville.

3 heures du matin. — Ordre à la division badoise de se rendre de Bamberg à Baireuth.

3 heures du matin. — Ordre à la division bavaroise Deroy

de se porter d'Ingolstadt à Baireuth et d'investir le petit fort de Culmbach.

3 heures du matin. — Ordre au maréchal Ney d'aller avec son corps d'armée (le 6e) immédiatement d'Auma à Roda; il fera nettoyer les armes.

« Le reste de l'armée est au repos. »

3 heures du matin. — Le major général prévient le prince Murat que l'armée prend repos aujourd'hui. On en profitera pour se procurer les vivres à charger dans les caissons, rallier les traîneurs et mettre les armes en état.

Le 3e bulletin de la Grande Armée.

Un peu après, Napoléon dicta le 3e bulletin de la Grande Armée, destiné à faire connaître à la France l'effarement de l'ennemi à la suite des combats de Schleiz et de Saalfeld.

Dans ce bulletin, les mouvements ordonnés, le 12 au matin, sont présentés comme faits, bien qu'aucun rapport sur les événements de cette journée ne fût encore parvenu au grand quartier général.

Sous l'impression vivace de ses projets de la nuit précédente, Napoléon, exposant la situation des corps de son armée à la date du 12 au soir, écrit :

« En première ligne (sont) le corps d'armée du maréchal « Davout (3e) à Naumburg, celui du maréchal Lannes (5e) à « Iéna, celui du maréchal Augereau (7e) à Kahla. »

Ces trois corps doivent en effet former, dans son esprit, la première ligne du dispositif en carré qui s'avancera de la Saale sur Weimar et Erfurt, si l'ennemi attend la bataille.

Demandes de renseignements à Lannes, Murat et Davout.

Cependant, il est 7 heures et aucun rapport de Lannes, de Davout ni de Murat n'est encore parvenu à l'Empereur.

Dans son impatience, Napoléon dépêche deux officiers d'ordonnance, l'un au maréchal Lannes à Iéna, l'autre au prince Murat à Zeitz, chacun d'eux porteur d'une lettre et muni d'un ordre personnel fixant le but de la mission et la nature des renseignements à rapporter.

Le général Lemarois est envoyé en même temps au maréchal Davout, à Naumburg, pour y prendre langue et en rapporter des renseignements, aussi bien sur le 3e corps que sur l'ennemi.

Les trois officiers ainsi expédiés à 7 heures du matin, doivent annoncer que l'Empereur sera, le même jour, à 1 heure du soir à Iéna, en passant par Roda.

Dans la lettre qu'il fait porter au prince Murat, Napoléon dévoile toute sa pensée :

« Mon intention est de marcher droit à l'ennemi..... S'il est
« à Erfurt, mon projet est de faire porter mon armée sur
« Weimar et de *l'attaquer le 16.* »

Cette prévision résulte, on le voit, des calculs auxquels l'Empereur s'était livré pendant les dernières heures de la nuit précédente.

« Si le prince de Wurtemberg (commandant la réserve
« stratégique de l'ennemi) venait à Leipzig, ce serait (pour
« vous) une bonne occasion de le rosser. J'ai son état de situa-
« tion exact ; il n'a pas plus de 10,000 hommes.

« *Je n'ai pas de nouvelles d'Iéna et de Naumburg ;* j'en rece-
« vrai sans doute dans une heure. »

L'officier porteur de cette lettre devait inviter le prince Murat à se rendre de sa personne, le lendemain matin 14, avant 3 heures, auprès de l'Empereur, à Iéna.

Rapports d'Augereau, de Davout et de Murat.

Entre 7 heures et 9 heures du matin, Napoléon reçut trois rapports de ses maréchaux, qui achevèrent de lui dessiller les yeux.

1° *Rapport du maréchal Augereau.*

(Daté de Kahla, le 12 octobre, très tard dans la soirée.)

Après avoir rendu compte de son arrivée au delà de Kahla sans rencontrer l'ennemi, le maréchal Augereau écrit :

« L'ennemi était à Iéna, mais on m'assure qu'il est parti et « qu'il se porte sur Weimar. Le corps d'armée est commandé « par le prince de Hohenlohe ; *il doit, dit-on, se replier de* « *Weimar sur Erfurt où se trouve l'armée du roi.*

« Beaucoup de déserteurs se sont présentés à moi. Ils disent « qu'officiers et soldats sont tous frappés de terreur. »

2° *Rapport du maréchal Davout.*

(Daté de Naumbourg, le 12 octobre, vers 10 heures du soir.)

Le maréchal Davout expose : La cavalerie est entrée à Naumburg, le 12, à 3 h. 1/2, et l'avant-garde à 8 heures du soir. Les 1re et 2e divisions ont été mises au bivouac, sur une profondeur de 12 kilomètres, en deçà de la ville.

La cavalerie s'est emparée de 12 pontons en cuivre avec attelages.

« Tous les rapports des déserteurs, des prisonniers et des « gens du pays se réunissent à annoncer que l'armée prus-« sienne se trouve à Erfurt, Weimar et environs. *Il est certain* « *que le roi est arrivé hier* (11) *à Weimar ;* on assure qu'il n'y « a point de troupes entre Leipzig et Naumburg. »

A ce rapport en était joint un second contenant le résumé des interrogatoires subis dans la soirée par les prisonniers, les déserteurs et les blessés recueillis à Naumburg.

3° *Lettre du prince Murat à l'Empereur.*

(Datée de Zeitz, 12 octobre, tard dans la soirée.)

« Sire, je m'empresse d'adresser à Votre Majesté, un agent

« du général Savary (1), parti ce matin de Leipzig, qui était
« le 7 à Erfurt, le 8 à Naumburg ; il a par conséquent traversé
« toute l'armée ennemie. Il a rencontré, à Fulda, les postes
« avancés prussiens ; de là il en a trouvé à Gotha, Erfurt,
« Weimar et Naumburg. Le roi et la reine se trouvaient à
« Erfurt. »

« Le voile est déchiré. »

De ces trois documents, le second était de beaucoup le plus
important.

Quand le maréchal Davout écrit à l'Empereur : « *Il est cer-*
« *tain* que le roi est arrivé hier (11) à Weimar (venant
« d'Erfurt) », c'est que le fait a été sévèrement contrôlé.

Plus de doute, l'armée prussienne entame un mouvement
de retraite d'Erfurt vers Magdebourg.

Aussitôt, à 9 heures du matin, Napoléon dicte à l'adresse
du prince Murat une lettre qui débute ainsi :

« *Enfin, le voile est déchiré ;* l'ennemi commence sa retraite
« sur Magdebourg. Portez-vous, le plus tôt possible, avec le
« corps de Bernadotte (1er) sur Dornburg..... Venez-y surtout
« avec vos dragons et votre cavalerie (légère).....

« Je crois que l'ennemi essayera d'attaquer le maréchal
« Lannes à Iéna ou qu'il filera. S'il attaque le maréchal Lannes,
« votre position à Dornburg vous permettra de le secourir. »

L'arrivée du roi de Prusse à Weimar est synonyme pour
Napoléon de commencement de retraite générale vers l'Elbe.
Le voile est déchiré.....

Il ne reste plus que deux éventualités auxquelles il faille
parer :

1° L'ennemi attaquera le maréchal à Iéna, avant de filer ;

2° Il exécutera, sans désemparer, sa retraite sur Magdebourg.

---

(1) Le général Savary était chef du service des renseignements à l'état-
major général.

Le seul danger est de voir le 5e corps, s'il n'est promptement secouru, succomber devant des forces quintuples des siennes.

Toute l'activité de Napoléon va dès lors s'employer aux moyens de faire arriver sur Iéna, soit directement, par le pont de Lobeda, soit indirectement, par Naumburg et Dornburg, la majorité des corps de la Grande Armée.

Sans perdre une minute, à 9 heures du matin, l'Empereur expédie, de Gera, un officier d'ordonnance à la rencontre des divisions de la réserve de cavalerie, sur Auma, pour leur communiquer l'ordre écrit de pousser jusqu'à Roda et, si elles entendaient le canon du côté d'Iéna, de continuer leur marche vers ce point.

A la même heure (9 heures), le major général (à Gera) adresse au maréchal Soult (4e corps, à Gera), l'ordre d'aller immédiatement, à la tête de sa cavalerie et d'une division, à Roda, et de prévenir les deux autres divisions de se tenir prêtes à marcher dans la nuit.

Le 4e bulletin de la Grande Armée.

L'Empereur dicta, à 10 heures, le quatrième bulletin de la Grande Armée, quelques lignes à peine, pour annoncer le désastre prochain de l'ennemi.

« L'armée prussienne est prise en flagrant délit..... elle est « tournée..... Il paraît que l'armée prussienne se met en « marche pour gagner Magdebourg ; mais l'armée française « a gagné trois marches sur elle.

« L'anniversaire des affaires d'Ulm (15 octobre 1805), sera « célèbre dans l'histoire de France. »

Napoléon à Iéna.

Aussitôt après, Napoléon monta à cheval et se dirigea sur Iéna en passant par Langenberg et Köstritz. En arrivant à ce dernier village situé à 12 kilomètres de Gera, l'Empereur fit adresser (à 11 h. 1/2) au maréchal Soult l'ordre de faire venir de Gera en ce point, les deux divisions formant le gros du 4e corps, afin qu'elles fussent plus tôt prêtes à atteindre, le lendemain, soit Iéna, soit Naumburg.

L'Empereur continua ensuite sur Iéna, et, lorsqu'il en était à 6 kilomètres environ, vers 3 heures, il reçut d'un officier du maréchal Lannes un rapport daté de midi dans lequel ce maréchal annonçait son arrivée, la veille, devant Iéna où se trouvait un corps ennemi de 12,000 à 15,000 hommes, la retraite de cet ennemi après un échange de quelques coups de canon, l'occupation d'Iéna dans la matinée du 13, et l'envoi de la division Suchet à 4 kilomètres au delà, dans la direction de Weimar.

Le maréchal Lannes ajoutait :

« D'après les renseignements donnés par les habitants, le « roi était encore avant-hier (le 11) à Erfurt. Je ne sais s'il « veut nous livrer bataille au lieu de se retirer. Il y a un « camp d'environ 20,000 à 25,000 hommes entre Iéna et Wei- « mar. *Je vais pousser des reconnaissances pour savoir au juste* « *où l'ennemi se trouve.*

« Je désirerais savoir si l'intention de Votre Majesté est « que je marche avec mon corps d'armée sur Weimar. *Je n'ose* « *prendre sur moi d'ordonner ce mouvement* par la crainte que « j'ai que Votre Majesté ne veuille me donner une autre « direction.....

« *P.-S.* — J'apprends à l'instant même que l'ennemi a un « camp de 30,000 hommes à une lieue d'ici (4 kilomètres) sur « la route de Weimar ; *il serait très possible qu'il voulût nous* « *livrer bataille.* »

A ce moment (3 heures), du point de la route où se trouvait Napoléon, on entendait la fusillade dans la direction d'Iéna. L'Empereur pensa que la bataille allait peut-être s'engager, le soir même, et qu'elle prendrait son développement le lendemain.

Il s'arrêta donc sur la route et dicta, séance tenante, au major général quatre ordres à faire porter immédiatement :

1° Au maréchal Lefebvre, de marcher avec la Garde sur Iéna ;

2° Au maréchal Soult, de hâter sa marche sur Iéna ;

3° Au maréchal Ney, de pousser aussi loin que possible sur Iéna ;

4° Au maréchal Davout, de manœuvrer sur la gauche de l'ennemi, le soir même, s'il entendait la canonnade vers Iéna, et, dans le cas contraire, d'attendre des ordres pour le lendemain.

Le maréchal Lannes, en vrai chef d'avant-garde, montra autant de sagesse que de prudence lorsqu'il fit taire son impétuosité pour prendre une attitude expectante, au lieu de marcher avec tout son corps d'armée sur Weimar.

Mais, si l'Empereur l'avait préalablement orienté sur ses projets, il lui aurait évité toute hésitation.

Ici encore, apparaît le défaut que nous avons si souvent signalé dans la méthode de commandement de Napoléon.

Le 12 octobre, à 4 heures du matin, le 3e corps est lancé sur Naumburg, le 1er corps sur Zeitz, et le 5e corps sur Iéna, sans qu'un seul des maréchaux qui commandent ces corps d'armée ait reçu communication des intentions de l'Empereur au cas où l'ennemi serait rencontré en grandes forces ou en position.

Napoléon leur dit bien : L'art, aujourd'hui, est d'attaquer tout ce qui est en marche…., mais il n'expose pas ses projets intimes et ne donne d'autre mission que d'occuper des points géographiques. C'était insuffisant et même dangereux.

Quand un Lannes ou un Davout se trouvèrent en face d'une situation imprévue, ils surent, grâce à leur intuition des choses de la guerre et à leur talent de manœuvrier, prendre les dispositions qui convenaient à la circonstance du moment ; mais les hommes de guerre de cette trempe sont rares à toutes les époques. Il faut donc que la méthode de commandement soit établie pour la majorité des généraux.

Le maréchal Augereau, par exemple, dont la capacité ne semble pas avoir dépassé la moyenne, se lamentait sans cesse de ne rien savoir sur ce qu'il devait faire.

« *L'Empereur ne m'a donné d'autres ordres que de me* « *rendre à Kahla*, écrivait-il, le 13, dans la soirée, au maré- « chal Lannes. »

Quoi qu'il en soit, Napoléon, une fois ses ordres lancés (à 3 heures) pour faire arriver, le soir même et pendant la nuit suivante, les 4e et 6e corps, ainsi que la Garde et les divisions de cavalerie de la réserve, à Iéna, continua sa route sur cette ville et vint rejoindre, un peu après 4 heures, le maréchal Lannes sur le mamelon assez escarpé qui a nom : Landgrafenberg (Napoleonsberg depuis la bataille) et qui s'élève à 1500 mètres au nord-ouest d'Iéna.

Les avant-postes de l'ennemi s'étendaient, à ce moment, depuis Münchenrode jusqu'à Dornburg, par Cospoda, Closwitz, Rödingen et les bois de Neuen-Gönne.

Le 7e corps avait serré sur le 5e corps et se trouvait réuni au sud d'Iéna.

L'Empereur ordonna que, *pendant la nuit*, le 5e corps, massé dans le ravin de Mühl-Thal, vînt se ranger sur le Landgrafenberg en plusieurs lignes, par divisions accolées.

La Garde à pied, en arrivant le soir à Iéna, monta au Landgrafenberg et se plaça derrière le 5e corps. L'artillerie de la Garde dut également gravir le mauvais chemin taillé dans le roc qui menait au Landgrafenberg pour venir prendre position sur ce mamelon.

Des travaux furent prescrits, quelques-uns surveillés par Napoléon en personne, afin de rendre plus faciles les débouchés d'Iéna sur les positions de rassemblement assignées aux corps d'armée.

Le maréchal Soult, qui venait derrière la Garde, à la tête de sa cavalerie et sa 3e division, eut l'ordre de passer la nuit près de Löbstedt, dans une gorge suivie par le chemin conduisant de ce village à celui de Rödingen. Le maréchal Ney, précédant son avant-garde qui ne devait le rejoindre que le lendemain matin, arriva de sa personne auprès de l'Empereur, dans la nuit.

Le prince Murat fut exact au rendez-vous que lui avait donné Napoléon, le matin du 14, à 7 heures.

Les rapports des maréchaux.

Pendant la nuit du 13 au 14 octobre, l'Empereur reçut plusieurs rapports émanant du prince Murat, du maréchal Bernadotte et du maréchal Davout.

Le 12, le 1er corps s'était avancé jusqu'à Meineweh, sur la route de Zeitz à Naumburg, afin de se rapprocher du 3e corps, tandis que la 3e division de dragons, avec le prince Murat, s'établissait à Teuchern et que la brigade Lasalle, de Molsen, poussait des reconnaissances sur Pegau et Leipzig, Weissenfels et Merseburg.

1° *Rapports de Murat.*

Le 13, à 4 heures du matin, le prince Murat rendait compte à l'Empereur que, l'ennemi se trouvant indubitablement sur Erfurt et Weimar, le 1er corps allait marcher sur Naumburg, couvert au Nord par la brigade de cavalerie légère Milhaud qui serait à Weissenfels.

A 8 heures, second rapport du prince pour annoncer que la réserve (stratégique) du prince de Wurtemberg est signalée entre Dessau et Halle.

A 4 heures du soir, troisième rapport de Murat, daté de Naumburg, faisant connaître l'heureux résultat de la reconnaissance envoyée à Leipzig, ainsi que l'arrivée du 1er corps auprès de Naumburg, et accusant réception des deux ordres de l'Empereur, expédiés à 7 heures et à 9 heures du matin.

Le prince écrit que le 1er corps va se porter à Dornburg.

2° *Rapports de Bernadotte.*

Le maréchal Bernadotte annonçait, à 7 heures du matin, qu'il allait partir avec son corps d'armée (le 1er) de Meineweh sur Naumburg.

Le maréchal, dans un second rapport daté de Naumburg à 6 heures du soir, faisait connaître qu'en dépit de la fatigue de ses troupes, il les ferait partir, à 6 h. 1/2 du soir, pour Camburg où elles seraient rendues avant minuit.

Après un repos suffisant, le 1er corps sera « le 14, avant le « jour, à Dornburg, prêt à se porter sur Weimar ou partout « ailleurs. »

Mais un troisième rapport du maréchal Bernadotte au major général, daté de Naumburg, à 8 heures du soir, était ainsi conçu :

« Le maréchal Davout me communique à l'instant, Monsieur « le Duc, votre lettre d'aujourd'hui (écrite à 3 heures du soir), « apportée par M. Périgord, votre aide de camp ; d'après son « contenu, *j'ai cru devoir arrêter le mouvement dont je vous ai* « *rendu compte dans ma lettre de ce soir, datée de 6 heures,* « puisque vous n'ordonnez au maréchal Davout de manœu- « vrer sur la gauche de l'ennemi que dans l'hypothèse où « M. le maréchal Lannes aurait été attaqué ce soir du côté « d'Iéna, et que vous ajoutez que (si) l'attaque n'ayant (n'a) « pas eu lieu, il recevra les dispositions de l'Empereur pour « la journée de demain. Comme je pense que ces dispositions « sont générales, *j'arrête mes troupes où elles se trouvent et* « *j'attends de nouveaux ordres.*

« Je suis encore avec tout mon corps dans les environs de « Naumburg. Je suis prêt à exécuter les mouvements que « l'Empereur ordonnera. »

3° *Rapports de Davout.*

Le maréchal Davout expédia, le 13, deux rapports au major général.

Le maréchal rendait compte, dans le premier, des résultats des reconnaissances lancées, la veille au soir et le matin même, dans la direction d'Iéna, par le pont de Kösen.

Ce premier rapport, qui constate la présence de l'ennemi entre Iéna et Kösen, a dû être expédié vers midi.

Il fait connaître aussi l'occupation, par un détachement du 3e corps, de la ville de Freyburg, au débouché (rive gauche) du pont sur l'Unstrutt que traverse la route de Weimar à Merseburg.

Le second rapport du maréchal Davout, qui fut envoyé après la tombée de la nuit, annonçait la présence d'un ennemi nombreux à peu de distance du pont de Kösen et signalait l'occupation de ce village par un bataillon du 3e corps destiné à maîtriser le débouché sur la rive gauche de la Saale.

Le maréchal terminait son bref rapport par cette phrase : « Toutes mes dispositions sont prises en cas d'événement. »

A l'aile droite française, toutes les mesures furent inspirées par une notion juste de la situation, aussi longtemps que le prince Murat conserva la haute direction du 1er corps et des trois divisions de cavalerie d'exploration.

L'affaire Bernadotte.

Malheureusement, le maréchal Bernadotte, aussitôt qu'il fut livré à lui-même, par suite du départ du prince se rendant isolément à Iéna, fit preuve d'une indiscipline bien coupable.

Ce maréchal, un des plus intelligents et peut-être le plus fin de tous les généraux de son temps, ne put pas ne pas comprendre que l'attaque dont le maréchal Lannes serait, oui ou non, l'objet, le soir du 13 octobre, ne modifiait en rien la situation générale exigeant que le 1er corps se trouvât, le 14 au matin, non pas seulement à Dornburg mais tout entier sur la rive gauche de la Saale, vis-à-vis de ce point.

Le maréchal Bernadotte, dans son rapport, expédié de

Naumburg, le 13 à 6 heures du soir, s'efforce d'excuser par avance son inaction en invoquant la communication adressée par le major général au maréchal Davout, à 3 heures du soir, d'après laquelle de nouveaux ordres pour le lendemain seront expédiés pendant la nuit, au cas où le maréchal Lannes n'aurait pas été attaqué le soir même.

En fait, le 1er corps prit des bivouacs échelonnés, le 13 au soir, au bord de la route de Dornburg, la queue à Naumburg où le maréchal Bernadotte passa la nuit.

A 3 heures du matin, le 14, le maréchal Davout reçut à Naumburg un ordre du major général daté du bivouac d'Iéna, 10 heures du soir, qui portait en substance :

L'Empereur a reconnu l'armée prussienne sur les hauteurs entre Iéna et Weimar. Son intention est de se porter contre elle le lendemain. En conséquence, le 3e corps ira sur Apolda, dans le flanc de cette armée.

La dépêche ajoutait :

« Si le M. maréchal Bernadotte se trouve avec vous, vous « pourrez marcher ensemble ; mais l'Empereur espère qu'il « sera dans la position qu'il lui a indiquée, à Dornburg. »

Le maréchal Davout alla voir aussitôt le maréchal Bernadotte à son logement pour lui communiquer l'ordre qu'il venait de recevoir et l'inviter instamment à se joindre au 3e corps dans sa marche sur Alpoda.

Le chef du 1er corps répondit qu'il irait à Dornburg.

Circonstance aggravante : les trois divisions de cavalerie qui avaient reçu, le 13 dans la soirée, l'ordre du prince Murat de se rendre le plus tôt possible, à Dornburg, furent contraintes de s'arrêter derrière le 1er corps et ne purent échapper le lendemain à l'obstruction créée par la présence, devant elles, des colonnes du 1er corps qu'en se jetant sur la rive gauche de la Saale par le très mauvais passage de Camburg.

Napoléon, dans ses *Mémoires* dictés à Sainte-Hélène, a flétri en ces termes la passivité coupable du maréchal Bernadotte :

« La conduite de Bernadotte, à Iéna, a été telle que l'Em
« pereur avait signé le décret pour le faire traduire devant un
« conseil de guerre, et il eût été infailliblement condamné
« tant l'indignation était grande dans l'armée. C'est en consi-
« dération de la princesse de Ponte-Corvo, qu'au moment de
« remettre le décret au prince de Neufchâtel (maréchal Ber-
« thier), l'Empereur le déchira. »

La nuit du 13 au 14 octobre, près d'Iéna.

Napoléon passa la nuit du 13 au 14 octobre, au bivouac,
sur le Landgrafenberg.

Dans le 5e bulletin de la Grande Armée, dicté par lui le
lendemain de la bataille, on lit :

« La nuit (du 13 au 14) offrait un spectacle digne d'obser-
« vation ; celui de deux armées dont l'une déployait son front
« sur six lieues d'étendue et embrasait de ses feux l'atmos-
« phère, l'autre dont *les feux apparents étaient concentrés sur*
« *un petit point.* »

Pendant la nuit du 31 août au 1er septembre 1870, l'armée
de Châlons embrasait aussi de ses feux l'atmosphère, tandis
que l'armée prussienne manœuvrant pour l'envelopper ne
montrait pas un seul feu.

Les rôles de 1806 étaient intervertis.

§ 3. — La journée du 14 octobre.

Dispositions de l'ordre de bataille, près d'Iéna.

Vers la fin de la nuit du 13 au 14 octobre, Napoléon dicta,
à la lueur de *l'unique feu de bivouac* allumé sur le Landgrafenberg, l'ordre du jour intitulé : *Dispositions de l'ordre de
bataille.*

« Au bivouac d'Iéna, 14 octobre 1806.

« M. le maréchal Augereau commandera la gauche ; il

« placera sa 1re division en colonne sur la route de Weimar
« (Mühl-Thal), jusqu'à une hauteur par où le général Gazan
« (division de gauche du 5e corps) a fait monter son artillerie
« sur le plateau ; il tiendra des forces nécessaires sur le pla-
« teau de gauche à hauteur de la tête de sa colonne. Il aura
« des tirailleurs sur toute la ligne ennemie, aux différents
« débouchés des montagnes. Quand le général Gazan aura
« marché en avant, il débouchera sur le plateau avec tout son
« corps d'armée, et marchera ensuite, suivant les circons-
« tances, pour prendre la gauche de l'armée.

« M. le maréchal Lannes aura, à la pointe du jour, toute
« son artillerie dans ses intervalles et dans l'ordre de bataille
« où il a passé la nuit (par divisions accolées, chacune sur
« trois lignes).

« L'artillerie de la Garde impériale sera placée sur la hau-
« teur (Landgrafenberg), et la Garde sera derrière le plateau,
« rangée sur cinq lignes, la première ligne, composée des
« chasseurs, couronnant le plateau.

« Le village qui est sur notre droite (Closwitz) sera canonné
« avec toute l'artillerie du général Suchet et, immédiatement
« après, attaqué et enlevé.

« L'Empereur donnera le signal ; on doit se tenir prêt, à la
« pointe du jour.

« M. le maréchal Ney sera placé, à la pointe du jour, à l'ex-
« trémité du plateau (au pied des pentes de la rive gauche,
« au Nord et près d'Iéna) *pour pouvoir monter et se porter sur*
« *la droite du maréchal Lannes*, du moment que le village
« (Closwitz) sera enlevé, et que, par là, on aura la place du
« déploiement.

« M. le maréchal Soult débouchera par le chemin qui a été
« reconnu sur la droite (de Löbstadt et de Zwetzen sur
« Rödingen), et se tiendra toujours lié pour tenir la droite de
« l'armée.

« L'ordre de bataille, en général, sera, pour MM. les maré-
« chaux, de se former sur deux lignes, sans compter celle

« d'infanterie légère ; la distance des deux lignes sera, au
« plus, de 100 toises (200 mètres environ).

« La cavalerie légère de chaque corps d'armée sera placée
« pour être à la disposition de chaque général, pour s'en
« servir suivant les circonstances.

« La grosse cavalerie, aussitôt qu'elle arrivera, sera placée
« sur le plateau et sera en réserve derrière la Garde, pour se
« porter où les circonstances l'exigeront.

« *Ce qui est important aujourd'hui, c'est de se déployer en*
« *plaine ;* on fera ensuite (donc) les dispositions que les
« manœuvres et les forces que montrera l'ennemi indique-
« ront, afin de le chasser des positions (d'avant-postes) qu'il
« occupe, et qui sont nécessaires pour le déploiement.

« Par ordre de l'Empereur :

« *Le Major général,*

« Signé : Maréchal A. BERTHIER. »

L'ordre ci-dessus ne vise pas à livrer bataille le jour même.

Il a surtout pour objet de rejeter les avant-postes de l'ennemi au delà des villages de Cospoda, de Closwitz et de
Rödingen, afin de gagner l'espace nécessaire aux dispositions
et aux manœuvres ultérieures de la Grande Armée.

Pour nous servir d'une locution adoptée aujourd'hui :
Napoléon veut, avant tout, se ménager une zone de manœuvres.

Le gros des forces prussiennes étant campé du côté de
Capellendorf, à moitié chemin entre Iéna et Weimar, il faut que
les quatre corps et la Garde, qui sont ou vont être réunis
auprès d'Iéna, prennent d'abord leur ordre de bataille en
plaine, à une distance des débouchés difficiles de la Saale qui
leur permette de se mouvoir à l'aise dans tous les sens.

La journée du 14 sera donc employée, dans l'esprit de
Napoléon, à prendre l'espace nécessaire au déploiement.

Toutefois, l'Empereur prend ses précautions pour le cas où les engagements de sa nouvelle avant-garde (5e corps) provoqueraient une véritable bataille, en appelant à lui toutes les forces qu'il a encore en arrière.

L'action du 14 dont il se réserve de donner le signal sera entamée uniquement par le 5e corps agissant en qualité d'avant-garde.

Une fois que ce corps d'armée aura gagné l'espace en avant qui est nécessaire au déploiement, le 7e corps viendra à sa gauche et à sa hauteur, le 6e à sa droite, et le 4e corps se placera en dehors de l'aile droite du 6e corps, tout en restant en liaison avec lui.

L'ordre pour les dispositions de l'ordre de bataille ne dit pas un mot des 1er et 3e corps.

En effet, ces deux corps d'armée devant manœuvrer contre l'aile gauche de l'ennemi s'ils entendent le canon du maréchal Lannes (ordres du 13 octobre, 3 heures et 10 heures du soir), il est d'autant plus inutile d'en parler que la journée du 14 doit être employée uniquement aux préparatifs de la bataille prévue pour le lendemain.

On remarquera que dans les « dispositions de l'ordre de « bataille » on ne voit figurer aucun nom de ravin, de hauteur, de bois ni de village.

Napoléon a dû dicter son ordre, dans une demi-obscurité, sans pouvoir consulter la carte. Or, il avait la mémoire des lieux très développée et celle des noms tout à fait mauvaise, ainsi qu'on l'a constaté de tout temps chez les hommes supérieurs.

L'ordre de bataille, prescrit par l'Empereur, fixe un dispositif préparatoire de combat.

Cet ordre a pour objet de ranger les quatre corps disponibles et la Garde sur les emplacements et dans les formations les mieux appropriés aux manœuvres qui amèneront l'engagement de la bataille.

La dernière phrase des « dispositions » contient un mot

que le maréchal Berthier a dû écrire contrairement à la pensée de l'Empereur; c'est le mot « ensuite » à la place du mot « donc ».

Si l'on remplace, dans le texte, « ensuite » par « donc », la phrase est claire, limpide, bien dans l'esprit des projets de Napoléon, tandis que le maintien du mot « ensuite » lui enlève son caractère de précision.

§ 4. — Aperçu des opérations saxo-prussiennes du 10 au 14 octobre.

Il nous faut maintenant jeter un coup d'œil sur les projets et opérations du duc de Brunswick depuis le 10 jusqu'au 14 octobre.

Suivant Napoléon :

« Le roi de Prusse voulant commencer les hostilités au « 9 octobre, en débouchant sur Francfort par sa droite (corps « de Rüchel), sur Würzburg par son centre (armée princi- « pale), et sur Bamberg par sa gauche (armée du prince de « Hohenlohe), toutes les divisions de son armée étaient dis- « posées (le 9 octobre) pour exécuter ce plan. »

Le 10 octobre, dans la soirée, à la nouvelle des échecs de Schleiz et de Saalfeld, le duc de Brunswick, d'accord avec le roi, décida la retraite de toutes les forces saxo-prussiennes dans la direction de l'Elbe.

Le mouvement commença, le lendemain, en partant d'Erfurt.

Le 12, l'armée principale atteignit les environs de Weimar.

Le projet de retraite comportait la marche de l'armée prin- cipale sur Merseburg, par Apolda, Eckardsberg et Freystadt.

Les divisions Rüchel et Weimar, rappelées, l'une d'Eise- nach, l'autre de Meiningen, s'efforceraient de rejoindre en cours de route.

Afin de couvrir la retraite de l'armée principale, l'armée

du prince de Hohenlohe prendrait position sur les hauteurs de Capellendorf puis formerait arrière-garde en se retirant à son tour sur Eckardsberg.

Le 12 au soir, la division Tauenzien occupait Iéna et les débouchés de la Saale, limitrophes.

Le 13 au matin, le général Tauenzien craignant d'être coupé de Capellendorf par le maréchal Lannes descendant avec son corps d'armée la rive gauche de la Saale, fit retirer ses troupes sur le gros de l'armée du prince de Hohenlohe.

Dans la journée, le prince voulut réparer la maladresse de son lieutenant. Il lui ordonna de réoccuper avec sa division les positions qui dominent les débouchés d'Iéna; mais le général Tauenzien se contenta de tenir les villages de Münchenrode, Cospoda et Closwitz.

En outre, un détachement composé de 4,000 hommes sous les ordres du général Holzendorf fut envoyé à Dornburg pour défendre les débouchés de la Saale de ce côté.

Le 13, à midi, l'armée principale se mit en mouvement des environs de Weimar, par la route d'Apolda, en se couvrant de l'Ilm, et son avant-garde atteignit, dans la soirée, Reisdorf, pendant qu'une de ses divisions poussait sur Auerstædt avec l'ordre de chasser, le lendemain, de Naumburg, le détachement français qu'on savait s'y trouver, depuis le 12 au soir, sans avoir encore pu en apprécier la force.

§ 5. — La double bataille d'Iéna-Auerstædt.

La bataille d'Iéna a été amenée par l'extension imprévue qu'a pris le combat d'avant-garde engagé par le 5e corps pour gagner l'espace nécessaire au déploiement, et, le même jour, la bataille d'Auerstædt est résultée de la rencontre d'une division prussienne allant à Naumburg avec l'avant-garde du 3e corps français en marche sur Apolda.

L'Empereur espérait trouver, le 15 encore, toute l'armée

prussienne rangée en bataille sur les hauteurs de Capellendorf ; ce n'est donc pas avec deux corps (5e et 7e), la Garde à
pied, une division du 4e corps et la brigade d'avant-garde
du 6e corps (en tout, 50,000 hommes), les seules troupes
à sa disposition le 14 jusqu'à midi, qu'il a pu concevoir la
pensée de marcher à l'attaque de 150,000 hommes en position.

Il fallait, pour débusquer l'ennemi et le battre, une manœuvre que les 3e et 1er corps étaient seuls à même d'exécuter,
non le 14, mais le 15.

Nous ne décrivons pas les combats dont l'ensemble constitue les batailles simultanées d'Iéna et d'Auerstædt.

Les moyens de lutte ont pris un tel développement depuis
Napoléon que l'étude des procédés tactiques employés par les
troupes françaises, à Iéna et à Auerstædt, ne présenterait
qu'un médiocre intérêt.

D'une manière générale, l'occupation et la défense des
points d'appui du terrain jouèrent, du côté français, un rôle
considérable.

Les Prussiens, au contraire, abandonnèrent presque sans
combat les bois et les villages occupés au début par leurs
troupes légères, et, lorsque ces points d'appui furent tombés
au pouvoir des Français, ils usèrent leurs forces à vouloir
les reprendre.

Dans l'armée française, les trois armes agirent constamment de concert tandis que les Prussiens firent donner leur
cavalerie, leur artillerie et leur infanterie, séparément, à
tour de rôle.

La bataille d'Iéna eut lieu le 14, malgré les intentions de
l'Empereur, et celle d'Auerstædt fut pour lui un objet
d'étonnement.

Mais, ainsi que nous l'avons montré précédemment, le dispositif stratégique prescrit par Napoléon, le 12 octobre à
4 heures du matin, répondait aux deux principales éventua-

lités : 1° Retraite de l'ennemi sur l'Elbe ; 2° Concentration des armées prussiennes à Erfurt.

Dans le 5ᵉ bulletin de la Grande Armée en date du 15 octobre, Napoléon présente les événements comme s'il les eût tous prévus.

Ce bulletin tient autant du roman que de la réalité.

Après avoir exposé les résultats heureux du combat d'avant-garde qui donnèrent à l'armée française l'espace nécessaire à son déploiement, le bulletin ajoute :

« L'Empereur eût désiré de retarder *de deux heures* (!) d'en « venir aux mains, *afin d'attendre dans la position qu'il venait* « *de prendre après l'attaque du matin*, les troupes qui devaient « le joindre et surtout sa cavalerie ; mais *l'ardeur française* « *l'emporta.* »

Effectivement, le maréchal Ney, après avoir vu arriver son avant-garde (brigade de cavalerie Colbert, le 25ᵉ léger et deux bataillons d'élite), vers 9 heures, au Landgrafenberg, avait constaté un assez grand intervalle entre le 7ᵉ et le 5ᵉ corps, s'y était jeté, puis avait lancé ses quelques bataillons sur Vierzen-Heiligen et le petit bois situé entre ce village et Isserstædt.

C'est alors que le général Græwert fit quitter à sa division les hauteurs de Capellendorf où elle était déployée et la porta à l'attaque de Vierzen-Heiligen.

Napoléon vit aussitôt que l'action allait se généraliser.

Sans perdre une minute à récriminer contre la folle audace du maréchal Ney, il donna ses ordres pour la bataille, et, jusqu'à la fin de la journée, resta maître des événements.

Du côté de Naumburg, le maréchal Davout, en exécution de l'ordre reçu à 3 heures du matin d'avoir à se porter sur Apolda, fit rompre avant le jour la 3ᵉ division (Gudin) dans la direction de Kösen.

Cette division, en avant-garde du 3ᵉ corps, parvint au pont de la Saale, à 6 heures, monta sur le plateau et, au moment d'atteindre Hassenhausen, se trouva en présence d'une division prussienne (Schmettau), accompagnée de 25 escadrons sous les ordres de Blücher.

Le village, rapidement occupé par un régiment français, devint un point d'appui extrêmement utile à la défensive du 3e corps durant la première partie de la bataille d'Auerstædt.

Le duc de Brunswick fit soutenir la division Schmettau par une seconde puis par une troisième division, en sorte que *les efforts des Prussiens ayant été successifs, le maréchal Davout put les briser les uns après les autres.*

Plus tard, quand le duc de Brunswick, renonçant à forcer le passage de l'Unstrutt, se résolut à reporter son armée sur Weimar sous la protection de ses 4e et 5e divisions non encore engagées, le maréchal Davout prit l'offensive à son tour et changea en retraite désordonnée une marche rétrograde entamée tout d'abord avec ensemble.

La double bataille d'Iéna-Auerstædt fit crouler, en un seul jour, la puissance militaire de la Prusse. Jamais action de guerre ne fut plus décisive.

§ 6. — Conclusion.

La manœuvre d'Iéna, commencée le 12 au matin pour se terminer le 14 octobre, est une des plus belles que Napoléon ait conçues, mûries et mises à exécution.

Au dernier moment, elle a été compromise par deux incidents :

1° Le départ inopiné de l'armée prussienne principale quittant Weimar le 13, à midi, pour se diriger sur Merseburg ;

2° L'impétuosité du maréchal Ney, à Iéna, rendant inévitable une bataille que Napoléon voulait remettre au lendemain.

Le premier de ces faits, qui découle de la liberté, pour l'ennemi, de se mouvoir aussi longtemps que toutes ses forces n'ont pas été engagées, démontre la nécessité de « n'être vul-

« nérable nulle part ». Or cette condition, du côté français, était remplie, car le maréchal Davout, en supposant qu'il n'eût pu déboucher par le pont de Kösen se serait trouvé en situation, même sans l'appui du 1ᵉʳ corps, de contenir l'armée du roi, pendant un jour au moins en se couvrant de la Saale.

L'incident relatif au maréchal Ney, le 14, corrobore cette vérité que le commandant en chef, pour si fort qu'il soit, n'est plus le maître absolu des événements à partir de l'heure où les troupes arrivent au contact tactique.

On a dit que, le 13, les 5ᵉ et 7ᵉ corps auraient pû être anéantis par l'armée prussienne si elle se fût portée tout entière de Weimar sur Iéna.

Les 5ᵉ et 7ᵉ corps, ayant franchi la Saale, le 12, au pont de Kahla, n'avaient point, le 13, la Saale derrière eux; mais appuyaient leur droite à cette rivière. En cas d'attaque par des forces très supérieures, les maréchaux Lannes et Augereau auraient combattu en retraite, de position en position, le long de la Saale, afin de donner à Napoléon le temps d'improviser la manœuvre la plus convenable.

La manœuvre d'Iéna fut basée sur la constatation suivante :
La Saale est une rivière profondément encaissée, offrant des passages peu nombreux.

Au cours de cette manœuvre, la Grande Armée présente deux avant-gardes stratégiques, fortes chacune de deux corps d'armée et, en arrière, une réserve de même composition.

Les avant-gardes stratégiques ont pour mission de traverser la Saale en deux points distants, l'un de l'autre, de 30 kilomètres, l'espace intermédiaire étant dépourvu de passages faciles.

Si le groupe de gauche (5ᵉ et 7ᵉ corps) trouve les ponts de Kahla et de Lobeda détruits et la rivière défendue, le groupe de droite (1ᵉʳ et 3ᵉ corps) franchira la Saale près de Naumburg et sera bientôt suivi du groupe central ou réserve

(4ᵉ et 6ᵉ corps). Ces deux derniers groupes remonteront ensuite la rive gauche de la Saale, jusque dans le flanc gauche de l'ennemi en position devant le groupe de gauche.

Au contraire, si l'avant-garde stratégique de gauche passe la Saale sans difficultés près d'Iéna, la réserve la suivra, et l'avant-garde stratégique de droite sera une masse de manœuvre destinée à marcher dans le flanc gauche de l'ennemi pendant la bataille de front que lui livreront les quatre autres corps d'armée.

De quelque manière et sous quelque point de vue l'on envisage la manœuvre d'Iéna, on ne peut qu'admirer la prévision surhumaine de Napoléon et la profondeur comme la simplicité de ses calculs d'adaptation des moyens au but.

La manœuvre d'Iéna, malgré les incidents qui en ont dérangé, au dernier moment, l'exécution, restera pour les hommes de guerre de tous les temps un pur chef-d'œuvre.

§ 7. — Les détracteurs de la manœuvre d'Iéna.

Le 15 octobre, Napoléon écrivit à l'Impératrice :

« Mon amie, j'ai fait de *belles manœuvres* contre les Prus-
« siens et j'ai gagné hier une grande bataille. »

La manœuvre d'Iéna, ainsi que la plupart des conceptions grandioses, a été peu comprise des contemporains.

La majorité des généraux français ayant pris part à la campagne d'Iéna l'ont taxée de « miraculeuse » mais un très petit nombre en ont découvert la trame.

Murat et Lannes, par intuition, Davout, grâce à son esprit réfléchi, sont peut-être les seuls maréchaux qui, en 1806, aient saisi la pensée de l'Empereur dans ses principales manifestations.

Il n'est pas étonnant, alors, que des généraux de deuxième et de troisième ordre, tant français qu'étrangers, aient attribué à la manœuvre d'Iéna le caractère d'une opération brillante, mais des plus périlleuses et, dans tous les cas, en opposition formelle avec les principes de guerre universellement admis.

Les esprits bornés ne peuvent embrasser à la fois qu'un petit nombre d'éléments, tandis que le propre de l'homme supérieur, est, au contraire, de réunir dans le champ de sa vision, tous les facteurs essentiels.

La manœuvre d'Iéna a donc eu de nombreux détracteurs. Parmi eux, les uns, comme le général Rogniat, officier du génie dans les armées de Napoléon, se sont laissé guider par l'esprit mathématique qui n'admet pas les données relatives ; les autres ont versé le blâme sans s'être donné la peine d'étudier la correspondance de Napoléon avec ses maréchaux ; tous, enfin, ont discuté à la légère, sous l'empire de l'ignorance, de la haine, ou d'idées préconçues.

Le général Rogniat écrivait, en 1816, dans ses *Considérations sur l'art de la guerre :*

« La manœuvre de Davout sur Naumburg fut plus heureuse que sage ; *le 3e corps devait être battu.* »

Un officier général de notre temps, qui fut longtemps un adversaire résolu de la stratégie à laquelle il refusait toute valeur pratique, a publié, en 1878, une brochure où l'on peut lire :

« En 1806, c'est la tactique surtout qui décida la victoire.

« Napoléon, méconnaissant comme à Marengo ses propres
« principes, se trouve en présence de l'ennemi sans avoir le
« temps de concentrer ses corps d'armée trop éloignés les uns
« des autres.

« Une double bataille s'engage ; elle est gagnée à Auer-
« stædt et à Iéna. *La stratégie n'a rien fait en cette occasion ;*
« *tout est dû à la valeur des troupes.* »

Le général prince de Hohenlohe, dans ses *Lettres sur la*

stratégie, publiées en 1887, critique à son tour la manœuvre d'Iéna :

« Ce n'est que par un hasard que l'armée française « échappa, le 13 octobre 1806, à une défaite qui lui aurait « imposé silence dans la *mauvaise situation stratégique où elle* « *se trouvait.* »

Ensuite, comparant les opérations allemandes de 1870 à celles de la Grande Armée française en 1806, le prince ne craint pas de dire :

« Les plus jeunes élèves de Napoléon, nos généraux de « 1866 et de 1870, ont surpassé le maître, car leur stratégie a « été plus réfléchie, plus résolue, plus nette. »

Une telle allégation fait sourire ceux qui comme nous ont suivi, jour par jour, presque heure par heure, la pensée de Napoléon depuis le 5 septembre jusqu'au 14 octobre 1806.

Il n'y a pas d'exemple qu'un génie créateur ait été dépassé par ses élèves. Ceux-ci pourront systématiser les conceptions du maître, en étendre les applications, perfectionner son outillage, mais jamais ils ne parviendront à l'égaler sous le rapport de la virtuosité.

Que les généraux prussiens de 1870 se résignent donc à n'être que les élèves de Napoléon !

Le titre par lui-même, est assez beau.

Le prisonnier de Sainte-Hélène, a lu, avant de mourir, les critiques du général Rogniat.

La réponse qu'il leur a faite peut s'appliquer à tous ses détracteurs, passés et futurs.

« Sans doute, écrit Napoléon dans ses *Mémoires*, le prince « d'Eckmühl (maréchal Davout) pouvait n'être pas vainqueur ; « mais il ne pouvait pas perdre le défilé de Kösen.

« Avec une infanterie aussi bonne que celle qu'il comman- « dait, il ne lui fallait que 10,000 hommes pour défendre « le débouché tout un jour. Mais s'il l'eût perdu, l'armée « prussienne ne pouvait pas passer la Saale devant lui ;

« 6,000 Français et 24 pièces de canon étaient suffisants
« pour défendre le passage ; ainsi quand le prince d'Eck-
« mühl (maréchal Davout) eût été forcé dans le défilé de
« Kösen et obligé de repasser la Saale, cela n'eût point
« influé sur le sort de la bataille d'Iéna. La perte de
« l'armée prussienne n'en eût peut-être été que plus
« assurée.....

« ..... *Il n'est pas content de la manœuvre d'Iéna.*

« *César, Annibal, Alexandre, Turenne, Eugène de Savoie,*
« *Frédéric le Grand, le seraient probablement davantage.* »

ERRATA

Page 47, 20ᵉ ligne.

    Au lieu de : *Weissenfeld,* lire : *Weissenfels.*

Page 47, 23ᵉ ligne.

    Au lieu de : *Lichtenfeld,* lire : *Lichtenfels.*

Page 142, 17ᵉ ligne.

    Au lieu de : le *pont,* lire : le *point.*

Page 335, 1ʳᵉ ligne.

    Au lieu de : la *3ᵉ* division, lire : la *4ᵉ* division.

TABLE DES MATIÈRES

CHAPITRE III.

CHAPITRE IV.

Précautions et premiers projets de Napoléon contre la Prusse.

CHAPITRE V.

La réunion de la Grande Armée.

CHAPITRE VI.

Modifications apportées par Napoléon aux dispositions générales pour la réunion de la Grande Armée.

CHAPITRE VII.

Le plan d'opérations.

CHAPITRE VIII.

Ordres et rapports concernant le rassemblement des corps de la Grande Armée.

CHAPITRE IX.

Prise de commandement de la Grande Armée par Napoléon le 3 octobre.

CHAPITRE X.

Exécution des marches de rassemblement par les corps de la Grande Armée.

TABLE DES CARTES

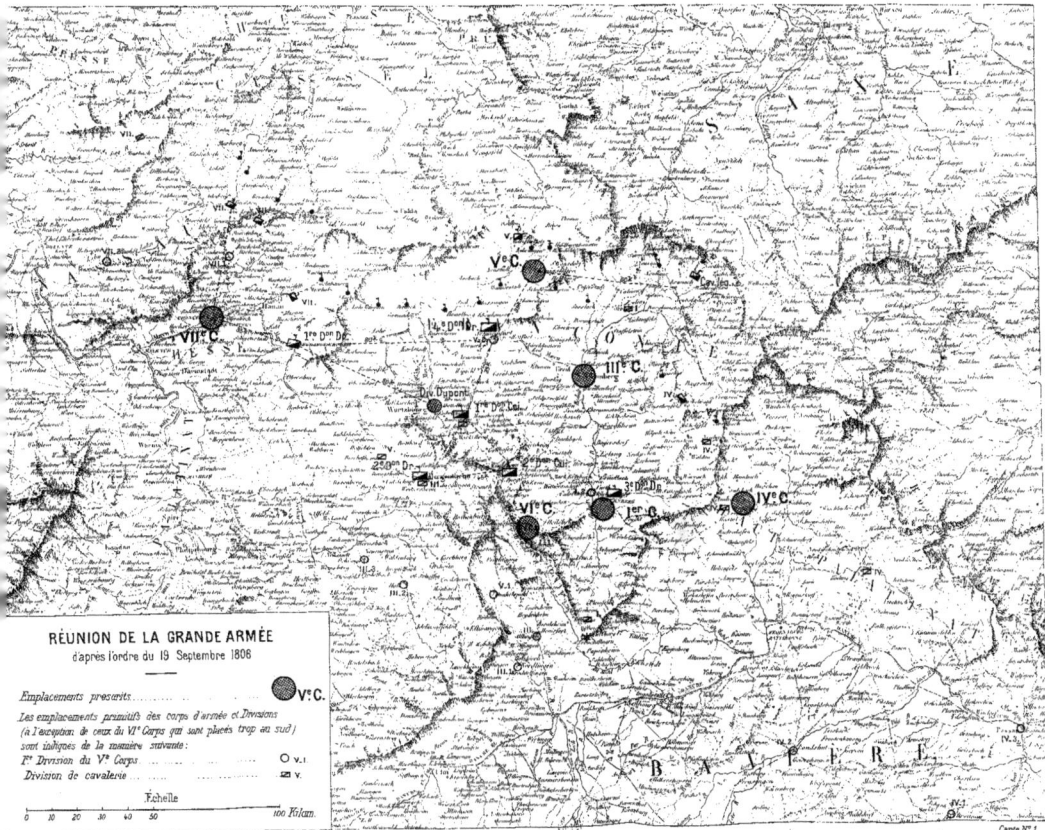

RÉUNION DE LA GRANDE ARMÉE
d'après l'ordre du 19 Septembre 1806

Emplacements prescrits .... V⁰ C.

Les emplacements primitifs des corps d'armée et Divisions
(à l'exception de ceux du VI⁰ Corps qui sont placés trop au sud)
sont indiqués de la manière suivante:

I⁰ Division du V⁰ Corps V.1
Division de cavalerie .... V.

Échelle

0   10   20   30   40   50   100 Kilom.

Carte Nᵒ 1.

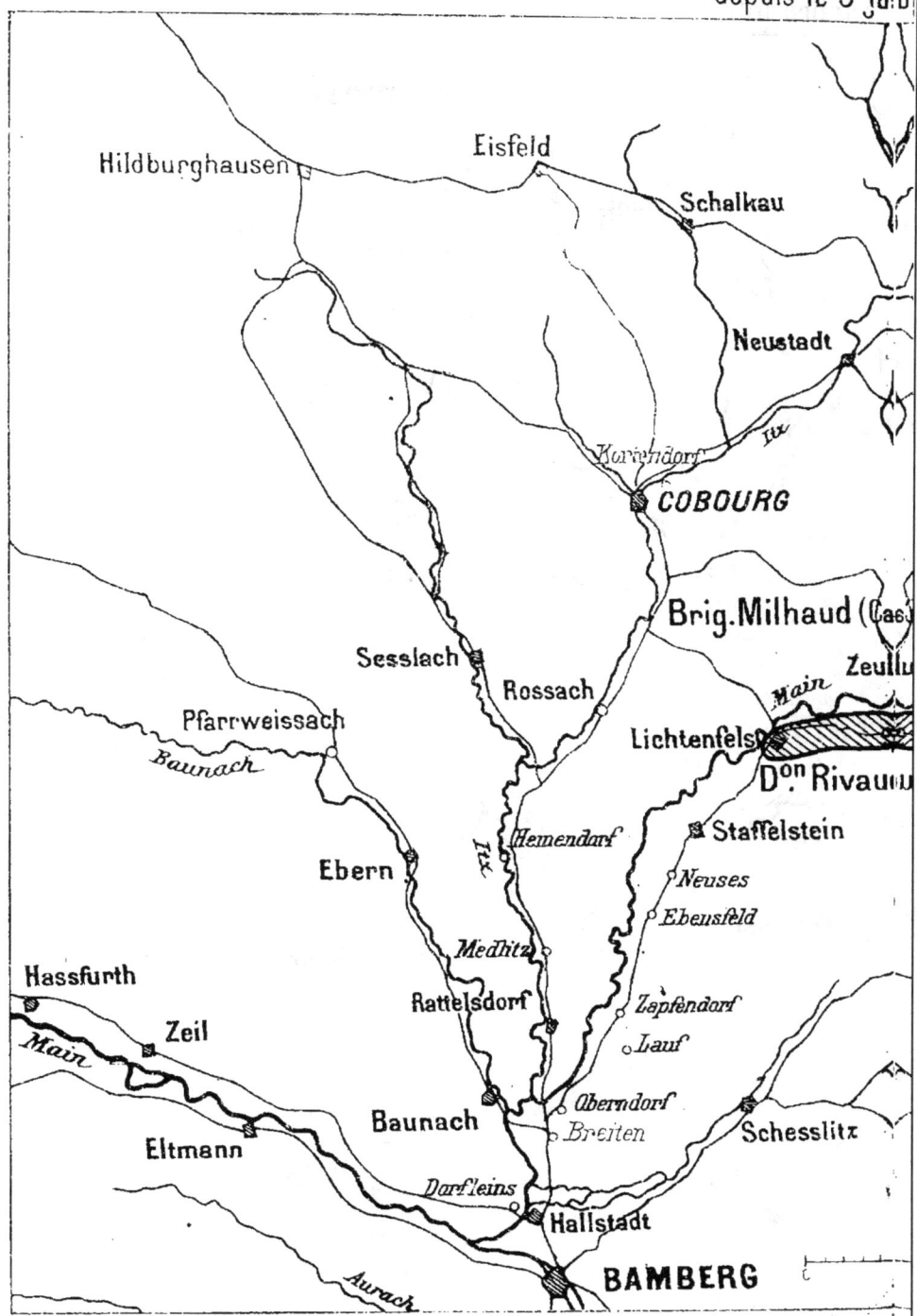

Hildburghausen

Eisfeld

Schalkau

Neustadt

Itz

Koriendorf

COBOURG

Brig. Milhaud (Cas

Sesslach

Rossach

Main

Zeull[u]

Pfarrweissach

Baunach

Lichtenfels

D.on Rivau[u]

Staffelstein

Itz

Heimendarf

Neuses

Ebern

Ebensfeld

Medlitz

Rattelsdorf

Zapfendorf

Hassfurth

Lauf

Zeil

Main

Baunach

Oberndorf

Breiten

Schesslitz

Eltmann

Dorfleins

Hallstadt

Aurach

BAMBERG

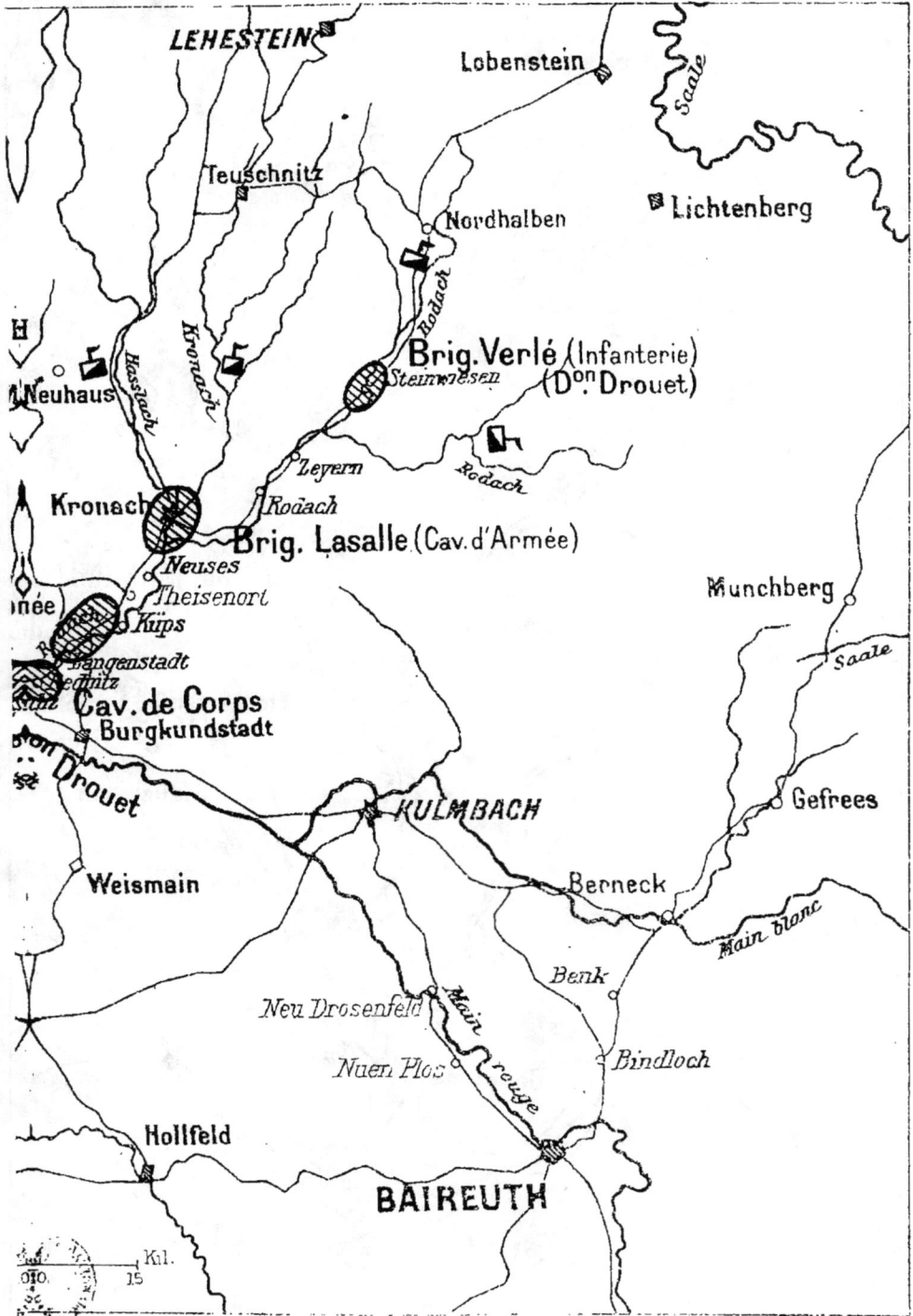

LEHESTEIN

Lobenstein

Teuschnitz

Nordhalben

Lichtenberg

Brig. Verlé (Infanterie)
(D^on Drouet)

Steinwiesen

Kronach

Hasslach

Rodach

Neuhaus

Zeyern

Kronach

Rodach

Rodach

Brig. Lasalle (Cav. d'Armée)

Neuses

Theisenort

Munchberg

Küps

Saale

Langenstadt

Rednitz

Cav. de Corps

Burgkundstadt

on Drouet

Gefrees

KULMBACH

Weismain

Berneck

Main blanc

Benk

Neu Drosenfeld

Main rouge

Nuen Plos

Bindloch

Hollfeld

BAIREUTH

Kil.
15

Carte n.º 3.

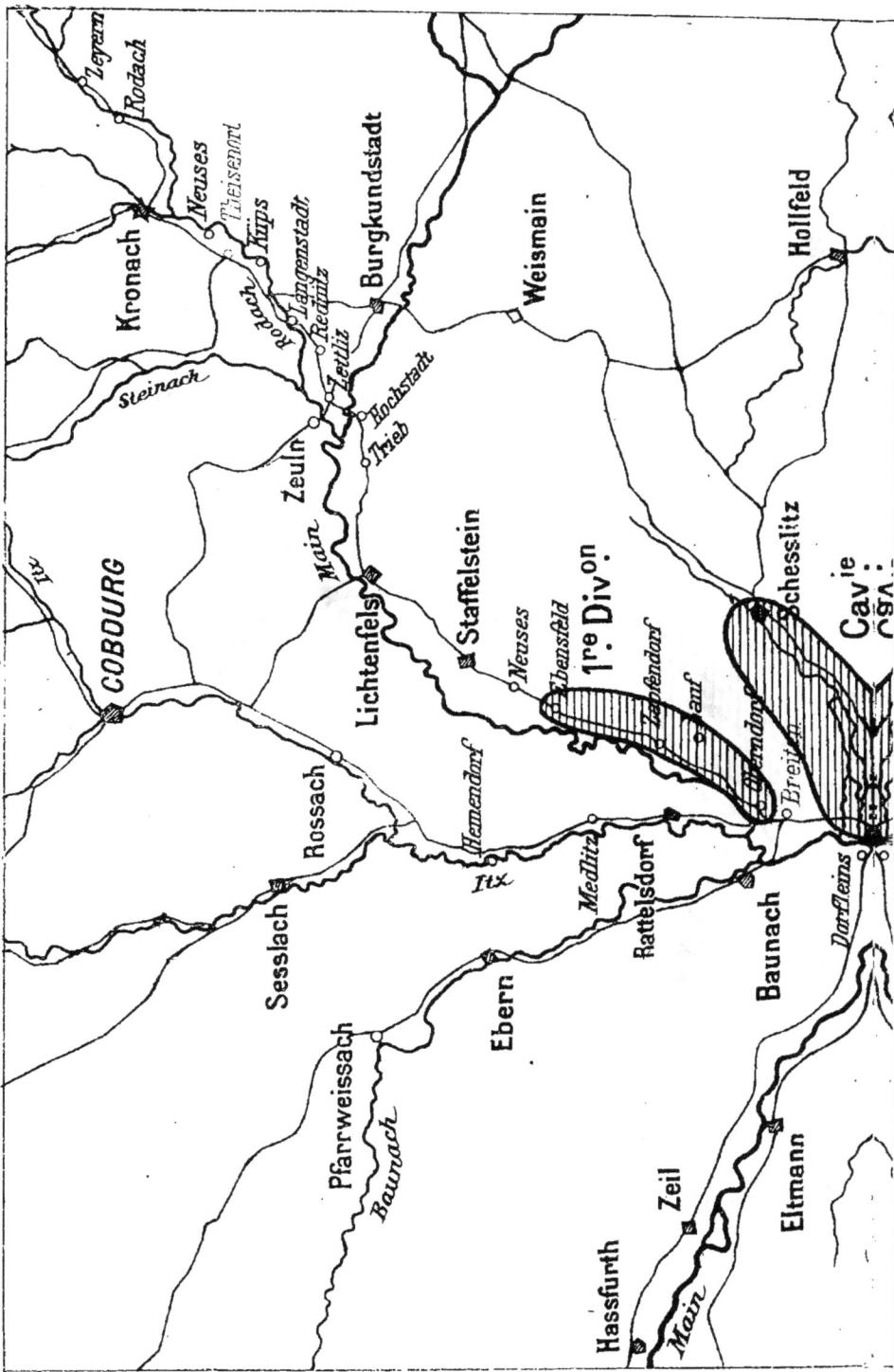

CANTONNEMENTS DE RASSEMBLEMENT DU 3ᵉ CORPS
depuis le 2 Octobre jusqu'au 6 inclus.

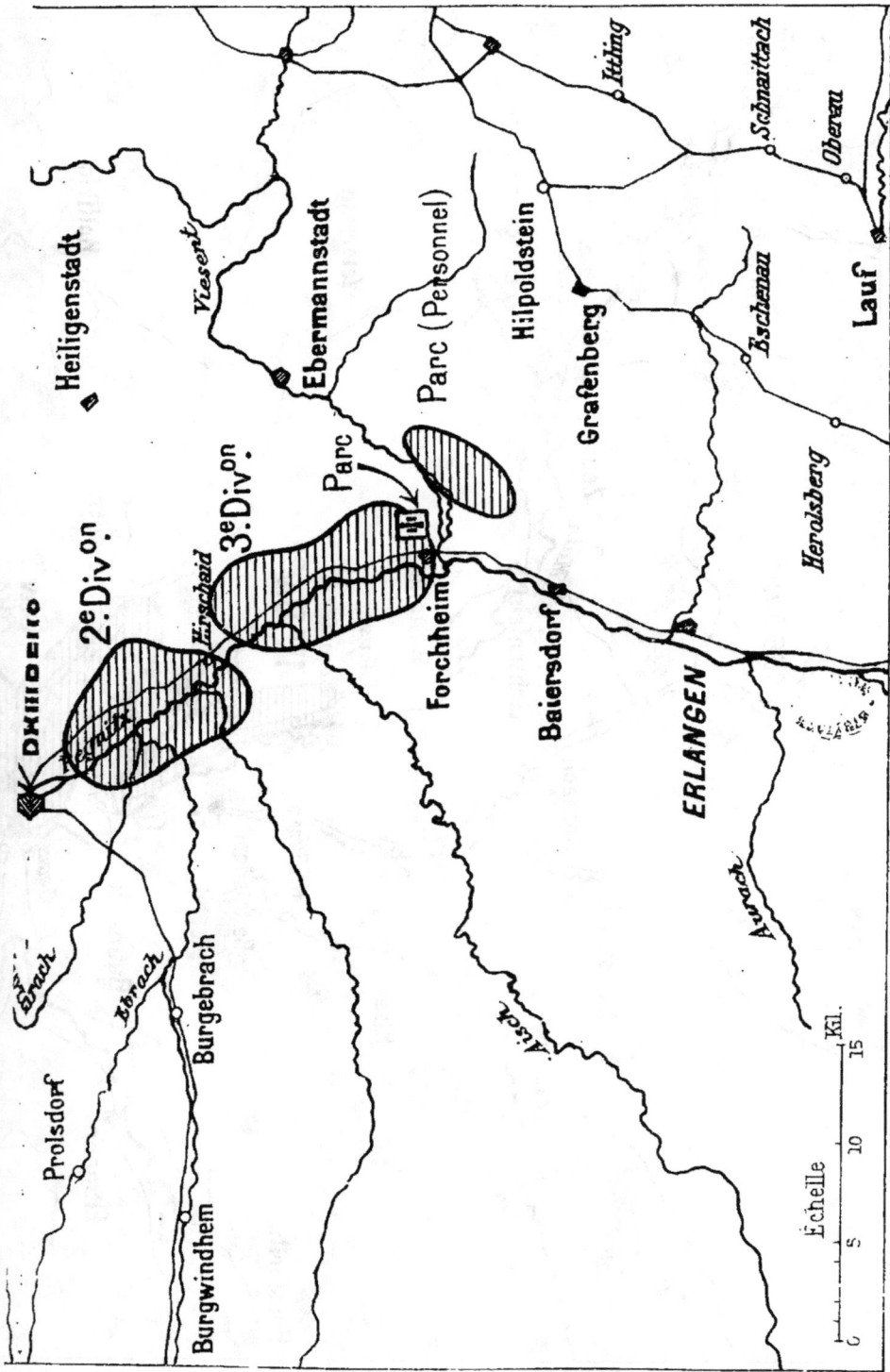

Prolsdorf

Burgwindhem

Burgebrach

Ebrach

Heiligenstadt

Viesent

Ebermannstadt

Parc (Personnel)

Parc

Hilpoldstein

Grafenberg

Itling

Schnaittach

Oberau

Bschenau

Herolsberg

Lauf

BAMBERG

2ᵉ Divᵒⁿ

3ᵉ Divᵒⁿ.

Hirschaid

Forchheim

Baiersdorf

ERLANGEN

Aisch

Aurach

Échelle

0   5   10   15   Kil.

Iéna.

Carte nᵒ 4

CANTONNEMENTS DE RASSEMBLEMENT

prescrits au 4.ᵉ Corps pour le 30 Octobre 1806.

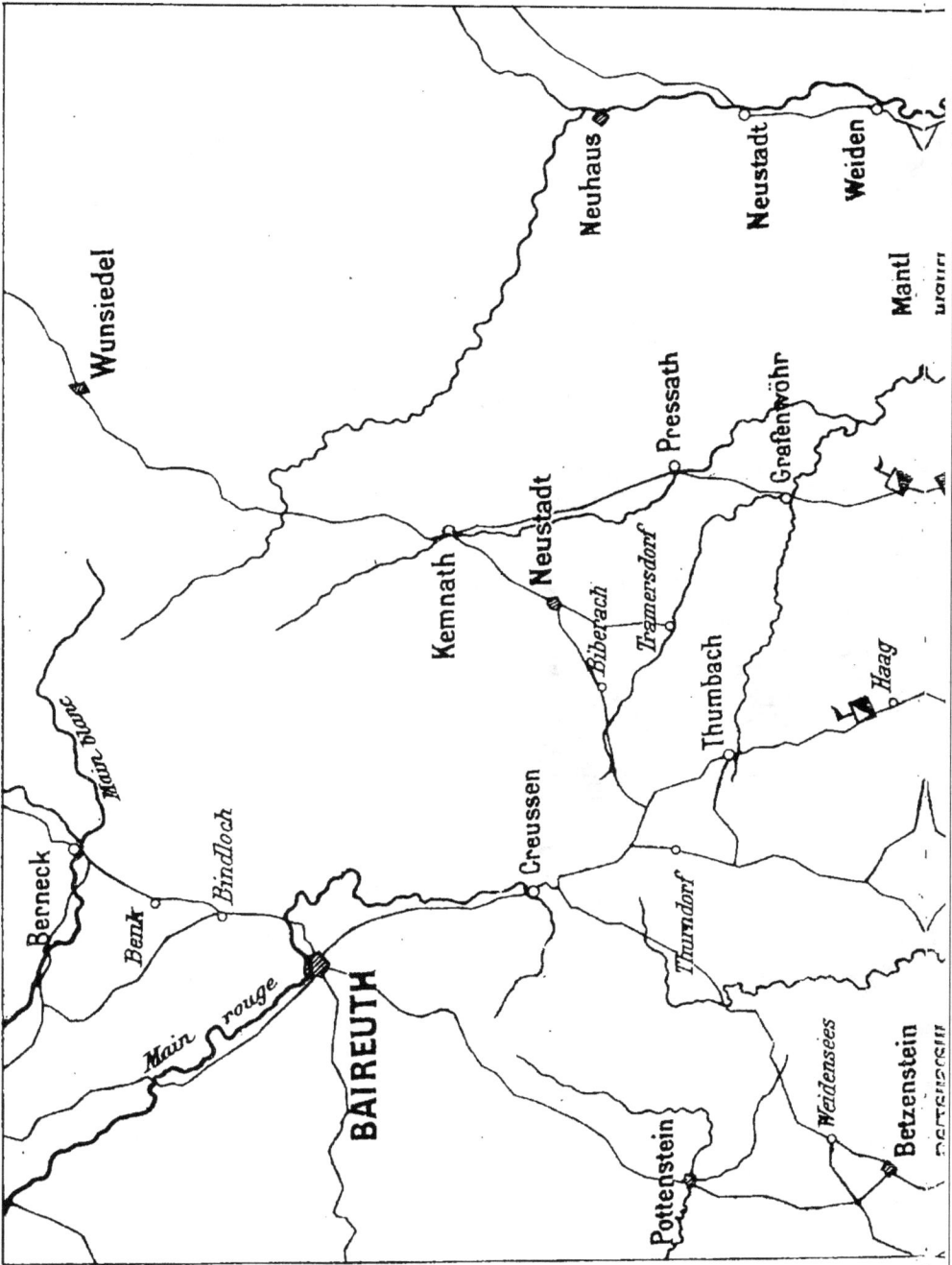

Berneck

Benk

Bindloch

Wunsiedel

Main blanc

Main rouge

BAIREUTH

Creussen

Kemnath

Neustadt

Biberach

Tramersdorf

Thumbach

Thurndorf

Haag

Pottenstein

Weidensees

Betzenstein

Pressath

Grafenwöhr

Neuhaus

Neustadt

Weiden

Mantl

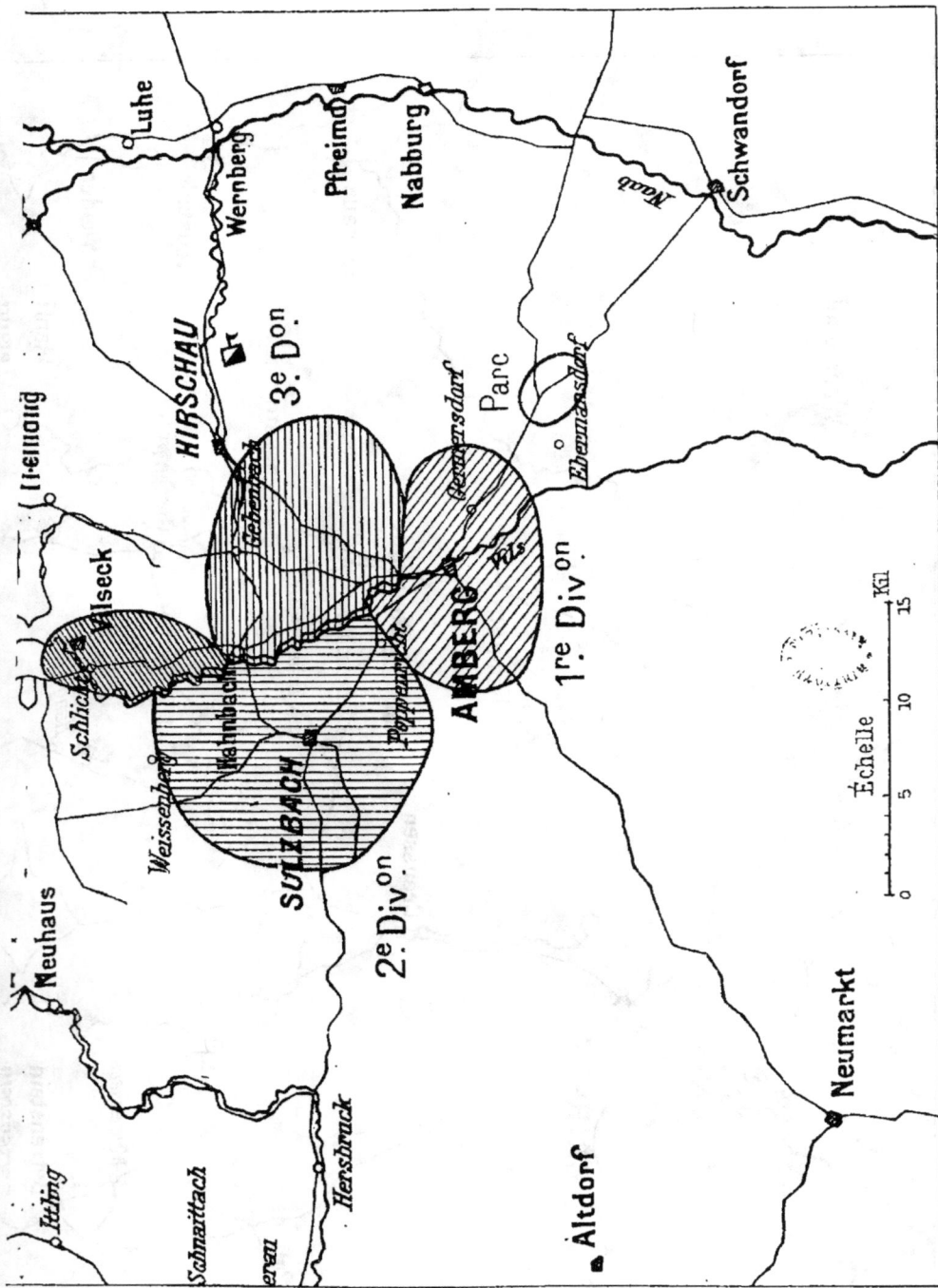

Itling

Neuhaus

Schnaittach

Freihung

Luhe

Wernberg

Pfreimd

Nabburg

HIRSCHAU

3e D.on

Schlicht

Vilseck

Gebenbach

Parc

Eheunersdorf

Wils

AMBERG

1re Div.on

Weissenberg

Wernsbach

Poppenricht

SULZBACH

2e Div.on

Hersbruck

Naab

Schwandorf

Altdorf

Neumarkt

Échelle

0   5   10   15 Kil

STATIONNEMENT
du 4ᵉ Corps d'Armée le 3 Octobre 1806.

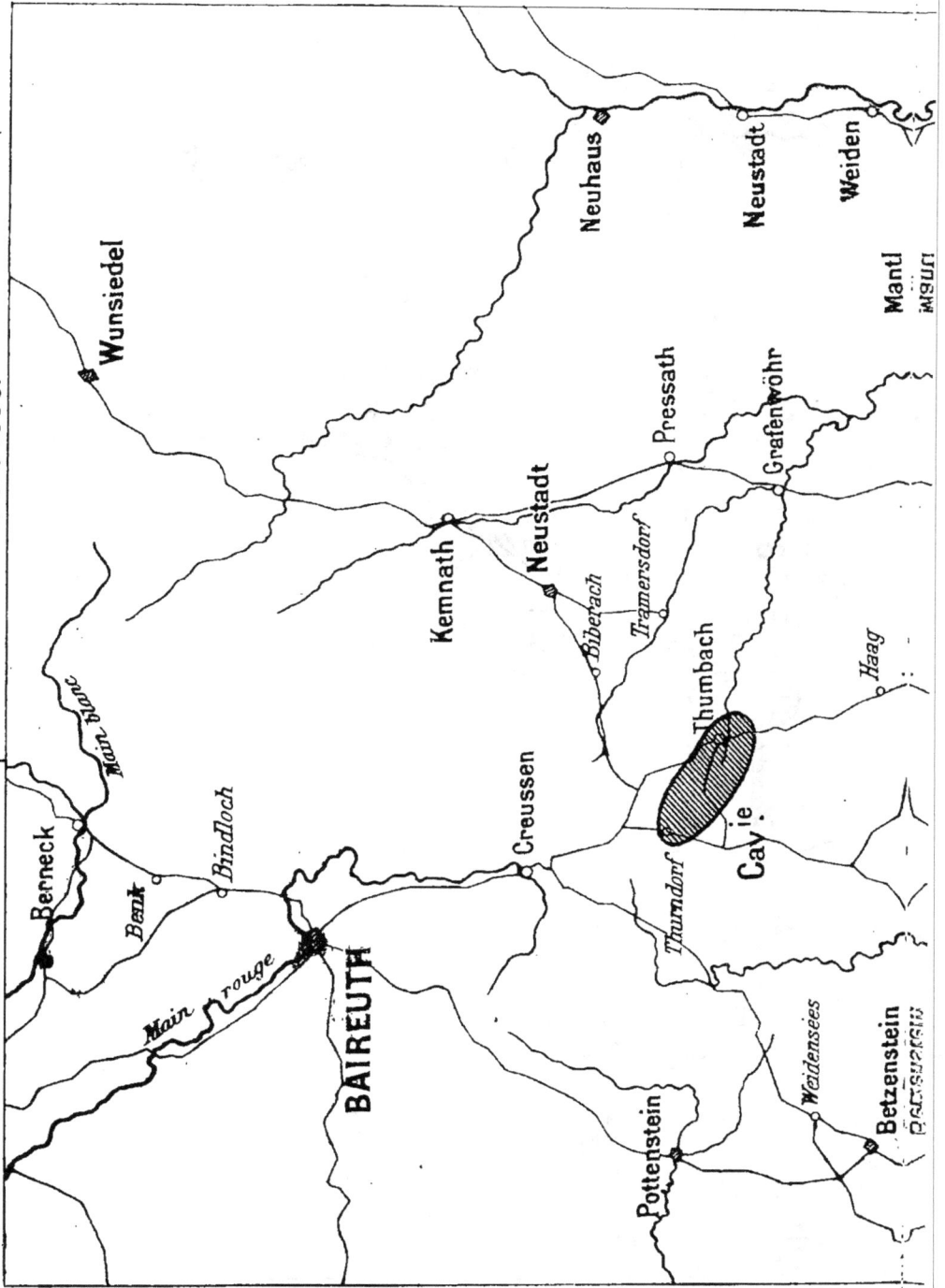

Berneck

Benk

Bindloch

Wunsiedel

Main blanc

Main rouge

BAIREUTH

Creussen

Kemnath

Neustadt

Biberach

Tramersdorf

Thumbach

Thurndorf

Cav.ie

Haag

Neuhaus

Neustadt

Weiden

Mantl

Pressath

Grafenwöhr

Pottenstein

Weidensees

Betzenstein

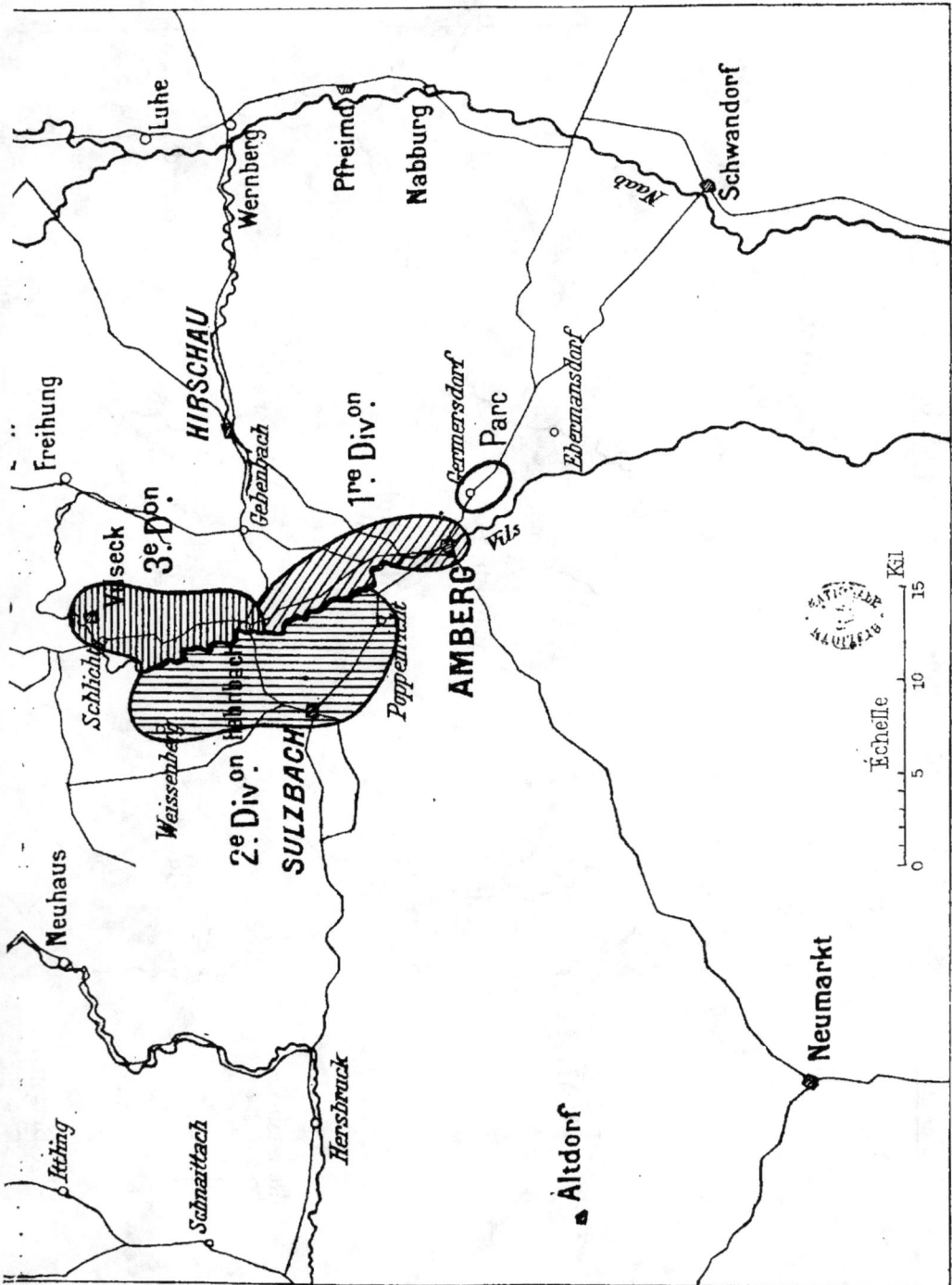

Carte n.º 6

Échelle

0   5   10   15   Kil

léna.

CANTONNEMENTS _ BIVOUACS
du 4ᵉ Corps les 4, 5 et 6 Octobre 1806.

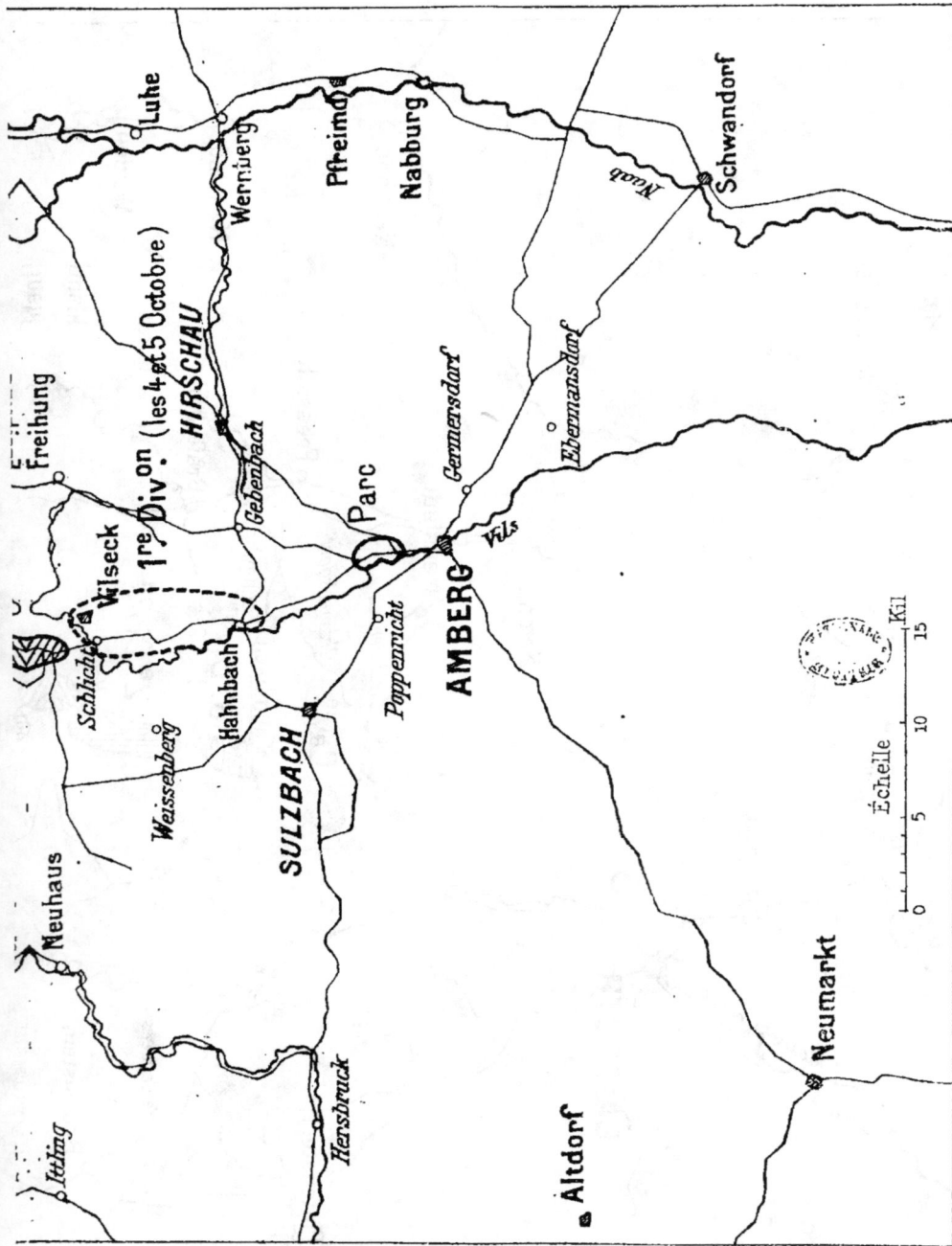

Carte n⁰ 7

Luhe

Wernberg

Pfreimd

Nabburg

Naab

Schwandorf

Freihung

HIRSCHAU

1re Div.on (les 4 et 5 Octobre)

Gebenbach

Wiseck

Parc

Germersdorf

Ebermannsdorf

Schlicht

Hahnbach

Vils

AMBERG

Weissenberg

Poppenricht

SULZBACH

Neuhaus

Hersbruck

Échelle

0   5   10   15   Kil

Altdorf

Neumarkt

Iéna

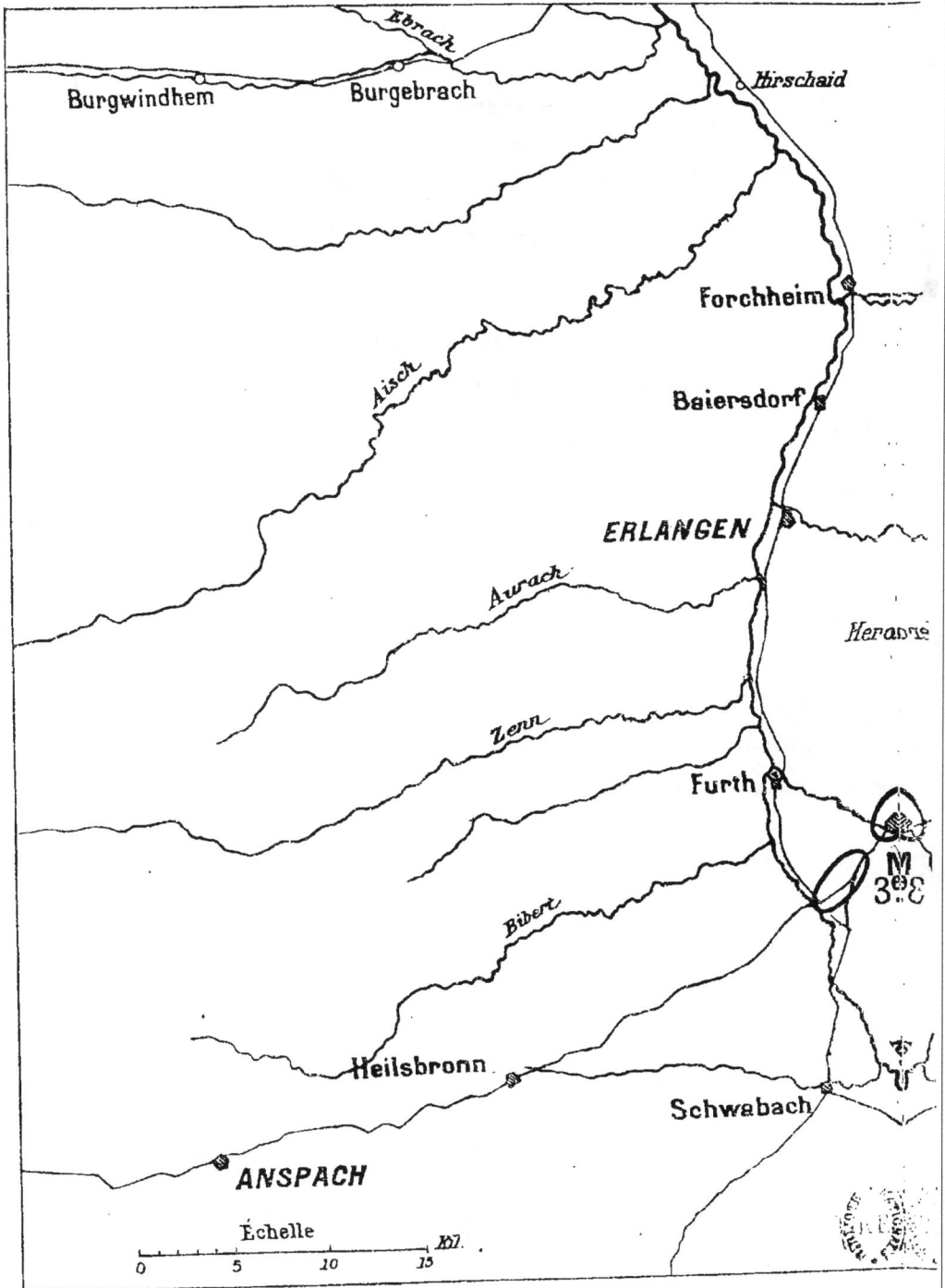

Burgwindhem Burgebrach Hirschaid

Forchheim

Baiersdorf

ERLANGEN

Aisch

Aurach

Heradrié

Zenn

Furth

M

3.ᵉ

Bibert

Heilsbronn

Schwabach

ANSPACH

Échelle

0   5   10   15   kil.

léna.

MARCHE DU 6ᵉ CORPS

octobre 1806.

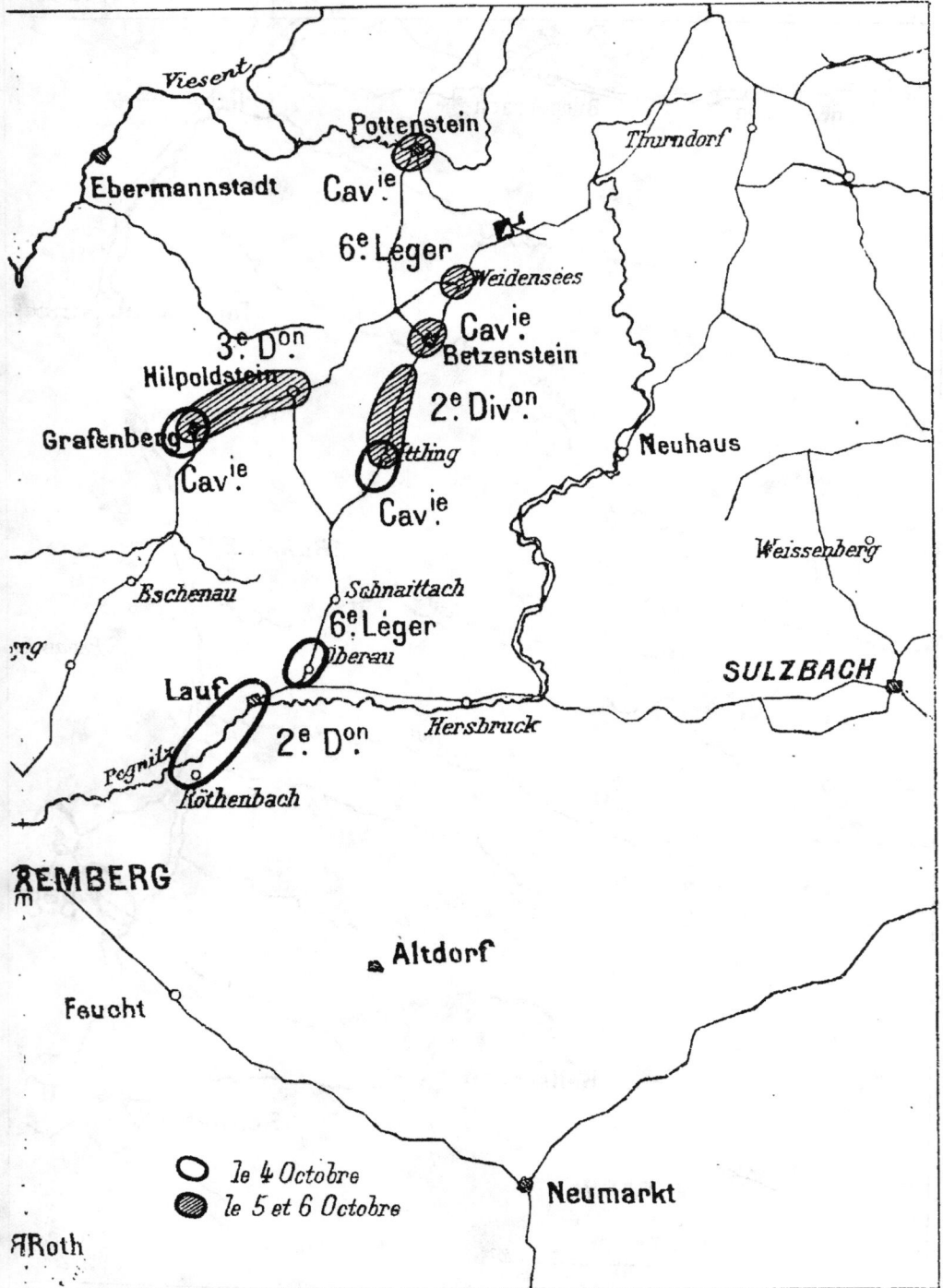

Viesent

Pottenstein

Cavⁱᵉ

Thurndorf

Ebermannstadt

6ᵉ Léger

Weidensees

Cavⁱᵉ

3ᵉ Dᵒⁿ

Betzenstein

Hilpoldstein

2ᵉ Divᵒⁿ

Grafenberg

Atthing

Neuhaus

Cavⁱᵉ

Cavⁱᵉ

Weissenberg

Eschenau

Schnaittach

6ᵉ Léger

SULZBACH

Lauf

Uberau

Hersbruck

Pegnitz

2ᵉ Dᵒⁿ

Röthenbach

REMBERG

Altdorf

Feucht

○ le 4 Octobre

● le 5 et 6 Octobre

Neumarkt

Roth

Carte n.º 8.

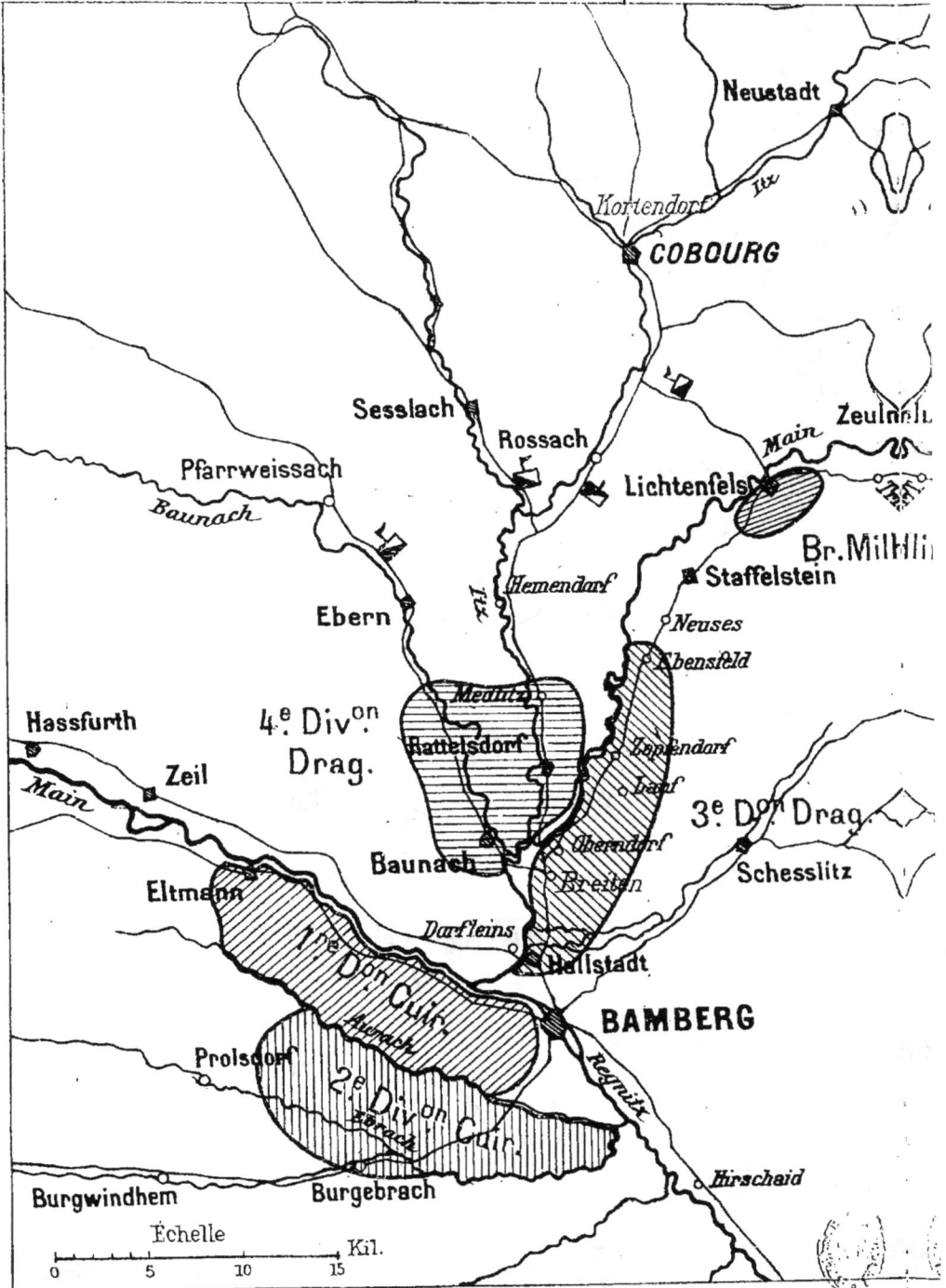

Neustadt

Kortendorf *Itx*

COBOURG

Sesslach *Main* **Zeulneɪ**

Rossach

Lichtenfeɭs Br. Milhliɪ

Staffelstein

Pfarrweissach *Neuses*

Baunach *Ebensfeld*

Ebern *Hemendarf* *Itx*

Medlitz 4.e Div.on *Lappendarf* 3e D.on Drag.

Hassfurth Drag. *Hattelsdorf* *Laaf*

Zeil *Oberndarf* **Schesslitz**

Baunach *Breiten*

Main

Eltmann *Darfleins* **Hallstadt**

Aurach **BAMBERG**

Prolsdorf 2.e Divon Cuiʳ *Regmix*

Tanach *Hirscheid*

Burgwindhem **Burgebrach**

Échelle   Kil.

0   5   10   15

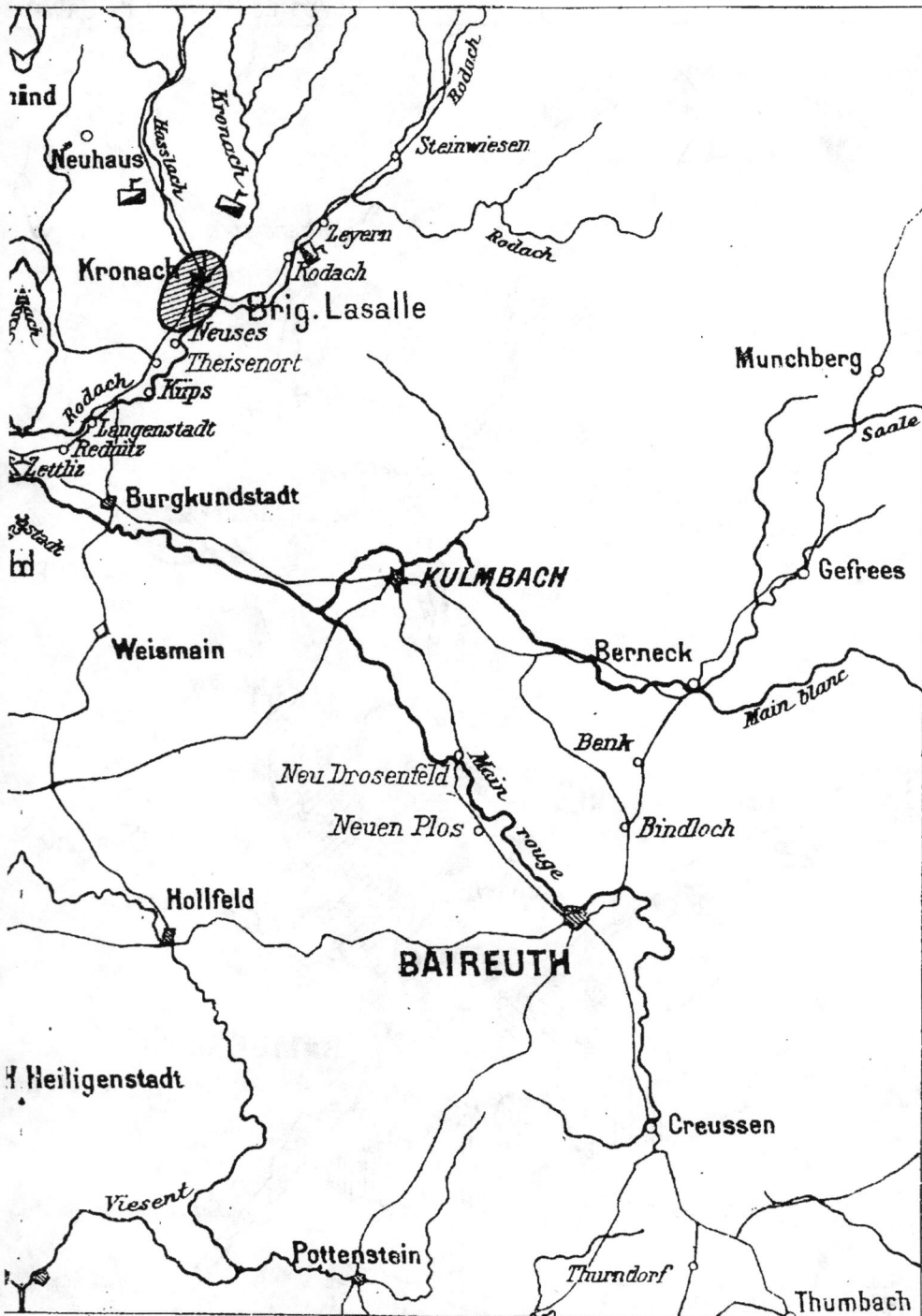

Neuhaus

Hastlach

Kronach

Steinwiesen

Rodach

Rodach

Zeyern

Kronach

Rodach

Brig. Lasalle

Neuses

Theisenort

Kips

Langenstadt

Rodach

Redwitz

Zettliz

Munchberg

Saale

Burgkundstadt

KULMBACH

Gefrees

Weismain

Berneck

Main blanc

Benk

Neu Drosenfeld

Neuen Plos

Main rouge

Bindloch

Hollfeld

BAIREUTH

Heiligenstadt

Creussen

Viesent

Pottenstein

Thurndorf

Thumbach

Carte n.º 9.

Iéna

Carte N.º 10

ley

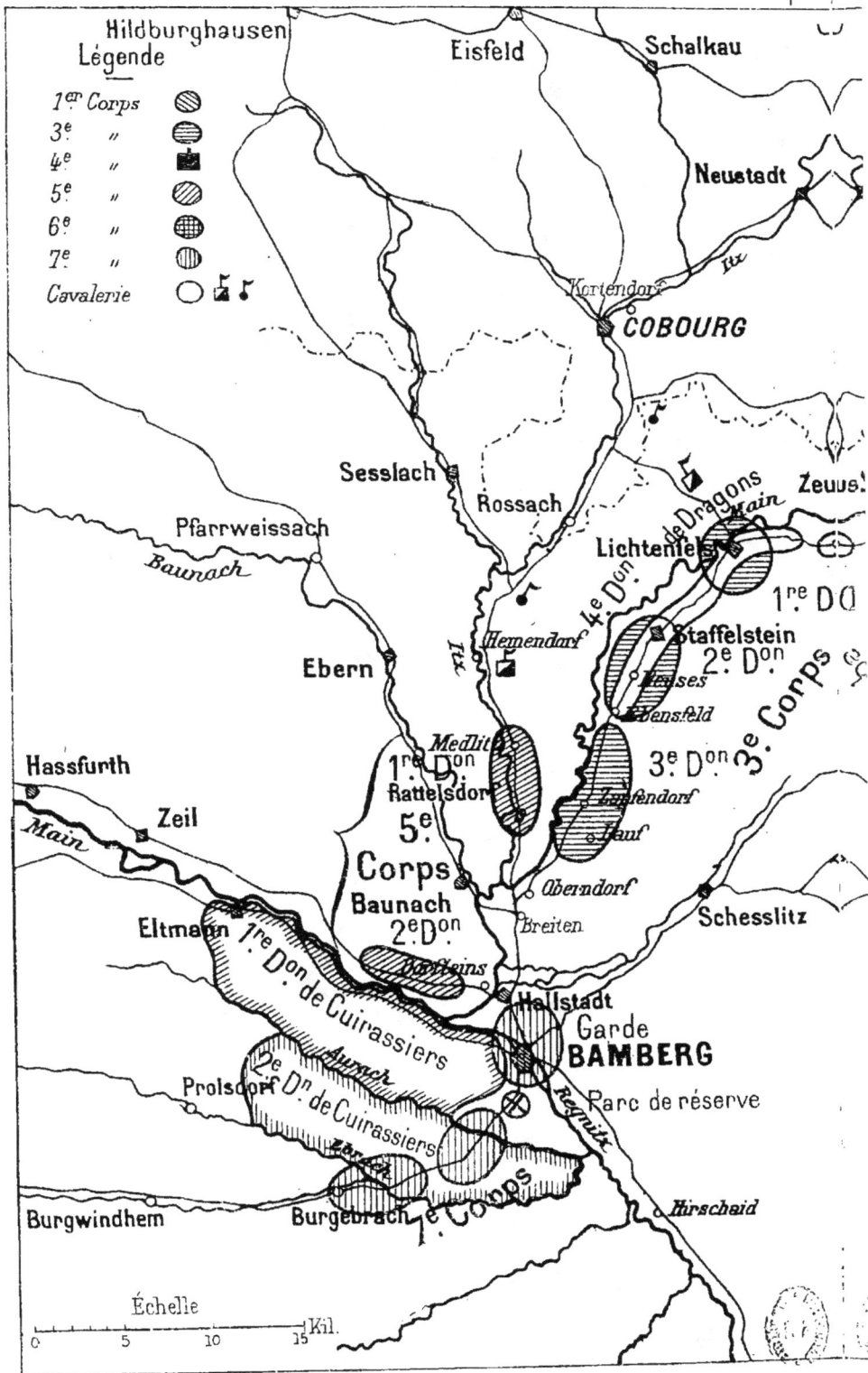

Hildburghausen

Légende

1er Corps
3e "
4e "
5e "
6e "
7e "
Cavalerie

Eisfeld

Schalkau

Neustadt

Kortendorf

COBOURG

Sesslach

Rossach

Zeuus!

de Dragons

Lichtenfels

1re DO

Pfarrweissach

Baunach

Hemendorf

4e Don

Main

Staffelstein

2e Don

Hauses

Ebern

Itx

Ebensfeld

3e Corps

Medlit

3e Don

Hassfurth

1re Don

Rattelsdor

5e

Zapfendorf

Lauf

Zeil

Main

Corps

Oberndorf

Schesslitz

Baunach

2e Don

Breiten

Eltmann

1re Don de Cuirassiers

Bärfeins

Hallstadt

Garde

BAMBERG

Aunch

2e Dn de Cuirassiers

Prolsdorf

Parc de réserve

Regnitz

Zär

7e Corps

Burgwindhem

Burgebrach

Hirscheid

Échelle

Kil.

0   5   10   15

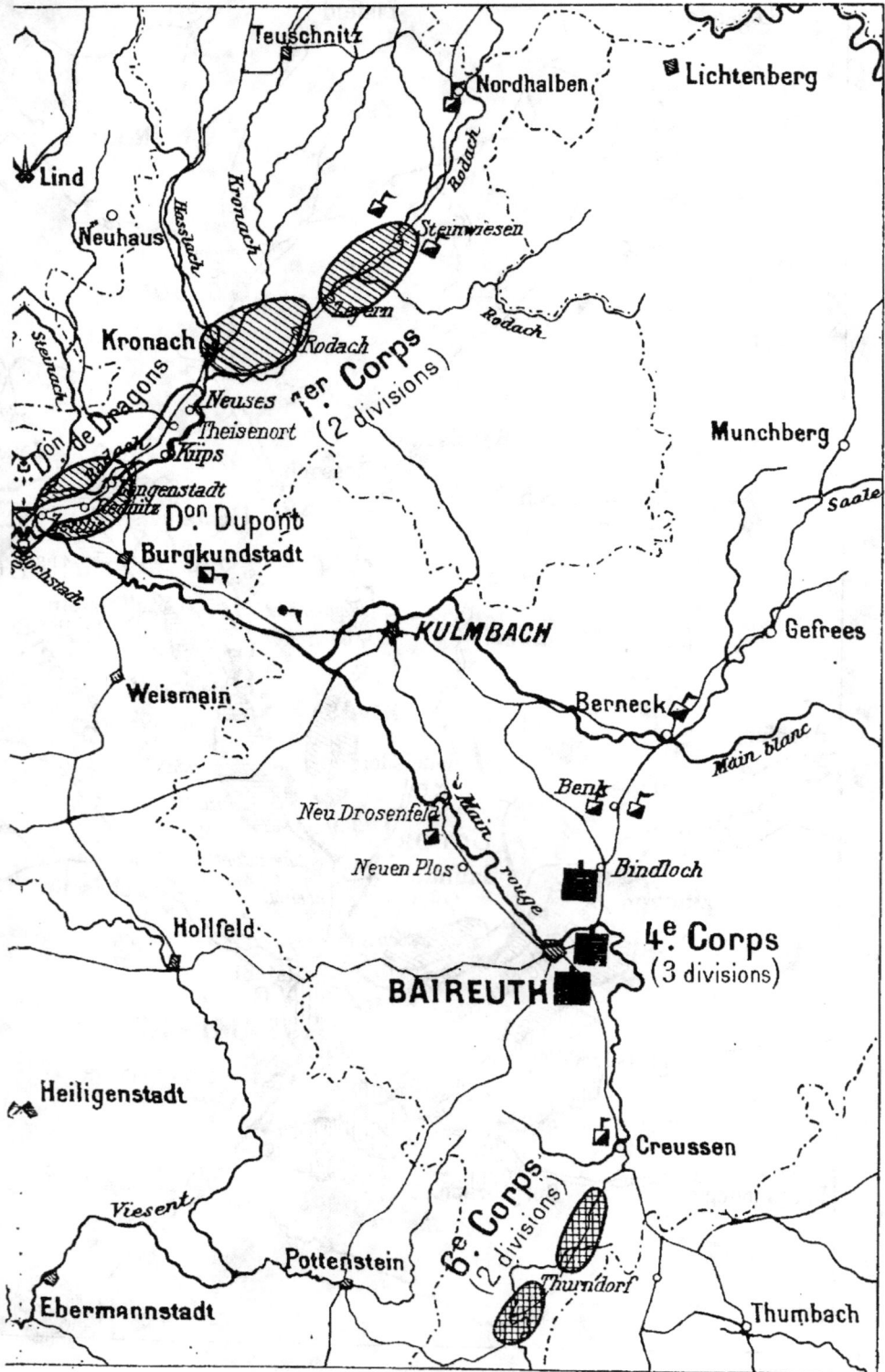

Teuschnitz

Nordhalben

Lichtenberg

Lind

Neuhaus

Steinwiesen

Rodach

Kronach

Rodach

Rodach

Bayern

1er Corps
(2 divisions)

Neuses

Theisenort

Kups

Don de Dragons

Langenstadt

Don Dupont

Burgkundstadt

Munchberg

Saale

KULMBACH

Gefrees

Weismain

Berneck

Main blanc

Neu Drosenfeld

Benk

Main rouge

Neuen Plos

Bindloch

Hollfeld

4e Corps
(3 divisions)

BAIREUTH

Heiligenstadt

Creussen

6e Corps
(2 divisions)

Viesent

Pottenstein

Thurndorf

Thumbach

Ebermannstadt

Carte n°11

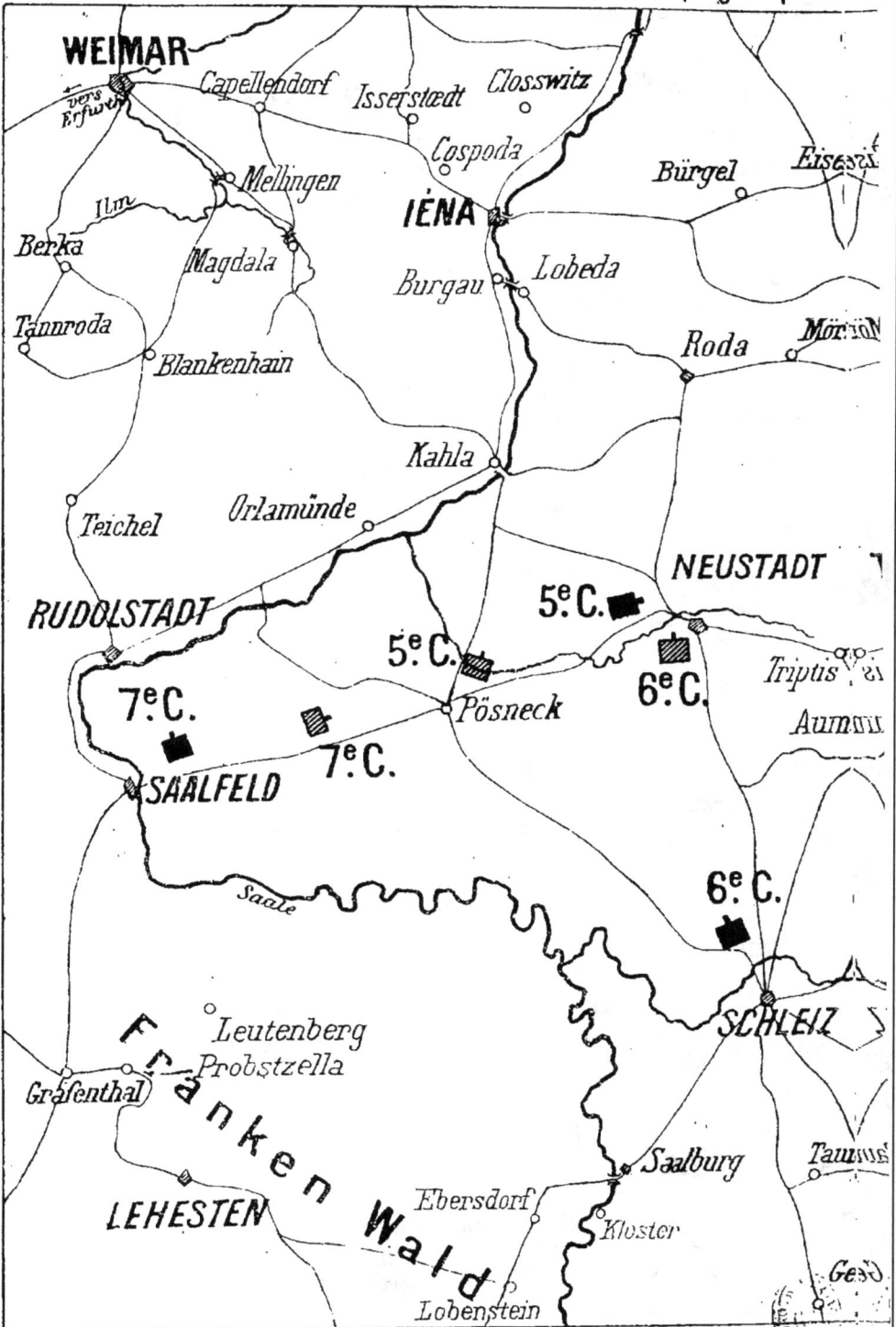

WEIMAR

vers Erfurt

Capellendorf

Isserstædt

Closswitz

Cospoda

Mellingen

IÉNA

Bürgel

Eise...

Ilm

Berka

Magdala

Burgau

Lobeda

Roda

Mör...

Tannroda

Blankenhain

Kahla

Teichel

Orlamünde

NEUSTADT

5e C.

RUDOLSTADT

5e C.

Pösneck

6e C.

Triptis ...

7e C.

Aumu...

7e C.

SAALFELD

6e C.

Saale

SCHLEIZ

Leutenberg

Probstzella

Grafenthal

Franken Wald

Saalburg

Tauu...

LEHESTEN

Ebersdorf

Kloster

Ge...

Lobenstein

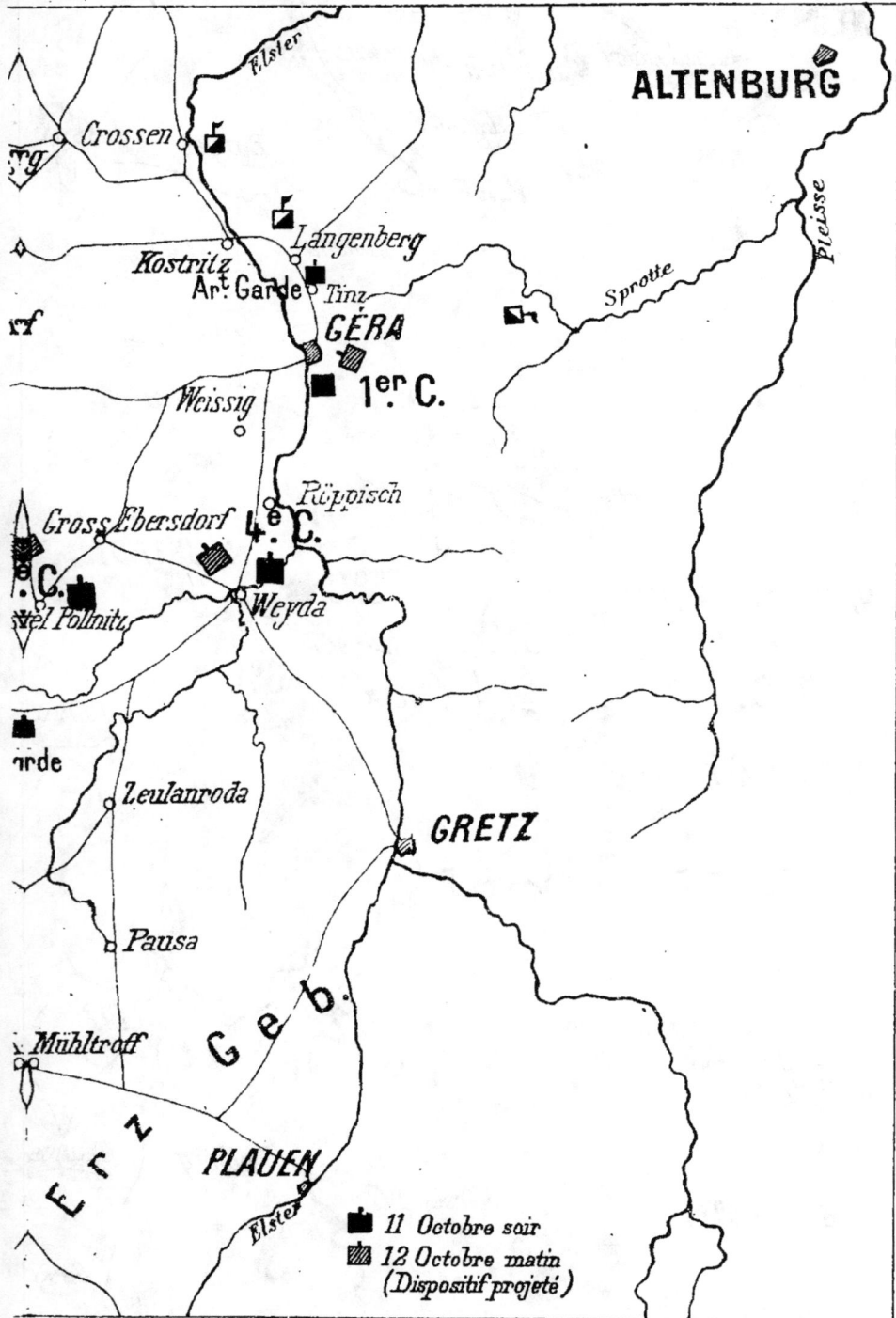

OCTOBRE 1806 AU SOIR.
12 Octobre 1806, au matin.

ALTENBURG

Elster

Crossen

Kostritz
Langenberg
Art. Garde
Tinz
GÉRA
1er. C.

Weissig

Gross Ebersdorf
Röppisch
4e. C.
Weyda

el Pollnitz
.C.

Pleisse

Sprotte

rde

Zeulenroda

GRETZ

Pausa

Mühltroff

Geb.

Erz

PLAUEN

Elster

■ 11 Octobre soir
▨ 12 Octobre matin
(Dispositif projeté)

Carte N°12.

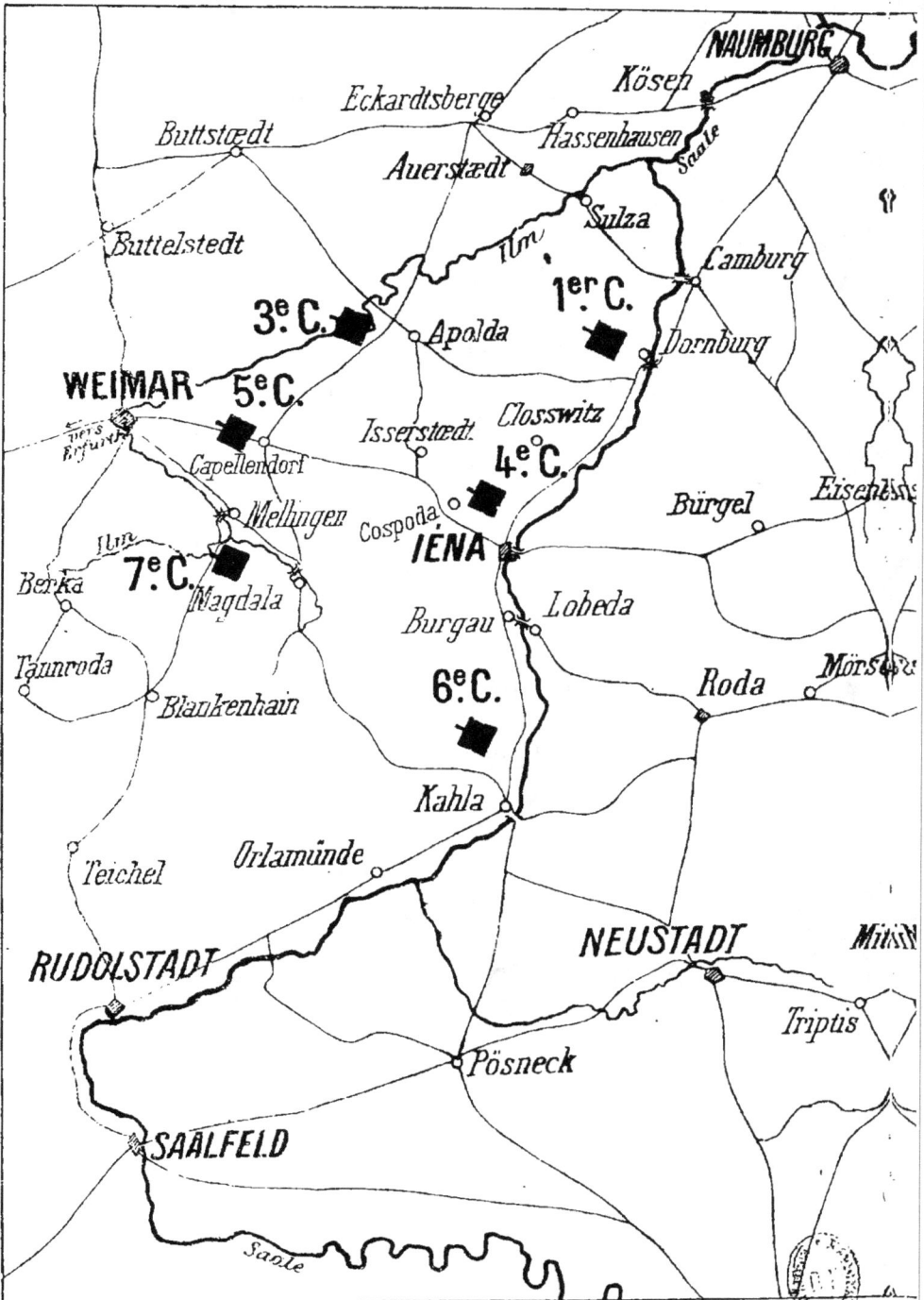

DISPOSITIIT
le 12 Octobre entre 1 h.^e e9 ^e

Iéna.

Molsen

Pegau

üssen

Teuchern

Meineweh

ZEITZ

Elster

ALTENBURG

Crossen

Pleisse

Langenberg

Kostritz

Sprotte

GÉRA

Ronneberg

Weissig

Gross Ebersdorf

Söllnitz

Weyda

wna

Zeulanroda

GRETZ

Carte N.º 13

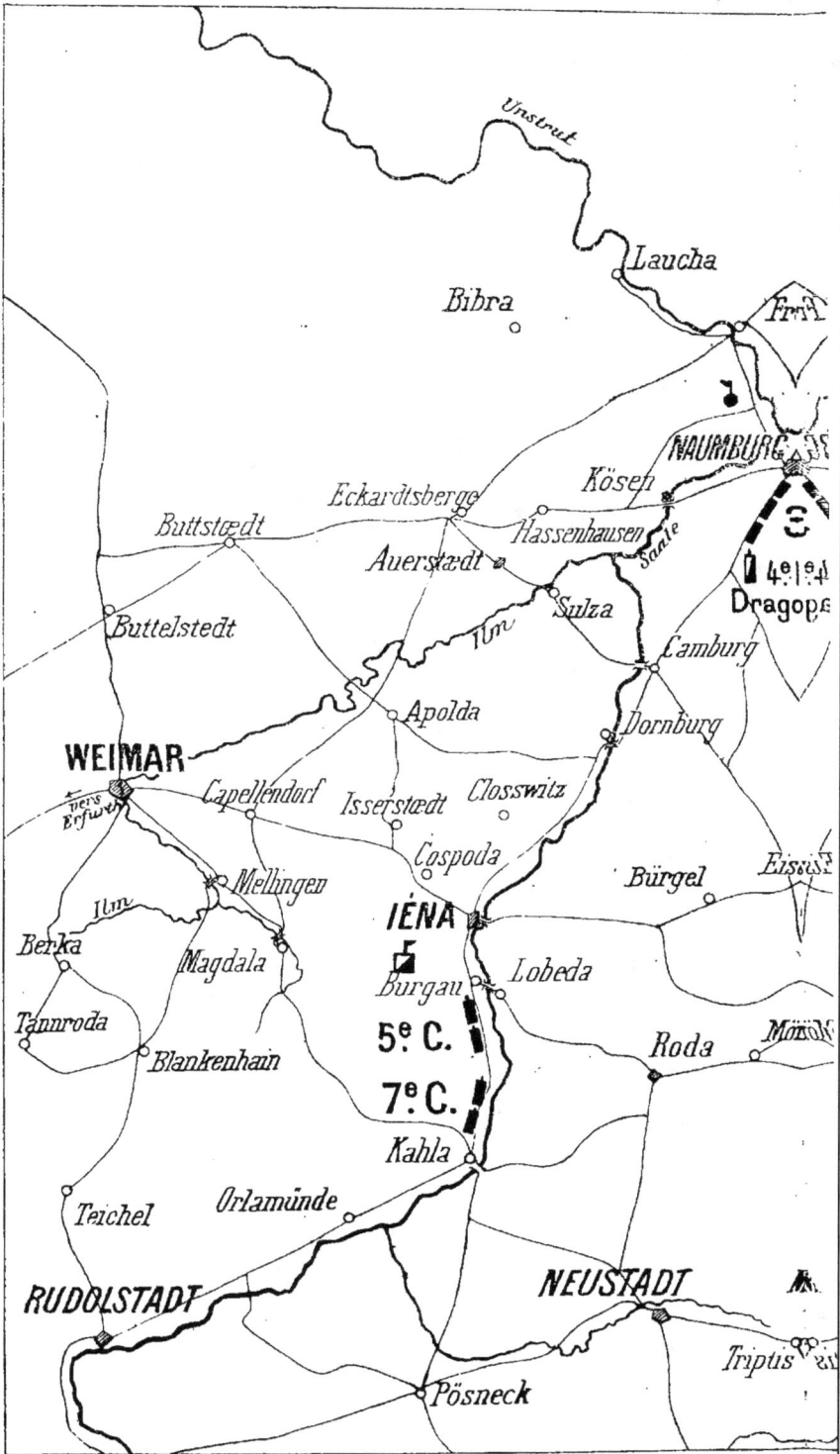

Iéna.

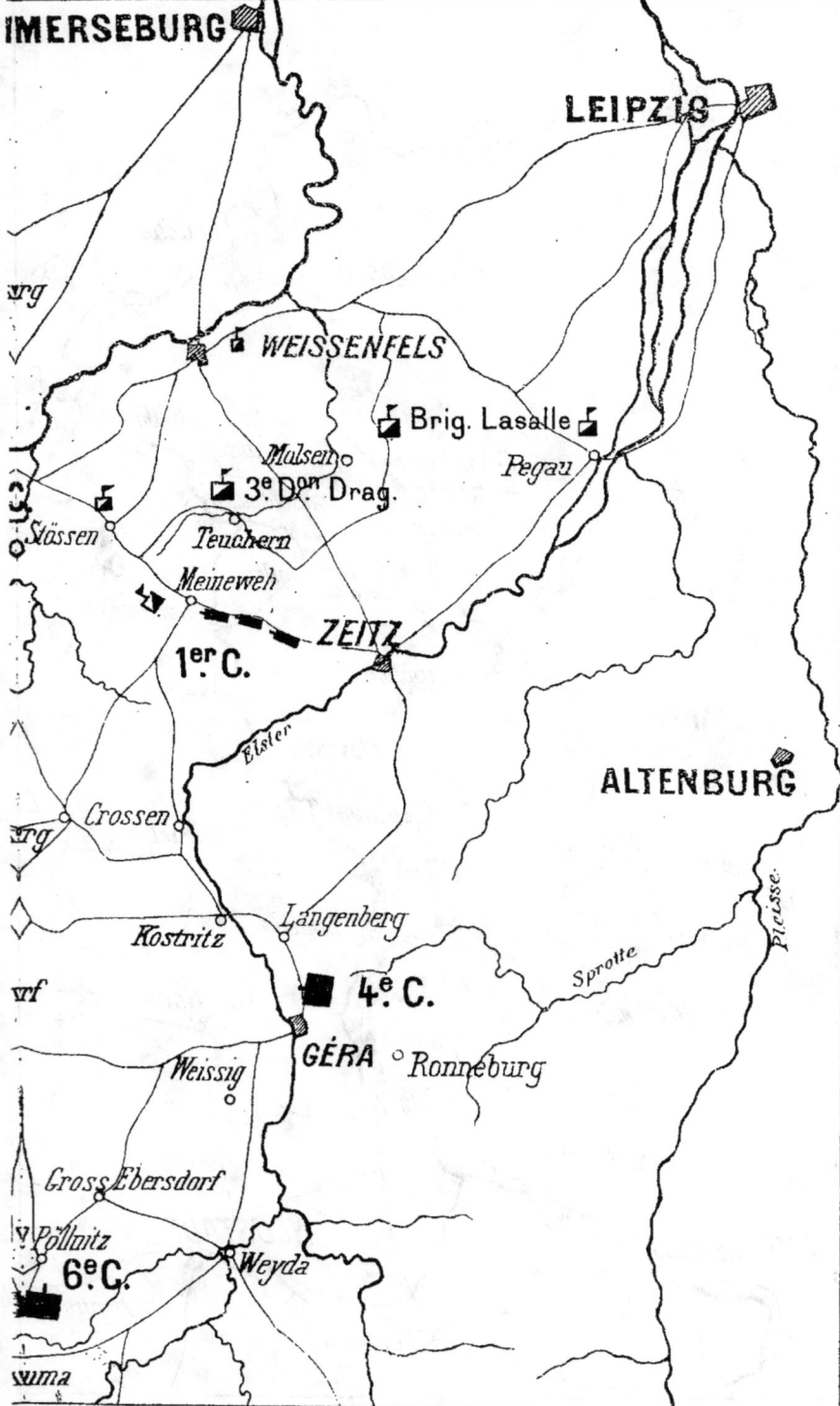

IMERSEBURG

LEIPZIG

WEISSENFELS

Brig. Lasalle

Mulsen

Pegau

3ᵉ Dᵒⁿ Drag.

Stössen

Teuchern

Meineweh

ZEITZ

1ᵉʳ C.

Elster

ALTENBURG

Crossen

Langenberg

Kostritz

Sprotte

Picisse

4ᵉ C.

GÉRA

Ronneburg

Weissig

Gross Ebersdorf

Pöllnitz

6ᵉ C.

Weyda

uma

Carte Nᵒ 14

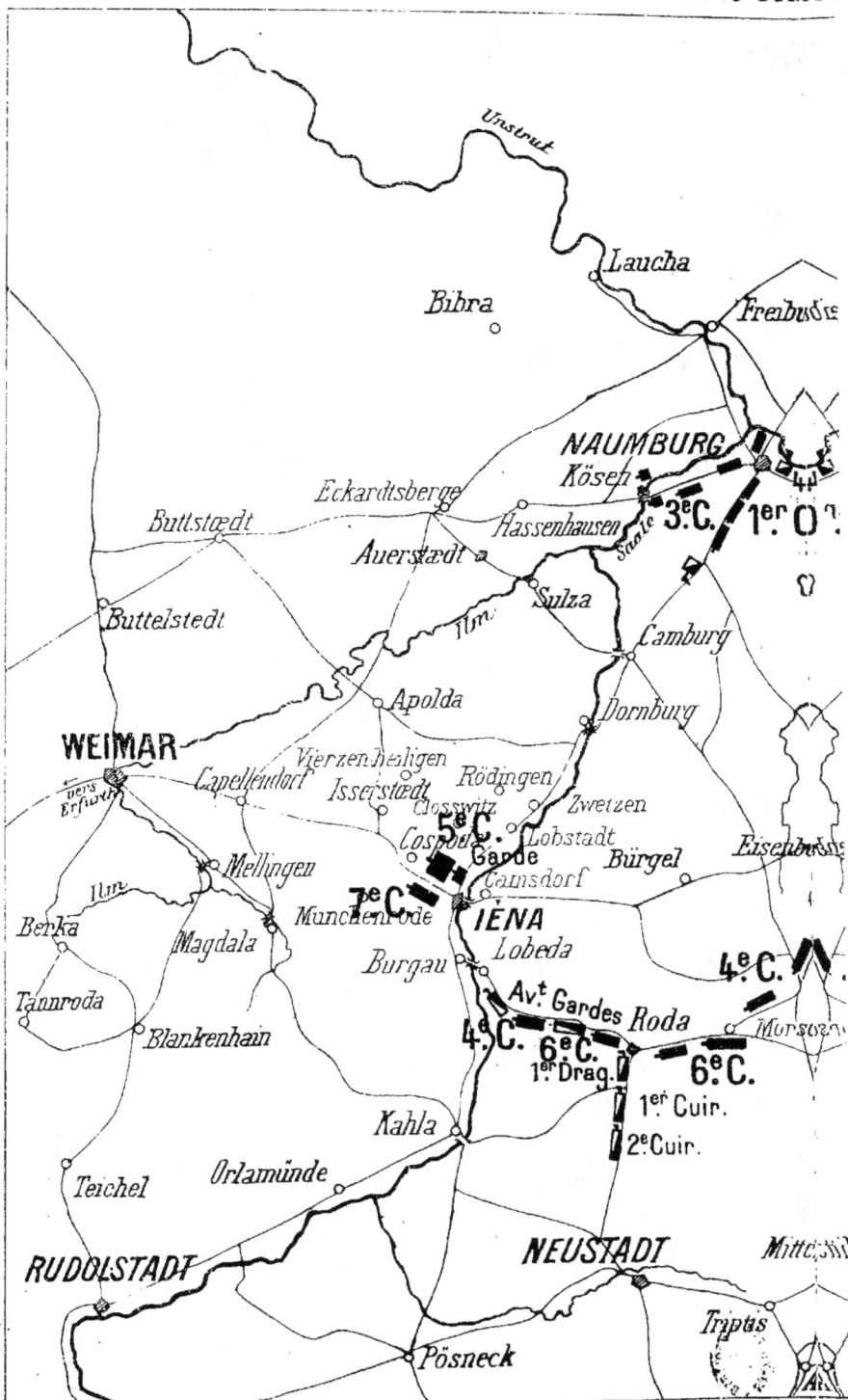

EMPLACEMENTS OCCUPÉS
le 13 Octobre

Unstrut

Laucha

Bihra

Freibu...

NAUMBURG

Kösen

3ᵉ C. 1ᵉʳ O.

Eckardtsberge

Hassenhausen

Buttstœdt

Auerstædt

Saale

Sulza

Buttelstedt

Ilm

Camburg

Apolda

Dornburg

WEIMAR

Vierzen heiligen

Rödingen

vers Erfurt

Capellendorf

Isserstædt

Zwetzen

Closswitz

Lobstadt

Eisenbu...

Cospoda

5ᵉ C.

Garde

Bürgel

Mellingen

Camsdorf

7ᵉ C.

Munchenrode

IÉNA

Berka

Ilm

Burgau

Lobeda

4ᵉ C.

Magdala

Av.ᵗ Gardes Roda

Tannroda

Blankenhain

4. C. 6ᵉ C.

1ᵉʳ Drag.

6ᵉ C.

Mursova

1ᵉʳ Cuir.

Kahla

2ᵉ Cuir.

Teichel

Orlamünde

RUDOLSTADT

NEUSTADT

Mitt...

Triptis

Pösneck

Iéna.

ERSEBURG

LEIPZIG

Br. Lasalle

WEISSENFELS

3e Div.
Drag.

Drag.

Molsen

Pegau

ssen

Teuchern

Meineweh

ZEITZ

Elster

ALTENBURG

Crossen

Pleisse

Langenberg

Kostritz

Sprotte

GÉRA

Weissig

ross Ebersdorf

nitz

Weyda

Carte N° 15

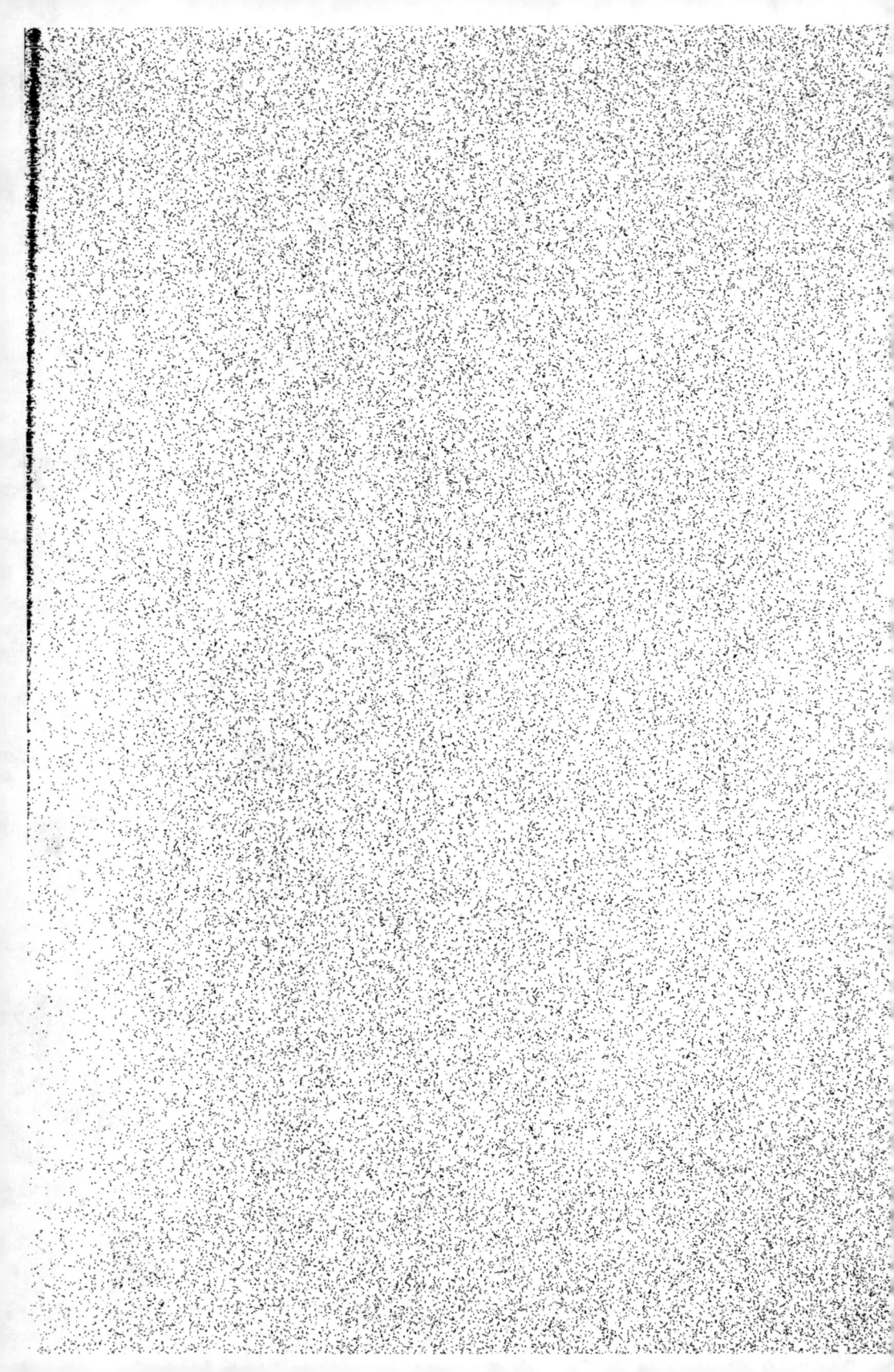

Paris. — Imprimerie R. CHAPELOT et Cie, 2, rue Christine.

www.ingramcontent.com/pod-product-compliance
Lightning Source LLC
Chambersburg PA
CBHW070627270326
41926CB00011B/1838